迁移

人文地理学译丛

周尚意◎主编

[美] 迈克尔·萨迈斯
Michael Samers

[英] 迈克尔·科利尔
Michael Collyer 著

张华 等 译

北京师范大学出版集团
BEIJING NORMAL UNIVERSITY PUBLISHING GROUP
北京师范大学出版社

译丛总序

引介：学术交流之必须

　　人文地理学为何？由于中学地理教学的普及，中国人普遍知道地理学分为自然地理学和人文地理学。但是许多中国人并不了解，现代意义上的人文地理学的发展历史并不长，它是在 19 世纪近代地理学出现之后，方出现的一个学科领域或学科分支。人文地理学主要分析地球上人类活动的空间特征和空间过程及其规律性。例如，分析某个地方可以发展何种农业类型，哪里的村庄可以变为大城市。世界上不只是地理学家关注空间和区域问题。例如，著名的历史学家沃勒斯坦在其巨著《现代世界体系》中，也提到了不同时期区域发展的空间格局。再如，著名的社会学家吉登斯也强调空间和地理。

　　早期有一批学者将西方人文地理学引入中国。目前查到的中国最早出版的《人文地理》是傅运森先生编纂的，该书为"中学校用"教科书，由商务印书馆在 1914 年出版。中国国家图书馆收藏的最早的汉译人文地理学著作则是法国维达尔学派核心人物 Jean Brunhes 的《人文地理学》。Jean Brunhes 早期有多个汉译名，如白吕纳、布留诺、白菱汉等，今天中国学者多沿用"白吕纳"

这一译名。《人文地理学》中译本之一由世界书局在 1933 年出版，译者是北京师范大学地理学系的谌亚达先生。

20 世纪前半叶，世界人文地理学的研究中心还在欧洲大陆，德国和法国是重要的学术基地。自第二次世界大战后，人文地理学的研究中心逐渐扩展到英美。西方国家的人文地理学在多种质疑和自我反思中不断前行，因此发展出丰富的学术概念和彼此补充的学术流派。遗憾的是，自 20 世纪 50 年代初到 20 世纪 70 年代末，中国内地（大陆）的人文地理学发展基本处于停滞状态，只有"经济地理学一花独放"。原因是当时有些学者意识到，世界上没有客观的人文地理学知识和理论，而西方的人文地理学大多是为帝国主义殖民扩张服务的，因此不必学习之。国家当时的意识形态也没有为人文地理学的发展提供相应的空间。许多留学归来的中国人文地理学者不是转行，就是缄默。感谢改革开放，它给予人文地理学新的发展机遇。李旭旦先生在 1978 年率先倡导复兴人文地理学，人文地理学获得了为中国，为人类命运共同体服务的机会。多年后人们发现，李旭旦先生在中外学术交流相对闭塞的 20 世纪 70 年代，依然关注着国外人文地理学进展。人文主义地理学的开山之篇《人文主义地理学》在 1976 年发表后，李旭旦先生积极学习并将之翻译出来。2005 年，南京师范大学的汤茂林教授整理、补译了李旭旦先生的手译稿，并加以发表。人文主义地理学与经验—实证主义地理学、结构主义地理学等，同属于人文地理学流派。它的观点是：尽管人们为了不同的目的，各持立场，但是地理学研究者可以把握的是，人类作为一个群体具有相互理解和沟通的共同本性。

启动"人文地理学译丛"是北京师范大学出版社对中国地理学发展的重要贡献。国内尚未有相似的译丛，只有商务印书馆的"汉译世界学术名著丛书""当代地理科学译丛"包含一些人文地理学的译作。这些译作极大推动了中国人文地理学的发展。2014年春天，北京师范大学出版社的胡廷兰编辑找到我，商议启动这套译丛。她为了节省我的时间，约好在我上课的教八楼门口见面。教八楼前有北师大校园中最精致的花园。那天她从东边步入花园，我远远看着她青春的身影映在逆光中，格外美丽。一年后她因病去世，而我竟不知道她生病的事情，也未能与她告别。后续，谭徐锋先生、宋旭景女士、尹卫霞女士、周益群女士先后接替该译丛的出版工作。译丛最早的名字是"人文主义地理学译丛"，仅仅囊括人文主义地理学代表人物的代表性著作。后来为了可持续出版，译丛更名为"人文地理学译丛"。本译丛选取的著作观点纷呈，读者可以细细品读，从中感受人文地理学思想和观点的碰撞。正是在这样的碰撞中，人文地理学得以不断发展。

周尚意

2019年深秋

序 一

　　欢迎阅读第二版的《迁移》。无论你的学校等级为何，抑或你是否要（在北美的研究院）开始你的研究生学习，我们都希望它能对你的研究或学习有所帮助。第二版《迁移》与第一版类似，对迁移和移民进行了批判性的、多学科的、先进的介绍。本书主要面向美国和加拿大的高年级本科生、硕士研究生，英国的研究生或是其他地区学习与迁移和移民有关课程的学生。你可能会发现关于迁移的书籍、学术杂志论文、报告和公共媒体文章成千上万，但对于如何分辨有用的新闻，如何开始一项有关于此的学术研究，你却觉得十分困难。本书可以成为你针对迁移和移民问题进行系统性回顾的指导。它包括一系列学科的分析视角，包括人文地理学、政治科学、人类学、社会学和经济学，它还会为你提供一些新鲜的案例和材料。但由于这本书的作者是地理学家，所以他更关心的当然是"空间"问题。然而，即使你们不是地理学者，或你们所学的课程是社会学，你们也不用担心，因为"空间"问题已经越来越受到社会科学各个学科的关注。本书的大部分内容都是从地理学的视角来理解迁移和移民的。本书主要涉及四个相关问题：一是迁移的起因与影响；二是移民管理的矛盾；三是移民的就业和定居问题；四是移民的公民身份与归属感问题。

我们希望你能够清晰地读懂本书的语言。书中可能有一些概念、术语你不甚理解，但如果你能突破这些难点，就会受益匪浅。我们尝试通过以下模块，如特定区域的与迁移相关的问题和经验的研究案例专栏、拓展阅读资料以及总结性问题，来使你的阅读更加愉快。与第一版类似，我们希望能为你提供理解迁移和移民问题的可读的、有所启发的且持久的文本。

迈克尔·萨迈斯和迈克尔·科利尔

美国，肯塔基州，莱克星顿；英国，布莱顿

2016 年 4 月 30 日

序 二

　　第二版《迁移》与第一版类似，对迁移和移民进行了批判性的、多学科的、先进的介绍。本书主要面向高年级本科生、硕士研究生，以便他们学习与迁移和移民有关的课程。虽然与社会科学相关的学术杂志和书籍中已经常常关注与迁移相关的问题，但对于这些问题的介绍性文本却并不多。从一种批判而直率的角度去关注空间概念的有关迁移的书籍就更少了。事实上，地理学家常常把空间概念置于讨论的初始之处，也撰写了许多与迁移和移民相关的书籍。①

---

① 这些以英语为母语的地理学家最重要的贡献如下：P. Boyle, K. Halfacree and V. Robinson, *Exploring Contemporary Migration*, 1998；K. Koser, *International Migration: A Very Short Introduction*, 2007；R. King, *A New Geography of European Migrations*, 1993；Harald Bauder, *Labour Movement: How Migration Shapes Labour Markets*, 2005；R. King and P. White, *Writing across Worlds*, 1995；D. Mitchell, *The Lie of the Land: Migrant Workers and the California Landscape*, 1996；K. Bruce Newbold, *6 Billion Plus*, 2007；Adrian Bailey, *Making Population Geography*, 2005；Jennifer Hyndman, *Managing Displacement: Refugees and the Politics of Humanitarianism*, 2000；W. A. V. Clark, *The California Cauldron: Immigration and the Fortunes of Local Communities*, 1998 & *Immigrants and the American Dream: Remaking the Middle Class*, 2003。此外，这些书籍都已出版超过十年。除了地理学家的文献之外，卡斯尔斯（Castles）与米勒（Miller）合著的《迁移时代》(*The Age of Migration*) 也很流行，但它并未将批判性的空间概念用于其核心内容的讨论之中。

　　第二版《迁移》主要有五个特点。第一，除本书第一版之外，第二版仍然是近十五年来的唯一一本教材，它们展示了如何利用地理和空间概念去批判性地理解迁移。事实上，许多用于解释迁移和移民的概念和理论要么不清晰，要么需要在头脑中用空间去重写。这并不是一个简单的学术关注或狂热的学科主义问题。对于空间批判性的理解会使我们对那些针对迁出国一些困难群体的政策所进行的干涉更加合理。第二，本书是一本采用多学科视角的教材，包括人文地理学、政治科学、人类学、社会学和经济学。第三，本书所有章节均重点关注迁移的主要术语、理论、概念和事件。第四，本书不是对世界各国的迁移事实、迁移趋势和迁移系统的百科全书式的介绍，而是提出关键性的观点，从而产生持续的学术影响。第五，为了教学的需要，本书每章都有清晰的结构、可读性强的语言、与迁移相关的问题和经验的研究案例专栏、拓展阅读资料以及章节末尾的总结性问题等。虽然许多学生会认为某些章节的概念和语言理解起来存在一定难度，但我们认为通过进行理论上的复杂而矛盾的辩论来训练学生是非常重要的，因为这种辩论能够展示他们对社会和世界的不同认识。这本书以教学为目的，在一定程度上是对理论和概念的练习。

　　第一版《迁移》就遵循了"地理学核心思想"系列丛书的目的，即将可读性强、高级的介绍性教材与一系列核心观点相结合。这一版舍弃了第一版中的一些局限性内容，将会呈现一个单一而核心的观点。为了让本书内容更好理解，迈克尔·萨迈斯引入了迈克尔·科利尔关于发展与庇护以及难民迁移之间关系的观点。然而，由于对迁移的研究主题多种多样，范围宽广，要想将其在一卷书中简明扼要地表达出来，我们就只能缩小理论资料和真实资料的范围。事实上，每年都有数以千计的文献和数以百计的书籍得以发表，它们从各种角度阐述迁移和移民问题。

本书内容不可能涵盖所有方面，主要聚焦于以下三个方面。第一，文本主要是对当代问题的写照，大多数真实资料中的事件都发生在21世纪。我们当然也在书中的少部分地方引用了更为久远的案例进行对比，虽然第一版的一些读者希望并建议我们能在第二版中呈现某些事件的历史发展过程，但这确实是不太可能的。第二，虽然我们并不进行长期的历史回顾和展望，但我们仍尝试为读者提供对于迁移理念的历史发展过程的介绍，其原因在于现在很多关于迁移的研究都没有这方面的介绍。这样做，我们将能够阐明一些关键的历史主题，至少包括从贫穷国家向富裕国家迁移的问题。第三，正如上面所提及的，我们利用自己在迁移方面的优势为本书提供了更多指导。迈克尔·萨迈斯在过去的20年中一直从事这类研究，他的研究聚焦于迁移的两个维度：一是工作与从贫穷国家到富裕国家的"低技术""低收入""低报酬"迁移之间的关系；二是迁移的地缘政治与政治经济学，尤其是欧盟、法国以及北美自由贸易协定（NAFTA）的关系。与此相反，迈克尔·科利尔则关注庇护迁移和难民迁移与发展之间的关系，尤其是从北非至英国的迁移。所以这两种类型或形式的迁移在本书中得到了不同比例的阐述。另外本书还试图关注"南南"迁移和定居问题，以及东亚、东南亚国家（如马来西亚、韩国、新加坡）之间的迁移问题。事实上，在这一版中我们不仅增加了新的主题（如环境变化与迁移的关系、亚洲的"婚姻迁移"），还增加了一些新的理论和概念、一些新的或修订的专栏以及新的数据。

与第一版相同，我们希望本书能帮助读者理解过去、现在和将来的迁移现象，并成为一本可读性强、具有启发性和持久影响力的好书。

迈克尔·萨迈斯和迈克尔·科利尔

美国，肯塔基州，莱克星顿；英国，布莱顿

2016年4月30日

致　谢

没有朋友和伙伴的帮助，我们无法完成本书的写作。我们尤其要感谢来自泰勒与弗朗西斯出版集团劳特利奇出版社的安德鲁·莫尔德（Andrew Mould）和艾格勒·兹盖特（Egle Zigaite）对我们编写工作的推动，并感谢凯瑟琳·巴特利特（Katharine Bartlett）对本书的编辑。我们要感谢肯塔基大学制图和地理信息系统久洛博尔中心的迪克·吉尔布雷斯（Dick Gilbreath）和杰夫·利维（Jeff Levy）在许多图片和地图绘制上的帮助。一些匿名读者也为第二版的编写提供了精彩的评论和建议，以确保本书内容不仅仅包括我们自己的兴趣和爱好。

迈克尔·科利尔十分感谢萨塞克斯大学迁移地理研究群体中的同事。

迈克尔·萨迈斯十分感谢以下学者的帮助：将第一版《迁移》翻译为意大利语的劳拉·斯坦加尼尼（Laura Stanganini），肯塔基大学的研究生，尤其是帮助将第一版《迁移》翻译为韩语的李俊熙（Jonghee Lee），提供阅读建议和编辑帮助的米切尔·斯奈德（Mitchell Snider），为向海迁移等特定案例指出问题的金匠学院的查尔斯·赫勒（Charles Heller）。迈克尔·萨迈斯尤为感谢韩国梨花女子大学地理学院的帮助，尤其是在首尔指出了亚洲迁移问题的李英敏（Youngmin Lee）教授、李贤亚（Hyunuk Lee）教授和李花永（Hway-ong Lee）教授。迈克尔·萨迈斯还要感谢里尔第一大学的教授、职员和研究生在 2013—2014 年的帮助，尤其是托马斯·阿拉姆（Thomas Alam）、弗朗索瓦·本彻迪克（Francois Benchendikh）、伊莎贝拉·布鲁诺（Isabelle Bruno）、让－加布列尔·肯塔明（Jean-Gabriel Contamin）、纪尧姆·库蒂（Guillaume Courty）、安妮·劳伦特（Annie Laurent）、雷米·列斐伏尔（Remi Lefebvre）、曼纽尔·斯科特（Manuel Schotte）、亚历克西斯·斯派尔（Alexis Spire）、朱利安·塔平（Julien Talpin）与卡雷尔·约恩（Karel Yon）等教授的帮助。扬内斯·哈达迪（Younnes Haddadi）和托马斯·苏比朗（Thomas Soubiran）提供了许多帮助。朱利亚·奥伯丁（Julie Aubertin）、加布列拉·康德里奇（Gabriela Condurache）、拉斐尔（Rafaël COS）、亚历珊德拉·法奎特（Alexandre Fauquette）、爱丽娜·斯坦（Alina Stan）以及其他来自里尔第一大学的研究生也提供了诸多便利。在巴黎，克莱尔·汉库克（Claire Hancock，来自巴黎第十二大学）与穆斯塔法·迪克特（Mustafa Dikec，来自马恩河谷大学）也提供了诸多帮助。

迈克尔·萨迈斯还要感谢阿姆斯特丹大学社会学院的教授和研究生，尤其是简·雷斯（Jan Rath）和塞巴斯蒂安·肖万（Sebastien Chauvin），乌德勒支大学的托马斯·德·伏洛姆（Thomas de Vroome）教授，科隆大学的费莉西塔斯·希尔曼（Felicitas Hillmann）教授，瑞典迁移、多样性和福利研究中心的彼尔德·贝弗兰德（Pieter Bevelander）教授，感谢他们的讲座和反馈。

最后，迈克尔·萨迈斯尤其要感谢黛博拉·戈尔德（Debra Gold）无私的陪伴、支持和耐心。

许可

1. 我们感谢联合国难民事务高级专员公署（UNHCR）（以下简称联合国难民署）、联合国近东巴勒斯坦难民救济和工程处（UNRWA）和联合国经济和社会事务部（UNDESA）对表 1.3、表 1.4 和表 1.5 中的公共数据的支持。

2. 第一章关于"莉莉安（Lillian）"的讨论的版权来自 *SUBURBAN SWEATSHOPS: THE FIGHT FOR IMMIGRANT RIGHTS*（Jennifer Gordon，Cambridge，Mass.：The Belknap Press of Harvard University Press，Copyright©2005，by Jennifer Gordon）。

3. 我们要感谢加文·琼斯（Gavin Jones）对于表 3.1、表 3.2 和表 3.3 的帮助，其中的数据来自 Doo-Sub Kim（ed.），2012，*Cross-Border Marriage: Global Trends and Diversity*，Seoul：Korean Institute for Health and Social Affairs（KIHASA）。

引 言

2013年10月3日凌晨2时左右，一艘从利比亚出发，载有518人的移民船在驶离兰佩杜萨岛（Lampedusa）仅四分之一英里（1英里≈1.6千米）的时候柴油机发生故障。此岛属于意大利，位于突尼斯海岸和意大利西西里岛之间的地中海海域。兰佩杜萨岛是广受欢迎的，并非因为它是走私者或移民的目的地，而是因为它是移民到达欧盟的跳板。根据目击者描述，在引擎熄火后，舱底水泵停止工作，海水开始灌入，船长疯狂地试图重新启动引擎。失败后，他用柴油点燃了一个毯子，用来吸引海岸警卫队或其他船只和岸边人们的注意。火势蔓延开来，乘客纷纷苏醒，人群开始躁动，人们匆忙地逃往船的一边。这只船开始向一侧严重倾斜，最终侧翻。在炽热和拥挤的甲板上生存的概率很低，所以那些在甲板上的人跳进了海里，但许多人不会游泳，很快被淹死。一些人靠抓住漂浮的尸体而获救。在518个移民中，366人丧生在地中海。沉船的幸存者——身上沾满了柴油——最终被海岸警卫队和其他船只救 *2*下。遇难者尸体被送往意大利西西里岛的公墓掩埋。一场由意大利政府举办的国葬向厄立特里亚那些推动移民离开的官员发出了邀请。然而，意大利当局并未向这场灾难的幸存者发出邀请，他们甚至还被阻止参加这场国葬，并被安置在兰佩杜萨岛和西西里岛的难民营的帐篷里。那些失去生命的人反而被授予了公民身份（Isin，2014）。与这场灾难类似的案例还有很多，如在印度尼西亚和澳大利亚间的水域，在印度、泰国和马来西亚间的安达曼海，在非洲西北海岸附近的加那利群岛周边海域，在土耳其和希腊之间的爱琴海海域，在墨西哥边境附近的美国西南沙漠地带，以及在伊朗和土耳其之间的山地地区（Guardian，2014；Heller and Pezzani，2016；IOM，2014）。

兰佩杜萨悲剧的根本原因是什么？为什么此类悲剧会不断发生？为什么参与的移民会同意进行这样一场艰难且危险的旅程并去寻觅未知的目的地和未来？或者再宽泛一些，为什么人们会不顾这些障碍而进行迁移？他们在新的目的地能够得到什么？与其他关于迁移的普通（教科）书不同，本书试图从地理或空间的视角来回答这类与迁移相关的问题。此视角涉及对"空间"的关注，以及一些空间概念或隐喻，如"地方""节点""距离摩擦""地域"和"尺度"。我之所以采取这样的方式，是因为很多研究都涉及迁移的话题，但它们中很少采用空间概念对其进行批判性思考和明确的界定。

让我们回到上文的悲剧中。从幸存者的证词中我们得知，这次事件中的很多乘客并非来自利比亚，而是来自厄立特里亚。这些区域、国家或者地方是怎样联系起来的？明确的地理概念能够为解释这些事件提供怎样的帮助？首先，社会网络（见本书末尾的术语表和本章之后的讨论）使移民可以与其他可能成为移民的人交流特定目的地的价值。比如，兰佩杜萨这样的地方对于移民来说可能具有不止想象而且真实的承诺。其次，这些让人痛心的意外事件将矛头指向了不同尺度的管理规则，包括地域的控制能力，如民族国家决定谁可以进入，谁不可以进入，以及超国家地域，如欧盟，怎样插手移民控制。然而，移民规则的强制力会在特定的地区产生。在兰佩杜萨，移民和意大利当局的对抗产生了一种特定的地方强制力。更多的规则和强制力的地方空间似乎会塑造一个完整的迁移系统，一直延展到南部的厄立特里亚。综上，之前描述的事件展现了移民不顾一切地跨越遥远的地理距离，通过最廉价可得的方式到达欧洲或其他富裕国家的决心。这个讨论没有说明的问题可能就是，富裕国家和贫穷国家之间的这种联系怎样导致了移民的产生，以及移民一旦成功到达富裕国家会被怎样接纳。我们会在此书的后面部分探讨这些问题。

这种带有地理概念的视角非常重要，它让我们理解了谢勒（Sheller）和厄里（Urry）于 2006 年提出的社会科学领域的"新流动性范式"。换句话说，社会科学领域的原理可以通过探索流动性的概念得以更新，而不是把稳定和静止作为世界事务的自然状态。[①] 同样，费弗尔（Favell）于 2008 年指出，迁移应被看作流动性研究的"子集"。一旦我们承认 *4* 了这一点，"民族国家"将不再是测量迁移和流动性的基准。迁移和流动性被看作是自然的，而地域则被看作是异常的。我们赞同许多强调流动性的观点，而不赞同以"稳定性""静态"或者"民族国家"为中心的分析。我认为，流动性是全世界数以亿计生命的一部分，它也对国际迁移，特别是寻求庇护者、难民和低收入人群的迁移是否可以以这样的流动方式得到接纳提出了质疑。我们之所以这样认为，是因为尽管地域边界和移民条例促成了流动性的形成，但是也在极大程度上阻碍了流动性。[②]

本书借鉴了社会科学，如人文地理学、政治科学、人类学、社会学和经济学的研究成果。跨越学科的界限是有必要的，因为迁移涉及文化、经济、政治和社会等众多维度。这种复杂性也正说明了，将不同维度统一到同一个分析框架中将会成为永恒的挑战。为了迎接这个挑战，我们

---

① 通过不同方法来对文化地理研究进行回顾，见阿迪（Adey，2010）、布兰特（Blunt，2007）和克雷斯韦尔（Cresswell，2006）。

② 金（King，2012）提供了对移民和流动性研究的辩护和批评，我们稍后在文中讨论。

对国际低收入移民（包括寻求庇护者和难民）、迁移的原因和结果，以及迁移和移民的经历给予了持续的关注。

我们选择关注这些方面，并不是忽视其他形式的迁移，或做出关于迁移的地理尺度不到位的评论，也不是笼统地概述和回顾各种研究，而是力求提供一种公认的批判性论述。严格来说，本书不是简单地尝试着对（空间的）概念和观点进行"又长又难"的探讨，而是去关注那些处于弱势地位的移民。

本书有四个额外的关注点。第一，着重强调了从"南方国家"（一般而言指贫穷国家）到"北方国家"（一般而言指富裕国家）的迁移。尽管如此，我们并未忽略内部迁移（指国家内部的迁移），特别是贫困国家内的迁移。考虑到南北半球的巨大差异，这种划分方式或许是粗略的，然而我在书中阐明了这种划分对于解释人们为什么迁移的重要性，但是对于解释其他方面的问题它就没有那么重要了。第二，尽管没有忽略贫穷国家的移民，但是我们重点关注了北方国家内部移民和迁入民的经历。第三，尽管本书关注处于劣势的移民，但它也提供了对于高技术移民和高收入移民的一些讨论。他们是移民中相对强势的群体，所以经常被观察者提及。观察者认为他们应该得到学术上的关注。尽管许多移民在母国属于高技术劳动者，但在迁居地可能做着低端的工作，并且遭受着种族主义歧视和其他方面的排斥。同样，我们对高技术移民的兴趣缘于他们在富裕国家经济建设中所起的积极作用，并且这对他们贫穷的母国来说不一定是一种损失。第四，我们也对学生迁移或者说所谓"国际学生流动"给予了一定关注。像高技术移民一样，一方面，相对于低收入移民和寻求庇护者来说，许多学生移民有着相对的优势，但是他们也会受到安全威胁、签证控制、种族暴力、歧视以及来自工作、公共服务、文化空间等方面的排斥；另一方面，国际学生在经济发展方面为政府利益服务，帮助所在大学得到了更多的经济资源、多元化的学生群体和学术声誉。

正如本书的目标所提到的那样，迁移涉及不同境遇中的人，其中一些人较其他人更加渴望迁移。大部分关于这些境遇的学术讨论经常停留在抽象层面。在这个部分，我将以讨论移民生活的三个小故事开始，以便为之后进行的关于移民种类的讨论提供一些具体案例。

1.1　迁移故事、迁移研究中的关键术语和迁移分类

1.1.1　杰奎琳·莱卡（Jacqueline Laika）：马来西亚的非法移民

希尔斯顿（Hilsdon，2006：4-5）讲述了莱卡的故事。莱卡，22岁，20世纪90年代从菲律宾的棉兰老岛（Mindanao）迁往沙巴州（Sabah）[婆罗洲岛（Borneo）的马来西亚部分]。她到沙巴州的时候还是个青少年。她的护照和签证都是由一个亲戚非法办理的。在沙巴州期间，她刚开始在当地的一家餐馆工作，后来遇到了一个叫萨利姆（Salim）的男人，并与他结婚。她这样做的一部分原因是每月300林吉特（大约94美元）的工资无法维持生活。另外，由于非法签证过期，她既无法更新签证，也无法获得合法返乡的必要文件。莱卡并不是唯一面临这种情形的女人（面临这种情形的也不全是女人），很多类似移民的签证都经不起官方审查。因此，她像其他人一样，避开如购物中心、商场、医

6

院、政府和公交站之类的公共场所，因为在这些地方，警察和移民署的
审查活动更频繁。

1.1.2 阿莎（Asha）：芬兰的寻求庇护者

寻求庇护是迁入斯堪的纳维亚半岛的一种重要形式，尤其是对于中
东地区的人而言。20世纪90年代前后，许多来自索马里的寻求庇护者
开始迁往芬兰。蒂利凯宁（Tiilikainen，2003）为我们讲述了阿莎的故
事。阿莎出生在摩加迪休（Mogadishu），已婚并且育有两女一子，读
过两年大学。索马里内战爆发后，24岁的阿莎逃离了索马里，联系到
了芬兰的兄弟，并在芬兰获得了难民身份。后来她的丈夫一直没有联系
她，最终两人离婚。三年以后，她被允许从索马里接来自己的三个孩子，
她还收养了兄弟过世后留下的另外两个孩子。作为一个单亲妈妈，阿莎
不但要照顾孩子，而且要承担其他家庭责任，因此她努力学习，最终成
为一家医院的助理护士。随着时间的流逝，她的儿子不断遇到各种麻烦，
最后选择逃走。由于无法使儿子的生活方式与自己新建立的伊斯兰教信
仰相融合，因此阿莎将五个孩子带到了英国，让他们跟自己的祖母在一
起生活。她独自前往芬兰，但是最终又回到了英国，被一所当地的大学
录取，并同母亲和五个孩子在此定居。

1.1.3 莉莉娅姆（Lilliam）：纽约的低收入迁入民

纽约郊外，许多拉丁美洲移民在长岛北岸富裕的城镇里谋生。戈登
（Gordon，2005：11-12）这样讲述了莉莉娅姆的生活：

　　　　　不远处，夜晚降临在长岛中产阶级家庭的厨房里。莉莉娅

姆住在雇主家里，打扫房间，照顾小孩，坐在早餐桌旁黑暗的角落里，电话线像脐带一样紧紧地缠绕在肩膀上。为了避免吵醒二楼熟睡的人，她温柔又坚定地低声说道："你做作业了吗，帕皮（Papi）？你哥哥在家吗？不，你不能等着他工作回来再睡，现在已经很晚了……"她的两个孩子一个7岁，一个17岁，他们独自生活在两个镇之外的莉莉娅姆为他们租的小公寓里。

她为了孩子才离开萨尔瓦多。那里武装冲突越来越多，为了使大儿子免于被部队或游击队征走，同时让小儿子不会被困在萨尔瓦多逐渐频繁的内战战火中，她才带他们来到这里。但是来到这里后，她能找到的最好的工作就是住在雇主家里，一周工作65小时，得到160美元的报酬，平均1小时不到2.5美元。作为一个单亲妈妈，她接受了这个工作，并且为儿子们租了一间能够负担得起的最近的公寓，同时却要为别人的孩子洗澡、穿衣，并且拥抱他们。她经常被一个问题困扰着，那就是，把他们两个带到这里到底是好事还是坏事。至于她自己……当她从厨房走到楼梯时，她的思绪回到了在萨尔瓦多的日子：她曾在咖啡种植者合作社做秘书，她利用晚上和周末的时间进修并获得了心理学、社会学和教育学学位，她在当地商学院教学，并拥有自己的房子。这一切感觉像是另一种生活。

以上几个故事仅仅代表了世界上存在的小部分移民类型，以及他们遇到的小部分事情。但是它们至少说明迁移是一种包括身份变化和多重地理轨迹在内的、复杂的、富有挑战性且多样化的社会现象。一些作者将迁移称为"迁居"的一种情况，或者"跨越空间和时间的移动和过程"（Harney and Baldassar，2007：192）。不论移民流动生活的程度如何，政府、公民、媒体、政策性报纸和图书的作者，都会照例按照这些分类来讨论移民的生活。因此，尽管我们发现这种分类是无用的或者完全被迫的，我们也很难搞清楚国际移民政策以及关于移民的大量著作、学术研究，等等。正是由于这个原因，我们开始仔细分析一些基本术语和分类议题，并在后面的章节中着重讨论这些内容。

8

移民经常被分为不同的类型，这些类型蕴含了移民的公民身份或者居住情况（如国内或国际，暂时或永久，合法或非法）以及不同的进入方式（如寻求庇护者、难民、低收入劳动力和高技能劳动力、学生等）。根据他们的进入方式，学者、政策制定者、统计人员也将移民分为被迫和自愿两种类型。鉴于不同类型的移民在流动性上存在明显差异，当今的迁移研究在某些情况下会排斥这些分类的意义（Faist，2008；Richmond，2002）。就像费斯特（Faist）认为的，如果我们的目的是"刻画流动人口的轨迹"（Faist，2008：36），那么"来源地"和"目的地"，"迁入"和"迁出"，"迁入民"和"迁出民"，"临时"和"永久"，"劳工"和"寻求庇护者"这些对应的概念就站不住脚了。他举了土耳其的例子，这个国家既是移民的迁出地，又是中转国（见专栏 3.2），并且现在我们可以争论"返回"或者"再迁移"。

讽刺的是，大众报刊仍然存在将分类合并或至少混淆分类的问题。例如，20 世纪前期，庇护事件成为英国政治辩论的热点，一些小报捏造出了如"非法寻求庇护者"这样的荒谬术语。其实一个人并不能既是寻求庇护者又是非法移民。如果一个寻求庇护者的请求被拒绝了，并且他选择了在不被当局认可的前提下滞留英国，那么他就只能被认定为"非法"移民，而不再是寻求庇护者了。这个例子的意义在于，即使本书承认移民轨迹具有复杂性，但根据移民的法律地位和进入方式进行分类仍是有意义的，也就是说，迁移更多的是一个过程，而不是事件（Anderson，2013）。鉴于以上内容是关于对这些迁移进行分类的意义，以及我们对它们的用法的保留，接下来我会详细介绍一些常用的术语和不同的迁移方式、迁移原因以及各种各样的进入方式。[①]

让我们从国内迁移和国际迁移之间的简单区别开始。国内移民包括 9 那些在自己国家内部迁移的人，如从乡村到城市的迁移。国内迁移也常常被假设包含了"循环迁移"的形式，即移民会在城市和乡村之间反复迁移。尽管我会在本书中谈及大量的国内迁移（如中国），且国内迁移与国际迁移之间有很多联系（King and Skeldon，2010），但我们主要的关注点仍在国际迁移上。国际迁移可以被定义为一种跨越国界的行为，即从来源国（或迁出国）到目的地国（或迁入国）定居。[②]

上述国际迁移仅涉及一个来源国和一个目的地国，但是在移民到达最终目的地国家之前，也可能涉及多个国家，包括不同的"步骤"或"阶段"。这种情况有时被称为临时性迁移或者旅居性迁移，它在阿莎的故事中也有所体现。在官方术语中，临时移民指的是在一个国家停留 3 个月以上、12 个月以下的国际移民（这是联合国经济和社会事务部对临时移民的定义）。毫无疑问，这是一个可信的概念，许多国家均基于这一界定将旅游签证的逗留时间控制在 3 个月以内。但是，国际迁移也可能是频繁往返母国的"永久性临时迁移"。在过去几十年里，这种现象被公认为是循环迁移。

有些人可能会作为一个无国籍的永久居民在该国居住多年。将这些人称为"迁入民"（immigrants）而非"移民"（migrants）或许更为合适。因此，一般而言，我使用"移民"和"迁移"（migration）来表示那些临时居住在目的地国的人。然而在实践中，这两个概念的区别就远

---

① 详细的迁移种类列表可以在金（King，2012：137）中找到。
② 通常对于这种定义有一些例外情况，如法国 DOM-TOM（overseas Départements and territories，海外省及海外领土）的例子。在法国的数据中，那些从海外省或海外领土迁移至法国本土的人可能会被认为是迁入民或国际移民，但并不会被认为是"外国人"。

没有那么清晰了。同时提到移民、迁入民以及迁移、迁入（immigration）的概念会让读者感到厌烦。因此，我们有时会用"迁移"来同时指代这两种情况，特别是在进行更宽泛或者更普遍的讨论时。[1]

10 　　然而，需要特别强调的是，人们越来越关注移民的长期合法居住权和工作状况，如关注他们是否获得了"绿卡"或者在护照上有无永久居住权的标志。当然同一个人也可能会时常希望回到祖国，即所谓"恋乡情结"。因此，移民停留的临时性或永久性或许可以从心理或精神层面得到更好的解读，而非从单纯的法律视角。正如赛义德（Sayad，1977，1991）和贝利等（Bailey et al.，2002）所言，移民有着"永久的暂时感"以及"暂时的永久感"。

　　另外一个关键性的区别是关于合法移民和无证移民的。合法移民指的是那些被目的地国政府（通常情况下）授权可以进入该国并可以在该国居住、工作的人。这项工作涉及大量不同的职位，每一个职位都有特定的权利。一种极端情况是，移民可能合法地进入了一个国家，但不被允许定居，他们被要求在很短的时间之后离开，并且没有携带家庭成员或使用公共服务的权利。另一种极端情况是，移民可以永久定居，并且被授予和公民相似的权利。这两种极端情况之间存在很多种可能性。事实上，莫里斯（Morris，2002）确定了英国合法移民的 25 种不同地位，她将其称为"社会分层"。相反，无证移民（也可以被称为非法移民、不正规移民、秘密的和未被授权的移民）指的是那些穿越国境线却没有被目的地国政府发现的人（经常被叫作偷渡者），或者那些签证逾期的逗留者。"合法"移民也可能会违反他们的工作条例，如超出签证允许的工作时间［安德森等称之为"半服从"（Anderson et al.，2006）］。

---

[1] 与此同时，美国的文献则更加经常使用"迁入民"和"迁入"。当我们讨论美国的文献时，我会保留这些词汇的用法。

在这种情况下，移民可能被认为是"非法"（半服从）的，并且面临被驱逐的残酷现实。被广泛使用的术语"非法移民"并不准确，因为个人可能会表现出技术形式的非法（如未经许可跨境或工作），但他们本身并不是不合法的。抛开它们的准确性，术语"非法移民"或"非法迁移"普遍被认为是贬义的。很多迁移研究者和移民坚称"没有人是不合法的"（Cohen，2003），也就是说，没有人可以处在法律之外。一大批非主流的标签被广泛使用，如不正规的、私密的、未被授权的，以及最近经常被使用的"使非法的"（illegalized）（Bauder，2014a；Hannan，2015），这强调了转变移民地位的过程。我们更偏好"使非法的"这一说法，但它并没有成为大多数学术界和迁入民广泛使用的术语。因此，*11* 在本书中我们将普遍使用"无证"这个词，因为它是许多移民很喜欢使用的术语，至少在美国、加拿大以及许多欧洲国家是这样的。[①]

迁移研究文献中对被迫迁移和自愿迁移进行了明确的区分，这也为讨论不同进入方式奠定了基础。值得强调的是，人们迁移的原因往往处在被迫和自愿之间，这导致严格区分被迫迁移和自愿迁移存在困难。但是，被迫迁移普遍被分为两类：一类是国际公约承认的寻求庇护者和难民的迁移，另一类是由于贫困和低收入而被迫进行的"经济迁移"。被迫迁移中的一个更深层次的区分反映了国内和国际的区别。国内流动人员（Internally Displaced Persons，IDPs）指在自己国家被迫迁移的人，然而寻求庇护者和难民必须跨越国界。1951 年，联合国发布的《关于难民地位的公约》（Convention Relating to the Status of Refugees），即《日内瓦公约》，起到了管理作用，但它不能完全决定谁能够获得保护，谁不能获得保护。这个公约于 1967 年得到修订，常被称为《纽约

---

① "无证"这个术语在欧盟官方政策报告中主要指那些丢失证件或证件被偷的人。他们与那些签证到期仍滞留的移民是不同的。

议定书》。

公约中（我们会在下文阐述）将寻求庇护者定义为，在异国寻求政治避难或难民身份并作为政治庇护者进入一个国家的人。他们可能在到达时申请了寻求庇护，从而作为寻求庇护者进入一个国家，或者他们可能在一个国家生活了一段时间，等情况有变时再请求庇护。他们可能会，也可能不会被某些特定国家的政府授予政治庇护者或难民的身份。寻求庇护是两种获得保护的方式之一，另一种是直接安置那些在到达之前就被附近政府或联合国难民署认定为难民的人。寻求庇护者和难民这两种迁移的方式可能会存在很大的差别。移民是否被授予难民身份或其他身份是一个政府根据其对《日内瓦公约》和《纽约议定书》的解读而定的。《日内瓦公约》对难民的定义如下：

> 由于 1951 年 1 月 1 日前发生的事件，以及来自种族、宗教、国家、特定社会团体和政党成员的有根据的被迫害的担心，处于自己国家以外以及不能或者由于此类担心不愿意接受自己国家保护的人；或者由于此类事件没有国籍的人和以往的习惯性住所位于国家之外的不能或者不愿回去的人。

除了上面的规定以外，难民或寻求庇护者有不被驱回权，也就是说，在缺乏"正当程序"的情况下，任何国家都不可以遣返一个"难民"去一个他害怕受迫害的国家（Goodwin-Gill，2014）。《日内瓦公约》在第二次世界大战的背景下产生，仅仅被用于 1951 年以前欧洲内部的人口迁移，因此它具有地理排外性，并且以"欧洲中心论、东方主义，甚至是对非洲人民的种族歧视"为基调（Hyndman，2000：11）。《纽约议定书》为 1951 年以后寻求庇护的人消除了这种地理排外性，但我们很难说这个协议的实施体现了自由并受到欢迎。2015 年 4 月，148 个国家认可了其中一种或两种法案（UNHCR，2015a），并且对于"难民"的定义在一定程度上取决于这些国家怎样理解《日内瓦公约》和《纽约议定书》。这种决心在很大程度上都取决于对"恐惧"的解释（Hyndman，2000；Goodwin-Gill，2014）。事实上，对于难民和寻求庇护者的定义是令人质疑的，实际案例的处理方式又与国际公约和国际法中的精确规定相背离。

尽管如此，如果一个人被确认为难民身份，并且正在依赖这个国家，原则上这意味着这个人和他的家庭会被授予同合法移民相似的权利（甚至可能有更多的权利），并且能享受到一定程度的社会援助。这些权利和援助可能涉及从法律援助到教育、住房等任何方面。然而，世界上大多数难民并不能享受到这些权利和援助，他们也没有资源使自己到达一个可以提供充足援助的富裕国家。因此，迄今为止，世界上最贫穷的国家（而不是最富裕的国家）中仍然有大规模的难民在城镇棚户区及类似的地方勉强维持生活，或者依靠难民营和其他"人道主义"机构（如联合国难民署）的慷慨救助而生存。

我们可以将"经济迁移"视为另一种形式的被迫迁移。人们可能会试图逃离贫穷、失业、低收入、慢性病、营养不良、慢性环境灾难（可能由人为因素引发，也可能是前述问题的原因或结果）。对于富裕国家的政府而言（或许并不仅仅是富裕国家），判定谁是或谁不是"真正的"寻求庇护者并非那么简单。鉴于在过去十年中欧洲等地的寻求庇护者避难申请成功率的下降以及许多富裕国家对国际难民公约的严格解读，在21 世纪初，那些不被认为是面临急迫且严峻的政治风险的人是很难被这些国家给予同情的（Papastergiadis，2006）。总而言之，那些因贫穷而被迫迁移的人在政府看来是"自愿"的，因而被称为"经济移民"。

"经济迁移"和"经济移民"这两个术语可能带有消极内涵和贬义色彩，也就是说，经济移民经常被认为是"更值得拥有的"难民。例如，在英国，当政府和公众认为某个移民是"经济移民"而不是"真正"的寻求庇护者时，他们会给他标上"虚假"寻求庇护者的标签。这引发的另一个重要问题是，国家政府是否应当或者怎样区分哪些人遭受了政治迫害，哪些人遭受了经济困境，特别是当后一种情况可能对富裕国家的政策产生影响时。

这个问题需要我们了解被迫迁移和自愿迁移之间的区别，以及高技术移民和低技术/低收入移民之间的关系。[①] 我们很容易将低技术移民和高技术移民分别对应为被迫迁移和自愿迁移，但是这种映射在很多情况下是错误的。

第一，社会学家一直以来都认为对于"有技术"和"缺乏技术"的概念没有一个全球公认的界定，因为没有人是"无技术"的（Gallie，1991）。事实上，移民通常拥有多种技能，只是在特定的时间和特定的区域不被迁入国政府或者公司所承认。从这个意义上来说，政府和公司对于"有技术"和"缺乏技术"的定义依时间和空间的不同而变化。尽管如此，许多国家仍将移民分为有技术的、缺乏技术的、无技术的，或者是在它们之间的任意程度。因此，所谓"高技术移民"（那些接受过中等或高等教育的人，包括医生、电脑工程师、护士和银行家）会与"低技术移民"（那些没有接受过中等或高等教育，或缺乏获得"高收入"工作所需要的专业素养的人）形成鲜明的对比。

第二，很多高技术移民的迁移被认为是"自愿"的，也就是说，他们渴望获得国际工作的经验，拓展新业务或与家人团聚等，而无数的低

_14_

---

① 我们不应该将高技术移民和"高收入"移民（如富有的移民企业家）混淆在一起，因为后者拥有前者不可能拥有的资源，包括购买公民身份的能力。

收入或低技术移民"被迫"面临不同程度的迁移，这取决于他们可用的经济选择。但是，仍然有许多高技术移民也在逃离政治迫害和贫穷，也有许多低技术或低收入移民会为了更高的工资、与家人团聚、寻求挑战或因以上几种原因的组合而迁移。所以在这种情况下，我们就需要舍弃技术与自愿迁移或被迫迁移之间的对应关系了。

不管是政府、媒体、学术界还是其他任何人对上述分类的应用，都说明迁移并不仅仅是移民的问题，因此我们将注意力转向一些关于移民、政府以及公民之间关系的问题和争论。我们讨论的目的并不是要让结论更具综合性，也不是让本书包含所有相关问题。我们的讨论更像是一个选择性阐述，目的在于为接下来的五章内容建立一个分析基础。第一个问题主要关注迁移的原因和结果。

1.2 关于迁移的关键问题和争论

1.2.1 迁移的原因和结果

人们为什么要迁移？是什么促使某种类型的迁移得以持续？"空间"对于这些问题的重要性如何体现？简言之，迁移的原因是什么？这 *15* 些问题不仅仅得到了学术界的关注。例如，富裕国家的政策可以部分解释国际迁移，这种政策往往在一个不公平的交易体系中得以体现，并且对贫穷国家的农民有不利影响。战争、环境压力以及经常性失业往往与富裕国家的政策有着直接或者间接的联系，同时也在塑造着不同的迁移模式。特定种类的迁移（如无证迁移）在一定程度上就是民族国家限制性迁入政策的产物。迁移原因还可以从某个民族国家或次国家区域的特定人群的文化、政治以及社会边缘化中找到，这种边缘化会促使人们进行国际迁移。迁移的原因也可以从联结不同地区的人的社会网络中找到，这个网络可能涉及家庭成员、寻求庇护者和学生，还可能涉及国家政策，这些政策渗透到个人迁出、招聘机构、走私者和人贩子等不同的迁移形式中。迁移的原因还可能存在于性别期望和性别压迫中，女性的迁移意愿可能来自家庭暴力的影响，男性迁移意愿可能来自"一个男人的责任"，如迁往意大利或者英国（King et al., 2006）的阿尔巴尼亚人有时会出现这样的情形。对于以上各种各样的原因，我们希望能够全部给予解释，不一定是因为它们导致了迁移，而是因为它们反映了一些社会问题和不合理的政策，正是这些问题和政策引起了我们的关注。

这些各种各样的原因不是孤立存在的，而是相互促进的。经过一个世纪以来的迁移研究我们发现，迁移的原因与迁移的结果是相关的。事实上，特别是在过去的 15 年中，许多关于迁移的学术研究开始转向迁移与发展的关系，现在被称为"人口迁移—发展关系"（Van Hear and Sorensen, 2003）。这不足为奇，因为在过去的 40 年间，至少是在富裕国家，政府一般将来自贫穷国家的低技术或低收入迁移视为一件"坏事"。政府在寻找各种方法来阻止低技术或低收入迁移。他们普遍认为"发展"（以工业化或者民主化的形式）会阻止这些人群的迁入。现如今，这个想法引起了激烈的争论，我们会在第二节中深入探讨这个争论。

16   ### 1.2.2　移民的就业问题

第二个关键问题就是移民与工作的关系。尽管寻求庇护者、家庭成员或者学生的迁移可能并不简单地是为了工作，而且在他们到达目的地后，他们也可能从未参与过雇佣劳动，但工作是移民生活的一个重要维度。因此，劳动力市场得到了政府、公民、移民和移民组织越来越多的关注。其中最受关注的就是移民所从事工作的特征。移民的工作多种多样，但是不管他们有什么样的技能，世界各地的很多移民都在农业、护理业、建筑业、采矿业和其他类似酒店、餐馆的服务业中从事着低收入和艰苦的工作。他们为什么从事这样的工作？他们在找工作时遇到了哪些障碍？一个简单的回答是他们缺乏必要的教育、素质或者技能去跟当地公民一起在劳动力市场竞争。更全面的回答可能涉及雇主的固有成见和种族歧视，这是一个明确的地理学特征。另一个较为完整的回答可能涉及移民在移民聚集区所掌握的关于获得特定工作的信息网络。

移民的工作通常都具有非法的属性，也就是说未受到政府监管，并且移民可能拿不到他们的工资或者像上文提到的那样，他们可能被支付很少的工钱，以至于难以维持生计，更不用说寄钱回家。是什么政策导致了雇主雇用无证移民现象的普遍存在？是否应该进一步出台政策去解决这个问题？这是一个关于迁移治理的问题。

1.2.3　治理迁移的矛盾任务

第三个关键问题是各级政府（国际、国内、市级和区级）以及他们各自管辖的市民对移民的看法和态度。我们将各级政府对移民和其他社会现象的管理称为"治理"。治理也经常被用于指私企和社会组织针对迁移所采取的措施，通常被叫作"迁移产业"。对于一些政府和公民来说，迁移是一个被鼓励的过程；对于另一些政府和公民来说，迁移又是被坚决抵制的，他们有时会耗费巨大的财力和社会成本去实施抵制。特别是对低收入移民的鼓励，或是对寻求庇护者和难民的接受（与外国学

17

生和高技术移民截然不同）会激怒许多公民和有本土主义倾向（即以公民为中心或民族主义）的媒体，但是也有重要的例外。比如，那些依赖低收入移民谋取高额利润的雇佣者对移民就持自由放任的态度。然而，对于移民问题的反应，不仅仅是有关政府的态度问题，或者不同社会利益群体的态度问题，它还是一个关系到某些区域、城市或者乡镇比其他地方更欢迎移民的复杂地理问题。举个例子，聚集了大量迁入民的地区比其他很少有国外出生居民的地区更愿意接纳移民，颠倒过来同样成立（Wright and Ellis，2000b）。这意味着政府治理处于未被承认的层面，也就是说，迁移、移民和亲移民的非政府组织（NGO）也制定移民政策。换句话说，政府还远没有实现对于移民的控制。

富裕国家政府一方面想要遵从《日内瓦公约》和《纽约议定书》以及其他区域（如欧盟）方针中关于难民的规定，另一方面又希望减少难民和寻求庇护者的数量。其中一个重要问题是难民和寻求庇护者日益升高的犯罪率，以及那些保护逃离迫害者的政策对他们的安全的影响。这种犯罪和安全性问题如今主要体现在离岸岛屿拘留中心以及其他类似的部分超越国家法律或国际法律管控的地方（Ong，2006；Mountz，2011）。尽管如此，认为这些政府没有积极寻求入境移民的假设可能是错误的。事实上，在 2007—2009 年全球经济危机之前，许多国家都对所谓"人才"进行全球搜索，这意味着他们在讨论怎样在吸引高技术移民的同时又能限制或者管理其他种类的移民。矛盾的是，政府同时也认识到了无证移民的重要作用，如他们会接受很多中产阶级公民不愿意接受的工作。平衡复杂目标的需求促使了"移民管理主义"和许多国际移民管理机构的产生，并且增加了对"全球流动体制"可能性的讨论。

贫穷国家的迁入政策在许多方面就是富裕国家的翻版。贫穷国家对迁出政策的关注丝毫不亚于迁入政策。这就是说，贫穷国家既要关注怎样保留高技术劳动力，又要关注如何出口低技术劳动力，以此来确保持续不断的汇款流和持续降低的失业率。然而，贫穷国家的移民管理部门也同样关注"过境移民"（transit migration）（我们会在第三章中讨论）、从国界线穿越过来的国际难民、大规模的乡城迁移以及低收入务工者向本国的迁移。

1.2.4　公民身份以及移民归属感的问题

最后一个问题是关于公民身份以及在有关公民身份和迁移方面的研究文献中被称为"归属感"的问题。许多移民（当然不是全部）最根本的愿望之一就是能在迁入国获得合法（或正式）的公民身份。每个民族国家、民族国家内的不同行政区，甚至是不同城市对于正式的公民身份都有不同的法律和政策。虽然在大多数国家公民身份并不容易获取，但也有一些国家的公民身份比其他国家相对容易获取，这取决于官方认可的种族和国家背景以及移民所拥有的其他特征（如钱财、技术、在该国的时间）。同时，迁入地不同层级的政府和公众也会持续考量移民的价值以及该不该给他们正式的公民身份。对于移民来说，获得公民身份仅仅是"融入"迁入国的一个环节。移民还会被影响实质性的公民身份的问题所困扰。实质性的公民身份与迁入民的日常生活息息相关，它对家庭事务、居住、就业、上学、就医以及参加相关组织和活动、寻求高质量的法律咨询等都有影响。来自这些方面的挑战也会因种族主义或者来自各种国家组织、公民甚至其他移民的某种文化期待而加剧。实质性的公民身份也与"归属感"有关。尽管移民身份相对于公民、其他迁入民和留在家乡的同胞来说会不断变化，但它们却被与起源地国家、区域、乡村和其他维度的差异，如年龄、性别、宗教和肤色影响着，塑造着，在定居地表达这种身份的能力是许多移民尤为关心的问题，同时，很多移民也希望融入迁入国多数居民的文化、政治及社会实践活动中。尽管公民身份的表达仅仅是个人问题，政府和媒体都不会给予很多关注，但管理多样性事物（也就是管理人们的文化、政治和宗教认同），调节移民、公民、经济发展和本土政治制度以及政党之间的关系，却是政府认为有必要做的事情。

1.3　移民的全球趋势与预估模式

在最新版的《迁移时代》（*The Age of Migration*）中，卡斯尔斯等（Castles et al., 2014：16）指出了与当代迁移有关的六种总体趋势。[①]第一，迁移的全球化，或者更好的说法是多样化，即越来越多的国家参与到迁移活动中，导致多样化的移民背景。然而，全球 67% 的移民集中在仅仅 20 个目的地国家，并且三分之二的国际移民生活在欧洲或者亚洲（UN, 2016；另见 Czaika and de Haas, 2014）。此外，美国是大约 19% 的全球移民的家（约 4700 万人），接下来是德国（约 1200 万人）、俄罗斯（约 1200 万人）、沙特阿拉伯（约 1000 万人）。第二，迁移流方向的改变，包括向海湾国家迁移的人数的增多，如科威特、沙特阿拉伯或阿联酋。第三，迁移的分化，即前文提到的多样化的进入方式。第四，迁移转换的扩散，换句话说就是一些长期的迁出国，如多米尼加共和国、波兰、韩国和土耳其，已经变成了中转国[②]或成为有更多永久迁入民的国家。第五，"迁移女性化"，或者说女性迁移的比例比男

---

① 我们会注意到，对于其中一些趋势，卡斯尔斯等（Castles et al., 2014）没有指出时间框架，所以任何读者都应该询问这种趋势开始的精确时间。
② 中转国是移民为了进入另一个难以直接到达的国家而借道的国家。它与移民政策有关，因此作为分析类别被广泛批评。

性高。第六，迁移逐渐政治化，这意味着移民成为全球和国家政治争论的中心。

为了让读者大致了解居住在出生地国家之外的移民数量，我们只关注以上几种趋势中的前两个，即迁移的全球化以及迁移流方向的改变。这两个趋势也是迁移理论试图解释的迁移模式，我们将在第二、第三章中进行详细讨论。为了提供一些关于迁移全球化的概述，我们需要一些现有的依附于"方法论民族主义"框架下的数据，这意味着，这些数据是基于国家层面而收集的。这些数据应该有存量（用来描述某些国家特定时间的移民数量）和流量（一般称为单方向的有证移民）。有关一些相对贫穷的国家的数据可能是错误的，并且值得关注的是，这些迁移的数据可能不一致。各个国家对于迁移的测量尺度，以及判定谁是移民谁是迁入民的标准是不同的，而且同一个国家在不同的年份或者由不同的政府执政，其判定标准都是不同的。然而，数据的不一致问题还是广遭批判。一些国际组织，如欧盟数据中心（EUROSTAT）、国际移民组织（IOM）、经济合作与发展组织（OECD，以下简称经合组织），以及联合国都已经意识到了数据的不一致问题，并且致力于提供合理的回流移民数据以及修正国家层面上收集到的不一致的数据（UN，2012）。

从这些数据可以看出，全球移民数量从 2000 年的 1.73 亿～1.76 亿增长至 2015 年的 2.44 亿。由于收集数据的目的不同，我们可能会将大量的难民和寻求庇护者包括在内。截至 2014 年年底，全球大约有 1950 万难民和 180 万寻求庇护者，并且留学生的数量达到了空前的 3820 万（UNHCR，2015b；UN，2016）。但总体上，2015 年移民"仅仅"占全球人数的 3.2%（UN，2016），这意味着移民占全球人口的百分比从 1960 年开始保持相对稳定的态势（Czaika and de Haas，2014）。尽管如此，我们也要更深入地探索一下这些统计数据。

表 1.1 提供了移民绝对数量和移民相对数量排名前 30 的经合组织 ①
国家（或地区）及非经合组织国家（或地区）的粗略对比。该表的内容
也通过图 1-1 得以进一步呈现。表 1.1 和图 1-1 不包括难民、寻求庇护
者和无证移民。令人吃惊的是，如之前所述，大量的移民居住在海湾国
家（特别是阿联酋、科威特和沙特阿拉伯）及其邻国（伊朗和约旦）。
移民所占比重同样值得关注（注意卡塔尔、科威特、巴林和阿曼）。如
果欧洲和北美被看作高移民比例地带，那么中国香港和新加坡的情况也
类似，因为那里有近 40%～50% 的人被视作移民。

表 1.1　拥有移民绝对数量和移民相对数量排名前 30 的迁移目的的国家（或地区）

移民绝对数量最多的前 30 名国家（或地区）（2015）			移民相对数量最多的前 30 名国家（或地区）（2015）		
国家（或地区）	数量（百万人）	占总人口的百分比	国家（或地区）	占总人口的百分比	数量（百万人）
美国	46.6	14.5	阿联酋	88.4	8.1
德国	12	14.9	卡塔尔	75.5	1.7
俄罗斯联邦	11.6	8.1	科威特	73.6	2.9
沙特阿拉伯	10.2	32.3	巴林	51.1	0.7
英国	8.5	13.2	新加坡	45.4	2.5
阿联酋	8.1	88.4	阿曼	41.1	1.9
加拿大	7.8	21.8	约旦	41	3.1
法国	7.8	12.2	中国香港	38.9	2.8
澳大利亚	6.8	28.2	黎巴嫩	34.1	2.0
西班牙	5.9	12.7	沙特阿拉伯	32.3	10.2
意大利	5.8	9.7	瑞士	29.4	2.4

① 经合组织是一些富裕国家的组合，但也包括那些已经进入欧盟的东欧国家以及一些
所谓"中等收入"国家，包括墨西哥和土耳其。我们认识到根据这个标准下定义或将国家
分类所存在的问题。正如我们在本节开头暗示的那样，也许全面记录国家数据和将国家分
为穷国和富国的行为应该得到避免。我们将把这个问题留给读者。

续表

移民绝对数量最多的前30名国家（或地区）（2015）			移民相对数量最多的前30名国家（或地区）（2015）		
国家（或地区）	数量（百万人）	占总人口的百分比	国家（或地区）	占总人口的百分比	数量（百万人）
印度	5.2	0.4	澳大利亚	28.2	6.8
乌克兰	4.8	10.8	以色列	24.9	2.01
泰国	3.9	5.8	新西兰	23	1.0
巴基斯坦	3.6	1.9	加拿大	21.8	7.8
哈萨克斯坦	3.5	20.1	哈萨克斯坦	20.1	3.5
南非	3.1	5.8	奥地利	17.5	1.5
约旦	3.1	41.0	瑞典	16.8	1.6
土耳其	3.0	3.8	塞浦路斯	16.8	0.2
科威特	2.9	73.6	爱尔兰	15.9	0.75
中国香港	2.8	0.1	加蓬	15.6	0.29
伊朗	2.7	3.4	爱沙尼亚	15.4	0.2
马来西亚	2.5	8.3	德国	14.9	12.0
新加坡	2.5	45.4	美国	14.5	46.6
瑞士	2.4	29.4	挪威	14.2	0.74
科特迪瓦	2.2	9.6	克罗地亚	13.6	0.58
阿根廷	2.08	4.8	拉脱维亚	13.4	0.26
日本	2.04	1.6	英国	13.2	8.5
以色列	2.01	24.9	西班牙	12.7	5.9
黎巴嫩	2.0	34.1	比利时	12.3	1.4
			利比亚	12.3	0.77

数据来源：作者收集自联合国人口司《国际迁移2015》（*International Migration 2015*）。在移民相对数量排名前30的国家（或地区）中，比利时和利比亚并列第30名

23

图 1-1 移民绝对数量排名前 30 的经合组织国家（或地区）及
非经合组织国家（或地区）的对比图

24   表 1.2 提供了 2010—2013 年部分经合组织国家的移民（国外出生
人口）绝对数量。大多数经合组织国家（西班牙是一个例外）的移民数
量从 2007 年开始大幅增长。表 1.3 基于三个时段的平均值，展示了主
要欧洲国家（和加拿大）移民相对数量（国外出生人口占总人数比例）
的变化，大约与 2008 年金融危机前后一致。表 1.3 的内容通过图 1-2
得以进一步呈现。表 1.3 和图 1-2 表明，在大多数被选国家中，除了

爱沙尼亚和捷克共和国，与2003—2007年相比，移民占比在2008—2012年呈上升趋势，尽管2008年发生了金融危机。

表 1.2　2010—2013 年部分经合组织国家移民（国外出生人口）
绝对数量（单位：千人）

国家	2010	2011	2012	2013
澳大利亚	5994	6029	6209	6392
奥地利	1316	1349	1365	1415
比利时	—	1644	1690	1725
加拿大	6778	6933	6914	7029
捷克共和国	661	669	—	745
丹麦	429	442	456	476
芬兰	248	266	285	304
法国	—	7358	—	—
德国	10591	10689	10918	10490
希腊	—	751	730	—
匈牙利	451	473	424	448
爱尔兰	773	752	—	754
以色列	1869	1855	1835	1821
意大利	—	5458	5696	—
卢森堡	189	215	226	238
墨西哥	961	—	974	991
荷兰	1869	1906	1928	1953
新西兰	1013	1041	1066	1261
挪威	569	616	664	705
葡萄牙	669	872	—	—

国家	2010	2011	2012	2013
斯洛伐克共和国	—	—	158	175
斯洛文尼亚	229	272	300	331
西班牙	6660	6738	6618	6264
瑞典	1385	1427	1473	1533
瑞士	2075	2158	2218	2290
英国	7056	7430	7588	7860
美国	39917	40382	40738	41348

数据来源：作者收集自经合组织（2012，2013，2014，2015）。以下国家出现在经合组织的国际移民系列报告体系的报告中，但是为国外出生人口的年度数据：保加利亚、智利、爱沙尼亚、日本、韩国、立陶宛、波兰、罗马尼亚、俄罗斯联邦、土耳其

表 1.3　部分经合组织国家移民（国外出生人口）数量占总人口百分比平均值对比表
（2003—2007，2008—2012，2015）

国家	2003—2007 平均值	2008—2012 平均值	2015
澳大利亚	24.2	26.5	28.2
奥地利	14.5	15.7	17.5
比利时	12.1	14.5	12.3
加拿大	18.7	19.7	21.8
捷克共和国	5.3	6.7	3.8
丹麦	6.5	7.7	10.1
爱沙尼亚	17.1	14.9	15.4
芬兰	3.4	4.7	5.7
法国	11.2	11.7	12.1
德国	—	12.6	14.9
匈牙利	3.3	4.3	4.6

续表

国家	2003—2007 平均值	2008—2012 平均值	2015
爱尔兰	12.8	16.7	15.9
卢森堡	36.2	40.8	44
荷兰	10.7	11.2	11.7
新西兰	20.3	23.2	23
挪威	8.4	11.7	14.2
西班牙	11.1	14.4	12.7
瑞典	12.6	14.7	16.8
瑞士	23.9	26.8	29.4
英国	9.4	11.5	13.2

数据来源：2003—2007 年和 2008—2012 年数据来自经合组织（2015）；2015 年数据来自联合国（2016）

表 1.4 展示了部分国家 1960—2015 年的净迁移量（迁入减迁出）。我们注意到，德国、土耳其和美国在 2010—2015 年的净迁移量位居前列。然而离开中国、印度和西班牙的人要比进入这些国家的人多。

表 1.5 展示了 22 个难民迁入数量最多的国家。全球难民的分布非常不均匀。2014 年年末，全世界三分之一的难民仅仅分布在三个国家（巴勒斯坦、约旦、黎巴嫩）。表 1.5 中前 10 位的国家囊括了全球 57% 的难民。一些国家在这个名单上出现了很久，巴基斯坦和伊朗数十年都拥有大量的难民。联合国难民署把难民数量超过 25000 个且被流放时间超过 5 年的状态称为"长期难民状态"。全球大约有 640 万难民生活在这种长期流放的状态。尽管黎巴嫩数十年来一直在接收巴勒斯坦难民，但当叙利亚人大量涌入后，难民人数才开始显著增长。当前，超过四分之一的黎巴嫩人口是难民。

27

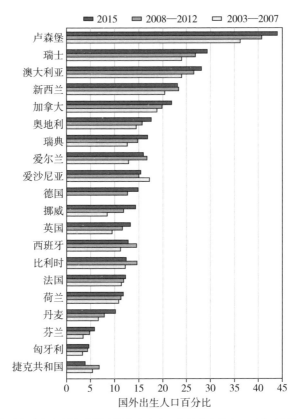

图1-2　部分经合组织国家移民（国外出生人口）数量占总人口百分比平均值对比图
（2003—2007，2008—2012，2015）

28　　　　　　　　　表1.4　部分国家1960—2015年的净迁移量（迁入减迁出）

国家	1960 — 1965	1965 — 1970	1970 — 1975	1975 — 1980	1980 — 1985	1985 — 1990	1990 — 1995	1995 — 2000	2000 — 2005	2005 — 2010	2010 — 2015
阿富汗	-20	-20	-20	-1117	-3418	-1484	2227	-379	804	-677	473
安哥拉	-135	-201	-81	11	234	-150	143	-127	173	85	102
澳大利亚	383	853	264	236	456	666	351	378	575	1133	1023
巴西	0	0	0	0	0	0	0	0	0	0	16

续表

国家	1960—1965	1965—1970	1970—1975	1975—1980	1980—1985	1985—1990	1990—1995	1995—2000	2000—2005	2005—2010	2010—2015
智利	-34	-43	-52	-51	-37	8	63	72	94	139	201
中国	-1059	-13	-1113	-428	-258	-154	-824	-507	-2144	-2202	-1800
埃塞俄比亚	-20	-42	-60	-2025	250	780	1445	-156	-83	-50	-60
法国	1467	416	805	147	268	482	303	189	739	481	332
德国	667	918	714	289	0	1711	3233	744	1	32	1250
印度	-85	-245	2118	1132	483	45	-678	-717	-2206	-2829	-2598
意大利	-232	-232	19	165	266	-10	153	224	1624	1006	528
约旦	36	254	-30	-81	82	118	401	-188	-94	450	230
利比亚	46	48	59	58	113	5	4	9	-12	-82	-502
墨西哥	-411	-620	-900	-1212	-1519	-1536	-1303	-1845	-2841	-410	-524
波兰	-10	-143	-171	-107	-82	-459	-241	-244	38	5	-74
韩国	-281	-389	-450	-165	317	435	-633	-293	229	405	300
俄罗斯联邦	-1394	-551	-290	640	1107	907	2520	2308	1735	2157	1118
南非	115	201	232	73	175	-133	805	159	1072	1403	600
西班牙	-194	-146	97	77	-43	-68	319	896	2829	2250	-593
泰国	0	0	403	287	342	514	-808	696	1103	-859	100
土耳其	-259	-320	-315	-368	-78	-150	-200	-150	-100	-50	2000
阿联酋	38	54	245	391	176	261	327	484	1180	3493	405
英国	143	-85	106	39	-97	99	205	499	968	1524	900
美国	959	1495	2840	3873	3279	3686	4569	8692	5149	5070	5008

数据来源：作者收集自联合国（2016）

30

表 1.5　2014 年 12 月 31 日最重要的难民宿主国（按难民占总人口的比例）

国家	难民人数	占总人口的百分比
巴勒斯坦（西岸和加沙）	2051096	45.2
约旦	2771502	37.4
黎巴嫩	1606709	28.6
乍得	452897	3.3
南苏丹	248152	2.1
土耳其	1587354	2.0
伊朗	982027	1.3
肯尼亚	551352	1.2
喀麦隆	226489	1.0
乌干达	385513	1.0
也门	257645	1.0
阿富汗	280267	0.9
伊拉克	271143	0.8
巴基斯坦	1505525	0.8
埃塞俄比亚	659524	0.7
苏丹	244430	0.6
法国	252264	0.4
埃及	236090	0.3
德国	216973	0.3
俄罗斯联邦	235750	0.2
美国	267222	0.1
中国	301052	0

　　数据来源：难民数据来自联合国难民署的《2014 年统计年鉴》（2015）和联合国近东巴勒斯坦难民救济和工程处（2015）。2014 年总人口数据来自联合国《2015 年世界人口展望》（2016）

最后，表 1.6 提供了一些学生迁移的数字，或者目前被称为国际学生流动性的数据。从 2001 年到 2014 年，跨国学生的人数从 210 万增长到 450 万，增长了一倍多。学生集中分布在富裕国家（大约占全部 *31* 国外学生的 62%，较 2001 年的 85% 有降幅）以及讲英语的国家，依次为美国、英国、澳大利亚、加拿大和新西兰（占全球总数的 45%，2001 年为 42%）。在中国留学的学生人数也增长很多（8%，2001 年不到 1%）。这种现象可以从学习英语的热情、这些国家高等院校较高的教学质量，以及个人向往的更好的就业和定居前景三个方面得到解释。美国拥有数量最多的留学生（大约 974000），但他们仍仅占美国学生总人数的 5%（英国约 22%，澳大利亚约 21%）。东亚和太平洋地区的国家现在拥有大约 75 万留学生，但送出了大约 100 万学生去留学。在富裕 *32* 国家留学的大约三分之二的学生来自贫穷国家，中国和印度出国留学的学生占据全球留学生的 44%，韩国和沙特阿拉伯分别送出了占全球总数 6.5% 和 6.1% 的留学生。

表 1.6 2001 年和 2014 年高等教育中拥有国际学生比例最高的国家

2001	占全球总数的百分比 1	来留学的国际学生数量 2	2014	占全球总数的百分比 1	来留学的国际学生数量 1
美国	28	475169	美国	20	974926
英国	11	225722	英国	11	493570
德国	9	199132	中国	8	377054
法国	7	147402	德国	7	301350
澳大利亚	4	120987	法国	6	298902
日本	3	63637	澳大利亚	6	269752
西班牙	2	39944	加拿大	5	268659
比利时	2	38150	日本	3	139185

2001	占全球总数的百分比 1	来留学的国际学生数量 2	2014	占全球总数的百分比 1	来留学的国际学生数量 1
荷兰	—	16589	荷兰	—	90389
新西兰	—	11069	新西兰	—	46659
丹麦	—	12547	丹麦	—	32076
挪威	—	8834	挪威	—	25660
墨西哥	—	1943	墨西哥	—	12789

数据来源：美国国际教育协会（2015）；经合组织（2016）
1：来自美国国际教育协会
2：来自经合组织

从上文中我们可以看到有关迁移的数值的意义，但是离开那些插图我们很难说清那些数值的变化趋势。19 世纪末 20 世纪初存在着部分无证迁移甚至是令人意外的迁移，如威尔士人和黎巴嫩 - 叙利亚人迁移至阿根廷，印度人迁到斐济，日本人迁往秘鲁。然而有数据表明，特别是在第二次世界大战以后的富裕国家中（可能除了澳大利亚），移民的来源国呈现多样化趋势，而他们所去的目的国的范围却变窄了（关于这一点，比较 Faist，2008 和 Czaika and de Haas，2014）。从 20 世纪 50 年代到 20 世纪 80 年代，目的地是富裕国家的大多数移民可能都会被贴上"后殖民主义"或者"新殖民主义"的标签（Samers，1997b），包括那些从欧洲以前的殖民地或者受美国政府利益主导或控制的国家或地区，如多米尼加共和国、墨西哥和波多黎各，迁移到以前作为殖民权力中心的北欧和西欧的人们。20 世纪末 21 世纪初，迁入富裕国家的移民来自许多国家。例如，史密斯（Smith，2005）曾说：20 世纪 20 年代，洛杉矶和纽约有 24 种不同国籍的移民，而现在大概有 150 种。意大利和黎巴嫩有菲律宾人，利物浦和明尼阿波利斯有索马里人，伦敦有阿尔及利亚人，巴黎有斯里兰卡人，阿联酋有韩国人，这些都是后殖民迁移或与过去殖民无关的迁移的例子。然而在某些情况下，这种多样性会被夸大或误解。例如，洛杉矶，它可以被看作多种族的范例城市，但是考虑到墨西哥移民在洛杉矶所有移民中所占的高比例，它的多样化程度要远低于伦敦或者纽约（Benton-Short et al.，2005；Price and Benton-Short，2008）。图 1-3 展示了 2015 年前后世界上"国外出生定居者"最多的 19 个城市。

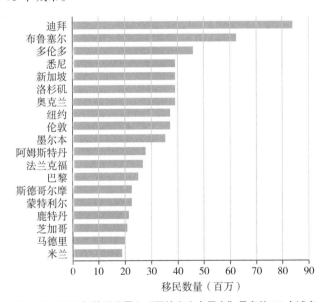

33

图 1-3　2015 年前后世界上"国外出生定居者"最多的 19 个城市

数据来源：国际移民组织（2016）：《2015 年国际迁移报告》《移民和城市》《流动性管理新合作》

　　到此，我们对不同种类的迁移、基于国家统计数据的迁移模式以及迁移的多样性进行了相当全面的描述。接下来我们将对社会的基本结构单元（它更广泛地被运用于人文地理学和社会学）进行必要的讨论。这些将作为本书的讨论基础，并最终用来解释关于迁移的许多问题。

34 ## 1.4 社会理论、空间概念和迁移研究

1.4.1 社会理论和迁移研究

对于许多社会科学家来说，结构（structure）、制度（institutions）、主体（agents）和社会网络（social networks）等概念为"社会理论"提供了最基础的常规元素。这其中最受争议的是结构。人们对结构至少有两种理解。在所谓"结构主义者"（structuralist）或者"功能主义者"（functionalist）看来，结构与房屋骨架类似，而像吉登斯（Giddens，1984）所说的"事件"则是"人类行为的外在表现"（p.16）。因此，结构被认为能约束或刺激某些人类行为。结构也被认为是可以使人们在社会和空间维度上持续地处于其所在位置的东西。对于结构的这种理解最早可以见诸 20 世纪 70 年代较"粗糙的"马克思主义和新马克思主义著作中，同时 20 世纪 90 年代关于"全球化"的早期研究中也有涉及。以前（现在也有一些）有趋势认为，"全球化经济"或者"全球资本主义"（全球化经济中更为关键的术语）是一种对社会中的民族国家、制度、群体和个人具有压制或者限制作用的结构。然而，许多观察者认为这是将"全球经济"或者"全球化"具体化了。换句话说，结构主义者将因果力量归因于事实上不存在且没有因果力量的抽象概念（如"全球化经济"）（Gibson-Graham，1996；Massey，2005）。当然，人文地理学和社会科学的一些分支也拥有它们自己对结构的理解，如女性主义文学以及它们的"男权主义"概念。

无论如何，在对具体化的批判中，社会学家安东尼·吉登斯（Anthony Giddens，1984）提出了对于结构的第二种不同理解。他将结

构理解为塑造社会行为的"规则和资源"的联合体（p.25），并且这种结构不仅仅限制社会行为，还对这些社会行为具有能动作用（Cloke et al.，1991：98）。因此，在他的"结构二重性"理论中，吉登斯坚持认为"社会系统的结构特性既是其组织实践活动的媒介，也是实践活动的结果"（1984：25）。他的意思是，结构限制并驱动着社会行为，然而社会行为也塑造着结构（如规则和资源）。这种"结构的二重性"构成了吉登斯"结构化理论"的重要内容。这个理论即使不能作为解释迁移的结果和过程的方法，但至少可以作为一种理解迁移原因的方法。对此，我们将会在第二章中进行更深入的探讨。

35

对于上面关于"全球化经济"或者"全球资本主义"的观点，我们将谨慎地认为：一方面，"全球资本主义"是一组具有相对固定结构的力量，这组力量促使人们从贫穷国家迁移到富裕国家；另一方面，"全球化经济"本来就是由制定规则和控制资源的制度、个人和社会网络所组成的。①

第二个经常被用于社会科学中的概念是制度。制度可以是组织，如英国内政部、美国国土安全部、美国能源部、联合国难民署、移民组建的"家乡协会"、一所学校、一个难民求助中心、雇主招聘机构，或任何类似的组织。为了行使权力，控制政策领域和人民，这类机构设置了一系列的规程和技术理性程序——也就是社会哲学家米歇尔·福柯（Michel Foucault）所说的"技术"或"权力的技术"（Foucault，1977）。然而制度可能还包括相对不易被感知到的实体，如婚姻、家庭、住户和其他形式的社会安排。这就引出了我们关注的第三种社会概念，即主体。它指的是人类群体（如西班牙小镇的摩洛哥迁入民）和个体（某个特

---

① 也许那些对于批评"全球资本主义"的观点或概念比较反感的不那么激进的学者，可能会将其称为富裕国家和贫穷国家之间的"不对等关系"。

定的移民）。这与社会科学中其他的"主体"概念不同（Fuller，1994；
Murdoch，1997），但在本书中我们将采纳这一概念。我们认为，主体
并不是"预先形成的"，而是由结构和制度塑造的，并且在同其他主体
的联系中发展。这里的主体并不能被理解为被动的"结构决定论的受骗
者"（Cloke et al.，1991：97）。也就是说，他们有个人或者群体所具
备的能力、行为和实践。他们能够行使权力来塑造结构、制度、其他主
体和社会网络。然而，不同主体（也就是移民和移民群体）通过行使不
同形式的权力来控制、运用和对抗结构、制度和其他主体的程度如何，
是我们要在本书中讨论的一个问题。

36 社会网络这一概念在社会科学中非常流行，尤其是在迁移研究中，
它常被作为解决"二元性"问题（如全球 / 地方、宏观 / 微观）的方法，
从而把结构、制度和主体联系起来，同时它也有助于加深我们对迁移和
迁入的理解。戈斯和林德奎斯特（Goss and Lindquist，1995）认为，
社会网络通常是指人际互动网，一般包括亲属、朋友或者其他组织，这
些组织是通过作为传递信息、影响和资源流动管道的社会经济活动而形
成的（p.329）。这样的网络呈现出许多不同的形式，如亲属关系、不同
组织机构间的关系、组织机构和个人间的关系，以及距离很远但他们的
知识却与网络运作息息相关的个人之间的关系。此外，这些网络可能是
官方的或者非官方的、可见的或者隐性的、长距离的或者当地的，并且
可能包括"弱联系"（Granovetter，1973）或"强联系"。它们也可能
包括权力上的对称和非对称关系（网络里个人的权力不平等）。它们可
能会因为增加了移民的"社会资本"①而提供有益于移民的福利，也可
能因阻碍移民介入其他网络、机构和市场等而损害移民的福利。尽管如

① 社会资本被认为是一种资源，它们可能会也可能不会由持久的个人与机构之间的社
会网络提供。我们会在第二章中深入讨论这个问题。

此，社会网络或者更确切地说迁移网络（Boyd，1989；Massey et al.，1987；Portes and Sensenbrenner，1993）的概念，被批判为一个"混乱的概念"（Sayer，1984），一个掩盖了其所能揭示内容的含糊的概念。同时，这种网络的结构和运作被不恰当地理论化了，其原因至少有以下两个方面：第一，它忽略了重要的主体和组织机构，如雇主和人才招聘机构（Goss and Lindquist，1995；Krissman，2005）。第二，社会网络或者移民网络已经成为社会学中理解迁移的主要方式，这会使空间丧失重要性。换句话说，人们可能会认为，移民能和全世界联系，而不受距离和边界的阻碍。正是由于这个原因，我们现在将注意力转到一些空间的概念上。

1.4.2 空间概念和迁移研究

正如我之前在引言部分谈论的那样，我们之所以开展此类工作，就是为了应对迁移研究中缺乏严谨性而具批判性的"空间思考"这一现象。我们尤其对由两个看似相对的概念所导致的"空间困境"产生了兴趣。一方面，将国家作为分析移民的出发点或基本视角存在问题，这又被称为"嵌入式民族国家主义"（Taylor，1996）、"地域陷阱"（Agnew，1994），或者现在更常见的"方法论民族主义"（Beck，2000b；Wimmer and Glick-Schiller，2003；Favell，2015）。"方法论民族主义"是指正在进行的从"民族国家"角度看待社会过程的学术实践。然而十多年来全世界对这个视角进行了批判。另一方面，用"方法论跨国主义"来解释迁移存在缺陷（见 Harney and Baldassar，2007），也就是说，强调"人或机构跨越国家边界的多重联系和相互作用"（Vertovec，1999：447）。虽然它们并不是对立的，但毫无疑问的是，转向这种跨国主义的观点部分地反映了对"方法论民族主义"的不满。不幸的是，20 世纪 90 年代，如雨后春笋般出现的关于跨国主义的学术著作并没有充分地定义"国家"意味着什么（Vertovec，1999；Portes et al.，1999），也没有解释清楚"超民族主义"或者"地方主义"是如何塑造迁移和迁入的。[①] 显然，我们所需要的是一个更加复杂的由"方法论民族主义"或"方法论跨国主义"提供的处理空间的方法。一种解决方式可能是结合地域和网络两方面考虑（Jones，2009；McCann and Ward，2010）。当然，用于解决这些争论的问题部分源于社会科学家希望找到用于理解迁移的空间概念的愿望（Leitner et al.，2008）。本书认为这种努力还未见成效。与此相反，我们需要许多空间概念来理解迁移。接下来，我们将探讨"空间"的部分含义，并列出了五种空间概念，它们是理解迁移问题的基础。它们是：地方、节点、距离摩擦、地域和地域性、尺度和等级。

38 **1. 空间的部分含义**

同其他的地理概念一样，"空间"的思想是灵活且受争议的（Massey，2005）。关于"空间"的本质，最简单却又最重要的一点也许就是，离开了社会背景就无法理解空间的含义。简言之，空间本身并没有意义，我们应该强调"社会—空间"关系（Soja，1989），即空间和社会是如何相互影响的。著名的空间理论家亨利·列斐伏尔（Henri Lefebvre，1974，1991）发表了著名的空间三重合一思想，即空间包括"空间实践""空间表征"和"表征空间"（p. 33）。我们更关心后两种。空间表征指的是"空间"是由建筑师、政府官员、城市规划师，当然还有书中提到的移民构建的。与此相反，表征空间指的是人们对于空间的

---

① 一个与其他明显不同的例子就是史密斯（Smith，2001）。

生活性理解，如移民的本土空间（Delaney，2005）。这种对于空间的本土化理解将我们带到了"空间"与"地方"的联系上。

2. 地方与迁移

对于人文地理学家而言，空间是相对于地方更加抽象和"空"的概念（Cresswell，2004）。举个例子，如果我谈到"迁入的监管空间"，这可能不会引发读者强烈的情感共鸣。但是，如果我问一个寻求庇护者关于他在收容中心的生活，比如说英国剑桥郡奥金顿收容中心，这个特定的收容中心就成为一个有生活经历的"地方"，一个有意义的场所。但是"地方"同时也可能是一个必需品（如食品、衣服和住所）的供应地。城市和村镇、社区和工作场所、咖啡馆和公园都是"地方"的例子，这些地方既包含了生活性的、有意义的经历，同时也提供了必需品。从这个意义上来讲，将"地方"视为更本土化的"事物"或者是比空间"更小的范围"就很平常了（Cresswell，2015）。在本书中，我们接受这种对"地方"的定义（相比"空间"的定义），尽管它不是被所有人接受的，甚至是不确定的（Massey，2005）。的确，我们必须谨慎地使用"地方"这一概念，因为认为"地方"总是包含理想经历、*39* 美好回忆或者安全、稳定、支持和包容关系的想法是危险的（Harvey，1996；Massey，2005）。上面提到的英国剑桥郡奥金顿收容中心的例子可能就是一个为寻求庇护者提供支持性关系的地方，但它却不是一个拥有理想经历和美好回忆的地方。尽管如此，马西（Massey，1994）曾指出，"地方"可能是多样性的、世界性的，并且对"外来者"（如迁入民）开放的，或者它们是具有"排他性"的，并且把一些人当作外来者（Sibley，1995；Cresswell，2004）。

3. 节点与迁移

第二个与"空间"（或者"地方"）相关的概念是"节点"。如同大量关于网络的文献所指出的那样，节点组成了"流动空间"的部分网络（Castells，1996：410-418）。网络和节点构成了基于"流"的全球社会的基础元素，这一观点已被证实非常流行。例如，沃伊特-格拉夫（Voigt-Graf，2004）研究和"刻画"了澳大利亚和其他地方的印度跨国社区的生活，他认为不考虑网络和节点就无法理解"跨国空间"。沃伊特-格拉夫认为，节点就是"通过各种'流'联系起来的国家、区域或者地方"（p. 29）。一个节点可以是一个"文化源地"，即一个"移民最初发展文化"的区域（p.29），如位于西北印度的旁遮普。[①]节点也可以是一个跨国社区的"新中心"，如悉尼，那里集中了澳大利亚近一半的旁遮普人。最重要的一点是，这些节点不仅是遍布全球的移民网络或者轨迹的一部分，同时也是真实复杂的"地方"（城市、村镇、社区等），在这里，移民成长，工作，找房子，遭受种族歧视，生儿育女并且建立社区。

卡斯特尔（Castells）认为，社会表面上是网络和节点的无缝连接。尽管这一观点非常流行，但我们认为仍需对这种流动性隐喻保持批判，尤其是考虑到低收入移民的情况。低收入移民可能像他们富裕的同胞一样构成迁移网络，但像我们引言开头所说的那样，各国政府会使某些形式的迁移变得困难重重，尽管他们也促成了这些迁移。

4. 距离摩擦与迁移

"距离摩擦"指的是"克服距离障碍的时间和成本"（Knox and Marston，2007：25），它看起来已经被迁移研究忽略掉了，这一点不

---

① 沃伊特-格拉夫提醒我们，这并不意味着"文化"在时空中会固定不变。

足为奇。这可能是因为交通工具（飞机等）和通信技术（互联网、电子邮件、电话）的创新明显降低了成本，缩短了时间，也因为移民似乎经常跨越遥远的距离。然而，没有理由假定全世界的移民都是这样的，或者交通和通信成本比移民的收入和其他开支低。在过去十五年中，能源成本的波动说明了"克服距离"的问题是不会消失的。此外，技术不能决定迁移（Czaika and de Haas，2014）。

当然，仅仅用距离来解释迁移模式是困难的（如 20 世纪 60 年代印度尼西亚摩鹿加群岛移民在荷兰定居，就是因为印度尼西亚曾是荷兰的殖民地，尽管两地相隔半个地球的距离）。但是，这可能有助于解释大量的印度尼西亚女性在马来西亚和新加坡的中产阶级家庭中做家政，大量乌克兰人在波兰跨境工作，或者波兰移民在德国工作这些现象。因此，"距离不再重要"的观点需要通过仔细的比较分析和区分不同种类的移民而被重新审视。也许与主流观点相反，地理不是历史（Graham，2002）。

5. 地域、地域性与迁移

第三类空间概念是地域和地域性（Sack，1986）。简单来说，斯托里（Storey，2001）认为，"地域"指的是"被个人或者人类群体宣告主权或者占据的地理空间的一部分"。因此，它是"有界限的空间"（p.1），而"地域性"是影响和控制这片区域的人类策略（Sack，1986：2）。地域和地域性蕴含着"内涵"和"外延"（Delaney，2005）。这种"内涵"和"外延"，在不同事件中的明显程度和含义是不同的（Collyer，2014a）。德兰尼（Delaney，2005）说："未经授权闯入一个同事的房间可能有理由受纪律处分，但没有理由受军事打击。"（p.14）他进一步指出："并不是所有封闭的区域都是地域。要让封闭的

41

空间成为地域，第一，它意味着……[重要]……第二，它承载着意义或者传达着相关社会权利。但是这种意义和权利不是彼此独立的。"(p.17) 根据德兰尼的说法，地域的存在是"有作用的"或者可以接受的，因为意义和权利的联系是自然并且可见的。的确，对于许多非移民，或许也有一些移民，以及受益于某种地域性的人来说，质疑地域性（特别是国家地域）神圣不可侵犯以及政府在空间边界内行使权力的做法，看起来可能很奇怪。相反，对于怨恨或抗议地域边界或某种地域规则（如国家移民政策）的移民来说，地域和地域性并非"自然的"，而是可塑的。移民希望建立新形式的地域性。那么我们就可以说，地域和地域性不是永恒固定的，地域也不再简单地对移民起作用；地域是可渗透的，并且移民自身塑造着地域的特性和地域性（Collyer and King，2015 ）。

　　地域性可以包含从国家地域到某个公司或者组织地域的任何事物。它可以涉及英国、巴西内部的州（亚国家区域）、欧盟（大的区域）、有争议的区域，如"西撒哈拉"、加拿大的省、伊斯坦布尔市区的一部分、印度的纺织工厂、邻里社区和他人工作间的"空间"。简言之，地域不应该被限定为民族国家的，并且"小的地域"和"大的地域"一样重要。地域性对于民族国家来说是很重要的维度，并且它对移民和迁移有着极大的控制作用。也正是由于这个原因，我们将把地域性作为空间概念中的核心来关注。

　　6.尺度、等级，以及在理解迁移时两者的关系

　　地域也与本文最后要讨论的两个空间概念——"尺度"和"等级"42 有关。"尺度"作为批判性人文地理学中的概念或术语，是含糊不清的，它也很少被用于迁移研究（Glick-Schiller and Caglar，2010 ）。批判性人文地理学从未对"尺度"进行明确的界定，因此它是一个令人费解且

具有争议的术语（Marston et al.，2005）。20世纪90年代，它似乎主要指政治—经济过程（如"本地的""国家的""宏观区域的"和"全球的"）的空间（或地域？）。因此，"尺度"似乎是不同管理"层级"的替代品。20世纪90年代，对经济、政治、文化的尺度重构的讨论比较普遍，重构包括从国家向全球的尺度上推（全球化过程）和从国家向地方的尺度下推（地方化过程）两个过程（Jessop，1997）。但是，也有人批判这一观点将尺度（或地域？）固化了，并认为尺度应该被视为可变的和"相对的"（换句话说，只有当尺度是相关的或相互作用时，它才会存在）。因此，尺度是由社会建构而成并随时间变化的，我们没有必要事先认为某个尺度（比方说全球或国家）比其他尺度更为重要（Brenner，2001；Leitner and Miller，2007；Mansfield，2005；Swyngedouw，1997）。同样，曼斯菲尔德（Mansfield）认为，当全球化过程比"国家尺度"更重要时，人们应去除"尺度重构"的概念，以利于对"实践的等级维度"进行分析（Mansfield，2005）。曼斯菲尔德的意思是，没有一个社会过程恰好或应当与任何一个尺度相对应。相反，我们应该首先关注过程，并探索空间（或等级）的维度。值得指明的是，在21世纪地理学著作中出现的"尺度"一词使"等级"一词黯然失色。无论如何，重要的一点是，"等级"现在似乎意味着某种社会过程的"空间性"，但什么是"空间性"呢？我们可以认为，它是指政府、机构、公民和迁移者的生产、互动、抵抗和其他权利实践的重叠或复杂空间。当然，不同的社会进程有着不同的空间（space）、空间维度（spatial dimensions）或空间性（spatialities），但是把等级称作社会过程的空间性是矛盾的、混淆的且不一致的，特别是在有些研究中，尺度本身未被界定为社会过程的固定集合，人们也未明确承认或否认将尺度视为社会过程的地域或空间范围。

43尺度和等级这两个术语在概念上的不明确以及混淆使用已经成为批判性人文地理学研究的一个核心问题。我们应如何解决这个问题呢？一种较好的方式就是更好地界定我们在本书中是如何使用"尺度"和"等级"这两个术语的，然后解释何为空间性以及"等级空间性"。在本书中，我们将"尺度"定义为"地域"（一个"集合"，可以是一个民族国家；可以是次级国家实体，如美国的联邦州；可以是宏观区域，如欧盟；也可以是人类的团体；等等）。然而，我认为这些"集合"不是永远固定不变的、封闭的或者不会演化的。我们也将尺度界定为在地域术语中表达的任何过程的空间范围。因此，人的迁移可以跨越或包含多种尺度（地域）。当人们的迁移包含多种尺度［地域（territories）、团体（bodies）、小室（cubicles）等］时，我们会交替使用"等级"或"等级空间"这两个术语，因为"等级"是一个描述受支配过程的形容词，而且它超越了特定尺度。

一个简单的例子可以更好地在此处说明我的观点。21 世纪初，德国的外来务工人员由一种"双重监管系统"监管。如果一家德国公司希望雇用"无技能"的非欧盟工人，它必须先在（联邦）中央安置机构中寻找。一旦公司提供临时的工作机会，它必须确保特定自治州（市、镇等）的本地就业局不能提供可用的欧盟工人。一旦外国人获取当地就业局颁发的凭证，便可获得进入德国的签证以及劳动合同。反过来说，劳动合同保障了其居住许可权（OECD，2000）。所以，我们可以认为，外来务工者受到不同尺度的监管，或者说移民的等级监管（scalar regulation）同时来自联邦和地方。因此，我们可以讨论监管和迁移控制两者的尺度及其地域范围（德国）。然而，这种等级监管在劳动力市场监管的"等级空间"方面也被涉及，因为监管过程中尤其包含多种尺度。总之，我们在本书的观点是，尺度应该有两种使用方式，一种是作为地域的同义词，另一种是作为一个过程或"某物"的空间范围（如一个过程的国家尺度或全球尺度）。等级或等级空间指一个过程受支配的方式或超越多种尺度的方式。

1.5 小结和本书结构

1.5.1 小结

我们通过这样一个观点切入引言：对于空间概念或隐喻的批判性鉴别应是我们理解迁移的关键。首先我们以地中海的迁移悲剧为本章讨论部分的开始，其次通过一些移民生活中的部分片段将迁移过程人性化，同时展示移民所面临的挑战。这些故事表明，如果不对迁移讨论中所使用的术语和分类进行全面的分析，一系列关于迁移的关键问题与争论就难以被理解。这些迁移的术语和分类既是有用的，又是存在问题的，因为移民受到公民、政府和媒体的移民分类方式的影响，但同时又不完全契合。接着我们探讨了一些关于迁移"全球化"（即多样化）以及方向改变的数据。迁移涉及各种各样的人：高收入工作者和低收入工作者、寻求庇护者和难民、学生和家庭成员。他们有些是自愿迁移的，有些在一定程度上是被迫迁移的。有些人可能会移居几个月，有些人移居数年，还有些人会永久移居。

然后我们概述了涉及移民的四个关键问题。第一，迁移的原因和结果，特别是迁移是如何与较贫穷国家的"发展"相关联的；第二，移民的就业问题；第三，迁移的管理及其在富裕国家和贫穷国家之间的差异；第四，政府、公民和移民面临的关于公民身份和归属感的一些问题。这一系列讨论并不是要覆盖所有问题，而是要突出全球范围内关于移民的文化、经济、政治和社会的一些重要缺陷，并为后续的章节设置情境。然而，为了思考或理解这些问题，我们首先引入了一系列的社会概念（结构、制度、主体和社会网络），并且我们提出了一个更加"结构化"的视角，这一视角突出与"全球资本主义"相关的"规则和资源"。然而，虽然通过"全球资本主义"来理解迁移是必要的，但还是不够的，因为主体（如移民和公民）、机构和移民网络也塑造了"全球资本主义"和迁移。最后我们讨论了一些空间概念（地方、节点、距离摩擦、地域和地域性、尺度和等级），并且为了更好地厘清迁移研究的框架，我们批判性地反思了迁移的必要性。本书的目的是再次为研究迁移构建一个更加明确的空间方法。这一方法不仅仅依托全球区域、民族国家、跨国主义，并且也试图去理解弱势群体的迁移行为。

1.5.2　本书结构

本书的各个章节都与前后章节紧密衔接。第二、第三章利用主要的迁移理论来解释国际迁移，第二章利用的是迁移的"决定论"，第三章利用的是迁移的"整合论"。这两章都将对解释人们为什么要迁移的不同理论展开简要介绍和评价，并解释如何在理论中加入空间概念，以便人们更加全面地理解迁移。如果说第二、第三章提供了一种关于移民迫切需求与决策的差异性研究，第四章则展现了这些迫切需求和决策是怎样被国家以及与国家有关的形式的控制和规则塑造的。

　　第四章分为两个部分。第一部分回顾了一系列关于迁移的理论、政治与政策，并在这个过程中探索了与这些理论相关的实践。我们特别关注这些方法或理论为何无法明确地解释空间概念，尤其是地方性实体（如城镇）的重要性。虽然全球各地的移民控制流程十分类似，我们还是认为富裕国家与贫穷国家面临着一系列不同的移民问题。我们用"移民管理"的一般原则来解释这个问题，并且展示了移民政策是如何频繁地遭受来自不同团体和机构的政治性反对的。本章还着重介绍了为何这些反抗性运动并不仅仅是国际性的或者国家性的，而且很多往往还是地方性的且高度本土化的。本章的第二部分侧重于贫穷国家。我们详细说 *46* 明了南方国家政府是如何在对难民和劳动力移民开放边界的问题上追求一种紧致平衡的，即一方面奉行着宽松的地方主义，另一方面又由于高失业率和政治不稳定的风险而对这些人的活动有着严格控制。我们提供了这种限制主义的实例，并且通过介绍这种合作与军事化管控并存的制度（南方政府移民制度的标志）来总结本章。

　　第五章的主要目的有两个：一个是解释劳动力市场是如何在媒体过分简化的报道之上运作的，另一个是阐明移民必须接受的工作条件。这就要求将劳动力市场运作、劳动力市场产出与劳动力市场分割理论联系起来，并通过讨论空间隐喻和聚落地理学，如全球城市、民族和移民飞地、"混合地方主义"、分散和"郊区民族居民区"，来充实这些理论。接着本章认为，移民所从事的工作的性质（以及与之相关的条件和社会关系）可能会形成其在目的地国家的"归属感"，如第六章所述。

　　第六章中指出，社会学家出于对移民的尊重而仍采用"社会空间关系"的落后观念来解读公民身份和归属感。遵循本书的中心论点，我们在本章揭示了如何从地理学视角将迁移、公民身份与归属感的本质及它们之间的关系解释清楚。虽然我们使用了南方国家的例子来说明论点，但重点仍在于较富裕的北方国家。在对该章的地理前提进行解释之后，我们开始对以下方面的区别进行了分析：公民身份的法律形式；公民身份之下的经济、政治和社会权利；公民身份之下的政治参与；公民身份之下的归属感。我们利用这四个方面的差异将本章分成了四个独立但又相互关联的部分。

47

在总结（第七章）中，笔者集合了各章的摘要，并强调为何"移民问题"的地理学视角不应该成为其他非地理问题的附属品，而问题本身是由社会关系的地理位置构成的（包括边界、制度、法规、法律、文化希望、恐惧以及源于其中的期待）。本章最终得出的结论是，迁移问题仍是 21 世纪经济、政治、社会和文化讨论的核心，而"空间思考"对这种让我们感到周围的世界并不那么糟糕的讨论有着巨大的促进作用。

1.6 拓展阅读

关于 20 世纪前的全球迁移的历史概况，见戈尔丁等（Goldin et al., 2011）所著的《杰出的人》（*Exceptional People*）。关于 20 世纪的，见博伊尔、哈尔法里克和罗宾逊（Boyle, Halfacree and Robinson, 1998）所著的《探索人类迁移》（*Exploring Human Migration*），卡斯尔斯、德哈斯和米勒（Castles, de Haas and Miller, 2014）所著的《迁移时代》（*The Age of Migration*），国际移民组织（IOM）每年发布的《世界移民报告》（"World Migration Reports"）以及经合组织每年发布的《国际迁移展望》（"International Migration Outlook"）。这些都展现了

被广泛接受的全球迁移情况概要，同时也讨论了本章所涉及的术语和问题。科瑟尔（Koser）在克洛克等（Cloke et al.，2014）所著的《人文地理概要》（*Introducing Human Geographies*）的第41章中对一些关于英国移民和难民的主要问题进行了简单有用的阐述。苏珊·哈德威克（Susan Hardwick）为白德礼（Brettell）和霍利菲尔德（Hollifield）著作中的第六章"Place，Space，and Pattern"提供了一个清晰的以美国为核心的引言。该引言阐述了地理学家是如何看待一些迁移问题的。

其他更多深入的讨论可以在以下书中找到：梅西纳和拉哈夫（Messina and Lahav，2005）所著的《迁移读者》（*The Migration Reader*），波特斯和德文德（Portes and Dewind，2007）所著的《再思迁移：理论与实证新观点》（*Rethinking Migration: New Theoretical and Empirical Perspectives*），以及白德礼和霍利菲尔德（Brettell and Hollifield，2015）所著的《迁移理论：跨学科对话》（*Migration Theory: Talking across Disciplines*）。这三本书都讲述了不同的学科和理论方法对移民的深刻调查，这使得它们具有独特性又互相融合。《亚太迁移评论》（*Asia and Pacific Migration Review*）、《民族与种族研究》（*Ethnic and Racial Studies*）、《国际迁移》（*International Migration*）、《国际迁移概况》[*International Migration Review*（主要关注美国、加拿大，少量涉及澳大利亚和新西兰）]、《民族与迁移研究杂志》[*Journal of Ethnic and Migration Studies*（特别是英国和欧洲）]、《难民研究杂志》（*Journal of Refugee Studies*）、《迁移研究与人口》（*Migration Studies and Population*）、《空间与地方》（*Space and Place*）等杂志提供了大量关于富裕国家移民迁入的文章。

对于本书中的社会和空间概念，克洛克、斐洛和萨德勒（Cloke，

Philo and Sadler，1991）在所著的《走近人文地理学》（*Approaching Human Geography*）中进行了全面基础的讨论。德兰尼（Delaney，*48* 2005）对于"地域"给出了一个很好的介绍。马斯顿、琼斯和伍德沃兹（Marston，Jones and Woodwarts，2005）的前半部分文章和萨迈斯（Samers，2010b）以及希律（Herod，2010b）的前半部分文章都对尺度的使用问题进行了批判性的总结。

至于统计数据方面，国际移民组织每年发布的《世界移民报告》中（"The World Migration Report"）提供了全球和国家尺度的数据。经合组织每年发布的《国际迁移展望》（"International Migration Outlook"）提供了关于欧盟、北美的主要国家，以及日本、韩国、墨西哥和土耳其的大量信息。

51 1.7 总结性问题

1. 将迁移纳入流动性研究有哪些缺陷？

2. 为什么在迁移背景下使用"技术"这个术语很困难？

3. 迁移在哪些方面是多样化的？

4. 为什么迁移不仅仅是一个涉及移民迁入国家的问题？

5. 在本书中，"全球化经济"和"全球资本主义"是哪一个社会概念的例子？请用这些概念来解释迁移有哪些问题。

6. 使用"尺度"这一术语的困难是什么？本书又是怎样阐释关于"尺度"的观点的？

解释跨越国际边界的迁移：决定论

2.1 引 言

　　迁移是一系列令人难以理解的过程，我们虽不缺少理论来解释人们
为何迁移、迁往哪里，但对迁移理论的探索不应当仅局限于学术研究。
理解人们为何迁移将我们的注意力转向全球结构的不平衡化过程与缺
陷。一个关键的理论问题是对不同人（人群）在不同时间和空间上的迁
移的解释可能会是不同的。这反过来也说明包罗万象的迁移理论是不可
能存在的，或者说这种理论对解释不同历史时期发生在世界各地的各种
不同的迁移现象来说过于抽象（Brettell and Hollifield，2008b，2015）。
正如马西等（Massey et al.，1998）所言，在解释迁移的过程中，一
个非常有效的方法就是区分对某次迁移形成阶段或起始阶段的解释以及
对其后续阶段（迁移系统的延续或路径依赖）的解释（Collyer，2005：
700）。毫无疑问，这种区分方法是有价值的，但事实上究竟是什么促发
了迁移，又是什么使得迁移延续下去，这二者之间往往有重合部分。博
伊尔等（Boyle et al.，1998）指出了另外一种区分方法，即决定论（基 *55*
于移民自身的迁移行为和模式的理论）和整合论（基于多种理论和概念

化命题的理论）之间的差异。这种区分方法也是很有价值的，但所谓"决定论观点"往往也整合了不同的政治、经济、文化、环境和社会过程，整合论也有明显的决定主义论调。尽管构成所谓"批判"理论的部分并不是那么清晰，但我们还是可以通过一些介于解释性和批判性之间的理论来阐述迁移理论的。由于这些理论都有各自的局限性，所以我们面临着一个困境：如何使迁移变得更容易被人理解？当我们在讨论某些迁移理论是否关注迁移的形成或延续过程之时，或者讨论这些理论是解释性理论还是批判性理论之时，我们利用博伊尔等人所建立的框架组织了对各种理论方法的讨论。我们之所以这样做是因为他们所关注的是上述所提及的理论的社会基础[①]，而不是那种关于某种迁移在何时何地如何产生和持续下去的棘手假设，也不是这种理论是否真的具有批判性。

在了解了以上内容之后，本章介绍了有关国际迁移的各种方法和理论。本章回顾了一系列决定论方法[②]，它们分别是：第一，拉文斯坦（Ravenstein）的人口迁移法则与推—拉理论；第二，新古典主义经济学理论；第三，行为主义理论；第四，新经济学理论；第五，双重劳动力市场和劳动力市场分割理论；第六，结构主义理论以及与之相关的理论。马西等（Massey et al., 1993）认为，这些不同的理论或方法有着不同的分析层级，所以从根本上来说它们并不是不兼容的（p.433）。但是，

---

① 当我们提到"基础"时，指的是我们在第一章中所讨论的关于社会是如何组织的假设，以及主体、制度和更宽泛的结构性压力。

② 在本章关于迁移理论的漫长讨论中，我们在对马西等（Massey et al., 1993, 1998）的分析讨论上花费了大量笔墨，但也关注了诸如阿朗戈（Arango, 2000）、博伊尔等（Boyle et al., 1998）、卡斯尔斯和米勒（Castles and Miller, 2003）、戈斯和林德奎斯特（Goss and Lindquist, 1995）、詹尼森（Jennissen, 2007）、莫尔霍（Molho, 1986）和威尔逊（Wilson, 1993）等人的迁移理论。当然我们也希望能够使这项理论更容易为学生读者所接受，所以我们对这些作者的理论进行了一些提炼和延伸，以求覆盖近期关于迁移理论的所有研究。

不同的研究模型反映了不同的研究目标、重点、兴趣以及将庞大且复杂的主体分解为可分析管理的单元的不同方法。判断其一致性的坚实基础要求每种理论的内在逻辑、主张、假定条件以及假设都被阐述清楚且能被很好地理解。

尽管如此，其中一些方法仍在前提假设或分析单元上有所重叠（如对家庭和网络的研究），它们相互之间并不是完全排他的。在接下来的章节中，我们会系统性地回顾上面提及的理论并探索它们之间的联系。*56*
在理论回顾的最后，我们将简要地讨论这些理论的一些局限性，包括两个十分引人注目的问题。第一个问题是，国家的概念在这些理论的"原始"版本中趋于淡化。早期的理论中，如推—拉理论、新古典主义经济学理论和行为主义理论等，均存在这一问题。更引人注目的是，这些问题也出现在了近期关于全球化和跨国主义的争论之中。所以尽管国家在迁移中扮演着十分重要的角色，但我们还是会到第四章才对它进行深入的讨论。

第二个问题（这个问题不是很突出）是，尽管所有在"跨国主义"理论中的尝试都是为了改变或推翻原有方法与研究中的方法论民族主义倾向（我们将会在第三章中讨论这个问题），但在理论推理中对复杂的"空间"概念进行整合的尝试却总是失败。这可能适用于那些地理学家（自认为是地理学家）的迁移解释，就像适用于其他社会科学家一样。然而，鉴于当前存在的"空间问题"，我们动用了本书引言中讨论的各种空间概念，从而将这种折中的方法作为理解迁移的一种方式。这些分析主要关注从贫穷国家到富裕国家的低收入群体（包括寻求庇护者和难民）的迁移（绝大多数迁移理论的主题就是探讨这种迁移对这些群体来说是变好了还是变坏了），但也关注对其他类型迁移的解释。

2.2　迁移理论的开端：拉文斯坦法则

让我们从回顾 19 世纪的地理学家拉文斯坦的工作开始吧，尽管通过 1885 年到 1889 年的英国《皇家统计学会学刊》（*Journal of the Royal Statistical Society*）来回顾一位地理学家在英国人口国内迁移方面所做的漫长而艰苦的工作是十分突兀的，但我们还是能够发现拉文斯坦的思想仍存在于那些通过新古典主义方法解释国际人口迁移的理论之中。令今天研究迁移的研究者感到棘手的是，他的某些分析有"方法论个人主义"的倾向。方法论个人主义简单来说就是将个体单位作为分析的单元。更加重要的是，拉文斯坦的研究主要使用的是地方（县、城市、城镇和村庄）人口普查数据。他还将迁移者分为"短距离迁移者""阶段性迁移者""长途迁移者"和"暂时性迁移者"，从而避免了不同类型

57　迁移的同质化。对于拉文斯坦来说，迁移主要是为了获取更高的报酬和更好的工作（"一种更有利可图、更具吸引力的工作"，1885：181）。从这个角度来说，他的理论以经济决定论为主。同时，根据以上叙述可知，拉文斯坦的方法有方法论个人主义的特性。

拉文斯坦最著名的理论就是他的迁移法则。尽管对于他到底发表过多少种法则我们仍不确定（Tobler，1995），但我们从他的 1885 年前后的论文中挑选了以下七种法则（Ravenstein，1885：198-199；Lee，1969）。这些假设性法则都与迁移的原因有关，被认为是一种经验性法则。[①]

第一，他从迁移者的需求角度出发，认为迁移者群体常常进行短距离迁移，以求完成靠近"商业和工业中心"的一次迁移流。这种迁移流受来源地和目的地人口数量的影响。

① 拉文斯坦有些犹豫地把它们称作法则（见 1885：198）。

第二，他的第二条法则关注第一条法则的"自然结果"，即农村地区的居民倾向于迁移至附近发展迅速的乡镇或城市之中。当农村居民开始向附近的乡镇或城市迁移之后（所谓"吸收过程"），农村人口减少，所以这些农村区域对于离城镇更远的农村人口来说成为目的地。而乡镇或城市成为全国人口迁移的迁入地，英国即为一例。

第三，他认为"吸收"过程（对于来自某些区域的人口迁入的接纳）的实现需要以"分散"（某些区域的人口迁出）作为代价。

第四，从第三条法则可以推出，每一次迁移流都会导致一个反迁移流。

第五，长距离移民一般倾向于迁往"商业和工业中心"。

第六，农村居民比乡镇居民和城市居民更倾向于迁移。

第七，女性比男性迁移得更频繁。

从拉文斯坦的七条法则中我们可以获得什么呢？第一眼看去，如果不能摆脱其表层意义，这些观点似乎略显陈旧，且缺少明确的理论支撑。前者尤其值得我们关注，它让我们认识到社会科学（或者至少是社会科学的边缘）已经基于学科的支持抛弃了使问题朝复杂化和不确定化方向发展的尝试，但这也使得我们过快地否认了拉文斯坦迁移法则的部分价值。实际上，他貌似指出了那些与国际迁移有关的稳定的迁移类型和迁移过程，而这项工作今天才被许多研究迁移的学者关注。第一，国际迁移并不简单是国家间工资存在差异或是追求好的工作前景的结果。但也无可否认，不能维持生计的、危险的或有损人格的工作都会驱使人们迁移（Castles and Miller，2003）。简单来说，迁移可能部分由经济因素决定，但我们不能简单地用经济决定论去解释它。第二，他对迁移者和迁移的分类与现如今人们对迁移者和迁移的分类类似。事实上，他所说

58

的"分段迁移"在 20 世纪 60 年代至 20 世纪 70 年代又被"依附理论"（我们会在之后的章节中讨论这个理论）所恢复，并且因为社会对国内及国际的"分段迁移"的关注而产生了巨大的反响。这种分段式的迁移有时也被称为"循环"或"多元轨迹"，它并非指简单地从 A 点到 B 点的迁移运动。第三，他的"长距离移民一般倾向于迁往'商业和工业中心'"的观点大多体现在 20 世纪后半叶与 21 世纪初的许多（但肯定不是所有）迁移中，至少从贫穷国家到富裕国家的迁移很好地说明了这一点。我们只能用弗雷（Frey，1998）提出的"移民门户城市"与萨森（Sassen,1991）提出的"全球城市假说"①来解释迁入移民与这些大型的、经济发达的城市之间的关系。第四，拉文斯坦还认为，我们不能忽视女性在迁移者中所扮演的角色。如下为例：

> 女性比男性更倾向于迁移。这或许会让那些将女性仅与家庭生活联系在一起的人感到惊讶，但人口普查的数据证明了这个理论。这些女性从乡村迁移到城镇不仅仅是为了寻找一份家政服务工作，因为她们频繁迁移至某些工业区，车间都已经成为厨房和水房的可怕竞争对手了。（Ravenstein，1885：196）

59　　拉文斯坦的"女性是主要的迁移者"的论调很值得关注，因为在过去的几百年中，大部分与迁移有关的理论对女性在迁移中所扮演的角色都鲜有提及（Morakvasic，1984）。

　　拉文斯坦的分析还提出了一系列驱动迁移的推—拉因素，这些观点后来被李（Lee，1969）进行了详细阐述：一些因素将迁移者从一个地区（或国家）"推出"，又有一些因素将他们"拉入"另一个地区（或国家）。推力因素包括快速的人口增长（反对意见见专栏 2.1）、种族清洗、

---

① 我们会在本章后续部分以及第五章继续讨论这两种观点。

环境危机、政治镇压、贫困、战争以及其他形式的暴力。拉力因素可能包括工作机会、更好的生活水平和医疗条件、政治解放带来的自由以及买卖货物的权利（如在 20 世纪 90 年代末从莱索托、莫桑比克、津巴布韦迁往南非的生意人）（McDonald et al.，2000）。在某些情况下，也许我们分不清某些因素是推力因素还是拉力因素，如年轻人对"冒险"的追求（Goss and Lindquist，1995）。

专栏 2.1　劳动力迁移是"人口不均衡"的结果吗？

如今普遍的观点是南方贫穷国家快速的人口增长与北方国家（尤其是德国、意大利、东欧国家、俄罗斯与日本）的人口衰退（低于人口更替水平）都在推动劳动力的迁移。这一观点看起来是有道理的。发达国家的雇主们找不到合适的工人，所以他们要么去迁出国寻找，要么雇用那些已经成为本国居民的移民。这种观点逻辑简单但却令人信服：富裕国家中有很多工作需要完成，但却没有足够的劳动力支撑。相比之下，贫穷国家劳动力丰富，但却没有足够的工作机会。但是让我们花些时间更谨慎地思考这个问题吧。

第一，一些东欧国家人口增长十分缓慢，如摩尔多瓦和乌克兰，而且正经历着严重的人口流失过程。

第二，无论发达国家还是欠发达国家，内部都有一些区域发展迅速且对移民工人的需求很高，也有一些区域发展缓慢甚至衰退且对移民工人的需求很低，所以这种民族主义的方法论从一开始就是有问题的（England，2015）。

60

第三，无论有无本地工人，国家或公司都会招聘移民工人，因为他们对公司更为忠诚，所要的劳动报酬也更为低廉。加利福尼亚硅谷的公司就曾因此被指控。[①]

---

① 可以参见调查报告中心发布的报告《硅谷的技术工人用可疑的法律手段锁定了工作》（"Silicon Valley tech workers locked in jobs with dubious legal tactics"）。

第四，富裕国家的国家经济或地方经济即使在缺少移民工作者的情况下也可以进行自我调整，但这种调整对于所有人来说都是十分痛苦的。他们是如何调整的呢？一条可行的道路是利用科技创新，创造取代工人位置的机器；另一条道路是让现在的工人更加努力，或停止某些产品的生产与服务的提供，或在合适的时间和地点流转工人。

第五，国家政策激励并联通了特定的区域和移民，不管每个区域的工人数量有多少，国家通常都在鼓励多要孩子（鼓励生育的政策）。事实上，许多欧盟国家（如法国、德国）都通过这种鼓励生育政策来应对人口的低速增长。例如，2007 年，德国政府建立了"父母金"（Elterngeld）项目，它通过为愿意成为母亲的女性提供津贴来鼓励"职业"女性离开工作岗位而去生育（Carle，2007）。这个项目是专门为"职业"女性设计的，这意味着不仅德国人可以享受这些福利，土耳其或其他国家的女性移民也享有这个项目带来的福利。

第六，由人口不均衡带来的最大的问题是，它促进了"新马尔萨斯主义"（neo-Malthusian）观点在贫穷国家的扩散。换言之，这种观点将人口视为与经济（或环境）、机会以及资源相关的问题，而不是人口快速增长国家的社会经济组织问题。再换句话来说，与其将劳动力迁移问题概念化为人口不均衡的结果，不如将它视为与富裕国家、贫穷国家的发展类型有关的一个过程（富裕国家的政策以及诸如国际货币基金组织和世界银行这样的国际组织是如何促进贫穷国家发展的），而不是一个世界上某些地区人口过多而某些地区人口太少的问题。

在对 1990—2000 年大量研究的回顾中我们可以发现，推—拉理论仍旧是解释从贫穷国家或地区向富裕国家或地区迁移这一问题的主要工具（Hugo，1996；Hamilton et al.，2004；Li and Bray，2007；Perrin et al.，2007；van Wijk，2010；Wilson and Habecker，2008）。李对于推力和拉力的理解为"在来源地和目的地之间起作用的因素"这一观点提供了理论空间（Schapendonk，2011：4），但这些因素仅仅进入了移民在来源地和目的地之间进行理性决策的过程之中。许多人认为这个框架包含了新古典主义框架（在下一节将会介绍）中的不确定的经济理性，然而它可能被延伸至各种理性中，这使得这个框架及其隐喻变得模棱两可（van Wijk，2010）。结果就是我们无法理解那些连接许多"此处"和"彼处"的社会网络、国家过程和偶然事件。

我们还可以在马勒（Mahler，1995）的令人回味且发人深省的《美国梦》（*American Dreaming*）一书中见到推力因素和拉力因素的使用。在书中，她着重强调，绝大多数的萨尔瓦多移民是在 20 世纪 80 年代前后的萨尔瓦多内战之时来到纽约郊区的长岛的，许多人离开萨尔瓦多的原因是内战引发的各类事件，如工作机会的减少。但她也写道：长岛的工作岗位虽多，但报酬极少。她还讲述了这两个国家是如何通过外交政策被联系在一起的，以及美国雇主在 20 世纪 60 年代又是如何雇用萨尔瓦多人的，最后她具体介绍了萨尔瓦多移民网络是如何将新移民带往长岛的（Bailey et al.，2002）。她虽然将许多在迁入国和迁出国同时发生的迁移过程联系在了一起，但并没有将它们视作推力因素和拉力因素的结果。在世界上超过一半的地方，我们都能找到对"推—拉"隐喻的假设表示怀疑的例子，如缅甸罗兴亚人的迁移问题（见专栏 2.2），自叙利亚至欧盟的难民潮（见专栏 2.3）。尽管如此，推—拉理论依旧是从新古 *62*

典主义经济学视角分析迁移的主要方法，所以我们接下来讨论的就是关于这部分的内容。

专栏 2.2　对缅甸罗兴亚人外迁的解释：推还是拉？

　　2012 年，缅甸 14 万罗兴亚人被迫背井离乡，逃往丛林，他们刚刚经历了佛教极端分子的攻击，死伤无数。从那时起他们所遭遇的困境便成了一条全球性的新闻。到了 2015 年，他们的境遇越变越糟，约有 2.5 万人乘坐摇晃的小船穿过孟加拉湾和安达曼海，开始在泰国和马来西亚登陆。罗兴亚人来自缅甸东部的若开邦（Rakhine State），大多数罗兴亚人都在过去的几十年间外迁至孟加拉国、马来西亚和泰国，其他一些罗兴亚人也在印度、印度尼西亚、巴基斯坦或其他国家建立了罗兴亚社区。在他们外迁过程中的推力因素包括缅甸对罗兴亚人的污蔑、边缘化、种族清洗甚至是种族灭绝。事实上，他们被禁止进入当地学校，禁止从事有偿工作；连生几个孩子都会受到限制；他们常常是强制劳动、身体暴力甚至死亡的目标人群。他们在缅甸没有公民身份，许多都是无国籍难民，他们处于被孟加拉国、马来西亚或泰国驱逐的境地且被缅甸拒绝提供入境许可。所以作为所谓"拉力作用"的一边，孟加拉国、马来西亚和泰国仿佛应该为在缅甸过着悲惨生活的罗兴亚人提供避难所（*The Economist*，2015a；Palmgren，2014；Parnini et al.，2013）。

　　我们因此可以得出他们从缅甸被推出，并被拉向孟加拉国、马来西亚和泰国的结论。然而罗兴亚人外迁的历史过程告诉我们，这种"推—拉"隐喻并不合适，至少我们需要去了解他们为何外迁，他们又从何处外迁。事实上，正如我们在引言中所提到的，我们也将会在第三章和第四章中对其进行介绍：第一，这种推力和拉力组合的观点有其局限性，而民族主义方法论也经常影响这种讨论；第二，缅甸和其他目的地国家存在着基于国家的制度联系；第三，缅甸和诸如孟加拉国、马来西亚、泰国等国家之间的（移民）社会网络往往是非法的，这让我们不禁质疑推 — 拉隐喻的合理性和个人主义方法论。

　　在民族主义方法论方面，诚然，许多罗兴亚人出于对马来西亚作为一个国家所展现出的繁荣发展和伊斯兰教传统的推崇而喜欢上了马来西亚，这也反过来影响了他们对于目的地的选择（*The Economist*，2015b）。然而罗兴亚人迁移到孟加拉国、马来西亚和泰国的行为多发生或者相对集中在地方性区域，如科克斯巴扎尔县周边的区域、集镇，南孟加拉地区，美索地区东部边缘区，曼谷，吉隆坡以及其他一些用于充当自安达曼海偷渡登陆点的泰国和马来西亚的港口城市。这种集中在一定程度上与移民组织的位置有关，如联合国难民署和专门帮助罗兴亚人的非政府组织。例如，一些罗兴亚人想要离开泰国到马来西亚去，严格意义上来讲并不是因为国家移民政策存在巨大差异，而是因为联合国难民署，比起进入曼谷的拘留营来说，能够为移民提供更好的途径进入吉隆坡拘留营，在吉隆坡，他们能够在阻止被驱逐出境的问题上做得更好（Palmgren，2014）。

　　在国家政策方面，连接四个国家的制度或政策有很多，如试图使低收入劳动力招聘合法化的双边备忘录，尽管大多数罗兴亚人仍旧是未经注册的，是寻求庇护者或是难民。罗兴亚人或偷渡者为了穿越泰国和马来西亚边界会贿赂国家公职人员，这其中甚至也有非法组织的参与。

　　移民（社会网络）也影响了罗兴亚人迁移的方式、时间和地点。在这个过程中，大多数罗兴亚寻求庇护者都是依靠着家庭成

65

员、朋友、非政府组织以及其他偷渡者的信息穿越安达曼海到达泰国的，如果失败了，他们就转向马来西亚甚至是印度尼西亚。

马来西亚和泰国可以被称为提供"拉力"的国家。移民在选择目的地的过程中可能存在着理性的思考，但是不论在哪个国家，底层人民的生活都不可能会是轻松的。大多数罗兴亚人只能勉强维持一种贫困的生活状态（正如在缅甸一样，他们在孟加拉国、马来西亚和泰国也不被允许从事正式的有薪工作），所以经常靠在曼谷或吉隆坡街头以贩卖印度煎饼（roti，南亚的一种烤饼）为生。他们通过贿赂本地警察而避免因贩售被逮捕。如果被逮捕，他们会被从泰国边境驱逐至缅甸，并且只能靠贿赂才能重新回到泰国境内。罗兴亚人如同其他寻求庇护者、难民或是劳动力移民一样，想要离开缅甸去追求一种更好的生活，但他们的外迁常常有特定的路线、节点/地点和领域，并且涉及一些正式或非正式的国家制度、他们各自对应的角色和迁移网络。推——拉隐喻之下的个人主义方法论以及理性主义方法论至此就再明显不过了。具体的讨论我们将会在下一章展开。（拓展阅读，可参考 Aziz, 2014; *New Straits Times*, 2015; Palmgren, 2014; Parnini et al., 2013）

专栏 2.3　重新思考叙利亚难民问题

单从表面上来看，发生在 2015 年的"叙利亚难民危机"似乎很容易被人解释。简单来说，叙利亚自 2011 年开始陷入内战（一些观察员更愿意称之为一系列复杂的"冲突"）。这场战争导致移民、难民的数量大幅增加，尤其是在 2014—2015 年向欧盟方向迁移的人口数量众多。一方面，叙利亚内部的暴力和贫穷向外推着他们，而欧盟国家中可以获得更好生活的可能性则向内拉着他们。让我们从另一个方面来思考这个问题。我们可以从一个"事件"（如这个难民危机）开始，然后开始联想其结构。我们就会去问，到底从一开始是什么使得难民开始移动，可能是冲突、失业、贫困或是环境退化，等等。我们可以更深层次地去探究这个问题。富裕国家的政府可能与叙利亚冲突的产生、再产生或是加剧不无关系，如果是这样的话，是否意味着西方势力才是真正引起难民迁移的原因？其次，都有哪些组织（如联合国难民署或欧盟移民组织等）参与了调节并导致了危机与后续移民的产生？换句话说，这些组织都在致力于将难民从移民中分离出来，为他们提供基本的保障和服务。同时，这些移民并非仅仅是在组织和机构的帮助下斗争而已，他们的主体性也得以体现，他们也会进行一些有意识的选择，如为了穿越土耳其和希腊的莱斯博斯岛之间的爱琴海而雇用走私贩。这种选择十分复杂而令人担忧，且与李（Lee, 1969）所设想的难民的理性有所不同。从某种意义上来说，雇用走私贩来偷渡的决定更有可能受到叙利亚村庄中的家庭网络关系的影响，他们中的一些人的亲戚已经在目的地国家，如德国或是瑞典。但如果走私贩被纳入这个网络之中，那么作为"中介"的他们就成了迁移过程中的重要主体，迁移也就不仅仅由推力因素和拉力因素来衡量了。综上所述，这个体系现在看来已经有一点小问题了。

2.3　新古典主义经济学理论

有关迁移的新古典主义经济学著作刚开始研究的是富裕国家或贫穷国家内部的人口迁移，而非贫穷国家与富裕国家之间的国际迁移

67 （Massey et al., 1998）。新古典主义经济学方法有时也被称为"功能主义"或"传统"的方法，有关迁移的新古典主义经济学文献是大量且多样的，但此处我只从众多研究中选择一些来进行阐述。[①] 根据马西等（Massey et al., 1998）的介绍，新古典主义经济学理论可以被分成宏观理论和微观理论两种[②]（Radu, 2008）。从新古典主义经济学理论的宏观角度来看，尽管刘易斯（Lewis, 1954）、拉尼斯和费（Ranis and Fei, 1961）的工作旨在解释经济发展，但也因其对迁移研究的创造性贡献而脱颖而出。具体而言，这些工作都试图揭示城镇劳动力需求与农村劳动力供给之间的关系以及国内城乡人口迁移如何塑造城市和乡村地区经济的发展。一般来说，城市劳动力市场最终会完全吸收农村供给的廉价劳动力，这样会导致农村地区廉价劳动力的减少，从而使工资水平得以提高。但与此同时，城市地区的劳动力供给会增加，从而导致工资水平的降低。最终结果便是城乡工资水平报酬得以趋同。当城乡工资水平相同时，人口迁移也停止了（Enke, 1962）。尽管这些研究主要基于国内迁移，但是也为解释国际迁移提供了一种新古典的视角，它们也因未调查个体的迁移原因而被贴上"宏观"的标签。

这种新古典的视角也能解释从富裕国家向贫穷国家迁移的移民劳动力的迁移运动（Massey et al., 1993）。这种迁移发生在那些相对缺乏资本并能吸引外资的贫穷国家，并且伴随着这种资本流入，其人力资本（即来自发达国家的管理人员、专业人员或者其他技术人员）水平也得到了提升，这些人员能在资本和高水平人力资本都相对缺乏的贫穷国家

---

① 对从新古典主义经济学视角下进行的迁移研究的总结抹平了这些研究的差异。其中的一些研究十分复杂，也涵盖了许多类型的迁移，但大多数研究还是认为经济理性是行为的决定因素。

② 现在许多文献都关注"迁入移民的经济影响"，尤其是迁入欧洲和北美的移民，但我们在此处不讨论这个问题。

获得更多的报酬。欧洲和北美的工程师向菲律宾与沙特阿拉伯等国家的临时性迁移能很好地说明这个问题。这种迁移的影响之一就在于会导致贫穷国家工资水平的提高和富裕国家工资水平的降低，最终使两者趋于均衡。根据新古典主义经济学理论，迁移过程最终导致区域均衡，进而使得所有人能够均衡地享受经济机会，因为人们可以从工作机会较少的区域迁往工作机会较多的区域。

从微观视角来看，迁移者是响应迁入国和迁出国经济机会的各种信息的"理性人"（Borjas，1989：461）。他们追求效用的最大化，包括收入和被雇用机会的最大化，某些人也追求更好的工作环境或机会。研究迁移的新古典主义经济学理论的微观视角中包含着一种"个体主义方法论"（Boswell，2008a）。在微观迁移理论的早期文献中，托达罗（Todaro，1969）与紧随其后的哈里斯和托达罗（Harris and Todaro，1970）以及托达罗（Todaro，1976）对路易斯（Lewis，1954）、拉尼斯和费（Ranis and Fei，1961）关于工资差异影响迁移的理论的缺陷进行了回应，并对路易斯等人的模型做了修正。具体而言，哈里斯和托达罗认为，贫穷国家城市中的失业人群或未充分就业的人群，会影响迁移者就业的可能性。因此，迁移只部分地响应了真实差异，它也是对期望工资差异的响应，这种差异是以能在"现代产业"部门而非传统部门（或非正式雇佣）找到工作为基础的。在这里，时间是十分重要的，迁移者的迁移会受到心目中期望的长期总收入的影响，期望收入越高，迁移的可能性越大。这一方法比严格意义上的收入差距理论更加关注迁移行为，这意味着迁移也需要社会心理学的解释（Kearney，1986；Molho，1986；Radu，2008）。事实上，拉杜（Radu）坚持认为，经济学家有关迁移的研究中仅包含工资差距这一点十分可笑的。稍后，我们将再讨论这种理论，现在我们来讨论新古典主义经济学理论中的人力资本观点。

在新古典主义经济学理论中的人力资本视角下，斯加斯塔德（Sjaas-tad，1962）认为，迁移是一种人力资本投资方式（虽然他未使用"人力资本"这个术语），也是个体人力资本的函数。因此，我们可以根据个体所拥有的人力资本数量来判断其迁移的可能性。为了使人力资本使用效用最大化，迁移者就必须权衡其迁移成本与收益（这里的成本包括旅行费用，寻找工作的时间，迁移管制，学习新技能、新语言的问题以及其他与迁移相关的无形的心理成本；收益包括更高的报酬、更好的工作环境等）（Borjas，1989）。

69 2.4 行为主义理论

与新古典主义分析方法一样，行为主义者们也将个体作为基本的分析单元，但他们对新古典主义经济学理论的观点并不完全认同，部分原因是他们认为新古典主义经济学理论存在"生态学谬误"，即从群体研究去推理个体。更具体地来说，即使出现了明显的特定国家群体从低收入国家迁往高收入国家的现象，也不能证明所有个体都会因为收入差异的原因而迁移（Boyle et al.，1998）。

行为主义者，如密勒（Mueller，1981）、克拉克（Clark，1986）和沃尔伯特（Wolpert，1965），都关注迁移者选择某一个具体的目的地作为迁入地（Boyle et al.，1998）的认知和决策过程（或心理学动因）。正如许多新古典主义者一样，他们更关注国内迁移，而非国际迁移。但行为主义者与新古典主义者的区别在于，前者关注个体迁移决策中的"非理性"因素（而不是理性因素），尤其是迁移者为何选择某个具体的

目的地。沃尔伯特（Wolpert, 1965）试图理解他所谓"特定迁移者"的
"地方效用"。他认为，迁移者之所以选择某个目的地是因为那里提供了
最高的地方效用（或最高的满意度）。这种效用不一定与人们的"工资
期望"有关，也不一定涉及与个体人力资本相关的"成本—效益分析"。
迁移者出于情感原因可能会选择与他们的亲属离得更近的地方，或者仅
仅是在迁移前听说过某个地方。行为主义者也关注为什么人们都会这样
迁移，而非关注每个个体的迁移原因和目的地。在这种思潮的指引下，
沃尔伯特（Wolpert, 1965）开始关注迁出国所需要容忍的"压力"（或
者称之为"不愉快"）问题。然而，迁出国存在的压力并不会导致迁移
者把本国的压力与目的地国可能存在的压力进行对比，迁出国存在的压
力达到一定程度后将会导致人们迁移。从沃尔伯特的观点来看，迁移者
们只是一种"寻求满足者"（寻求满意），而非"最大效用的追求者"（寻
求最优化）（Boyle et al., 1998; Conway, 2007）。尽管早期的文献（尤
其是出自人口学家和地理学家之手的）相对而言更为解析化、定量化，
并且因为对迁移规律或至少是对迁移理论和模式的总结而预先占据了主
导地位，但现如今社会科学中各个领域的学者们在越来越多地结合更
具有人类学特征和解释性的方法来回答人们为何会迁移以及迁往何处
的问题。

　　威尔逊和哈贝克（Wilson and Habecker, 2008）并不认可"地方
效用"的观点，他们在人类学领域的研究中关注为何非洲移民会选择华
盛顿而非其他城市作为他们的目的地。他们发现非洲移民认为，所有首
都城市都是商业中心、文化中心，并且具有大量的受教育机会，因为他
们所知道的非洲国家的首都城市都是这样的。他们还发现，许多非洲人
认为，华盛顿相比于其他城市（如纽约）对"黑人"和"国际移民"更
加宽容，有大量的国际组织机构，更为清静，花销也更少，对于抚养

70

孩子而言是一个更好的地方。比奇（Beech, 2014）同样对"地方效用"并不认可，他认为对于目的地为英美国家城市的国际学生来说，迁移之前的想象是十分重要的。对于确切地方的想象通常由后殖民主义关系[①]所塑造，这种想象影响了学生们的迁移决策。这些对于地方（或国家）的想象证明了人们对目的地有所谓"等级的划分"（Paul, 2011）或是对地方（或国家）有不同等级的认识，正如霍夫曼（Hofmann, 2015）在她关于来自格鲁吉亚不同等级移民的研究中所得到的结论一样。显然，"地方效用"是十分复杂的。

2.5　新经济学理论

　　第四种理解国际迁移的理论就是所谓"新经济学范式"。这个术语纯粹是马西等人的创造（Massey, 1993, 1998），也许它不会为经济学家们所接受。无论如何，这里的分析并不是针对个体的研究，而是面向家庭和其他比个体大的单位。斯塔克（Stark, 1991）的研究尤其突出了这一点。从这个角度来看，家庭以及其他单位不仅追求收入的最大化，同时也追求与劳动力市场或其他市场相关的风险最小化。在新经济学分析语境下，家庭可以通过稀有资源的多样化配置来应对风险（Goss and Lindquist, 1995；Massey et al., 1993）。也就是说，某些家庭成员（或称之为"稀有资源"）可能会留在迁出国而其他家庭成员则会迁移出去。如果迁出国的经济恶化，家庭成员可以通过侨汇（移民寄回家的汇款）来改善经济状况。马西等（Massey et al., 1993）举了四个风

71

---

① 所谓"后殖民主义"，在此主要指的是前殖民国家与其前殖民地在文化、经济和政治上的关系。

险最小化得以发生的例子：农作物保险市场、期货市场、失业保险和资本市场。接下来我会简要地介绍这些例子。从第一个说起，在贫穷国家，大部分家庭都没有农作物保险来应对可能发生的作物歉收。在这种情况下，来自家庭成员的海外汇款就成了维系家庭生存的重要资金来源。与此类似的是，贫穷国家一般也没有期货市场（一个根据某些货物未来产量来确定价格的市场），并且也没有大量的投资者来吸收一旦未来价格下降所引起的生产货物的经济损失。所以迁移又成为一个能够解决由农作物价格波动带来的收入风险的方法。在失业方面，贫穷国家的失业保险要么不存在，要么比较薄弱，迁移（以及所有潜在的海外汇款）在减缓失业风险方面扮演了很重要的角色。至于资本市场，从事农业生产的家庭需要资金来购买一些种子、肥料、灌溉用水和其他农业机械设备，不从事农业生产的家庭则可能会选择投资家庭成员的教育或购买用于在本地市场进行再次售卖的生产资料。问题的关键在于贫穷国家的金融机构在储蓄贷款上是靠不住的，由于贷款资产的匮乏，获取贷款对于许多家庭来说是十分困难的，而由移民带来的海外汇款则为本地家庭解决了投资所需的资本和储蓄。这里的关键点在于，家庭总收入并不是那么重要，重要的是收入来源。换句话说，各个家庭都希望能够有多样化的收入来源以防范风险。此外，家庭成员并不是简单地对新古典主义经济学理论中提到的绝对收入最大化感兴趣，而是对与周围家庭相比而言的相对收入最大化（或剥削最小化）感兴趣。因此，迁移对于迁移源地的家庭而言是一种策略（Massey et al., 1993，1998）。

2.6 双重劳动力市场和劳动力市场分割理论

这种理论的先驱是经济学家迈克尔·皮奥里（Michael Piore）。在他的著作《候鸟》（*Birds of Passage*）中，皮奥里（Piore，1979）指出，其实迁出国并没有那么多"推力"因素，但迁入国的"拉力"因素十分广泛，而且富裕国家（或者用当时的话来说叫作"现代工业社会"）中存在的双重劳动力市场驱动着人口的迁移。对于皮奥里来说，这种双重劳动力市场是由第一和第二两个部门构成的。第一劳动力市场为本土（即市民）工人所支配，他们拥有更高的报酬、更稳定的工作机会、更好的工作环境和更大的提升可能性。雇主们会在员工上岗前对他们进行大量的工作培训，所以辞退工人会有很高的成本。与此相反的是，第二劳动力市场主要由移民组成，他们获得的报酬很低，工作不稳定，工作环境恶劣且得到提升的机会也很少。雇主一般不会对他们进行太多培训，所以辞退这些工人比较简单。正因为报酬低且工作环境恶劣，所以想要吸引本地的工人进入第二劳动力市场是十分困难的，因此雇主们才会利用移民来填补这些空缺的位置。这些位置也成就了甘愿填补它们的移民。但皮奥里的所有观点都是建立在对欧洲和美国劳动力市场的研究之上的，他对迁移的发生原因和持续过程研究得较少。以下的几个段落就是对这一理论的补充和分析。

第一个是萨森（Sassen）的"世界城市假说"，我们会在之后的章节中详细地讨论它。第二个是把富裕国家或贫穷国家中的第二劳动力市场上的非正式工作与移民的需求联系起来的就业中介机构。贫穷国家中的正式工作机会减少了，本地居民和移民只能选择那些非正式工作。与此同时，那些在富裕国家只提供非正式工作的小型分包合约公司在不断增加。无论在贫穷国家还是在富裕国家，有很大比例的移民都是非法入境的。鉴于他们不合法的身份，研究者认为他们不得不接受报酬很低的非正式工作，其结果就是非法入境的移民促进（但没有决定）了非正式雇佣的扩展，这反过来也造成了对非法移民需求的加大，这两个过程在不断地互相加强。[①]

不幸的是，双重劳动力市场假说及相关研究对劳动力市场的分类过于简单。美国劳动力市场的观察员在探索之后发现，劳动力市场上并非只有两种部门。赖希等（Reich et al.，1973）用"劳动力市场分割"这一术语来指代美国岗位结构中的数量庞大的"细胞"。对于不同"细胞"（一个细胞可以被认为是一个公司内的相似工作的总和）的调节，需要不同的操作规则，如某些"细胞"中的某些工人比其他工人有更多的晋升机会，有些工人得到的报酬比别人更高，有些工人可能有更好的工作环境。虽然对劳动力市场的分割情况的研究有许多（Peck，1996；Samers，2010a），但对于劳动力市场的分割对迁移的影响的研究却很少（Bauder，2005）。

这一问题将在第三类相关研究中得到解答，这些研究主要与"迁入者"或"移民"企业家精神以及它们的空间表现，即"种族飞地"有关（Light，2005）。这些研究关注移民企业家以及他们雇用的移民劳工，但二者的界限却十分模糊。然而，马西等（Massey et al.，1998）总结了这些飞地发展的结果，以此来演示迁移的"延续"而非迁移的发生。这些飞地开始形成之时，就是一小群拥有文化、经济、人力和社会资本的移民企业家在必要的社会经济环境中在城市区域内创业之时。他们号

---

① 关于移民与非正式就业（或者叫"未申报就业"）的研究文献数量颇丰，有的也被称为"非正式经济""影子经济"或是"地下经济"。关于 20 世纪富裕国家相关领域的研究可以参考波特斯等（Portes et al.，1989）、夸索利（Quassoli，1998）、赛迈斯（Samers，2005）、威廉姆斯和温德班克（Williams and Windebank，1998）。关于 21 世纪的研究可参考马尔切利等（Marcelli et al.，2010）、威廉姆斯和纳丁（Williams and Nadin，2014）。

召与他们来自同一个地方的移民工人来他们的公司工作。[①] 雇主们受益
颇多，因为他们拥有一大群来自相同地方的潜在工人群体，而竞争公司
并没有这样的潜在工人群体。飞地中的雇主也能从他们提供的具有种族
特色或移民特色的产品和服务中获利。雇主和雇员之间的民族团结意识
可以使雇员对这份雇佣关系以及未来的晋升更有信心，他们对雇主也会
更忠诚（Ahmad et al., 2008a；Ram et al., 2003a）。一些雇员之后
可能会成为新一代的企业家，然后按照民族团结法则，他们会更倾向于
雇用同乡工人。正如马西等（Massey et al., 1998）所言，"外来移民
本身就可以促进自身的发展"（p.32）。

74 2.7　结构主义理论

　　结构主义者对迁移的解读通常被贴上了"宏观"或是"政治经济学"
的标签，其理论基础是马克思主义思想、新马克思主义思想以及对资本主
义的历史社会解读。所以对于它们到底算是迁移理论还是关于资本主
义（新殖民主义）、帝国主义、新自由主义的理论，人们还存在疑问。
但在这些理论中，人口迁移是重点研究的问题。无论如何，结构主义理
论中有很多分支理论，如依附理论、生产方式接合理论、世界体系理论、
全球化理论、世界城市理论、新自由主义理论等。

2.7.1　依附理论、生产方式接合理论与世界体系理论

　　20 世纪七八十年代，学者们采用以上方法来研究发生于 20 世纪下

①　种族飞地中的雇主并不一定必须要雇用同一民族或种族的移民工人。例如，许多墨
西哥人和厄瓜多尔人都在洛杉矶、纽约的韩国企业工作，西班牙语甚至超过英语成为韩国
企业的首要语言（Davis, 1999；Light et al., 1999；Logan et al., 2000）。

半叶的大规模劳动力迁移现象，迁移路线主要包括从加勒比海地区和拉丁美洲迁往美国，从欧洲之前的殖民地迁往欧洲北部地区（如法国、德国、比利时、荷兰、卢森堡以及英国）或从一些非洲南部的国家迁往南非。从这方面来看，他们倾向于关注政治—经济的不平衡问题以及国际资本促成的"欠发达地区的发展"问题。这一理论框架下的其他观点关注富裕国家与贫穷国家间的呈现在不平等交易（收入差异）中的贸易不平等现象。产生这种不平等的原因包括阶级不平等、殖民主义、帝国主义、种族主义与仇外心理（如 Burawoy，1976；Castells，1975；Castles and Kosack，1973；Cohen，1987；Miles，1982；Portes and Walton，1981）。

在源于拉丁美洲的依附理论中，拉丁美洲内的迁移与从拉丁美洲到美国的迁移往往被认为是美国农业企业业务向拉丁美洲（尤其是墨西哥）渗透的结果。再加上墨西哥政府支持农业商业化，墨西哥农民（尤其是对于那些以生存为目标的小额土地拥有者而言）由于土地被剥夺和劳动力需求的减少而更加贫穷。他们被迫去美国的农业企业寻求工作（Wilson，1993）。然而美国企业通常将拉丁美洲那些高产工人吸收到本地，以此来增强"依附"关系，但却导致了人才流失（Goss and Lindquist，1995；Kearney，1986；Castles and Miller，2003）。

生产方式接合理论家认为，资本主义（或资本主义社会关系）并没有以一种均等的方式将所谓"前资本主义生产方式"推翻或清除，而是将区域和国家不平等地整合进资本主义体系中去（Cohen，1987；Portes and Walton，1981）。[①] 资本主义在所谓"传统社会"中的渗透

75

---

① 资本主义通常被认为是雇佣劳动力的广泛使用、私有财产的普遍化与剩余价值的抽取的结合体（如 Harvey，1982）。前资本主义生产方式通常被理解为个体或群体从自然生产方式向拥有一些资本主义元素的生产方式过渡的阶段。我们使用了"所谓"作为前缀，目的在于说明这种生产方式并非必然会向资本主义过渡，所以在它之前加上"前"字并不那么合适。

与发展打乱了现存的农业、家庭及其他社会关系，这也使得人们离开了土地，进而被整合进"资本主义部门"，并最终成为向富裕国家迁移的移民（如 Portes and Walton，1981；Samers，1997b）。与此同时，资本主义的渗透与发展依靠的是由"前资本主义"关系完成的社会再生产，且主要由女性完成（如 Wolpe，1980；Kearney，1986；Meillassoux，1992）。

专栏 2.4 什么是"社会再生产"？

社会再生产是由马克思主义者与女权主义者共同提出的概念，是指人们接受住房、喂养、衣物、教育，以成为一个资本主义体系下的工人或市民。简言之，人们需要通过特殊方式接受再生产，以便准备好进入资本主义社会。在 20 世纪 70 年代早期的所谓"家庭劳动争议"中，女权主义者批判了马克思主义中关于资本主义的理论，因为它忽视了女性在促进资本主义"再生产"中的作用。换句话说，女权主义者们认为由女性完成的家务工作不但创造了经济价值，而且对男性的再生产工作来说也是必不可少的。我们可以假定社会再生产过程与资本主义的延续之间是存在功能关系的。换句话说，资本主义依赖于社会再生产而存在，而社会再生产的存在也是为了资本主义的持续发展 [如马勒斯等（Malos et al., 1980）早期的一般理论，萨森 - 库博（Sassen-Koob，1984）关于迁移的补充，克拉维（Cravey，2003）以及史密斯和温德斯（Smith and Winders，2008）提供了关于社会再生产与美国"南方"区域的迁移的讨论]。

当移民在资本主义部门工作，但却通过前资本主义社会再生产维持生计或因劳动报酬过低以至于不能获得充足的居住空间、衣物或食物

时，这些情况通常就会被贴上"过度剥削"的标签。其要义在于：由于贫穷国家的劳动力背井离乡地迁移到海外，因此资本家所依赖的是过度剥削的国际化。因为富裕国家的资本家们需要这种剥削方式，所以这也允许和促进了劳动力从南方国家向北方国家的迁移（Kearney，1986）。

　　第三种与之相关但却更加有影响力的理论是社会学家伊曼纽尔·沃勒斯坦（Immanuel Wallerstein，1974，1979）的"世界体系理论"。沃勒斯坦把世界看作一个单一的由不同区域内许多单一民族国家所组成的资本主义体系。各个区域的国家逐渐地融入这个体系，它们要么属于"核心区"（在他完成这个理论之时，"核心区"指的是北美洲、欧洲、日本、澳大利亚和新西兰），要么属于"半边缘地区"（如阿根廷、巴西、墨西哥、新加坡、韩国），要么属于"边缘区"（剩余的大部分国家）。这些不同的生产和消费区域通过国际劳动分工紧密相连。对于沃勒斯坦来说，从 16 世纪开始的资本主义关系对边缘区非资本主义社会的渗透已经使得单一化的世界资本体系得以形成，这使得工人不断向"核心区"或"半边缘地区"的国家迁移。从这个角度来看，世界体系理论对迁移的理解与依附理论在某种程度上有所不同，前者不着重强调发达国家与欠发达国家之间的不平衡与依附关系，但却对如何将国家（及国家关系）融入不断变化的世界资本主义体系中颇有见解。但是，正如我们接下来要看到的一样，这两种理论也有着显而易见的相似之处（Wilson，1993）。

　　自 20 世纪 60 年代以来，应用了沃勒斯坦基本框架的研究越来越关注跨国公司在更"边缘化"的国家里的跨国投资或新殖民主义的其他方面。这些研究主要集中在对非资本主义社会关系的重要破坏上，尤其是对农业的破坏，包括资本主义农业企业和其他利益集团、农业对传统土地所有制的瓦解、农业机械化、经济作物的发展以及人工肥料和农药

77

的应用，也可能包括跨国企业或南方国家买办政府[1]的原材料（用于在世界市场上销售的）开采。总之，世界体系理论的支持者（就像接合理论的支持者一样）认为，这会降低对传统农业劳动力的需求，瓦解当前的就业格局，并且动摇社会经济组织的非资本主义形式。这反过来会促进国内迁移，甚至是国际迁移。与此同时，出口加工区（EPZs）的发展与"半边缘地区"的工业化导致了至少两条迁移路线的产生。新兴的出口加工区快速地吸纳了女性劳动力，而由此产生的男性失业率的提高也导致了更多的国内迁移，尤其是从农村到城市的迁移。同样，当出口加工区建立起来之后，对商品和服务的需求也会因为改善的交通和通信系统而不断增长，然后这种联系变得愈发紧密和广泛，迁移也就随之发生了（Fröbel et al., 1977；Sassen-Koob, 1984）。这些作者们认为，若没有通过大众传媒传递和强化文化主导意识或理念，这种迁移也就不会发生了（Massey et al., 1993, 1998）。

随着时间的推移，在沃勒斯坦的研究基础之上产生了多种多样的宏观社会学分析，其中最为知名的大概是科恩（Cohen, 1987）对世界体系理论的批判性观点。科恩认同发达国家资本会导致马克思所说的"相对剩余人口"（一种愿意在恶劣条件下为了很低的工资而工作的"劳动后备军"）。与体现黏性贸易的世界体系理论相反的是，科恩认为，贸易关系仅仅是富裕国家"解锁庞大迁移流"（1987：42）能力的一种表面体现。"解锁庞大迁移流"有两个目的。首先，贫穷国家人口拥有后备劳动力，当贸易扩张时这些后备人口将会出现。其次，后备人口的存在降低了劳动力的价值[2]，因为富裕国家的"工人阶级"或多或少地会受到其他能够且愿意工作的移民的威胁。尽管这些论调在今天获得了相当多

---

① 买办政府一般被理解为那些在执行政策与实践方面受"西方"影响极大的贫穷国家的政府。
② 粗略地说，在马克思主义语境下它也可以被等价地理解为"工资"。

的关注，但它们在迁移理论中的地位却不断衰减。我们还会在后续篇章中重申他们的重要性。

2.7.2　全球化理论

　　第二组与迁移有关的结构主义观点包括全球化理论、世界城市理论和新自由主义理论，它们之间相互影响，但我们仍能够很清楚地分辨它们各自的侧重点所在。首先是全球化理论，它与其说是一种理论，不如说是一个将在世界上共同运作的各种过程和力量结合在一起的概念。不同政治派别的政治家们从 20 世纪 90 年代之后都开始声称我们生活的世界是一个愈发全球化的世界。晚期资本主义将它的触角伸向了世界各地（或者说几近于世界各地），所以很少有地区会被复杂的网络关系以及资本、货物、服务、信息和人口流所遗忘（Held et al.，1999；Mittelman，2000）。根据许多学者对全球化问题的研究，世界正在由于各种联系的加速而经历一个空前的互联过程，这些联系不断延展，它们的力度（这些联系的密度和强度）也在不断加强（Held et al.，1999）。

　　但很快，这种将全球化描述得过分新奇、无所不能、包罗万象的理论就被一些思路更加清晰、更加具有空间敏感性的理论代替了（Amin，2002；Cox，1997；Nagar et al.，2002）。为了强调这些反思的重要性，赫尔德等（Held et al.，1999）解读了全球化的三个主要视角。从超全球主义者的视角来看，全球化是全球经济的一种根本性转变，包括世界范围之内的资本、商品、服务和人口的自由化，民族国家的终结以及可能形成的文化上的"泛美利坚化"。尽管所使用的术语和论调各不相同，但左派和右派都鼓吹着这种"超全球化"的观点。多数右派认为，全球 *79* 化是一种既有利于美国企业发展，又有利于获得利润，还有利于传播西方繁荣和"西方价值观"的自由化形式。而左派学者之间则存在两个相关的政治争论：其中一种观点认为全球化是新自由主义意识形态和新自由主义政策的一种不良表现。简单地说，新自由主义意味着支持将市场和贸易的自由化看作解决社会问题的一种方法，而非社会政策。其结果便是有利于工人阶级的规则和社会保护走向消亡，而富裕国家的公共物品则走向私有化。[1] 与此同时，贫穷国家中实施的"结构性调整"[2] 措施也得到延伸，包括区域经济对国际投资的进一步开放，出口导向更加显著的工业化，农业商业化，福利、其他国家财政预算的减少，海外发展援助的限制以及对汇款的鼓励（Harvey et al.，2005）。

怀疑论主义者的视角则与超全球化主义者的视角不同，他们不认为全球化是一种彻底的新现象，而认为在 19 世纪末的"金本位"时代，世界比 20 世纪末更加"全球化"。这些学者将这两个时期从贫穷国家迁往富裕国家的迁移水平进行了比较，发现并没有很充足的证据显示 20 世纪 60 年代到 90 年代的全球化水平（以拥有更大规模的移民为标志）更高（Hirst and Thompson，1996；Zlotnick，1998）。转型主义视角则不仅强调早期的连续性，也强调前所未有的变化和对立趋势，如区域贸易集团代替了真正的全球贸易。

另一种观点则质疑所谓"全球化"是否应该被视为某种不可阻挡的力量或促使人们将其固化的外部结构。用这种途径审视全球化也许会将人类最终排除在全球化之外，尤其是女性（如 Gibson-Graham et al.，2002；Negar et al.，2002）。最终许多地理学家摒弃了全球化根除"地

---

[1] 我们会在随后的章节中介绍这种新自由主义观点。

[2] "结构性调整"是由世界银行与世界货币基金组织共同提出的一种常用政策，其主要目的是重构贫穷国家，尤其是非洲国家的经济特征。这种调整是一种软硬兼施的措施，鼓励或要求贫穷国家的经济体从外国进口商品，减少国家所有的企业和工业，减少社会或福利导向的开支。从这种意义上来说，"结构性调整"可以被认为是一种新自由主义的政策。

方"的独特性以及全球化简单地决定了地方层面所发生的事情的看法。反之，他们认为世界就在地方之中，而地方也在世界之中，我们应当将其称为"全球地方感"（Doreen Massey，1994）或"全球地方化"（Swyngedouw，1997）。

尽管这些观点各不相同，但基于全球化的迁移解释框架（包括转型 *80*主义视角）都指出了交通和通信在促进人口迁移中的作用。全球化研究学者还特别指出，长途旅行和通信的成本、时间和难度在 20 世纪都在急剧地下降。这些变化促成了来源地国和目的地国间的社会网络（或移民网络）的建立，如汇款，循环迁移（而非单向迁移），探亲，寻求庇护者的迁移，由媒体对目的地国物质财富形象地宣传所引起的偷渡等（Massey et al.，1998；Richmond，2002）。对于赞成以上观点的学者而言，20 世纪的世界已经进入了"迁移世纪"（Castles and Miller，2003；Brettell and Hollifield，2008a）。

因为全球化是一个整合了如此多过程或变量的概念，所以研究者们很难利用它去分析迁移。尽管如此，这并没有阻止一些人打着全球化的旗帜去关注个人、群体及其不同的网络以前所未有的方式向全球扩散的能力（Richmond et al.，2002；Ong，1999）。例如，翁（Ong，1999）就展示了一位富有的中国香港商人是如何利用多种复杂的公民身份以及大量的签证来回应所谓"全球政治经济"（即全球化）的。这类人被称为"空中飞人"，因为他们花费了大量的时间在飞机上，在中国香港和美国西海岸之间来来回回已经成为惯例。其他学者，如萨迈斯（Samers，1999），有所保留地利用了全球化的概念，讨论了法国地缘政治经济结构的调整与巴黎汽车工业中的北非移民工人的生活之间的关系。汽车工业中的全球竞争压力影响着移民工人的生活，而这些人反过来又塑造着工业的命运。还有一些学者研究了全球化和人口迁移与汇款对迁出国家、区域及乡村的影响之间的关系（Orozco et al., 2002）。
虽然这些研究与全球化的概念并没有全面的接触，但海德曼（Hynd-
man, 2003）关于加拿大和斯里兰卡之间关系的研究，却很好地说明了
81 全球化过程（如援助和汇款）与寻求庇护之间的联系（见专栏2.5）。这
个例子很好地体现了确切的"迁移—发展关系"，我们会在下一章中介
绍该内容。

专栏2.5　全球化与从斯里兰卡到加拿大的迁移

　　由于加拿大与斯里兰卡都曾受到英国的殖民统治且都是英联
邦的成员国，因此这两个国家之间存在着松散的联系。第一个从
斯里兰卡迁往加拿大的人是在20世纪50年代到的加拿大。由于斯
里兰卡在20世纪七八十年代转变为出口导向型国家，因此它成了
发展援助目标国以及全球最大的国际援助接收国，其中就包括来
自加拿大的援助。2001年，僧伽罗人（Sinhalese）支持的斯里兰卡
政府与泰米尔猛虎解放组织（Tamils）之间的内战不断升级，这导
致许多泰米尔人到加拿大等国寻求庇护。泰米尔人选择加拿大作
为目的地主要出于三种原因：第一，加拿大已经有了泰米尔人"社
区"，尤其在多伦多。第二，20世纪80年代，加拿大为寻求庇护
的斯里兰卡人提供额外的津贴，且加拿大有较为宽松的难民政策
（Hyndman, 2003：265）。第三，加拿大有着庞大的移民收容计划，
而普遍高学历的斯里兰卡人符合加拿大政府的人力资本引进标准。
随着时间的推移，泰米尔移民在加拿大的地位不断得到巩固，到了
21世纪，生活在多伦多的泰米尔人有11万～20万。许多泰米尔人
在多伦多地区生活的时候都读面向泰米尔人的报纸，听面向泰米
尔人的广播节目。很多加拿大的泰米尔人都与斯里兰卡的泰米尔

人保持了文化、经济、政治和社会上的联系，其中就包括为泰米尔猛虎解放组织提供捐款（为他们与斯里兰卡政府军之间的斗争提供援助）。这些联系导致了迁移的另一种途径，那就是跨国主义，我们会在之后的章节中对其进行详细介绍（拓展阅读：Hyndman，2003）。

2.7.3 世界城市理论

82

在萨森的文章《世界城市：纽约、伦敦和东京》（"The Global City：New York，London，Tokyo"）（1991）中，她在新马克思主义和全球化领域又提出了另一种想法，这种想法关注的是迁入国家的劳动力市场，这个理论不禁让人想起了皮奥里（Piore，1979）的双重劳动力市场假设。萨森（Sassen，1991）认为，如果没有目的地国"世界城市"的发展，从贫穷国家向富裕国家的国际迁移（这种迁移本身也在促进目的地国世界城市的发展）便不会发生，这种迁移为"世界城市"的发展做出了相当大的贡献（Friedmann and Wolff，1982）。此外，她认为，20世纪70年代产生的全球城市或世界城市，逐渐成了跨国公司总部或是相关生产性服务业（如会计工作、法律服务、管理咨询和金融）的中心。生产性服务业既创造了对高技术劳动力（不论移民还是非移民）的需求，也创造了为高收入劳动力服务的低收入劳动力需求。具体而言，越来越多的低收入移民在高收入群体吃饭的餐厅中工作，为高收入群体提供家庭和办公室中的保洁服务，为高收入人群照顾小孩和老人。这些都仅仅是例子，移民填满了世界城市中迅速发展的服务业中的大量职位空缺，因为雇主们既不愿意雇用本地劳动力，也雇不到。基于此，萨森（Sassen，1991）发展了"就业变化创造了移民需求"的"需求方"理论。

然而，在这之后，她的观点更多的还是以"供应方"为主导的（Sassen，1996b）。她认为，移民劳动力巨型池的存在塑造了这些城市劳动力市场的结构，因此强化了这些城市劳动力市场的二元性，并增加了这些城市对低收入移民的需求（Samers，2002）。[1]

2.7.4 新自由主义理论

在上一节讨论全球化时，我们谈到了 20 世纪 80 年代结构性调整政策的出台。结构性调整可以被视为许多批判社会学者们认为的所谓"新自由主义"的延伸。新自由主义是一个充满争议的概念，它的研究者们往往从不同的角度来解读它。为了便于讨论，我们可以把新自由主义视为政策、规划与话语（有时也被称为意识形态）的一种结合体。人类学家、地理学家和社会学家认为，新自由主义可以根据不同的国家背景或地方背景有不同的变形，即布伦纳等（Brenner et al., 2010）的所谓"变化的新自由主义"[2]。尽管我们对新自由主义这个术语有很多疑虑，但我们还是研究并总结了佩克和蒂克尔（Peck and Tickell，2006）提出的所谓"滚回式"（roll back）和"滚出式"（roll foward）新自由主义。

第一，富裕国家中的"滚回式"新自由主义意味着削减或大量减少社会项目，尤其是与公共住房、食物供应、失业保险、医疗保障和公共健康相关的社会项目。社会再生产不再仅被视为国家单方的责任，这是与工会权利的消解或受限以及劳动力市场的解除管制（或者说是弹性化）相伴而生的。在贫穷国家，许多相似的过程也在发生，这在很大程

---

① 对于萨森的世界城市理论的争论颇多。读者可以参见麦卡恩（McCann，2002）和罗宾逊（Robinson，2002）。
② 关于是什么组成了新自由主义的文献颇丰。许多文献都是关于它所产生的持续的政治争论、它在地理上的异质性、它还不甚清晰的未来以及在 2008 年经济危机之后北美与南美后－新自由主义经济体所体现出的力不从心。

度上也是因为结构性调整政策的推行。

第二，富裕国家和贫穷国家中的"滚出式"新自由主义将市场特权、凌驾于政府管理逻辑之上的竞争逻辑以及政府所资助的社会再生产视为解决社会问题和分配社会公共物品的最有效途径。这迫使人们对自己的个人福利负有更多的责任（即所谓"责任个体化"）。在富裕国家，"滚出式"新自由主义包括对公司企业（资本福利）的显性或隐性支持（金融或其他方面），以及以牺牲累进税制（减少最贫穷市民的税务）为代价的递减税制（削减富有市民的税务）。被政府招聘的高技术移民（包括学生）被赋予签证政策和其他程序上的特权和自由。为了补充高技术移民迁移和保障廉价低端劳动力的供给，尽管各级政府出台了一些反对低收入移民的政策、措施，但移民管理部门对无证移民却睁只眼闭只眼。以上这些政策或措施，无论是否与移民有关，都被政府、智库系统、机构、组织和那些奉行新自由主义理念的新媒体所倡导（Bauder，2008）。在贫穷国家，通过持续的自由化以及对外商直接投资、汇款和贸易（如减少关税和发展用于出口的"经济作物"）的鼓励，结构调整进程不断深化。无论贫穷国家的政府是否愿意，这些都被国际组织（如国际货币基金组织、世界银行和世界贸易组织）强加给他们。

尽管新自由主义也包含着其他要素，但这些是我们在这里应该关心的基础部分。许多地理学家认为，新自由主义在世界各地有许多不同的形式，部分国家或地区比其他国家或地区更奉行新自由主义。从这里我们可以了解到，20世纪80年代以来，由美国和其他发达国家所控制的国际机构（如国际货币基金组织或世界银行）的新自由主义政策似乎导致了贫穷国家更严重的贫穷和剥削。因此，这似乎创造了大规模的迁移需求，但它却不应该被简单地视为"推力因素"的证据。与此相反，它恰恰表明发达国家政府、公司和国际机构的政策和措施与迁移之间相互作用。然而，迁移研究中引人注目的是，几乎所有关于新自由主义的文献都关注目的地国（如 Varsanyi，2008），但却少有研究将新自由主义分解为一组变量或理念用于分析迁出国对迁移的影响。这方面为数不多的研究由马西和卡珀斐洛（Massey and Capoferro，2006）完成（见专栏 2.6）。[①]

专栏2.6 新自由主义与秘鲁利马的迁出问题

马西和卡珀斐洛（Massey and Capoferro，2006）分析了秘鲁在 1987 年实施的新自由主义路线的结构调整政策所产生的效应。

85　通过分析发现，该政策导致了失业人数和未充分就业人数的增长，工资福利的降低，以及非正规就业的发展。通货膨胀率在 1980 年到 1987 年保持在 89%，却在 1990 年跳到了 4000%，到了 2000 年到达了 7000% 的高点。通货膨胀不断加剧的同时，实际收入（即调整价格之后的收入）却在飞速下降，仅相当于之前的 40%。为了了解迁出问题对秘鲁的影响，马西和卡珀斐洛利用了人种学研究数据和他们在拉丁美洲迁移计划中的"人种调查"中的数据。他们收集了来自利马的大约 500 户中产阶级或次中产阶级家庭在生活中的数据，发现从 1988 年到 2000 年的结构性调整和新自由主义政策对国际迁移的确有影响。马西和卡珀斐洛的研究表明，1987年在结构性调整政策实施之前，受教育程度更高的家庭、曾经迁移过的家庭和拥有超过 18 岁孩子的家庭更倾向于迁移。在 1987年之后，迁移的"人力资本"等级的重要性有所下降，而邻居先行

[①]　读者也可参考卡纳尔（Canale，2003）所做的关于墨西哥和美国自由化和工业重构过程对迁移的影响的研究。但是现在越来越多的文献开始关注拉丁美洲的后－新自由主义经济体（如 Macdonald and Ruckert，2009；Grugel and Riggirozzi，2012），我们在此处未曾提及。

迁移导致的连带关系（社会网络产生的"社会资本"）更为重要。他们还发现，迁往拉丁美洲和加勒比国家的移民数量从 36% 跌落到了 24%，这些国家同样受到了结构性调整的影响。新兴的目的地国，如西班牙或其他欧洲国家，变得十分热门，而美国则显得没有那么热门。那么为什么诸如西班牙这样的国家成了更具吸引力的目的地国呢？这很有可能是因为在 20 世纪 90 年代，西班牙政府给能说西班牙语的移民提供了特权服务（Corenelius，1994）。

2.7.5　新自由主义与国际学生流动

除了劳动力迁移，我们还可以从新自由主义的视角去审视国际学生流动（ISM）。国际学生流动发展十分迅速（从 2000 年至 2012 年平均每年增长 7%）（OECD，2014），且在地理分布上呈现多元性。尽管通过新自由主义来解释国际学生流动快速扩展的原因要比解释在哪里扩展容易得多，但新自由主义很有可能就是促使国际学生流动迅速发展的原因所在。对于前者，我们一般可以从三种视角来解释：从移民自己的视角来看、从国家政府的战略角度来看和从学校的未来发展来看。对于学生来说，无论在国内学习还是在其他国家学习，他们都有着完善自己职业前景的愿望，他们也将这看作一种确保在未来能够移民的途径。移民的原因可能是学习语言或是简单地想要获得一个远离父母的机会。也许某些原因并不与新自由主义直接相关，但贫穷国家工作机会的减少以及英语逐渐成为具有支配性的世界性语言却与新自由主义直接相关。对于政府而言，签证政策被用于支持学生的迁移，这正是费斯特（Faist，2008）的所谓"从'红卡'（red card）战略到'红地毯'（red carpet）战略的转变"。实际上，政府也认识到，国际学生流动会为工程学和应用科学提供创新的种子，且有利于专利创造，而这些正是全球新自由主义经济竞争格局中的认识、现实或论调的关键所在。政府提倡国际学生流动还有其他确切的原因，如对文化交流的渴望，这个原因只能被间接地归因于新自由主义。对于那些积极主动引进外国学生的大学来说，这些学生可以填补科学和工程项目中的空位，虽然他们也在积极地寻找合适的、有能力的国内学生。这不仅为学校提供了可观的经济来源，也促进了学校学生的多样化和学校声望的不断提升（IOM，2008a）。来自国内外学校排名的压力也使得学校需要不断提升学术项目的水平，并积极寻找外国学生。这些压力在近20年来不断增强，这可以被归因于（或部分归因于）新自由主义。

教育领域中的一个明显趋势是"西方"大学普遍到海外去建设自己的学校，如许多美国大学都到阿联酋和卡塔尔去建学校。英国的大学也是这样，如诺丁汉大学就在中国的宁波和马来西亚的吉隆坡都建了学校。然而，这些大学在海外开辟新校的战略对人口迁移到底是起促进作用还是抑制作用仍是有待解决的问题。从我们知道的其他形式的迁移来看，海外投资会直接促进而非抑制国际学生流动，尤其是促进与高技术移民相关的迁移。尽管如此，许多外国学生还是选择了在线课程（一种与全球化相关的科技进步的产物），而非移居海外或是在外国机构中学习（IOM，2008a）。目前似乎并没有揭示国际学生流动与教育国际化形式及阶段之间关系的研究。对富裕国家的留学生的资助的减少，导致国际学生在世界范围内的流动速度从2000年的7%下降到2013—2014年的2.5%（OECD，2014）。

2.8 结　论

到目前为止，我们已经对迁移理论中的"决定论"做了介绍。我们想要强调的是，通常来说，不同的迁移理论有不同的政治立场、不同的哲学基础、不同的关注焦点（换句话说就是每种理论所关心的迁移群体都是特定的）、不同的分析单元（个体、家庭、经济体等）和不同的空间假设。我们更为关心的是后三者的关系（关注焦点、分析单元和空间假设）。在表 3.4（见下一章）中，我们基于这三方面因素总结了我们在本章和下一章中讨论的所有理论的差异，并提出了一种空间上更加明确的迁移理论。但在我们去了解它之前，我们首先要对其他理论做一个回顾，这就是我们现在的重点。让我们开始第三章吧！

解释跨越国际边界的迁移：整合论

在前一章中我们讨论了迁移研究的决定论方法。在本章中，我们将注意力转向七种整合（混合）理论：第一，社会网络（迁移网络）分析；第二，跨国论点；第三，性别意识分析；第四，结构主义和机构中心论；第五，迁移—发展关系论；第六，强迫性迁移研究；第七，与环境有关的迁移论。我们用一种明确的非理论方法，即卡斯尔斯（Castles）的"社会转型视角"进行总结。现在我们从迁移的社会网络分析开始。

3.1 迁移的社会网络分析

关于社会网络对迁移的重要性的研究自 20 世纪 80 年代以来逐渐受到学者的关注，其中道格拉斯·马西（Douglas Massey）与其同事关于迁往美国的墨西哥移民的著作以及辛格和马西（Singer and Massey，1998）的研究备受关注，但在此之前其实已有许多关于社会网络与迁移关系的人类学和社会学研究（见 Boyd，1989；Bretell， *91* 2008）。关于网络的研究都被纳入"迁移系统"研究范式之中（Mabogunje，1970；Massey et al.，1987；Fawcett，1989；Gurak and Caces，1992），这种范式是一种从基于历史的和基于网络的迁入地与迁出地的文化、经济、政治和社会联系的角度看待迁移的一种研究方式，通常从区域层面进行分析，如对南亚和中东的石油输出国之间的研究，对欧洲国家及其之前的殖民国之间的研究，对南非和其他南部非洲国家之间的研究，对美国和拉丁美洲国家之间的研究，对亚洲东南部国家之间的研究等。对于迁移网络的分析源于对劳动力迁移与家庭团聚的研究，并不直接包括关于寻求庇护者和难民的研究。在后一种研究中，我们更为关注走私者作为迁移网络中沟通不同区域寻求庇护者和难民的中间者这一角色的作用。

因为关注社会网络的学者尤其喜欢把劳动力迁移与家庭团聚联系起来，所以这些网络就不仅仅是"移民链"①（如 MacDonald，1964：82），它们还被认为是连接迁入国与迁出国之间移民、前移民和非移民之间的纽带。社会网络被视为联系社会结构性力量与迁移者个体之间的一种重要因素（Massey et al.，1993，1998），或者说它将迁移发生的社会动因和个人因素结合了起来（Goss and Lindquist，1995）。通常所说的"迁移网络"（Massey et al.，1987）或"网络化迁移"（Wilson，1993）包括村庄间亲属或朋友关系网络（即"强关系"）和其他基于文化和种族认同的网络（即"弱关系"），而这些网络都有赖于一定程度的相互信任（Tilly，2007）。这些网络或者联系有时以家乡联盟（"一种由来自相同的乡镇或教区的迁移者为了互助或相同的社会目的聚集在一起形成的移民组织"——Caglar，2006：1-2）的形式表现出来。默瑟等（Mercer et al.，2009）更青睐"家乡联盟"这个术语，原因在于这种组织并不仅仅包括城镇之间的联系。社会网络，无论是家乡联盟还是家庭联盟，都会为移民提供食物、避难所、就业信息、健康保养信息、服

① 麦克唐纳说："迁移链可以被认为是移民寻找机会的流动过程，由交通的改善而成就，可以通过与先前移民的社会关系而增加就业和定居的可能性。"

务信息、宗教组织信息以及其他娱乐和情感支持。通常来说，这些信息、联系和支持在本质上是有性别区分的，所以特定的网络案例中可能只会包括男性或女性一种。当这些网络与就业信息相关时，它们就会与目的地国对于男性或女性就业的期望密切相关。许多案例都支持了这个结论。一些从前格鲁吉亚苏维埃共和国迁出的女性选择土耳其作为目的地，其原因在于土耳其对女性就业（如家政服务）的接受度高，且就业机会多，这就鼓励了格鲁吉亚的女性不断迁往土耳其（Hofmann，2015）。可见，社会网络不仅为移民提供了资金和其他资源的帮助，还对迁移和居住的持续性发挥了重要作用（Boyd，1989；Levitt，2003；Massey et al.，1993，1998）。

迁移网络理论的支持者们进一步指出，与来自特定迁出国的需要承担巨大的迁移成本和风险的第一批移民不同，后继的迁移者可以依靠社会网络来降低迁移成本和风险，这会进一步促进迁移。随着移民数量的增加，社会网络规模会扩大，迁移过程也会不断得到强化。最终，迁出地的更广泛的社会群体也会进行迁移。移民政策越严格，这个过程越会得到强化。在这种情况下，大量移民在目的地国安家落户，这就促进了移民社区的发展，反过来也使得目的地国和迁出国之间的社会网络关系得到强化。在许多研究者眼中，这些网络资源（即"人力资本"）被看作有利于安家落户的"积极"因素。随着定居时间的延长，家庭团聚被认为能够增强家庭网络的存在感。然而，随着时间的推进，汇款总量和频率（见专栏 3.1）都会有所降低（当然也可能会增加），目的地国中的民族或非民族自治组织的会员数量也会增长（或是减少）（Blue，2004；Boyd，1989；Massey et al.，1993，1998）。

专栏 3.1 关于侨汇

侨汇对于移民的原始家庭、社区和国家都十分重要。资金的流动长期以来都受到关注，尤其受那些致力于增加本国可使用外国资本的政府的关注。在过去的 60 年中，由国外移民工人汇入的资金也被国际货币基金组织划入大多数国家的官方金融账户中，但这些资金的重要性一直被忽略，直到世界银行在 21 世纪初开始宣传侨汇资本对于发展的潜在重要性。这使侨汇作为一种"发展新模式"获得了广泛关注（Kapur，2004）。

这种关注的确很有必要。从 2002 年至 2015 年，全球总侨汇已从 1490 亿美元上升至 5816 亿美元（OECD，2006；World Bank，2016）。其中约四分之三（4316 亿美元）的侨汇的目的地在发展中国家。这些现象不断地刷新着我们过去几十年的认知。金融侨汇有着充分的网络效应，甚至在金融系统中其作用大于政府开发援助（Official Development Assistance，ODA）。2015 年，ODA 总量为 1319 亿美元，略低于发展中国家获得的总侨汇的三分之一。金融侨汇也比其他国际资本流动更为稳定。外商直接投资在 2008 年经济危机之后大幅下降，且在许多年之后才恢复常态，但欠发达国家所接收的侨汇金额仅在 2009 年有所下降，在 2010 年便开始回升，这一现象令许多研究者都十分惊讶（Sirkeci et al.，2012）。金融侨汇属于家庭成员之间的私人汇款，但它们也是一种重要的外汇来源，尤其当它们是通过官方的金融机构被传递之时。它们的移动对经济体发展具有乘数效应。

尽管很多人强调侨汇的重要性，但也有很多人持批判的观点。
侨汇模式依赖于对发展的高度经济理解，这种理解会导致早期发展战略中很多错误的重复和对新权利关系的社会动态发展的忽视

（Bastia，2013）。侨汇的寄送者也被包含在这复杂的权利关系之中，但与此同时许多有关侨汇的讨论却忽视了侨汇对于那些需要将一大部分收入寄给海外家庭的低收入服务部门工作者的影响（Wills et al.，2008）。研究者们也开始将更多的注意力放在非金融形式侨汇的影响上，这种侨汇也被佩吉·列维特（Peggy Levitt，2001）称为"社会侨汇"，它包括在移民和非移民之间传递的"思想、实践和诀窍"。关注个体的研究者也关注家庭关系中的侨汇的性别差异，他们也强调了这种新的责任是如何体现在性别之上的（King et al.，2013）。

有些研究社会网络的文献则描绘了不是那么美好的景象。首先，在关于在英国寻求庇护的阿尔及利亚人的研究中，科利尔（Collyer，2005）认为，社会网络和社会资本对已定居和新迁入的移民都很重要，而在更严格的移民政策（尤其是与寻求庇护者有关的，如需要提供长期财务来源证明）的影响下，许多已定居的移民会减少他们对新移民的支持，即使他们是朋友。这正如德哈斯（de Haas，2011）所认为的，社会网络会阻碍迁移过程的继续发生。其次，马西等（Massey et al.，1987，1993，1998）认为，下一代移民可以在已有的社会网络基础之上建立与第一代移民相关的更高水平的人力资本，从而降低迁移成本和风险。但雷尼尔斯（Reniers，1999）在对土耳其人和摩洛哥人向比利时迁移的研究之中却认为，事实未必像上面所描述的那样，相反他认为，那些人力资本水平最低的人先迁移，而那些拥有较高教育程度的人则后迁移。最后，所谓"强关系"并不仅仅局限于家庭、亲人或组成迁移社会网络的家乡联盟，还包括由大量被雇用者和雇用他们的机构、政府和私人机构、婚姻介绍所、走私犯和非法交易者等构成的其他网络（如 *95*

Goss and Lindquist, 1995; Kyle and Koslowski, 2001; Krissman, 2005; Lindquist et al., 2012)。因此，某些特定类型的网络从本质上来说对移民是十分有利的。例如，走私和非法交易构成的社会网络虽然是一种世界现象，但对移民却有着不尽相同的影响。出于这种原因，在下文中我们将会用一点时间来探讨它们对迁移的影响。

作为网络的走私与非法交易

关于这个命题的讨论开始于对走私和非法交易的区别的研究。在索尔特（Salt，2000），凯尔和戴尔（Kyle and Dale，2001）的研究中，走私（帮助移民入境）是指某些人在走私犯的帮助下以步行、坐车、坐船等方式非法穿越国际边界。运输所需的费用一般是由移民提前支付给走私犯的，但走私犯在偷渡过程中还会向移民或是移民家属索取额外的费用。事实上，索尔特和斯坦（Salt and Stein，1997）认为，走私可以被看作一种能够盈利的"商业形式"。其观点的核心在于走私网络中的多重空间包括三种分离的阶段：动员阶段（旅程开始的地方）、途中过程（"中转国"，见专栏 3.2）以及嵌入阶段 [寻求庇护或寻找生存所必需的资源的过程（Van Liempt and Doomernik，2006）]。这种意义上的走私主要存在于拉丁美洲国家（尤其是墨西哥）和美国（见专栏 3.4），当然也包括东非、西非、中东、中亚和欧盟之间的走私（见专栏 3.5 和 3.6）。

专栏 3.2　什么是中转国？它适用于何种迁移理论？

将"中转"的标签贴给一个国家的目的主要在于创造一种能够控制无证移民的政策工具。1999 年，在坦佩雷（Tampere）举行的欧洲理事会会议上，建立"起始国和中转国之间的关系"被作为欧盟移民政策的核心目标（European Council，1999）。对于"中转"的关注仍然是欧盟对于无证移民政策的核心内容。这种标签逐渐影响了世界其他区域，尤其是中美洲地区，并吸引了大量的学术关注。柯尔柯拉（Papadoupoulou-Kourkoula，2009）则将"中转"定义为出发和定居的中间状态。这种观点强调"中转"的一些非确定性质，但正如科利尔和德哈斯（Collyer and de Haas，2012）所认为的那样，它也意味着"中转"这个标签只能被回顾性地运用于一些国家和迁移类型之中。这也是它现在常在政策讨论中被提及的原因。杜维尔（Düvell，2012）则认为，在欧盟的政策之中，"中转"是一种很明确的政治标签，欧洲周围的许多国家都被称为"中转国"，但欧盟内部的许多国家也是移民们迁往欧盟其他国家的中转国。这一观点在2015年兴起的"难民危机"中得以彰显，许多移民都通过意大利和法国向德国或瑞典迁移。所有国家在特定的时间针对特定的人群都可以是起始国、中转国或目的地国。理论的目的在于厘清迁移的复杂性，尤其是个体是为何又如何完成这些长距离而危险异常的旅程的，而移民们所关注的迁移结果又是什么样的。这些能够帮助我们了解移民面临危险的旅程的一个主要特点就是它们拥有可以被分割的本质。长途旅程常常被分为一些短部分，每个部分都伴随着移民所经历的非正式就业过程，在这些过程中他们才能找到潜在的目的地国或是他们旅程的下一阶段（Collyer et al.，2012）。

走私一般归因于战争、冲突、全球结构性不平等、贫困、环境危机或走私贩追求利益的犯罪行为。我们并不想将责任推卸到这些不合理的因素上，但对于走私更为细致的观察使我们能够更好地了解走私者的主观能动性，也能了解多重空间之下的复杂网络。例如，在伊拉克、埃塞俄比亚、格鲁吉亚和荷兰之间的走私活动中，范·林皮特和多姆尼克（Van Liempt and Doomernik，2006）同意了索尔特和斯坦（Salt and Stein，1997）的观点，即走私是同时具有合法和非法维度的全球性贸易。但他们同时也认为索尔特和斯坦忽视了国家政策的变化，也没有考虑到诸多非经济因素，如移民的主观能动性、走私贩和偷渡者（移民）之间的关系、移民经验和迁移动机的影响。这两位研究者认为与其将移民们视为被动的受害者，而将走私贩视为"无情的罪犯"（Van Liempt and Doomernik，2006：173），不如将移民视作目的性很强的主体，而将走私贩视作商人。事实上，他们提醒我们，在对美国的研究中，许多走私贩都拥有自己的饭店、超市等资产。在对荷兰的研究中，范·林皮特和多姆尼克发现，许多走私贩都曾经走私货物，但却发现走私人口能够赚更多钱。他们受到了自己作为移民时所遭遇的困难经历和对于边境区域的了解的驱动。

范·林皮特和多姆尼克认为移民都有自己更钟爱的目的地，他们主要根据以下因素选择目的地国，如后殖民联系，自己国家的文化与目的地国的文化更接近，在目的地国有亲朋好友或目的地国在移民者心中有良好的声誉（包括提供工作、教育、事业或保障安全的能力）。移民们也都会基于旅程的成本进行经济层面的计算，所以许多更为便宜的目的地国（主要是支付给走私贩的钱更少）会更容易被移民选择。然而，移民并不一定都能完成自己偏爱的旅程。在这些作者研究的案例中，有一位移民想去瑞典与他的亲戚一起生活，但却在埃因霍温的城市服务站遭到逮捕，而不得不在荷兰申请庇护。在这种十分普遍的情境之中，移民被遗留在没有充分支持的网络之中，他们只能向所在国家寻求帮助。从这一视角来看，无论移民的主观认识为何，走私都是一种问题严重、充满危险的商业活动。

　　然而移民并不需要将走私贩视作罪犯，甚至在一些苏维埃国家（如格鲁吉亚）走私贩与污名毫无瓜葛。相反，他们被视作以一定费用将移民移送至目的地国的"服务提供者"。其中一位移民就这样认为："我才不会称呼他们为走私贩。我在边境上花了 400 美元和他一同过来，他又免费把我交给了能带我到最近城市的人。"（Van Liempt and Doomernik，2006：173）事实上，如果走私贩能够满足移民的愿望，如果他们能够信守诺言并成功完成走私过程，移民们会对走私贩心存感激。移民常常通过朋友和亲属联系走私贩，而走私贩则希望不断招揽移民以扩大自己的生意，他们甚至向移民保证，只收一次费用但可以满足移民多种需求。有时，他们先将移民安全送到目的地国，而后再向起始国之中的亲属索取费用。在这一情境中，信任至关重要，而在起始国的城镇中，一位"好"的走私贩通过为移民提供食物、避难所和休息场所来提高声誉，而且他们拥有关于边界和获得护照的专业知识。走私贩基于旅程的舒适度、交通设施、是否有庇护场所和移民政策来选择特定的路线。但是作为走私服务的提供者，他们也被认为是"坏人"。有人甚至说有些移民被走私贩关在房中并被粗暴地对待（Van Liempt and Doomernik，2006：174），还有些人说走私贩满眼都是金钱，他们为了赚钱不择手段，欺骗其他人（Van Liempt and Doomernik，2006：174）。总之，走私贩在其与秘密入境或寻求正式方法入境的寻求庇护者或难民形成的走私网络中占据了中间地位。在多数情况下，走私贩与人贩也有关系，而且区分走私贩和人贩十分困难，因此走私贩也被认为是人贩的一种形式。贩卖人口也是一种商业形式，通常人贩所携带的人口有债务且在迁移后会被强迫劳动（见第五章中的专栏 5.2），以便支付走私的债务。关于这方面的研究可能会持续许多年，目的是了解个体在人贩的社会网络中的作用。这项研究中展现了每个个体案例之间的差别，这种现象在亚洲和非洲等地十分普遍。在对缅甸和泰国的研究中，凯尔和戴尔（Kyle and Dale，2001）着重讨论了性交易问题。在这两个国家中，性交易涉及的人群包括当地政府工作人员（边境守卫、警卫、高级政府官员、政策制定者）、人贩子、雇主（尤其是妓院老板）、性消费者和被强迫从事性工作而没有报酬的移民（以女性为主，有时也包括可能只有 12 岁的年轻女孩和男孩）。

所以不管社会网络是否包括强迫，欺诈，非法机构与政府官员、消费者之间的秘密联系，也不管这种联系是否会给移民带来福利，它们都被称为"跨国的"或"跨国主义"。

3.2 跨国主义与迁移

全球化的理念在 20 世纪 90 年代达到了前所未有的流行，它剥夺了人的主体性而让人们更能感受到经济的、决定论的或是丧失权势的感觉。相对而言，跨国主义的理念可能更为关注迁移者，强调主体性和在同时期文化上的继承。对于维托维克（Vertovec，1999）来说，跨国主义指的是"跨越国家边界的人或组织之间的多重联系和交互作用"（p.447）。这个定义涉及许多问题和流程，甚至包括经济特征（如 Bailey，2001；Vertovec，1999；Portes et al.，1999；Smith and Guarnizo，1998）。在有关移民的早期开创性文献中，巴修等（Basch et al.，1994）将跨国主义定义为"移民们为联系他们的家乡和定居地而建立多重社会关系的过程"（p.7）。^① 这个定义至少缩小了有关迁移者的概念的范围。

与此同时，也有部分学者认为，跨国主义的理念正如全球化的理念一样，并不是什么新鲜的东西（如 Foner，2001；Wimmer and Glick-Schiller，2002）。维默尔和格里克－席勒（Wimmer and Glick-Schiller，2002）阐述了这个观点：

> 最近在对跨国社区的新兴研究中并没有发现什么新东西，但这是研究视角偏离民族主义方法论的结果。这一发现是观察者认知转变的结果，而非由于新的观察对象的出现。（p.218）

然而，无论与"跨国主义"理念有关的方法是否可以用于解释迁移，*100* 也无论对于跨国主义的阐述与对全球化的阐述是否有任何不同，在这一点上我们关注的并非跨国社区的特征以及移民的归属感与身份认同问题（我们将在第七章中阐述这个问题），而是相关分析的分析单位。

首先，跨国主义研究的分析单位是迁入地和迁出地"本土社区"的结合体，它以地方为基础，却也是全球延展的，或是穿越边境的后殖民生活"流迁网络"。这一网络涉及迈克尔·彼得·史密斯（Michael Peter Smith，2001）所提到的"本土转换主义"或"跨国都市生活"以及"社会关系距离"（p.237）。这些网络经常被分解为更小的分析单位，如家户、其他正式和非正式组织（尤其是故乡联盟），以及如汇款和商业贸易等经济指向型的事务（Faist，2008；Smith，2005）。当我们提到所谓"流迁网络"时，必须认清"流迁"的定义和概念（Blunt，2007；Brettell and Hollifield，2008a；Brubaker，2005；Cohen，1997）。流

---

① 莱维特和贾沃斯基（Levitt and Jaworsky，2007）提供了定义跨国主义的不同思路。

迁可以被理所当然地界定为从故乡的某种社区向新的土地上扩散并重组形成新社区的过程。如果我们认可这个关于流迁的定义，那么，我们就将流迁网络理解为国际边境线上的移民社区所拥有的社会、文化、政治和经济联系。这些联系也可能是心理上的，尤其包括对迁出地的"人和地方"的情感依赖。"人和地方"这一术语用在这里有两种原因：首先，因为流迁网络涉及迁出地的许多地方，迁移者们会对多个村庄或区域、多个民族或语言群体具有归属感。其次，迁移者们对某个村庄的（而非只是一个国家）归属感表明，跨国主义一词可能是一种误用或者说是对归属感的不完整理解。也就是说，他们的归属感或实践活动还不清楚是否应被界定为跨国的、跨地方的或是跨市的（Barkan，2004；Faist，2008；Waldinger and Fitzgerald，2004；Smith，2005），或者当某种行为只涉及两个国家时，是否能被界定为跨两地或跨两国的。也许任何一种空间隐喻都是不合适的，我们应该将这种网络称作"泛种族的"（Levitt and Jaworksy，2007）。这种"泛种族"是实际存在的，因为它们假设了种族群体间的同质性①，并且跨国联系经常会被年龄、代际、性别、宗教、社会地位方面的区别或是其他跨区域的形式所阻隔。换句话说，当我们对概念本身的理解并不完全时，是很难理解跨国主义是如何使迁移过程延续下去的（Portes et al.，1999；Waldinger and Fitzgerald，2004）。

　　然而，基于跨国主义和基于全球化（或是结构主义／新马克思主义）对迁移的解释有何不同呢？我们至少可以分辨出以下两种不同：一方面，史密斯（Smith，2005）指出，认为全球化是一种运行于"人的背后"的、巨大的、经济的、结构性的、不可控的因素的观点（见 Gib-

---

① 在迁移的语境之中，"同质性"意味着对一些文化、政治、种族或国家群体的特性的承认。这种群体被认为具有同样的特性或性质。这种"同质性"与"刻板印象"很难区分。

son-Graham，2002）是错误的（p.236）。另一方面，史密斯（Smith，2005）也认为将跨国网络视为一种新的"文化主体"的证据的看法并不正确，将其与全球经济结构重塑二分的看法更是荒谬（p.236）。对于史密斯来说，结构主义是真实存在的，并且在地方和全球尺度上都存在。地方驱动着跨国化，而跨国化反过来又塑造了地方。

白德礼和霍利菲尔德（Brettell and Hollifield，2008a）还指出了另一种早期的关注微弱的全球化力量的迁移研究文献与有关跨国主义流迁网络研究的文献之间的差异。这种差异与迁移者的"唯意志论"相关：他们不再被视为背井离乡的（p.120）。换句话说，移民们不是因为受到经济或社会干扰而被迫带着恐慌和困难迁移的，而是在不同国家和文化之间轻松地循环流动。很多证据可以证明这种观点，至少一些高收入移民很少受到移民签证和其他检查的阻碍。例如，在硅谷计算机产业工作的印度计算机工程师和企业家帮助印度南部城市班加罗尔建立了计算机技术产业，这反过来促进了班加罗尔和硅谷之间的人口迁移，这种行为也被印度政府所支持（Saxenian，2005）。阿布若尼斯（Ambronisi，*102* 2014）通过对多国的比较，认为跨国主义（主要从移民促进迁出国经济发展的角度来衡量，如移民母亲对家庭和孩子的侨汇或移民发展资助计划等）在新的移民国家（意大利）和老的移民国家（如美国）中的表现非常不同。

与此相反，鉴于证据不足，费斯特（Faist，2010）和卡斯尔斯等（Castles et al.，2014）对于多数移民过着跨国生活的观点持怀疑态度。此外，在许多证据的支持下，米歇尔（Mitchell，1997）和迈克尔·彼得·史密斯（Michael Peter Smith，2005）对自己提出的"融合庆祝活动"或是"流动跨国主义"提出了批判。正如史密斯所言：

这忽略了一个事实，无论空间流动性和跨边界对跨国主体的居住、社区和地方建构实践有多大影响，这些人依旧是在特定历史背景、特定政治结构和空间中运行的有阶级、有种族和有性别的个体。（p.238）

但在这本书中，我同意史密斯的更具批判性的观点。我们需要从这些文献中了解的是跨国主义的理念，因为它通过强调移民网络的重要性而对全球化争论有所扭曲。这些在全球范围内延展的网络（无论它们是文化上的、经济上的、政治上的还是社会的）刺激了迁移，并使其延续下去。

3.3 迁移的性别分析方法

20 世纪 80 年代至 90 年代，国际迁移研究忽视了性别（尤其是女性）对迁移的影响。在很长一段时间内女性都被当作迁移的附属物（Kelson and DeLaet，1999；Kofman，1999），这导致许多女权主义者和其他关注性别的研究在这一方面不断补偿女性在迁移过程中的角色缺失。卢茨（Lutz，2010）将其称为补偿法。研究的第二阶段被卢茨称为捐助法，它主要关注女性在不同类型迁移过程中的作用，而且现在有大量研究致力于克服长期以来在迁移研究中的男性偏见。[1] 卢茨认为第

103

---

[1] 关于性别和迁移的文献，可以参考凯尔索和德莱特（Kelson and Delaet，1999）、索特洛（Hondagneu-Sotelo，1994）、卢茨（Lutz，2010）、莫罗科瓦西奇（Morokvasic，1984）、考夫曼（Kofman，1999）、佩萨和马勒（Pessar and Mahler，2003）、派珀（Piper，2006）以及西尔维（Silvey，2004a）。另外还有加塔诺和约（Gaetano and Yeoh）在《国际迁移》（*International Migration*）杂志上发表的《全球化背景下亚洲的妇女和迁移之介绍：性别经历、机构和行动主义》（"Introduction to the Special Issue on Women and Migration in Globalizing Asia：Gendered Experiences，Agency and Activism"）。

三阶段出现在 20 世纪 80 年代至 90 年代，主要关注女性之间的权力联系。在这之中交叉的女性主义方法（阶级、种族、民族、能力、性取向，尤其是性别是否、通过哪种途径、以何种方式影响迁移）逐渐成为迁移研究的重点。21 世纪初期，佩萨和马勒（Pessar and Mahler，2003）认为，迄今为止"钟摆"已经向相反的方向转移，即男性移民作为研究主体的受关注程度已经等同于之前女性移民受关注的程度（p.814）。与此同时，佩萨和马勒（Pessar and Mahler，2003）认为，有关迁移的文献仅是"简单地通过增加女性偏见来调整男性偏见，换句话说就是将性别视为变量"（p.814）。佩萨和马勒（Pessar and Mahler，2003）提出应当"将性别视为迁移研究中的中心概念而非一个变量"（p.814）。此外，卢茨（Lutz，2010）认为，许多研究迁移的女性主义学者已经从针对女性的研究转变为基于性别视角的研究（p.1650）。她们更加关注一个人的性别与他们在社会中被需要的或者在社会中表现出来的性别身份、生活方式和社会角色之间的区别（p.1650）。现有文献并不单独从女性角度或是用数据呈现男性和女性的区别，而是更加关注两种性别身份是如何达到既是社会秩序的产物又造就了社会秩序这一状态的，尤其是通过男性和女性的权力关系，以及在其他因素（如种族，私有和公有的意义，迁移对男性和女性在个体、夫妻、家庭等关系之中的不同影响）（Lutz，2010）的共同影响下。

性别研究至少包括以下五个维度：第一，政府在鼓励男性和女性进行不同形式的迁移中的作用，以及对男性和女性不平等迁移权的控制；第二，由政府调节的家庭内部和社区内部性别关系的本质，以及它们如何塑造了迁出和回流；第三，国外更为平等的性别关系是如何塑造迁移的；第四，工作岗位的性别以及它是如何解释目的地迁移的，尤其是家政人员、护理人员的迁移；第五，婚姻迁移的性别特征及其对国际女性 *104*

迁移的影响。

关于第一个维度，人们认为迁入地政府能够创造和调节女性迁移。例如，20世纪60年代晚期至80年代中期，英国的女性移民被认为是附属品而不能参与工作。直到1989年，女性移民才可以带着她们的丈夫和财产入境，而从那时起，男性附属入境者的数量大幅提高（Kofman，1999）。然而众所周知，性别约束会随着空间和时间不断变化，也会受到年龄、阶级、人种、时代、宗教和移民的特殊技能等因素的影响。迁出国政府也参与移民调节工作，如鼓励这部分人迁移，限制那部分人迁移。这并不仅仅是简单地基于性别的迁移调节，而且是通过塑造性别关系和期望来实现的迁移调节，见西尔维（Silvey，2004b）对由印度尼西亚迁往沙特阿拉伯的移民的研究，泰纳（Tyner，2004）对菲律宾女性移民的研究，以及约和威利斯（Yeoh and Willis，1999）对新加坡男性移民至中国，但却将自己的妻子留在新加坡的研究等。

第二个维度是关于迁出国家庭内部和外部的性别关系与迁入国的性别关系是如何解释差异显著的男性迁移和女性迁移的。在这方面，有许多研究墨西哥向美国迁移的文献解释了二者之间的关系。从墨西哥到美国的迁移大多发生在20世纪，大部分迁移者都是男性，且其中有许多人都受困于作物歉收、作物产量低和低收入。性别规范和性别主体（男性和女性是怎样被看待和规定的？他们又是如何看待和规定自己的？）推动了男性的迁移，而女性要么随后跟随其配偶来到美国，要么留在国内来耕种土地或完成自己应尽的义务。这种迁移上的性别分工会强化或修改现有的性别关系，并会从社会和情感两个方面改变迁移过程（见专栏3.3）。

专栏 3.3　萨尔瓦多电话中的跨国性别关系 *105*

当移动电话、短信、社交媒体取代了传统电话时，马勒（Mahler，2001）却向我们讲述了一个有趣的主题，即萨尔瓦多没有迁移的妻子与已经迁移到美国的丈夫的通话。萨尔瓦多，不仅电话数量有限，而且电信公司只允许昂贵的"对方付费通话"。当迁移者的妻子想与丈夫通话时，她们需恳求他们接听这个电话。当他们通话时，因为丈夫知道对方付费通话是多么昂贵，所以他们每次都会尽量压缩通话时间。反过来，女性则需要更多的时间与丈夫交谈来让他们为家中送更多的钱。这种情感状况凸显了男性迁移者和女性非迁移者之间的不平等关系（Pessar and Mahler，2003：24）。

列维特（Levitt，2001）发现迁移后的男性一般比没有迁移的拥有更高的社会地位，而女性也会认为这些男性更加适合结婚。那些不迁移的男性的男子汉气概（作为一个男人而迁移）受到了质疑，这在很大程度上是因为性别假定上男性就应该赚钱养家，但如果他们留在墨西哥的农田之中的话，就很难做到这些（Massey et al.，1987）。那些在美国有注册记录的人会被认为比没有注册记录的人更像男人，这也使得许多墨西哥迁移者选择长期待在美国并最终在美国定居（Pessar and Mahler，2003）。

与此相反，虽然那些迁移的墨西哥女性经常被误认为扰乱了社会规范和社会期望，但这样的规范和期望会随着时间的变化而变化（如 Hondagneu-Sotelo，1994；Boehm，2008；King et al.，2006）。然而，佩萨和马勒（Pessar and Mahler，2003）认为，结果并不是简单地女

106 性留下来而男性迁移，而是墨西哥女性会更加独立。[①] 有些墨西哥女性为了更富有而迁移到美国并嫁给了墨西哥人，其他人因为担心自己丈夫的不忠也会迁移或是坚持让她们的丈夫回家。

与此同时，许多墨西哥男人出于多种原因并不会选择在美国定居，最具矛盾性和威胁性的问题就是他们会逐渐失去对他们妻子和儿女的控制。许多人更愿意回到墨西哥拥有一个农场，并和他们的儿女在他们能保持甚至提高自己作为"见过世面的人"的地位的情况下继续过着农耕生活，在这种情况下他们会在自己的家庭中拥有更多的权力。反过来，许多迁移的墨西哥女性更愿意留在美国，因为即使她们在美国遇到了难题（包括她们的第一次雇佣劳动经历），她们依旧能感受到从她们的丈夫或墨西哥社会中的性别压力中解脱出来的那种自由感。尤其在美国时，她们会比在墨西哥拥有更多表达自己政治意愿的自由。总体来说，关于性别和迁移关系的文献，至少来自墨西哥的文献，都认为回流倾向会受到性别经历和男性与女性对于留在目的地国的不同愿望的影响（如Goldring，2001；Massey et al.，1987）。然而，前面对于墨西哥人口迁移的讨论并不代表世界上其他地方的性别关系的本质及其对迁移的影响，但它们涉及的元素在许多全球范围内的迁移过程中都有所体现。当然，关于墨西哥迁移的观点也可以从其他国家迁移的文献中得到支持，如金等（King et al.，2006）对迁往意大利的阿尔巴尼亚移民的研究。在琼森（Jónsson，2008）关于马里的几内亚移民的研究中认为，女性甚至取笑不迁往欧洲的男性为"死皮赖脸"的。安德森（Andersson，2014：7）认为这反过来也促进了年轻男性的迁移。

第三个维度认为国外的性别关系更加公平。在这里我们关心的是，

---

① 除墨西哥—美国迁移外，对女性作为独立的移民的研究并非新兴研究（Ryan，2008）。

对迁入国家性别关系的想象和认知是如何塑造人们的迁移倾向的。这
能够在多米尼加共和国的案例中得到展示。多米尼加共和国的女性看到
从美国回来的女性明显地更幸福，所以她们就想做同样的事情（Levitt，
2001）。当然如果现实中的公平度并不能达到她们的期望值时，她们
的想象也会变成失望，就像许多亚洲、拉丁美洲和中东的女性移民到 *107*
瑞士以祈求获得一个更公平的与"西方"男性的关系一样（Riano and
Baghdadi，2007）。

　　第四个维度涉及 3C 系统［Caring，Cleaning and Catering（看护、
清洁和饮食服务）］对女性的就业需求。这种现象发生在欧洲、北美洲，
尤其是在日本、马来西亚、新加坡等亚洲国家（如 Yeoh and Huang，
1998），但却并不局限于发达国家。迁移人口的女性化或许与对女性移
民的需求不断扩大有关。20 世纪中期，西方发达国家的制造业岗位都
被认为是留给男性的（McDowell，1991）。这些行业中的国内工人（主
要是从事保洁工作和看护工作的人，如保姆、清洁工、女佣等）受到了
巨大的（也许是不正常的）关注①，而以婚姻为目的的迁移也扮演着相同
的角色，但这种迁移者所做的工作却属于无薪家庭劳动（Yeoh，Chee
and Baey，2013）。对于保洁工作和保洁人员的需求在过去的 20 年中
都在不断扩大，这主要是因为：

　　第一，富裕国家和贫穷国家的政府一直都在减少他们在看护服
务上的投入。

①　除了以上引用文献，20 世纪 90 年代末到 21 世纪初，各国还有许多研究。有兴趣
的读者可以参考安德森（Anderson，2001b）、埃伦赖希和霍赫希尔德（Ehrenreich and
Hochschild，2004）、埃利亚斯（Elias，2008）、卢茨（Lutz，2002）、佩内纳斯（Parreñas，
2001）、普拉特（Pratt，1999）、列纳瑞（Reyneri，2001）、维加（Veiga，1999）、耶茨
（Yeates，2004，2009）、约和黄（Yeoh and Huang，1998）。更多近期的文献包括布里
克尔和约（Brickell and Yeoh，2014），约和黄（Yeoh and Huang，2010），约和索科
（Yeoh and Soco，2014），约、奇和于（Yeoh，Chee and Vu，2013）。特别是拉古拉
姆（Raghuram，2008）是为数不多的关注在传统男性主导部门中工作的女性移民的研究
之一。

第二，富裕国家人均寿命不断上升（尤其是欧洲和亚洲的人口"老龄化"），老年人需要更多的看护。

第三，双收入夫妇数量上升，男人（也包括女人）愿意或可以为家庭责任所付出的时间有限。

第四，相对于女性移民来说，很少有本地城市工人愿意以相同的价格来提供这些服务。

第五，近 20 年来，人们的住房面积一直在增加，而且人们愈发关心房子的面貌（换句话说，希望有一个可展示的和整洁的家园），至少在英国和美国，这一现象尤为明显（Anderson，2001b）。

108 第六，对于家政服务人员的需求与世界上的家庭结构密切相关，尤其在亚洲国家，其家庭结构依赖于家政服务人员，反之亦然。换句话说，在"全球看护链"（Yeates，2004）中，贫穷国家的女性迁往富裕国家从事家政服务工作，而将她们的孩子留在起始国由其他家政服务人员进行抚养。这些过程塑造或消解了家庭结构（Brickell and Yeoh，2014；Douglas，2006，2012；Lam et al.，2006；Yeates，2009；Yeoh，Chee，and Vu，2013）。

在其他国家，尤其是沙特阿拉伯，对于家政服务人员高需求的原因并不相同而是略显独特的。沙特阿拉伯女性从公共部门迁往私营机构就业，沙特阿拉伯政府认可移民家政劳动力，根据"沙特社会"的政治经济格局通过雇用或解雇移民家政女性可以增加劳动力市场的灵活性，沙特阿拉伯女性对于家政工作的贡献越来越少，这些都造成了对于家政劳动力的高需求，尤其是来自印度尼西亚的家政劳动力（Silvey，2004b）。以上原因都只是需求侧的，而家政劳动力的迁移也受到迁出国（如孟加拉国、印度、印度尼西亚、巴基斯坦、菲律宾）劳务出口机构和汇款机构的影响和驱动。这些机构一般会为潜在的移民提供旅程安排、合适的签证或是在某个家庭中的具体职位，并从中赚取大量的钱。这种机构有正式的也有非正式的，他们可能会提供真实的社会就业情况和就业机会，也可能只是骗人的（Parreñas，2001；Silvey，2004b）。

　　许多家政服务人员都是无证移民，这又增加了另外一层解释。例如，安德森（Anderson，2001b）认为导致许多家政服务人员都是无证移民这个现象的根源并不仅仅是费用问题。在很多情况下，这些无证移民一天工作经常超过 12 小时。此外，她还认为"种族意识形态"的存在，让那些富裕国家的中产阶级女性（通常是白人）在雇用贫穷国家的"有色"女性移民时具有一定的优越感。这种对于无证移民的家政服务人员 *109* 的需求会继续增长，除非家庭财富减少了，或人们突然改变了消费习惯，或家庭中男性和女性的分工有了显著的变化，或用于社会抚养的公共支出增加了，或限制使用非法移民劳动力的更严格的法律法规出台了，又或者机械装置和"家庭机器人"变得更加普及（Samers，2005）。

　　除了家政服务人员，人们对于医生、护士、保洁、饭店服务员、性工作者和其他餐饮服务人员也有很大的需求。想要了解这种需求产生的原因并不容易，因为从一开始这些职位就表现出截然不同的功能。在过去的 35 年中，人们对于医生和护士的需求的增长（或如美国"管理式医疗"的兴起）与富裕国家（这些国家往往与新自由主义有关）的医疗保障财政支出下降有关，而移民的雇佣价格相对较低，所以对于移民中的医生和护士的需求不断增长（England，2015；Raghuram and Kofman，2002）。但为什么女性移民的雇佣成本会这么低呢？带有性别偏见的移民政策、某些工作领域在招聘时的性别歧视、贫穷国家中有限的就业机会和贫穷指数女性化等导致女性移民的法律地位（即使是医生）会更不稳定。出于以上原因，女性们通常都只能接受较低的工资或是较差的工作条件。

虽然这些解释都受限于"跨国主义方法论",但英格兰(England,2015)则提供了一种新思路,她关注的是美国不同区域对于护工的需求差别。她发现国际注册护士(IRN)在美国国内也仅仅集中在一小部分地区(如加利福尼亚、伊利诺伊、纽约和得克萨斯)。

对于保洁人员和餐饮服务人员的需求可以用别的理论来解释,如双重劳动力市场理论或世界城市理论,但这些理论都忽视了性别。在雇主们的心中,甚至在女性移民自己心中,这些工作中的大部分就业岗位都是为"女性"准备的。二者一起将女性移民限定在特定种类的工作岗位上。在许多情况下,进入此类岗位的女性往往也是无证移民,因为她们需要以较低的价格去竞争雇主,从而使有成本意识的家庭持续地雇用她们(Anderson,2000a)。

第五个维度,同时也是最后一个维度,是"婚姻迁移"。与其他类型的迁移一样,婚姻迁移也包括许多种类,如主动的和被迫的。这种迁移的定义和规则多种多样,所以我们很难对其进行统计和分析。总之,一个人需要与外国人在本国结婚并跟随配偶迁居外国。此外,有的人带着官方授权的家庭团聚护照嫁到国外,但这背后可能隐藏着多种迁移目的,如躲避本国的危险,逃离贫穷或不满意的工作,寻求爱情,通过结婚供养家庭,获得工作或居住许可,等等。这些人都因为婚姻而旅居国外。还有一种常在媒体上报道的类型是"邮购新娘",它包含着许多复杂的方法,如强迫、绑架和欺骗等。但以上说法过于含混,都不是婚姻迁移的合理解释(Lu and Yang,2010;Piper and Roces,2003;Chee,Yeoh and Shuib,2012)。

虽然从20世纪80年代开始已初露端倪,但直到21世纪初,这些研究才走上台面,它尤其关注的是亚洲国家。虽然婚姻迁移本身涉及世界上的每个国家和地区,但在下面的讨论中,我们仍旧重点关注迁往亚洲国家的婚姻迁移。事实上，如果单独将亚洲国家拿出来分析，我们或许可以得出一个结论，即在这些国家的人口迁移中，婚姻迁移十分普遍。但这并不是我们想要讲的。我们也并不是想把亚洲国家作为一个群体以便组成迁移研究中的某种"迁移系统"。我们所做的关于婚姻迁移的大部分研究都是"国家主义方法论"下的研究，关注的是特定国家的事情（与性别、年龄、教育或是其他因素无关）。不同的国家移民政策塑造了不同的婚姻倾向，但某些区域的婚姻迁移形式可能会更加独特。下面我们将呈现一些从国家移民政策和区域特定政策中获得的发现。

111

　　在亚洲国家中，我们的研究主要关注的是从贫穷国家（如中国、印度尼西亚、菲律宾、越南）到富裕国家（如日本、马来西亚、新加坡、韩国）的移民，虽然很多韩国女性会远嫁至亚洲其他国家或欧美国家。为了展现国际婚姻在所有婚姻中所占据的地位以及特定国家中婚姻迁移的规模，我们引用了琼斯（Jones，2012a）统计的亚洲八个国家的数据（见表3.1）以及日本、韩国的详细数据（见表3.2和表3.3）来展现相关情况。

表3.1　亚洲国家中的国际婚姻迁移（在所有婚姻中的比重）

国家	数据获取年份	国际婚姻百分比	不同种族国际婚姻百分比
新加坡	2008a	39	13b
韩国	2005	14	7
	2010	11	9
日本	2005	5	5
	2010	5	5
菲律宾	2009	4c	4c
越南 b	2005	3	3

续表

国家	数据获取年份	国际婚姻百分比	不同种族国际婚姻百分比
印度尼西亚 b	2005	1	1
中国 b	2005	0.7	0.4
印度 b	2005	0.5	0.3

数据来源：Jones（2012a：2）

a 城市居民与非城市居民的婚姻情况，包括在新加坡的永久居民

b 粗略估计

c 菲律宾实际的海外菲侨数量增加了30%

d 同种族外籍配偶，如新加坡的中国人、马来西亚人、印度人和韩国的朝鲜人或朝鲜的韩国人

112

表 3.2　韩国：国际婚姻在婚姻中的占比（2000—2010）

年份	千次婚姻中国际婚姻次数	总占比	妻子来自外国	丈夫来自外国	4栏与5栏的比例	外国新娘百分比	
						越南	中国
（1）	（2）	（3）	（4）	（5）	（6）	（7）	（8）
2000	332	3.5	2.3	1.2	1.5	1.3	49.1
2001	318	4.6	3.1	1.5	2.0	1.3	72.0
2002	305	5.0	3.5	1.5	2.4	4.4	65.6
2003	303	8.2	6.2	2.0	3.1	7.4	71.2
2004	309	11.2	8.1	3.1	2.6	9.8	73.6
2005	314	13.5	9.8	3.7	2.6	19.0	67.0
2006	331	11.7	9.0	2.7	3.3	34.1	49.1
2007	344	10.9	8.3	2.6	3.2	23.1	50.7
2008	328	11.0	8.6	2.4	3.5	29.4	46.9
2009	310	10.8	8.2	2.6	3.1	28.8	45.2
2010	326	10.5	8.1	2.4	3.3	n.a	n.a

数据来源：Jones（2012b），来自韩国数据统计资料

表 3.3　日本：国际婚姻趋势（1970—2009）

年份	婚姻数（千次）	配偶一方是外国人的婚姻百分比			
		总数	妻子来自外国	丈夫来自外国	4栏与5栏的比例
（1）	（2）	（3）	（4）	（5）	（6）
1970	1029	0.5	0.3	0.3	1.0
1975	942	0.6	0.3	0.3	1.0
1980	775	0.9	0.6	0.4	1.5
1985	736	1.7	1.1	0.6	1.8
1990	722	3.5	2.8	0.8	3.5
1995	792	3.5	2.6	0.9	2.9
2000	798	4.5	3.5	1.0	3.5
2001	800	5.0	4.0	1.0	4.0
2002	757	4.7	3.7	1.0	3.7
2003	740	4.9	3.8	1.1	3.5
2004	720	5.5	4.3	1.2	3.6
2005	714	5.8	4.6	1.2	3.8
2006	731	6.1	4.9	1.2	4.1
2007	720	5.6	4.4	1.2	3.7
2008	726	5.1	4.0	1.1	3.6
2009	708	4.9	3.8	1.1	3.5

数据来源：Jones（2012b），基于日本 2009 年健康、劳动和社会保障部数据

琼斯（Jones，2012a）发现，在 1990 年至 2009 年，每年有 14000～25000 对菲律宾配偶离开菲律宾，其中既包括在菲律宾嫁给外国人的人，也包括离开菲律宾远嫁他国的人。这些数字仅仅代表了官方注册的部分，实际数字或许会更高。事实上，亚洲国家的未注册婚姻十分普遍

（并没有任何约束，通常发生在边境地区）。

那些远嫁他国的贫穷的亚洲女孩比她们的配偶在学历上可能会略逊一筹，但金姆（Kim，2008）通过对韩国的调查却发现，许多嫁给韩国男人的菲律宾女人或蒙古国女人的学历比自己的韩国丈夫高，但嫁到日本的中国女人、蒙古国女人和菲律宾女人并没有这一现象。日本与韩国不同，进入日本的菲律宾女人所从事的"演艺"工作并不会总是对受过正式教育的女性更有吸引力。这说明我们不能根据国家中的一些特定现象去简单地得出一个结论（Jones，2012b）。

我们已经阐明了婚姻迁移中的几个重要问题，但去解释这一迁移现象却又是另外一个问题。有些学者认为这种迁移与种族主义、性主义和对亚洲女性"好妻子""性开放"的看法相关，也许还和爱德华·赛义德（Edward Said）所批判的"东方主义"有关（Said，1978）。然而这种解读可能更适合解释亚洲女性和西方男性的婚姻，而不太适合解释亚洲女性和亚洲男性的婚姻。其他解释包括以下五个。第一，一些研究认为婚姻迁移是全球化的产物，或者说是因亚洲国家和地区以及其他国家和地区不断发展的旅游业、留学、商业活动全球化、临时性的技术移民以及英语语言培训（可以解释低学历韩国男性在菲律宾学习英语而与高学历菲律宾女性结婚的现象）而产生的。第二，低生育率（如中国台湾）、生育性别选择、不平衡的性别结构都导致男性向外寻求"外国新娘"。韩国农村地区的外国新娘比例很高，而那里的许多韩国女性都向大城市迁移，但其实多数外国女性也选择在这些大城市结婚并定居。第三，种族和文化问题也是一种解释，但可能更多用于解释不止一种原因的婚姻迁移过程。例如，韩国许多婚姻迁移案例都与中国的朝鲜族居民有关，而中国台湾的许多男性也会因为同受儒家文化影响而与越南女性结婚。第四，许多男性在本国的"婚姻市场"中都处于不利地位，所以只能转而寻求外国新娘，以摆脱本国婚姻市场的挤压。但琼斯（Jones，2012b）认为这也是一种刻板印象，它并没有反映出男性寻求外国女性的目的的多样性。第五，国际婚姻机构和电视相亲平台（尤其在新加坡）都在促成跨境婚姻（Chee，Yeoh and Vu，2012）。

3.4　结构化和以主体为中心的方法

在纯粹的结构主义视角下进行迁移分析的局限性、对"迁移网络"作用的怀疑以及打破决定主义与人本主义的区别来理解迁移的愿望使许多迁移研究者将注意力转向了吉登斯（Giddens,1984）的结构化理论（如 Conway，2007；Goss and Lindquist，1995；Halfacree，1995；Mountz and Wright，1996）。但是有结构化理论参与的研究目前还明显不足。鉴于结构化已经成为一种结构与主体的妥协或是中间道路，这种不足就让人觉得很奇怪。也许这种抽象的理论需要一种从理论向实证的精确的转化，这让许多研究者都觉得很难执行。

尽管如此，结构化理论中最能让人们接受和信服的便是戈斯和林德奎斯特（Goss and Lindquist，1995）提出的方法。他们认为"迁移的结构化方法"可以适用于特定国家的乡城迁移及其回流，但他们却用国际迁移来证明这种方法的价值所在。在本书的引言中我们介绍了吉登斯的结构主义观点，吉登斯不是将结构视为"全球资本系统"，而是将其 *117* 视为人们都了解的，并利用它来达到自己的目的的，有时还会利用它来反省自己（"反馈调节"）的资源和规则。在这个过程中，资源和规则都被人们再生产和转换。随着这些规则和资源被人类主体（无论这些人有资源还是没有资源）重复地利用，社会实践发展成为一种"制度"（或吉登斯所说的"沉积的社会性实践")。对于戈斯和林德奎斯特（Goss and Lindquist，1995）而言："早期被识别为迁移网络的……应当……被设想为移民制度。"（p.335）这些移民制度将每一个移民与海外雇主和全球化经济联系起来，这就是他们所说的"移民制度化"（p.336）。他们把这个概念作为在迁移网络系统和其他综合方法之下发展的理想概念的一个选择（p.336）。他们认为移民网络的概念过于"理想"，大概是源于他们对这些网络中权力运行未受关注的怀疑。换句话说，他们认为移民网络充斥着特定的权力关系，而这种关系并不会对那些低收入（尤其是菲律宾人）带来什么好处。最终，戈斯和林德奎斯特对于"迁移制度"分析的概述中，他们谨慎地同意，存在着一个不受这些制度［更不用说那些个体主体（移民或其他）了］控制的"全球经济"。这与对结构主义的标准解读和结构主义方法有几分类似。

　　虽然很少有学者严格地运用吉登斯的结构化理论的要义，但还是有许多人隐晦地承认了结构、制度和个体主体在解释迁移时的重要意义。[1]这更是被最近基于民族志（最好将其理解为一种方法，而非迁移理论）的迁移研究所证实了。[2]这种民族志方法是定性的。它要求研究者对研究对象进行密切的、参与式的日常观察，而非简单地去解释社会科学的普遍规律。民族志在社会学和人类学研究中已经很普遍，如格里克－席勒（Glick-Schiller，2003）对人类学的综述，以及菲茨杰拉德（Fitzgerald，2006）对社会学的综述。但在20世纪这种方法主要还是用于对移民迁入（定居）的研究，而非对国际迁移的研究。直到20世纪90年

----

① 另一种关于结构化理论的批判方法可以在贝克维尔（Bakewell，2010）对迁移的"批判现实主义"研究方法的讨论中找到，在此我们就不再讨论了。

② 见博伊尔、哈尔法里克和罗宾逊（Boyle，Halfacree，and Robinson，1998），劳森（Lawson，2000），迈尔斯和克鲁西（Miles and Crush，1993），尼奥热（Ni Laoire，2000，2007），范森布（Vansemb，1995），威尔逊和哈贝克（Wilson and Habecker，2008），尤其是伊斯特蒙（Eastmond，2007）关于强迫迁移的研究。

代，除了人类学家和一部分社会学家，大多数社会学家（尤其是地理学家）都忽视了民族志方法（McHugh，2000）。地理学家直到此时才开始接触"传记方法"，并以此来深入研究迁移历史以及移民的人生。民族志方法，尤其是传记方法都是一种"个体主义方法论"，但与早期个体主义方法论的形式不同，它是定性的，且会为颠覆世界体系理论或其他对迁移进行宏观解释的理论的"破坏性叙事"（Ni Laoire，2007：373）所鼓动。换句话说，这种方法质疑的是那些决定论的方法或是寻求宏观规律的方法。

博伊尔等（Boyle et al.，1998）明确了这种方法的三个维度。第一，迁移并不是一种在某个特定时间上的简单决策，如比较不同地方的效用差异，这些决策与移民的过去和未来预期相关（pp.80-81）。他们的传记并不能简简单单地通过一些问题，如"你为何迁移"，去说明，而应当通过深入的、定性的实地调查。实地调查主要是为了从多角度去建立一个适宜人们生活的迁移决策蓝图。第二，不同的迁移有着不同的原因，研究者的目的在于梳理出不同的迁移过程和迁移原因。重述这些话语会导致关于身份和行为的折衷式描述，因此它很难代表移民的决策。然而，描述上的困难却是这种方法论的优势所在，而非不足。第三，迁移是嵌入文化过程之中的，因此它被认定为"文化事件"。因此，传记方法超越了简单的最大化、满意化和其他形式的决策模型。

我们现在将走近另一种迁移视角，它不是一种理论，而是一种对迁移经历的介绍，这就是迁移的"暂时性"。

暂时性的重要性：迁移研究中的另一种主体中心观点 *119*

与空间相比，时间顶多是移民所面临的突出的社会问题的一个背景。那么我们为什么还要从时间的角度去考虑问题呢？正如维尔纳（Cwerner，2001）所言，时间的不同概念（他称之为"时间文化"）对于移民经历而言至关重要。维尔纳（Cwerner，2011）的分析与其说是一种关于迁移的解释，还不如说是一种对在英巴西人的时间文化评论。我们关注的重点在于时间是如何影响迁移过程的，而非它对定居经历的影响，虽然二者常常有所关联，尤其是牵扯到回迁的决策的时候。无论如何，至少有两个方面的问题与时间有关。第一个就是所谓"时空路径"或"生命历程"（常常在传记中见到）。从这个角度出发，金（King，2012）认为著名的时间地理学家索斯滕·哈格斯特朗（Thorsten Hagerstrand）对迁移研究的贡献已经被遗忘了很久（本书的第一版中曾经提到这个问题），尽管他对生命历程的制图兴趣更为浓厚。生命历程可以被认为是"时空之上的舞蹈"（King，2012；引自Pred，1977：208），"伴侣之间或群体中的人们（哈格斯特朗称之为'束'）在特殊节点（'驻点'）以特殊目的（'项目'）相互联系"（King，2012：141）。我们可以通过纳入更多的女性主义分析来拓展这种时间方法。在女性主义分析中，女人、分娩与育儿之间的关系会中断或促进迁移的发生（如Kofman，1999）。

第二类研究在最近十年才刚刚出现，主要分析的是"违法行为的时间经济学"（Andersson，2014），是一种"等待的民族志"（Kobelinsky，2010），或者说就是一种"等待"，等待走私贩带某人跨越边境，等待合法化的日子的到来，等待护照、住房或工作许可的获批，等待家人的到来。这种等待即使在一个人到达目的地许久之后还是会继续下去。然而正如安德森所言，时间在对抗非法移民中成为一种多功能工具，甚至是一种武器（p.2）。政府利用时间来劝阻移民的非法行为，甚至篡改和利用他们的时间。因此，这种类型的研究探索的是迁移政策与创造并维 *120* 持边界的行为以及移民寻求秘密进入边境的方法之间的关系。举个例子，许多从西非至摩洛哥休达（西班牙在非洲一侧的重要飞地，但由于有直布罗陀海峡相隔，它成为返回西班牙的瓶颈）的移民都在这个被守护得像监牢一样的地方生活，祈盼着能拥有返回西班牙的护照。出于这种策略，许多移民都被驱逐、拘留，以使他们不会滞留在靠近边境的狭长地带（p.6）。而在靠近阿尔及利亚边境的类似休达的另一个飞地梅利利亚，西班牙守卫则疯狂逮捕试图进入梅利利亚的撒哈拉沙漠以南的非洲人，并把他们交给摩洛哥政府，然后摩洛哥政府把他们驱逐至阿尔及利亚边境。他们要想返回梅利利亚只能走很多天的路。其他一些移民则被阿尔及利亚守卫驱逐回马里，他们在马里首都巴马科的大街上继续等待时机。去往欧洲的迁移活动从某种程度上来说并未停止，只是被推迟了。

　　去往欧洲的路途中不可避免地会涉及某些形式的偷渡，无论是非洲国家之间的偷渡，还是穿越地中海时的偷渡。偷渡在世界各个大陆之间都普遍存在，在专栏3.4—3.6中，我们将看到三个偷渡案例（其中一个是自墨西哥至美国的偷渡案例，另外两个分别是自中东国家、非洲大陆至欧盟的偷渡案例）。在这些案例中，我们应当将移民视为迁移过程中的主动的个体，尽管他们经常受到他们极度依赖的走私贩的欺骗。

专栏 3.4　自墨西哥至美国的偷渡者

　　可能最为知名的偷渡模式就是墨西哥和美国之间的偷渡。虽然大部分偷渡者都是墨西哥人，但也包括许多厄瓜多尔人、危地马拉人、尼加拉瓜人和其他来自中南美洲并经常穿越墨西哥而非法进入美国的人。他们的数量自2008年后显著增长，从2000年的 *121*

33000 人增长至 2012 年的 145000 人。这些数字都是边境管理人员估算的（Massey et al., 2014）。对于那些经美墨边境偷渡的无人陪同的儿童（小于 17 周岁）而言也同样如此，他们所处的困境在国际媒体上掀起了轩然大波（2013 年 10 月 1 日至 2014 年 8 月 31 日约有 102000 名儿童偷渡）（Donato and Sisk, 2015; Pierce, 2015）。无论他们的年龄多大，国籍为何，只要是想要穿越北方边界，都需要依靠"土狼"（专业走私贩）的帮助。"土狼"会帮一个人、几个人、一家人甚至是一群人穿越墨西哥与美国的陆地边界。有时他们会陪着偷渡者到美国的乡镇或城市之中，但更多情况下他们会让偷渡者听天由命，仅仅给他们一些食物和水。试图不通过"土狼"的帮助穿越国界是一件十分危险的事，但是有时候与"土狼"相伴也是很危险的事。目前军事化的边界（Andreas, 2000; Dunn, 1996）从距离南加利福尼亚的皇家海滩四分之一英里的地方一直延伸了 1000 英里至亚利桑那州的沙漠。那里约有 15000 名边境管理者（有些还有自动化武器装备），700 英里的双重围墙和红外探测，还有特别设计的车辆、瞭望塔和震动传感器，以及超过 20000 名边境巡逻人员（有些持有自动化装备）。边境巡逻人员已经从 1992 年的 4100 人增长至 2014 年的 20000 多人（CBP, 2014）。穿越隧道、切断防护栏以及游过格兰德河都是穿越被严密看守的边境的方法，但自 2001 年 9 月 11 日之后，大多数偷渡者都是通过遥远偏僻的沙漠进行偷渡的，但现在这些远离城镇不受控制的点也逐渐被控制起来了。21 世纪最初几年，据估计，约三分之一的试图偷渡者被抓到，其中 92% 的人还会再次或者多次尝试偷渡（Binational Migration Institute, 2013）。通过边境控制，穿越边境偷渡的移民的数量在近十年已经有所减少（这与儿童数量的增加趋势相反），但从沙漠进行穿越的数量仍然较多。尽管人道主义机构已经在这些地方提供了水和其他帮助，但仍然有超过 5000 人在 1995 年至 2012 年因为脱水、热暴露和在毒品交易中的谋杀而死亡，还有人会被所谓"一分钟人"（美国反非法移民义务警员）击毙（Binational Migration Institute，2013；Nevins，2008）。

专栏 3.5　自中东国家至欧盟的偷渡：横跨多地的网络和迁移机构

自 2011 年开始的叙利亚冲突导致了大量难民的出现，他们开始了从土耳其经希腊至德国的长途旅行。到了 2015 年，这一路线中的目的地增加了俄罗斯北部和瑞典。当这些叙利亚难民与来自其他中东国家（如阿富汗或伊拉克）的难民一起偷渡时，他们也会主观地选择走私贩或目的地，尽管那些走私贩经常令他们失望，而目的地也常常无法立刻或直接到达。人们在绝望的境地下更需要坚定的信念。林皮特和多姆尼克（Liempt and Doomernik，2006）指出，偷渡过程并不仅仅是从 A 到 B 的过程，还包括其中的网络节点和中间空间，如伊斯坦布尔。在迁往荷兰的案例中，伊斯坦布尔在移民网络中是一个重要节点，也处于旧丝绸之路上。但那里存在的"签证黑手党"可能会为移民提供一些假冒的签证和相关的证明文件，让这些移民前往自己愿意去或不愿去的城市。

从叙利亚到德国的迁移路线并不是笔直的。从叙利亚内部迁往叙利亚—土耳其边境就需要经历长途跋涉、火车和汽车的颠簸。从那里，难民们需要步行进入土耳其，并通过两条主要路线到达欧洲，一条走海路去往希腊或意大利，一条走陆路经土耳其—希腊边境的河流进入保加利亚。我们在这里重点关注的是海

123

上去往希腊的路线，因为通过海路偷渡比通过陆路偷渡的问题更为严重。对于海路而言，难民们需要通过大巴或步行到达爱琴海沿岸城市伊兹密尔，所以这里在近几十年中逐渐成为从中东、中亚偷渡至欧洲的节点城市。当这些难民居住在这座城市的街道、公园或低价公寓中时，他们都一直在痛苦地等待着走私贩的到来。在这期间，他们的金钱、食物很快就会消耗殆尽，他们还需要为住所以及过海时所需的救生衣，甚至是保护注册文件和手机的塑料袋支付金钱。通过充气艇偷渡每人需要支付1200美元，而通过木船偷渡每个家庭需要支付4000美元。当然价钱也会因偷渡的月份及海况有所变化（*Wall Street Journal*，2015c；*The Guardian*，2015b）。大部分难民在伊兹密尔的北部或南部乘船经6英里的爱琴海航行到达希腊群岛，多数人到达了距离土耳其边境仅有几英里的莱斯博斯岛。2015年，约有93000人在该岛登陆。但对于这些难民而言，通过这样的船横渡爱琴海是十分危险的。2015年9月中旬，每周至少有72人从船上摔下，其中包括许多儿童（*Wall Street Journal*，2015b，2015c）。在莱斯博斯，难民们主要居住在难民营中，岛上的一些非政府组织会为难民提供食物和水。一周之后，如果他们的指纹能在欧盟的数据库中得到记录，他们就会坐船回到希腊陆地，而后步行、坐汽车或坐火车前往马其顿、塞尔维亚、克罗地亚、匈牙利、奥地利或是德国。这样一趟从土耳其到德国的旅程大概需要十天（*Wall Street Journal*，2015d；*Washington Post*，2015a）。更多关于叙利亚难民的讨论可见第四章。

专栏 3.6　自非洲大陆至欧盟的偷渡者：连接尼日尔的阿加德兹、利比亚的萨布哈与法国的加来

　　尽管在 2014 年至 2016 年从中东偷渡进入希腊的移民占据了所有媒体的中心位置，但另一种长期存在的迁移在过去 15 年间也连接了非洲国家和法国城市加来。这个迁移的故事开始于东非、中非和撒哈拉周边地区。事实上，这趟旅程可以追溯到诸多国家，如中西部非洲的布基纳法索、中非、科特迪瓦、马里、尼日利亚、塞内加尔，以及东部非洲的埃塞俄比亚、厄立特里亚、索马里、苏丹。就像世界上其他迁移过程一样，非洲人的迁移并不是笔直前行的，碎片化的迁移过程（Collyer, 2010）中也包含着许多不同的轨迹和目的地（如 Andersson, 2014; Schapendonk, 2011）。许多人希望能够通过直行路线尽快到达欧洲。走私贩通常会满足西非偷渡者的这一需求，他们将这些移民装在卡车上，然后穿越撒哈拉沙漠后到达古代贸易中心尼日尔的阿加德兹。这个城市现在已经成为走私贩聚集的新兴都市。这些卡车严重超载，被移民、食物、水填满，还有一些木材横亘其中，以便跨越崎岖地形时移民们能够有所支撑。走私贩从那里带着移民历经危险的三四天时间穿越撒哈拉沙漠，最终秘密进入利比亚西部城市萨布哈。在这一路线中，由缺水、绑架、混乱、谋杀、强奸、盗窃和折磨导致的死亡十分平常。尼日尔政府已经通过一条法规，即最高判处走私贩 30 年监禁，但监管仍然比较松懈，走私贩完全可以通过贿赂警察和军队（150～250 美元）让他们睁一只眼闭一只眼。就像阿加德兹和伊兹密尔一样，土耳其和萨布哈也逐渐成为走私贩、移民和其他相关人员的聚集之地。两条主要的偷渡路线在萨布哈交叉，一条来自阿加德兹和其他中东非国家，另一条来自东非和"非洲之角"（埃

塞俄比亚、厄立特里亚、苏丹）。从萨布哈开始，走私贩将会带着他们的移民穿越地中海。利比亚政府从2011年开始允许北非海岸中的利比亚段处于无监管状态，这导致走私活动十分猖獗。当然，这也与联系移民、走私贩和非法交易者的手机网络的不断扩散密切相关。从这条海岸开始，移民们就需要另寻一名走私贩带领他们行进200英里到达兰佩杜萨、西西里岛或是意大利本土（参见本书开头的故事）。当进入欧洲之后，移民（仍然是无证状态）要么寻求庇护，要么穿越大陆迁移到其他目的地。对于其中一些人来说，这种旅程问题不大，但有时也会在政府实施额外边境管制时遭遇险境，尤其是那些滞留在法国加来并想要迁往英国的人会面临重重困难。

加来处于通过火车、汽车或其他交通工具连接法国及欧洲大陆与英国之间的海峡入口处。许多叙利亚人（或是其他中东移民）都将德国和瑞典视作比较好的目的地，但多数非洲移民则把英国视作"乐土"。英语是一种常用的工作语言，且英国缺少对身份的验证，所以对于低技术工人而言，英国相较于法国更具吸引力。但是到达英国可不是一项简单的工作，因为很多合法移民和寻求庇护者（许多也被视为难民）都很难进入英国。许多非洲移民的解决之道是在无保护的情况下横渡海峡，但由于这31英里长的海峡入口周围防卫甚严，加之横渡海峡十分危险，所以这一过程并不简单。2015年7月，有9人在横渡海峡时遇难。从2003年开始，英国将边界的控制力量从英国本土移到了法国的加来，非洲（也包括中东）的很多移民都滞留在加来港口周围的难民营中。这些难民营的位置会依据法国当局的行动而改变。法国政府会定期摧毁一些难民营。其中一个最为著名的难民营在加来城外3英里的丛林之中，那里聚集了3000~6000人，电力、浴室、厕所和食

物都比较充足，而且没有针对移民的官方监管。环境卫生和疾病 *127*
是难民营中最为严重的问题。移民们在加来能获取的资源少之又
少，而那些本身收入高的移民（主要来自伊拉克和叙利亚）可以
支付得起让走私贩通过卡车带他们横渡海峡的费用。那些一直在
等待机会横跨海峡的移民如果没有机会过海，就只能到别的海岸
城市寻找其他英国走私贩，或者在法国定居下来。更多讨论见华
尔街日报（*Wall Street Journal*，2015a）和华盛顿邮报（*Washington
Post*，2015b）。

3.5 迁移—发展关系

探讨迁移与发展之间的关系很难被称为一种理论，但接下来介绍的
这项研究却有着将"此处"和"彼处"相联系的优点。虽然这并不是什 *128*
么新潮的研究，但是在近十年来有关发展与迁移之间关系的研究越来
越多，即所谓"迁移—发展关系"（Van Hear and Sorensen，2003）。[①]
在国际机构和国际组织执行的无数会议、项目和报告中，人们对这个
问题展开了讨论（如 GCIM，2005；Faist，2008）。奇怪的是，对于这
个问题的研究兴趣一直存在，如 2013 年联合国关于迁移与发展的高等
级对话，以及 2016 年第九届迁移发展论坛。但这些会议的强度、迁移
的规模、发展基础设施等都没有对将迁移纳入 2015 年可持续发展目标

---

① 令人奇怪的是，迁移研究中很少有关于"发展"定义的批判性讨论［除了德哈斯
（de Haas，2006，2007）、贝克维尼（Bakewell，2008）、吉德瓦尼和西瓦拉马克莱斯娜
（Gidwani and Sivaramakrishnan，2003）、劳森（Lawson，1999），以及西尔维和劳森
（Silvey and Lawson，1999）］。人们一般认为，随着迁出国的国民生产总值或国内生产
总值等经济指标的增长，贫困会减少。很少有研究会提及发展的文化、创造力或可持续性
的概念。

（SDG）中起到显著作用。在联合国千年发展计划中没有迁移的一席之地这件事得到了广泛讨论（如 IOM，2005）。尽管 SDG 目标数量有所增长，但迁移只占据了 169 项目标中的 3 个，17 个总目标中的两个。

我们的关注点在于"发展"是如何影响迁移的。在 20 世纪下半叶，人们广泛认为贫穷国家人们的迁移会刺激经济发展，因为移民们会汇款回国或带着技术、知识或者其他经济资源回到母国（de Haas，2006）。这也会减少迁移到富裕国家移民的人数（de Haas，2007）。正如德哈斯（de Haas，2006）所说的，这种思维方式在 21 世纪得到了复兴，迁移又成了发展的"新口号"（Kapur，2004）。事实上，斯凯尔顿（Skeldon，1997）认为，迁移与经济发展关联甚密，而且是发展过程中的重要一环。马丁（Martin，1997）认为，这种关系就是所谓"迁移驼峰"，因为人口流动与经济发展的关系就和驼峰的形状一样。这种关系强调了这样一个事实，即对于穷人来说，影响迁移的最大障碍是金融资本。当经济发展到能够为人们提供更多的经济来源时，人们就会外出寻求机会。当经济发展到某种程度时，金融资本已经不是约束条件了，人们对他们所处的环境和其他条件可能更为在意。当到了这个阶段时，国际迁移的强度便开始减弱。虽然这是一个普遍存在的现象，但并不是没有例外，它突出了一个明显的悖论，即经济发展常常鼓励迁移，至少在经济发展程度比较低的时候。萨森（Sassen，1998）也有类似的观点，我们在第二章中讨论了这个问题。但是德哈斯（de Haas，2006）认为，对于比较贫穷的国家中的移民和经济发展的后果，人们呈现出悲观派和乐观派的两种势力。

悲观派的观点可以追溯到 20 世纪 60 年代，他们更为认同"依赖"的论调。他们关注到了迁移对发展产生的至少两个负面后果。第一，由技术人才流失造成的"人才外流"，甚至在某些情况下，手工农场的劳动力也会外迁。例如，在经合组织国家工作的三分之一的工程师和研究人员来自欠发达国家（Faist，2008：32）。对于悲观派来说，当回流真的发生之后，国家、地区、城市或乡村之间的分裂便随之产生了，这会导致"社会群体"的消失或者新的社会形态的产生。这也导致了现有依赖于长久以来形成的社会阶层结构和劳动实践的"可持续性"农耕制度的瓦解，经济可能停滞，失业人数也可能会大幅上升，移民们会发现回流十分困难，因此只得返回迁移的来源国。第二，悲观派认为，汇款也许会降低迁出国家庭层面的贫困程度，但是并不会对国家层面上的经济发展产生什么影响。这是因为汇款也许会鼓励移民迁出国的家人在奢侈品项目上花费更多，如置办更大的房屋、更贵的汽车等，但并不会形成有效投资以刺激或帮助国内加工型和出口导向型工业的发展。人们会依赖于汇款经济，甚至在某些情况下会为了迁移而放弃生产活动。与此同时，家庭奢侈品消费的增加会导致国家的通货膨胀和经济体的本土化，进而导致那些没有迁移的民众的基础生活用品价格上涨，从而推动这些个人或集体也进行迁移。所以，与其说结果是发展，还不如说是为其他国家而发展（Cassels and Miller，2009；Sorensen et al.，2002；Faist，2008）。

乐观派的许多研究认为，迁移会在战后一段时期内影响经济发展。现如今，代替"移民回流选择"的是"大移民选择"（Barré et al.，2003；Faist，2008：33），这意味着移民能够也确实培育了迁入地和迁出地之间持续的联系。循环式迁移则更有可能引起"人才引进"和"人才循环"（技术人才在不同国家之间的迁入、迁出），而不是"人才流失"。在"共同开发"时代，移民被看作发展的主体（Faist，2008）。从这个角度来看，金融汇款就不仅仅用于购买奢侈品了，它还是对创业活动的鼓励。布莱克和卡斯塔尔多（Black and Castaldo，2009）关于移民从欧洲向加纳或科特迪瓦（象牙海岸）的回流研究为此提供了大量的证据，马龙和康奈尔（Maron and Connell，2008）关于太平洋上的岛国汤加、美国、英国、新西兰、澳大利亚的回流迁移研究也为此提供了证据。此外，金融汇款也能够缓解落后国家的经济衰退问题。由于这些资金通常是个人或集体通过如西联汇款这样的公司转送的，因此能够避免国家腐败和许多保险税。现在也许有更多人关注"社会汇款"的重要性了。社会汇款既是理念，实践，也是一种移民将资产带回家或寄回家的投资。这种投资对学校、道路、宗教机构、家乡机构和其他社会组织的建设（Levitt，1998）有重要贡献（Hammar et al.，1997；Toyota et al.，2007）。一些国家政府也认为这些社会汇款是十分宝贵的。例如，墨西哥政府在 2001 年就建立了"Tres-Pour-Uno"计划，即墨西哥联邦政府、州政府和地方政府会为通过家乡联盟寄回的用于农村校舍建设的"迁移汇款"的每一美元配套捐赠 1 美元的资金（Faist，2008；Orozco and Rouse，2007）。根据许多书籍、文献杂志和报告的说法，全球国际汇款的规模是十分巨大的。事实上，2015 年的汇款数量已经是官方统计的汇款数量的三倍多了（见专栏 3.1）。

中低收入国家的很多住在海外的公民与海外政府之间保持着联系，这一现象已然越来越普遍（Gamlen and Délano，2014）。这种现象可

131 能发生在某些特殊部门，如外交部，但在一些案例中它被称为海外部。这些政府组织，组成了加姆伦（Gamlen，2008）所说的外迁移民政府。它们有两个明确的目的，即为外迁公民提供一系列服务，并使其效忠国家或者说对国家有归属感，从而提高汇款额（Gamlen，2008）。这些组织会满足外迁移民需要得到认可这一要求。它们促使官方话语从认为迁移是一种不忠诚的行为转变为迁移是一种个人的牺牲和对国家的贡献（Collyer，2014a）。但这些组织也促成了一种观念的转变，即好的移民

并不只是满足迁移的需求，而且还会对地方发展有所影响。

　　然而，费斯特（Faist，2008）和德哈斯（de Haas，2006）认为，这些言论都过于极端且简单化。例如，费斯特认为，不是国家直接受到"人才流失"的影响，而是"人才流失和获得"的不同阶段、不同类型对迁出国的不同人群有不同的影响。他甚至还提出了"全球人才链"一词（p.32），如加拿大的医生迁移到了美国，而南非的医生迁往了加拿大。与此相反，德哈斯（de Haas，2006）则利用"新劳动力迁移经济"的方法在家庭层面而非个人层面上探讨依赖汇款来改善生计并分散风险的方式。作为更倾向于乐观派的学者，德哈斯认为在这种情况下，摩洛哥南部廷吉尔海峡那些到法国、西班牙、比利时和荷兰的移民并不会将自己的钱花在奢侈品上，而倾向于将这些钱投资于对移民和本地民众都有利的具有"乘数效应"的生产性活动中。例如，在摩洛哥南部安装电机驱动水泵，它解决了传统小规模灌溉的弊端，移民们可以在绿洲之外开辟新农田，雇用更多的劳动力，从而为农业生产力的提高做出了重大贡献。又如，购买或建设"现代"住房，它使得大量家庭都能够拥有更多的生活空间，提高了居民的安全感，甚至改善了居民的健康状况。它们虽然是防止损失的一种投资方式，却也通过租赁房屋实现了创收。购买 *132* 房屋并不是严格意义上改善移民地位的方式，所以学术上并不会将这种情况视作"发展"。德哈斯认为这是"狭义发展观"的一种反映（p.575）。移民们也会在杂货店、咖啡屋、饭店、出租行业、送货行业和其他行业中投资，而非移民也会得益于这些产业的发展。这导致对非移民和国内移民劳动力需求的增长，而摩洛哥国内其他区域的越来越多的居民迁往廷吉尔山谷最大的城市廷哈。然而，德哈斯认为，通过回流和汇款所获得的所有好处似乎都不会立即阻止移民行为的发生。与此相反，随着迁移者愿望的增强，在中短期^①时间内迁移规模还会继续扩大。

此外，德哈斯（de Haas，2006）承认回流和汇款确实会促进社会分割，如传统的拥有土地的精英阶层与当前自主佃农之间的分割。这些群体之间的纠纷导致那些执行公共法律体系（确保集体土地监管和水资源管理）的村级机构的瓦解。传统的地下水灌溉系统由于保养不善而干涸，因此当地未迁移群体不得不安装水泵等器械。这又导致地下水位的降低，以及传统灌溉系统的枯竭。最终的结果便是农业生产不能持续发展，人们不得不放弃新农场，投资被浪费。那些没有能力投资水泵的人被迫离开了农业。

德哈斯还总结道："我们需要认识到，不能因为迁移悲观派的观点是错的，就简单地认为乐观派是对的。有的家庭为了应对地方政府在经济生产和发展上的限制会把迁移作为策略，但我们不能因此就简单地认为迁移就一定会对迁出地区的发展做出贡献。这就好像从一个决定论回到了另一个决定论（p.579）。在德哈斯的分析中，最有价值的部分就是他倾向于将自己的分析置于多维环境下，从村庄到乡镇，到大城市再到地区，最后到整个摩洛哥乃至整个欧洲。

除了摩洛哥，在其他任何案例中我们也都很难证明这两种观点的真实性，因为回流、"人才循环"等形式的迁移对经济发展的影响是很难被割裂开来的，而我们对两种观点的研究都是简单而不足的。从长远来看，回流迁移和循环迁移是否会对经济发展做出贡献也是不得而知的。国家经济发展的数据仅仅告诉我们一个十分普通的规律，或者说仅仅强调了尺度分析的重要性。移民回到某个地区之后可能会刺激那个地区的经济发展，但其他地区（群体和个人）的经济发展可能就不会得到刺激，

_133_

---

① 所谓"短期"或"中期"常常出现在迁移的文献之中，但它们具体所代表的年份并没有得到特别的界定。

甚至还可能会受到迁移过程的阻碍。正如德哈斯（de Haas，2006）所说的："对于研究者来说最基本的问题不是迁移是否导致了某种形式的发展，而是为什么迁移对某些迁出地区有着更多积极的影响，而对其他地区有较小的积极影响甚至有消极影响。"（p.579）

尽管如此，也有一些更具批判性的学者则质疑我们是否能通过可替代的物质测量方法去识别"积极的发展效应"。举两个例子，劳森（Lawson，1999）关于从厄瓜多尔农村地区向首都基多迁移的研究以及西尔维和劳森（Silvey and Lawson，1999）对印度尼西亚迁移的研究表明，迁移者们对故乡的文化和生活方式的依恋凸显了他们向拥有现代化生活方式的城市中心迁移的矛盾情绪。从这个角度来看，文化与情感依恋对于迁移而言至关重要。某些地方由于"更好"而获得发展，而另一些地方则因为糟糕则"缺乏发展"，这意味着一种无益的二元对立。迁移者们会经历不同的地方，从而感受到不同的依恋，所以一个地方不应该因为它的"现代化"就被认为是更好的，也不应该因为它的"不现代"就被认为是更差的。这就是我们所引入的空间概念为什么对于我们理解迁移的原因和结果至关重要的一个原因。

3.6　对强迫迁移的解释

对强迫迁移（有时也被称为"非自愿迁移"）的研究通常涉及对寻求庇护者、难民、国内流离失所者（IDP，Internally Displaced Persons）和被贩卖人口的流动的研究。但我们将通过以下五点说明 *134* 而将我们的研究范围限定在寻求庇护者和难民的流动之中。第一，正如在引言中所说的，所有类型的强迫迁移都在其强迫特征中至少包含了一些"自我意志"（自愿），但可能存在经济（可能是自愿的）和政治（强迫的）上的差距（如 Betts，2009；Black，2001；Soguk，1999；Van Hear，1998；Zetter，1988）。第二，寻求庇护者和难民之间的界限十分模糊，寻求庇护者、难民和其他移民经常使用相同的路线，经历相同的困苦。此外，所谓"不规律二次流动"（无证移民多数都属于难民，并未寻求庇护）也属于难民的流动（Black，2003；Zetter，2007；Zimmermann，2009）。这种术语上的讨论导致许多组合词汇（如庇护—迁移关系）的诞生（如 Castles，2003）。在这种情况下，"强迫迁移研究"也是一种包罗万象的理论。但这并不能让我们不去关注移民、寻求庇护者[①]（与国家法律有关）以及难民（归国际法和国家法律管辖）之间的权利上的区别。第三，我们旨在阐明国内流民、寻求庇护者和国际难民之间的紧密联系。国内流民可能会独立地跨越国界，或者为联合国难民署所选择而在其他国家再定居。第四，"强迫迁移研究"，尤其是对寻求庇护者和难民的研究，着重讨论了统治的区域重叠、国家庇护、难民政策、复杂而矛盾的国际法等一系列问题。我们会在第四章中再对这些组织和国际法进行讨论。第五，人口非法交易也是强迫迁移的重要一环，我们会在第五章中讨论这个问题。

尽管这些术语难以理解，意思含糊，词意多变，但强迫迁移在 20 世纪 80 年代已经成了十分重要的研究内容，这其中的部分原因是来自 伊朗、巴基斯坦、墨西哥以及其他拉美、东非和东南亚国家的难民数量的增加（Black，2001；Fiddian-Qasmiyeh et al.，2014）（见专栏 3.7）。

135

① 欧盟的难民体制塑造了移民和寻求庇护者。我们将在第四章中继续讨论这一点。

专栏 3.7 对难民营的简要介绍

21 世纪最初几年，非洲国家仍然有相当多的难民营，里面主要居住着 20 世纪 80 年代从中东迁移至此的难民。难民们通常在难民营中居住几个月，有些甚至居住几年。科利尔（Collyer，2010）称他们为"搁浅的难民"，索盖克（Soguk，1999）则认为他们是"可见的不流动"。大多数难民营中居住的都是来自邻国的难民。我们看到了在伊朗和巴基斯坦的阿富汗难民，在泰国的缅甸难民，在约旦的伊拉克或巴勒斯坦难民，在孟加拉国的罗兴亚难民，在肯尼亚的索马里难民，在乍得和乌干达的苏丹难民（如 Betts，2009；Fiddian-Qasmiyeh et al.，2014）。个体所在的实际位置对他们能从国家机构中获得的权利影响深远（Collyer，2014b）。例如，未获得官方承认难民地位的寻求庇护者，如那些待在加来的丛林中的人，或是待在贫穷或富裕国家中非正式难民营中的人，都是国际难民人口中的一部分，但他们并不被承认，也没有任何权利。

与 20 世纪 60 年代至 70 年代关于劳动力迁移的研究不同，关于国际难民流动和其他类型强迫迁移的研究诞生于理论缺失（单一化或是统一的迁移理论远远不够）、种族问题凸显（西方学术研究是否可以或应当重点关注南方国家的难民，如果是这样的话应当如何体现）以及女性主义批判（何种类型的女性主义，如何在难民研究中得以体现）的背景下（如 Bermudez，2013；Indra，1999；Jacobsen and Landau，2003；Hyndman，2000）。这种研究迅速与关于"发展"的研究相交融，但它与形成了诸如世界体系理论或迁移—发展联系理论的劳动力迁移研究并不相同。相反，该研究关注的是"发展项目"，如水坝建设、大规模资源开采（如塞拉利昂的钻石开采）。这些项目与政治经济发展项目一起导致成千上万人离开家园，最终跨越国界定居在难民营之中。当然，这种类型的发展中还包含着其他对难民流动的解释。马祖尔（Mazur，1989）就对难民流动做出了"宏观"和"微观"解释，我们还可以再做出一种"中观"解释，重点关注"领土"和"地方"的影响，而不必过多困扰于宏观解释中的"结构"与微观解释中的"主体"。在所有案例中，"宏观"解释都与环境压力、环境灾害（包括化学的、核的灾难）、贫穷、暴力危机和战争相关。"中观"解释既包括庇护、移民和难民网络，也包括人口贩卖网络，还体现了组织和机构（如联合国难民署）的重要性。对于难民的形成与流动所进行的"微观"解释包含了不同层面的恐惧、心理困境或是其他生理或心理上的危机（如性暴力、强制堕胎、绝育）。[①]我们可以将这本书中的所有不同内容都与微观解释挂钩，如个体的宗教和信仰（参见 *Journal of Refugee Studies*，Vol. 24，4）、日常社会联系、两性关系、流离失所之人的经济生活特征，以及通信技术的作用（见 *Journal of Refugee Studies*，Vol. 26，4）。[②]除此之外，以上所提及的多种理由都可以解释人们为何迁移，但对于他们何时停止迁移则解释不足，所以我们可以通过从社会网络、可利用的交通方式（Walters，2015）以及寻求庇护者与难民为旅程所支付的金钱等方面进行解释（如Van Hear，2014）。

"宏观""中观"和"微观"并不应当依靠某种特定的空间隐喻来维持联系，毕竟机构既可以在小城镇中运作，也可以在国家层面、洲际

---

① 例如，在美国，1996 年的《非法移民改革与移民责任法案》（Illegal Immigration Reform and Immigrant Responsibility Act）扩展了难民的概念，使其包括那些被强迫终止妊娠的、被强迫做绝育手术的或是因人口控制政策而没有得到合法身份的人（MPI，2015）。

② 关于这种解释的文献数不胜数，如伯格和米尔班克（Berg and Millbank，2009）、查蒂（Chatty，2010）、马丁等（Martin et al.，2014）、麦克亚当（McAdam，2010，2014）、纳塞尔（Nassari，2009）、帕尔姆格伦（Palmgren，2014）、舍思（Schon，2015）以及维特伯恩（Witteborn，2015）。

区域层面运作，而暴力冲突既可以在全国范围内发生，也可以被限定在　*137*
一些小城镇之中。简言之，领土和地方都对解释迁移至关重要，但它们
对于移民的产生和流动的解释力不够。我们将在下一节关于环境变化与
迁移的关系的研究中看到，无论灾害还是战争，都对国际难民流动影响
深远。移民会被当作流民限制在自己的国家里，个体、家庭或群体会竭
尽全力使自己不变成难民。总之，我们认为单个理论无法解释所有类型
的强迫迁移。

3.7　环境变化与迁移

我们在本章和前几章中已经指出，环境，具体来说就是环境变化、
环境压力和环境危机，可以部分解释迁移。"环境因素诱发的迁移"也
是另一个经常使用的术语，而且它强调的是迁移的强迫性而非主动性。
它经常包含个体、家庭甚至是群体等多种主体的一部分内容。我们需要
更加关注环境，而非简单地利用它来对（强迫）迁移进行解释。让我们
从一些媒体和学术研究中的流动的观点谈起，这种观点将环境变化和迁
移之间的关系视作可怕的对立。气候变化往往会强迫移民离开自己的家
园。这一"多数派观点"（Suhrke，1994）认为，环境是迁移的主要成
因，而且会导致大量移民的产生。这种成百上千，甚至数以万计的移民
被称为"环境移民""环境难民""气候移民"或"气候难民"。因此，
迁移一直都被视为一种由气候变化所带来的威胁，或者至少是一种问
题。但这也反过来促使政府和公众开始关心应对不同气候变化的对策到
底是什么。例如，2015 年 10 月，全球洽谈会在瑞士日内瓦举行。会议
通过了关于灾害、气候变化和跨界流离失所问题的"南森倡议"。来自

联合国难民署和国际移民组织的与会者商讨了气候变化情况及应对政策
138 （Nansen Initiatives，2015）。除了这些对未来境况具有恐吓性质的描述
外，可能直到 10 年前，国际迁移的主要理论都不能对环境变化的影响
做出合理的解释。但是，我们是否需要将对环境变化的解释整合进这些
理论中呢？在回答这个问题之前，我们先从一系列注意事项说起。

　　第一，我们需要明白，环境变化并不只是气候变化。事实上，环境
灾害以及其他灾害都通过历史塑造了迁移。与此类似，尽管"环境"并
不是迁移主流理论的解释对象，但对于环境与迁移关系的研究一直存
在。20 世纪早期的历史学家和社会科学家都对这个问题发表过见解。
第二，21 世纪初的研究结果表明，环境灾难、气候变化与迁移的关系
并不稳定（Gemenne，2011）。但把缓慢发生的压力与快速发生的灾
难区分开来或许是有用的。从这个角度来看，时间又会受到关注，但具
体形式并不相同。干旱和降雨变化（缓慢发生的压力）可能意味着人们
在迁移前更能忍受等待，而且迁移时间并不长久；快速发生的灾难会造
成更长时间的迁移，且很少存在回流（Findley，1994；Hugo，1996；
Hunter et al.，2015）。第三，简单的等式说明了"环境/自然资本"（尤
其是自然资源）越多，向外迁移越少，而自然资源越少，向外迁移越多
（Gray，2009）。但我们不能仅凭直觉就认为人口对自然资源造成的压
力是导致迁移的原因。第四，我们最好采纳许多批判社会科学家所说的
"政治生态学理论"，即政治、权力、环境在解释迁移时的关系。而凯尔
（Carr，2005）则提出了一种极简主义（与上文提到的多数派理论相反），
即环境变化仅仅是影响迁移的众多因素中的一个。在加纳的乡村中，他
展示了地方权力关系（如通过性别或家庭组织展现出的）是如何与环境
变化相互作用塑造迁移过程的（见 Zetter and Morrissey，2014）。凯
139 尔的分析至少提到了两个问题：国内迁移和国外迁移并不是一回事，后

者所需的成本远高于前者（Hugo，1996）；权力（机构）的问题则表明环境/气候变化与迁移的关系并不均衡（Hunter et al.，2015；Zetter and Morrissey，2014）。

以上观点以及许多研究中都探讨了环境—迁移关系。布莱克等（Black et al.，2011）则认为，环境仅仅是迁移众多驱动因素中的一个而已（与凯尔的观点类似），但环境变化会直接或间接地影响许多驱动因素。对于这些研究者而言，环境因子既包括灾害（如干旱、地震、水土侵蚀、洪水、飓风、滑坡、污染、海平面上升、风暴潮等），又包括生态系统服务（如提供食物和水的环境因素，提供保护或保持情感价值的要素等）（p.57）。生态系统服务也被称为"环境资本"或"自然资本"（Hunter et al.，2015）。在此基础上，布莱克等至少提出了两种方法去理解环境—迁移关系。第一种方法认为主体性和适应力塑造了迁移，所以不同人在相同的环境背景下产生的结果也不尽相同。这些研究关注灾害和个体决策之间的推—拉悖论。第二种方法关注河流和海平面上升对迁移的影响。海平面上升所带来的影响比河流的泛滥和洪灾要更为长久，前者也会造成人们的流离失所。但这两种方法都忽视了环境脆弱地区的已经长期存在的迁入移民与迁出移民的关系。

对于布莱克等（Black et al.，2011）来说，即使可以度量环境变化对迁移的影响程度，将某些特定群体的移民准确地命名为真正需要保护的"环境移民"也十分困难。多数研究认为，环境是迁移产生的源头，或者将迁移限制在一系列其他因素之中。布莱克等将这种研究逻辑运用于许多背景之下，以研究迁移的驱动因素（经济、政治、社会等），并研究环境对这些因素的影响。布莱克等所做的就是建立一个结构驱动因素和行为驱动因素相结合的模型。在这个模型中，他们将环境与环境变化区分开来并将迁移视为一种对变化的适应性反应，而非简单的回应。

140　　　最终，他们提出了一个研究框架（不是一种理论），他们并不是直接研究迁移的影响因素，而是研究影响迁移流动规模、方向和频率的驱动因素，以及迁移的不同层级（见图 3-1）。

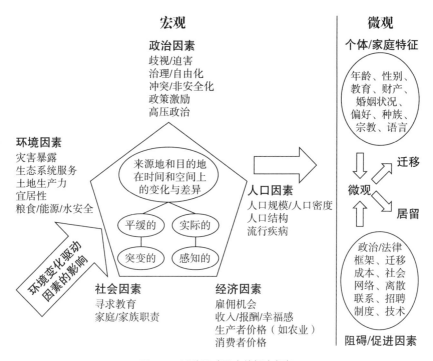

图 3-1　迁移驱动因素的概念框架

　　图的左侧（五边形周边）包括五种驱动因素，或称迁移的宏观因素（人口因素、经济因素、环境因素、政治因素和社会因素）。这些因素与李（Lee，1969）所提及的推—拉变量基本相同，但基本范式与推—拉理论并不相同。

　　图的左侧（五边形内部）从以上五种因素的四种变化（平缓的、突变的、实际的、感知的）的角度展示了来源地和目的地在时间和空间上的变化和差异。

图的左侧也展示了环境变化驱动因素对迁移的影响，以及对其他四个驱动因素的间接影响。

图的右侧从个体／家庭特征和阻碍／促进因素两个角度展示了迁移过程中的移民主体。

图的右侧展示了左侧图中的驱动因素对居民是选择迁移还是在本地居留的决策的影响。指出人们为何会迁移与指出人们为何会在本地居留同等重要。大多数研究只关注那些已经迁移的人，这造成了所谓"选择偏差"（Koubi et al.，2016）。

布莱克等的框架涉及时间和空间问题，但却忽视了家庭风险问题（在第二章的新经济劳动力迁移方法中有所涉及）。然而，亨特等（Hunter et al.，2015）认为，环境驱动的迁移是家庭内部对于风险的一种响应，尤其是那些居住在农村且生活主要依靠农业或自然资源的家庭。我们发现早期的理论在新框架的建立过程中都十分有用。布莱克等和亨特等关于迁移—环境关系的研究被整合在一起，用于说明环境灾害、压力 *141* 和迁移之间的关系并非那么简单。我们将开始最后一项讨论，即所谓"社会转型视角"。

3.8 超越理论？一种基于社会转型的视角

与20世纪80年代到90年代的学者不断质疑普适性迁移理论存在的可能性（Portes and Dewind，2007）一样，卡斯尔斯（Castles，2010）也认为，用一种理论去解释所有的迁移现象是不可能的，也是不值得期待的。他认为我们可以从更为广泛的经济、政治和社会变化的角度来理解迁移。他把这个称为社会转型视角，社会转型视角主要关注的是"全球变化的复杂性、联系性、多变性、情境性和多层次性"（p.1566）。对于卡斯尔斯来说，至少有两种原因促使他坚持认为不能用一种方法来解释迁移，这促成了社会转型视角的诞生。第一，迁移总是被视作一种问题或是"久居一地的偏见"，这种观点来自人类学和其他迁移研究（Sheller and Urry, 2006; Wimmer and Glick-Schiller, 2002; Malkii, 1995）。正如我们在本书引言中所提及的，社会科学中的这种偏见是一种基础命题，即地方领土或国家领土是"正常的"，而流动和迁移则是对领土问题的反常响应。因此，社会科学理论应当建立在这样一种认识之上，即迁移是一种正常的社会联系（Castles, 2010: 1568）。第二，卡斯尔斯认为迁移研究过分循规蹈矩，且过多地受到偏激的视角和方法论的影响。他希望迁移研究能够与南方国家的发展研究产生更多的联系。关键问题是：卡斯尔斯的方法与世界体系理论、迁移—发展关系理论有多少不同？这个问题的答案是卡斯尔斯希望能超越早期理论中对宏观经济的强调，而关注世界体系中的权力和不均衡以及其他有关马克思主义的讨论。面对这些挑战，卡斯尔斯提出了一种"中间理论"[这个术语与20世纪的社会学家罗伯特·默顿（Robert Merton）有关）]。例如，对特定类型迁移的讨论，如阿尔及利亚和法国之间的劳动力迁移，尼日利亚和英国之间的庇护迁移，或是迁移系统（如东南亚和东亚之间的迁移、南亚国家和海湾地区之间的迁移），可能会更有价值。他发现对这些特定类型的迁移和迁移系统的关注能够促使人们将对迁移的所有不同观点汇总起来（p.1574）。简言之，卡斯尔斯并不是要终结一种理论，而是用一种中间理论去关注特定情境下的迁移过程，以使迁移过程得到更为规范的研究。

142

3.9　方法评估

回顾在第二章中我们所得出的结论，我们重点关注了所有理论（或者称为方法）的三个要素：关注焦点、分析单元以及空间假设。在表 3.4 中，我们从这三个方面讨论了各个理论（方法、视角）的区别，并增加了研究所涉及的研究群体。

表 3.4　迁移的理论方法及其基本特征 *143*

迁移理论	关注焦点	分析单元	空间假设	可能涉及的研究群体
拉文斯坦迁移法则和推—拉理论	基于推—拉原理的国内和国际迁移	个体和群体：推力和拉力变量	民族主义和区域主义方法论	人文地理学家、人口学家
新古典主义经济学理论	发生于贫穷国家（地区）与富裕国家（地区）之间的理性经济迁移	个体	民族主义和区域主义方法论	经济学家、经济地理学家、迁移的定量社会学家
行为主义理论	基于理性认知和地方效用的个人国内迁移行为	个体	民族主义方法论和地方导向	人文地理学家和社会学家
新经济学理论	基于家庭的贫穷国家与富裕国家之间的迁移，将家庭作为集体决策单元	家庭	方法多元化（民族国家、地区、城镇和乡村）	社会学家、迁移经济学家
双重劳动力市场和劳动力市场分割理论	基于雇主需要的富裕国家对移民劳动力的市场需求	"现代工业化社会"和战后资本主义雇主的"技术生产结构"	民族主义方法论	人类学家、社会学家和经济地理学家

144

迁移理论	关注焦点	分析单元	空间假设	可能涉及的研究群体
结构主义理论（依附理论、生产方式接合理论、世界体系理论）	资本主义制度的变化及其对迁移的影响	资本主义和以国籍、性别和种族划分的迁移模式或移民群体	全球主义、民族主义和区域主义方法论	整个社会科学领域的研究者
结构主义理论（全球化理论）	全球流动、结构限制和机会效应（运输和通信方面的创新）对迁移的影响	全球经济或全球经济结构调整、交通和通信的创新	相互贯穿的尺度或地域（如超国家实体，民族国家、地区、地方）	整个社会科学领域的研究者
结构主义理论（世界城市理论）	全球经济对充满经济活力的大城市发展的影响	全球经济和全球城市	全球主义和城市化主义	整个社会科学领域的研究者，特别是社会学家和人文地理学家
结构主义理论（新自由主义理论）	与新自由主义相关的全球资本系统的变化及其对迁移的影响	全球经济或全球政治和经济变革，特别是不利于贫穷国家的变革	全球主义和尺度贯穿	整个社会科学领域的研究者，特别是人类学家、社会学家和人文地理学家
社会（移民）网络视角	通过群体、地区或农村、家庭和个人行为的迁移	群体和个人的网络	方法多样，但强调跨国主义，反地方主义，反城市化主义等	整个社会科学领域的研究者，特别是人类学家、人文地理学家和社会学家
跨国主义理论	多样化的文化、经济、政治和社会迁移，表现出全球性和跨边界特征	多样化离散网络，当地社区移民（城市、城镇和其他地方）、迁入群体，家庭交易	方法多样化（跨国、跨城市、跨地方）	整个社会科学领域的研究者

145

续表

迁移理论	关注焦点	分析单元	空间假设	可能涉及的研究群体
性别视角	多样化，但重点关注迁移女性和两性关系以及国内劳工和家庭关系	个人、家庭、群体、父权结构	方法多元化（民族国家、地区、城镇和村庄）	整个社会科学领域的研究者
结构化理论以及其他关注主体的理论	一切潜在形式的迁移，但很少应用	个人、群体和机构	没有特别的空间假设	整个社会科学领域的研究者
一种临时视角	所有类型的迁移，主要关注寻求庇护者、难民和无证移民	个体和群体	没有特别的空间假设，重点关注多个起始国和目的地国的多样轨迹和路线	人类学家、人文地理学家和社会学家
迁移—发展关系理论	人口迁入国和迁出国之间的关系，尤其是汇款对劳动力、家庭、跨国或分离导向迁移的影响	对南方国家及其内部的区域、城镇或村庄的分析	偏向于民族主义方法论，但也存在多种空间概念	整个社会科学领域的研究者，尤其是地理学家和社会学家
强迫迁移理论	寻求庇护者、难民或被贩卖的人口	全球结构、组织、种族群体和个体	没有特定的空间假设，但也受到民族主义方法论和国际法的约束	关注南方国家的人类学家、地理学家和社会学家，研究强迫迁移和难民的研究者
环境—迁移关系理论	所有类型的迁移	个体、网络，尤其是机构	没有特定的空间假设，但主要关注沿海区域、岛屿和贫穷国家	社会科学领域以及某些自然科学领域的研究者

146

147

续表

迁移理论	关注焦点	分析单元	空间假设	可能涉及的研究群体
社会转型视角	所有类型的迁移	全球结构、组织、移民群体	没有特定的空间假设，但重在整合多尺度理论，与民族主义方法论相悖	人类学家、地理学家、历史学家、社会学家

148　　哪一种理论最为合适呢？此刻，有些读者心中已经有了答案，而有的读者可能坚持认为没有一种理论可以跨越时间和空间来解释所有形式的迁移（Portes and Dewind，2007；Bakewell，2010），或者用于解释所有形式的迁移的某个理论并不令人十分满意（Castles，2010），还有的读者可能会选择一个更为综合的角度，这种做法是值得赞赏的，也是我所推崇的。但我也要提醒读者们，这些理论（方法、视角）之间的某些区别意味着它们是完全不相容的。例如，想要将结构主义理论、性别视角、社会（移民）网络视角、行为主义理论和新古典主义经济学理论结合起来是很困难的，因为这些理论主要都是对基于个体经济理性和推—拉因素的迁移理论的显性或隐性的批判（如 Boswell，2008a）。

　　此刻，我们选择不去系统性地批评每一个理论（方法、视角），因为我们不想强迫读者去完成这样艰苦的工作。马西等（Massey et al.，1993,1998）和博伊尔等（Boyle et al.,1998）已经完成了这一任务——参考本章结尾处的拓展阅读。此外，正如我在前面所介绍的，这些理论（方法、视角）之间的差异已经足够揭示各自的局限性所在了。但是，为了将这些难以解释的理论要点和本章的核心内容介绍给读者，我将再花一点时间来批判传统的推—拉理论和新古典主义经济学理论，并简单评论后续理论（方法、视角）的优缺点。最后我们将阐述空间方法对于迁移研究的重要性。

分析从推—拉理论开始。让我们回到从非洲迁移至华盛顿特区的案例（Wilson and Habecker，2008）。具有讽刺意义的是，选择迁往这个城市的非洲人认为，世界银行等国际组织的存在对于他们是有吸引力的，因为正如我们在本书开篇的引言中所描述的那样，这些组织或其他类似组织的政策对他们迁往欧洲国家的更贫穷的同胞是非常负责任的。但很遗憾，威尔逊和哈贝克（Wilson and Habecker，2008）并没有对到美国的迁移以及美国和欧洲主导的非洲经济政策之间可能存在的关系进行探讨。

至于新古典主义经济学理论，无论从微观视角还是宏观视角，它都 *149* 有一定的缺陷。从微观视角来看，新古典主义经济学理论认为，迁移是以"原子化"的（换句话说就是孤立的）状态来运行的，迁移是非历史性的个体（即"理性经济人"）对实际或预期收益差异的响应。的确，有时候国家或地区之间存在的就业和工资的真实或预期差异能够解释某些形式的迁移，但迁移者似乎更倾向于"满足者"而非"效用最大化者"。也就是说，如果迁移者真的受到了经济因素的驱动，与较小的工资差异和就业可能性相比，当生活条件太差而很难留下的时候，其迁移意向更强。迁移的心理成本和资金成本可能会大于工资的预期收益。迁移者并不总是选择迁往工资最高或有最大就业可能性的地区和国家（Massey et al.，1998），而且我们也发现这些理论对于寻求庇护者、难民以及遭受性贩卖者而言都是非常可笑的。

从宏观视角来看，大部分的移民并非来自最贫穷的国家，也不一定会迁往最富裕的国家。如果是这种情况的话，就会有许多苏丹人在卢森堡生活了。那种认为迁移会使得地区之间甚至国家之间的工资实现均衡化的观点显然是不真实的。工资均衡化即使能实现，也不能在国家层面被简单地测量出来，而且迁移之外的许多要素也会对工资均衡化产生影响（Massey et al., 1998）。

行为主义理论的优势在于它关注"满意"而非"最大化"行为，并假定许多迁移者只有在处于人道条件以下无法继续生存时才会选择迁移。马西和他的同事们（Massey and his colleagues，1998）认为这是20世纪末导致迁移的一个关键因素。然而，最初的文献倾向于忽视迁移与"全球资本主义"系统（或者全球的政治和经济力量）之间的关系。它也忽略了性别关系、移民网络、移民政策以及对"地方效应"更复杂的理解的重要性（Bal, 2014）。那么在这种情境下，到底是什么构成了"地方"？毕竟，华盛顿对于非洲移民的吸引力成为一种尺度或地域的锁定：这种地域性使华盛顿具有吸引力，这种地域性使美国具有更广泛的吸引力。

150　　如果我们持更加批判的态度或至少是采用非新古典主义的方法，那么除了结构主义理论和对性别的研究理论之外，每一种理论在以其纯粹的形式被应用时往往都忽略了国家所扮演的角色，而每一种理论在被使用时对空间的概念的界定往往都不明确或存在问题。首先，从更具有决定主义倾向的理论来看，所谓"新经济学理论"是一种对个体主义方法论和新古典主义方法的修正。这种理论涉及家户、家户预算和家户决策事项，但家户很少作为一个整体而理性地运行。借用一个通用的心理学表述来说，就是家户像一个机能失调的家庭一样在运行，或是如戈斯和林德奎斯特（Goss and Lindquist, 1995）所说的，"家户不是一个统一的战略行动主体"（p.327）。我们还需要思考，一个更全面、更深入的有关领土、地方及网络的概念是如何帮助我们理解以下问题的，即家户是如何采取不同策略的，这些策略的结果是如何与特定空间相联系的。德哈斯（de Haas, 2006）关于摩洛哥廷吉尔峡谷的研究（之前讨

论过）在一定程度上回答了这些问题，但我们需要更加细致和明确的空间思维去理解它。

　　双重劳动力市场假说和相关的劳动力市场分割理论明显是有缺陷的，因为它们全然关注迁入国（富裕国家）的劳动力需求，而忽视了迁出国。无论如何，世界上的不同劳动力市场中并不是只有两个部门，工人们都是在复杂的岗位范围内寻求就业机会的。在其基本的理论假设中，国家未受到关注，"空间"研究几乎不存在。

　　相比之下，更宽泛的结构主义理论似乎在政治上更有吸引力，因为它指出了"全球资本主义"系统中的空间和阶层的不平等（现在是一种受争议的观点）。它凸显了全球化的新阶段或新的全球政治和经济：结构性调整、新自由主义以及由贫穷国家和富裕国家开始的迁移。这种全球化的迁移也创造了以"世界城市"的形式存在的次国家空间，这种"世界城市"中存在巨大的不平衡和劳动力市场的极化，进而刺激了低收入和高收入群体的迁移需求。那些基于马克思主义的分析通常对国家的作用以及国家在不同地域层级（国家的、区域的、地方的，等等）的不同属地的管辖权（尤其是移民政策的作用）缺乏充分的理解。他们很少对人类主体和不同"地方"的机构、网络、家庭和社会差异进行深入研究（这允许我们从来源地、目的地或者二者之间不同的空间视角对不同形式的迁移进行多尺度的和更细致的分析）。

　　使用"全球化"概念的主张过于夸大了交通和通信成本的降低幅度以及迁移的容易度。这些创新在特定时期可以使出行变得更为容易和廉价，但对其他东西则不然，而且它们也并不意味着距离的消失（Graham，2002；Doreen Massey，2005）。因此，利用全球化来解释所有类型的迁移（及其增长）并不合适，且具有一定的错误倾向（Samers，2001）。事实上，一般而言，在 2001 年 9 月 11 日之后，在安全顾虑升级的背景下，低收入群体向富裕国家（尤其是没有大量物理障碍如高墙和藩篱等的国家）的迁移变得更加困难。

就那些更加综合的理论而言，社会（移民）网络分析有着更多优势。首先，它通过结构性力量或个人主体对决定论提出了批判，且指出结构化的相关性。例如，它质疑国家间工资差异的重要性，并且认为由迁入国家和迁出国家中的不同移民社区组成的社会网络比工资差异更加重要。其次，对于移民网络的专注让我们看到了这样的网络是如何超越地域的，从而突出了固定地域的孔隙度。最后，它提供了一个独特的见解，由于社会网络的存在，早期迁移者能够帮助新移民降低迁移的成本和风险。然而过分关注网络可能存在风险。它可能给人的印象是，这种跨越空间的网络没有以下障碍，如国界、签证政策的变迁、偷渡和贩运者的欺骗、机票费用、家庭纷争、种族主义和由低薪工作不足导致的内部猜疑，等等（如 Goss and Lindquist，1995；Grzymala-Kazlowska，2005；Gurak and Caces，1992；Krissman，2005）。

许多跨国主义研究对空间、身份以及它们对迁移的影响提供了更丰富的解释，因为它们超越了方法论上的民族主义并关注迁入国或迁出国的地区、城市、乡镇和农村（或者说是方法论上的地方化）。但是，尽管许多专著和论文都在寻求对空间概念的重新理解或深化对空间概念的认识，但是从"跨国空间"到"跨国主义"再到"跨国场域"，这些概念都尚未令人满意。某些迁移实践活动真的能反映跨国家、跨社会或者其他更复杂的空间组合的意义吗？与此同时，这些实践活动真的能反映阶级、性别、种族方面的社会分类以及同一个民族国家的多种国家意识（而不仅仅是国家或地方归属感）吗？另一个问题就是跨国研究承认国家政策和移民政策的重要性，然而并没有对它们进行综合处理。再次，对社会网络的重视，而非对移民政策和有害的网络关系（如非法交易、

"精英网络"）如何以有害的方式塑造移民的生活的重视，可以帮助人们更好地理解移民。最后，正如卡斯尔斯和米勒（Castles and Miller，2009）所指出的，大多数迁移者是否真是如描述的那样过着跨国生活还是一个问题。

从不同的角度来看，目前存在的国际迁移方面的分析女权主义与性别敏感性的大量文献有着巨大价值。它们着重分析了国家层面的性别话语权、性别关系以及它们在次国家空间和地方层面的期望是如何影响迁出和回流倾向的。它强调贫穷国家和富裕国家中的家务劳动对于推动女性劳动力需求的重要性，因为女性以特定的方式在不同的地方和空间中被模式化了。然而，这种分析却有忽视结构化的政治和经济过程（用于设定迁移网络和性别关系）的风险。给女性和女性占主导地位的产业部门赋予优于男性的特权，往往是具有讽刺意味的。

从这一点上来看，结构化理论似乎是一个很有吸引力的理论。毕竟我们能够从所选择的折中道路中找到一点安慰。这种结构、组织和行为者的问题毫无疑问是十分吸引人的，我也是全心全意支持这种理论的。但是，戈斯和林德奎斯特（Goss and Lindquist，1995）似乎过分强调了社会网络是如何凝聚成制度的。社会网络并不总是能发展成为制度（正式的或者其他形式的），这种相对轻微的批评给我们留下了传记叙事和民族志。尽管假设和使用的方法差别很大，但是，研究迁移的批判主义者们则回到了早期的个体主义方法论。然而，当我们用传记叙事和民族志数据来解释这种问题的时候，也产生了一定的问题。在这里，理论应该发挥自己的作用，否则我们要如何理解那些移民的故事呢？我们如何知道应该收集哪些数据呢？在我们讲述的故事中哪些应该被排除在外，哪些又应该被包括其中呢？我们应该研究谁，而他们又如何影响我们的认识呢？

　　这就导致了许多与综合理论相去甚远，但又很难说是决定论的方法的不断涌现，包括"迁移—发展关系""强迫迁移研究""环境驱动迁移"以及"社会转型视角"等理论。迁移—发展关系理论的优点甚多，就像跨国主义理论一样能够将此地和彼地联系起来。这种观点忽视了迁移研究中的其他视角，如交叉性对迁移的塑造以及社会网络的重要性。

　　强迫迁移研究在《难民和强迫迁移研究牛津手册》（*Oxford Handbook of Refugee and Forced Migration Studies*）（Fiddian-Qasmiyeh et al., 2014）一书中有诸多篇幅。作者通过 53 章内容对难民和强迫迁移的移民的经验做出了介绍。这类研究的好处在于将迁移研究的重点从对劳动力和家庭团聚的解释转换为对寻求庇护者和难民的剖析。鉴于世界上的寻求庇护者和难民的数量远远多于那些持有工作签证和家庭签证的移民，这个转换是很有价值的。但是，强迫迁移与其他自愿性质的迁移并不是那么容易被区分的，无论我们在研究之时是否需要区分它们。

　　环境变化是强迫迁移的另一种因素，而一些对环境变化与迁移之间关系的研究（Black et al., 2011；Hunter et al., 2015）中对于气候变化与迁移之间的线性关系仍然有诸多批判。这比 1990 年至 2000 年的一些危言耸听、灾难预言或是决定论的看法更成熟。这些研究的综合度很高，它们整合了多年来有关迁移的研究中的众多观点，因此人们很难对它们的贡献进行辩驳。尽管从某种程度上说它们是全面的，但它们缺乏对特殊观点的尝试，如我们在本章后续内容中介绍的空间方法。

　　这可能令读者有些丧气。我们的观点是，我们既不能将这些理论和方法全部简单地整合在一起，也不能将任一理论整合在一起。每一个理论都应该被运用于特定类型的迁移背景下或特定的时间吗？我们认为一套理论（除新古典主义经济学理论和推—拉理论之外）是十分必要的。结构、组织（尤其是国家）、社会网络和在年龄、阶级、能力、种族、性别和性取向方面存在差异的社会坐标对于我们理解迁移至关重要。但是，结构的概念引发了一个棘手的理论问题，我们希望能够再花一些时间来理解结构的性质。现在去谈及"结构"已经没有那么流行了，这主要是因为它们与世界系统分析相关。它们分析的是我们关注范围之外的东西，那些在彼处的东西，体现在全球范围但会剥夺人类权利的东西。进入 21 世纪之后，许多批判性的迁移研究者都喜欢谈论"精英网络"、迁移网络，以及以迁移为基础的社群导向的非政府组织。他们也经常通过塑造迁移的"治理性"概念去强调文化、政治、社会话语的重要性。这种对网络和后结构主义的分析将我们从结构的牢笼中解放出来。很简单，如果我们不接受结构的存在，我们就必须把它们从迁移实践中驱逐出去。这个看法并没有错，但却存在着知识的伪装。富人或精英通过话语和物质控制权力，尤其是在 20 世纪 70 年代至 80 年代资本主义社会的阶级结构中。阶级和"阶级结构"在迁移研究中逐渐淡出视野，被"精英网络"的概念所替代。但"精英网络"听起来似乎是一种"跨国资产阶级"（Sklair，2001）。我们当然可以将"跨国资产阶级"视为一个网络（即与特定的拥有巨大权力的机构和国家有关的组织）和有着特定利益的阶层。跨国资产阶级比其他网络或阶层（尤其由那些比自身地位更低的移民所构成的网络）拥有更多的权力。跨国资产阶级意味着拥有更少财富的人的存在。换句话说，某些网络可能是某种结构的证据。此外，范·希尔（Van Hear，2014）提醒迁移研究者，阶级在迁移研究中应当占据主要地位。总之，结构、组织、社会网络和社会坐标应成为处理迁移问题的有力办法的一部分。我认为，任何处理迁移问题的方法都会涉及对空间的讨论，这也是我们将会在下一章中重点讨论的问题。

155

3.10 研究迁移的空间方法

所有的迁移研究都有一种地域意识，因为迁移总是要发生在某个地方，而且社会科学中的所有迁移研究都涉及空间地域类型（如小镇、农业镇、城市、城市地区、乡村地区、贫穷国家、富裕国家、海边地区、高原地区、北方地区和南方地区、空间、地方、场所、跨境地区、跨国社会领域、跨地方场等）（如 Silvey and Lawson，1999）。在这些不可估量的迁移（不一定是入境）研究中，大部分都未能很好地界定空间概念。当有人真正尝试这样做时，一个很明显的问题是空间术语的运用是不准确的，有时甚至是非常草率和模糊的。即使"跨国主义"这样有巨大价值的术语，就像我之前所说的，也是不充分的或有缺陷的。

在 21 世纪利用散居地寻求发展或寻找跨国主义、流动的过程中，相关文献往往会忽视地域相对不变性的影响，换句话说，地域在某个"时刻"是确定的，但不是永恒的。在那个"时刻"它们对个人、机构、
156 组织、社会网络、移民等都是有影响的，这种关系是互惠且不断发生变化的。简言之，各种类型的地域塑造了迁移行为，因为它们对迁移者有实质性的影响；迁移行为也塑造了地域，因为迁移者对这些相同的地域也有实质性的影响。也许最明显的表现就是国际边界和移民政策。具有讽刺意味的是，它们最初是被设计来遏制迁移的，但它们现在却有促进非法迁移的负面效应。非法移民和寻求庇护者的大量迁入，或是那些持旅游签证和学生签证的逾期逗留者，也可能会促使政府进一步加强边境守卫。然而，并不只是国家地域在起作用，特定的分区要求、具体的税收制度和遏制非法移民与其他不适合这个地方的人的法令也起了很大作用。21 世纪初，美国有许多国家条例或地方条例用于制止非法移民或解散一些合法的或非法的临时劳动力聚集的场所。这些条例阻止之后的

移民抵达这些领域，也不鼓励已经到达的移民在这里定居。同样，在荷兰，鹿特丹的市长在 2003 年提出要阻止之后可能发生的迁移，因为这个城市的民众开始为本地文化可能会被遥远而贫穷的移民所带来的文化所取代这件事而感到恐慌。

　　地域并不一定特指地方、区域、国家或是全球，还包含其他混合或组合的地域，这些地域不能用常规的地方、国家等空间类型来描述（工作场所都有各自的规章制度，但也要受到国家法律的制约）。不同的过程可能包含不同的地域性，但这种地域是"多孔的"、动态的，而非固定不变的，它们被迁移者通过许多结构、社会网络和机构重新塑造。对多重地域性、尺度和地方的关注启示我们要少用一些空间上比较随意的方法，研究并不一定必须优先选择跨国主义、地方主义或是任何其他"主义"的方法论。地域性很重要，但并不是事先就重要。我们希望读者能沿着这一空间构想去理解随后的章节。

157

3.11　结　论

　　本章回顾并评价了一系列试图解释迁移的理论或方法。正如马西等（Massey et al., 1998）和波特斯（Portes, 2000）在 15 年前所指出的，鉴于目前在世界范围内相关证据并不充足，我们并不能很好地评估这些理论或方法的真实性。这可能会导致对迁移理论或方法的回顾显得徒劳而乏味，或者完全脱离了丰富的迁移民族志和叙事性陈述。这会是一个很不幸的评价。这样的回顾是十分有必要的，即使是对于民族志研究而言。在本章中我们所讨论的理论或方法阐释了不同的迁移审视视角，当个体或群体进行迁移研究或者提出关于"谁的声音应当被找出来""观察什么"的问题时（也就是如何通过某种空间与社会隐喻的窗口去解释迁移的故事），他们要使用不同的理论或方法。然而，与其将这种选择的权利完全留给读者，我们更愿意给读者指明某些理论或方法相比其他理论或方法的优越性。

从这个意义上来说，我们已经证明了通过一组"推力"因素和"拉力"因素来解释迁移是多么地有吸引力。但迁移远非是迁入和迁出国的推拉变量的均衡所能概括的。迁移研究者强调，我们需要把"这里""那里"以复杂的、相互交织的方式联系在一起。"关系方法"这个术语在一段时间内特别流行（至少在人文地理学中是这样），但一些社会科学家更愿意使用"社会转型视角"这个术语。一个更适合的方法应该涉及地域、结构、机构、社会网络（移民网络）的交互作用，也涉及社会坐标中不同因素的参与（如性别、阶层、年龄、民族）。这种方法的优点是不仅超越了固有的方法论上的民族主义，而且超越了明显的具有批判性和进步性的跨国主义或跨地方主义的概念。这一方法抓住了所有理论都缺失的环节，即国家的作用。这将会是第四章的主题。现在我们就一起前往第四章吧。

158

3.12 拓展阅读

除了在本书之后提到的文献，在下文中我们将对贯穿本章内容的迁移理论做一个概括。

博伊尔（Boyle, P.），哈尔法里克（Halfacree, K.），罗宾逊（Robinson, V.）（1998），《探索当代移民》（*Exploring Contemporary Migration*）；马西等（Massey, D.S. et al.）（1998），《动态的世界：理解千

禧年末的国际迁移》（*Worlds in Motion：Understanding International Migration at the End of the Millennium*）；卡斯尔斯（Castles，S.），米勒（Miller，M.）（2003，3ʳᵈ edition；2009，4ᵗʰ edition；2014，5ᵗʰ edition），《迁移年代》（*The Age of Migration*）；白德礼和霍利菲尔德（Brettell，C. and Hollifield，J.）（eds，2008，2ⁿᵈ edition；2014，3ʳᵈ edition），《迁移理论：跨学科对话》（*Migration Theory：Talking across Disciplines*）。

除了这些著作之外，波特斯和德文德（Portes and Dewind，2004b）也对 21 世纪迁移文献中的一些理论和概念的发展进行了简要概述。贝克维尔（Bakewell，2010）基于"批判现实主义"的视角讨论了结构化理论的局限性。纳加尔等（Nagar et al.，2002）对全球化概念进行了批判性讨论，并从女性主义视角进行了解读。考夫曼（Kofman，1999）、佩萨和马勒（Pessar and Mahler，2003）、西尔维（Silvey，2004a，2006）提供了关于迁移和性别的文献综述。列维特和贾沃斯基（Levitt and Jaworsky，2007）对跨国迁移研究进行了概述。戈斯和林德奎斯特（Goss and Lindquist，1995）、克里斯曼（Krissman，2005）批判性地讨论了结构理论和网络。劳森（Lawson，2000）讨论了传记叙事法在迁移的地理学解释框架下的潜力。西尔维和劳森（Silvey and Lawson，1999）与西尔维（Silvey，2004a，2006）探索了迁移研究中不同的空间隐喻。国际移民组织在《世界迁移报告》（2008）中 *159* 用整整一章来探讨国际学生的流动性（包括统计范围和这种流动性的原因）。《难民和被迫迁移研究牛津手册》（*The Oxford Handbook of Refugee and Forced Migration Studies*）用一整卷的篇幅对被迫迁移这一主题展开了叙述。如果希望看更为简短精悍的分析可以参考里德等（Reed et al.，2015）。布莱克等（Black et al.，2015）和亨特等（Hunter et al.，2015）对环境驱动迁移进行了有用且带有批判性的评论。

3.13 总结性问题

1. 总结拉文斯坦经典著作的局限性以及我们可以从中获得的一些见解局限性，以及我们能从中获得的信息。

2. 迁移研究中的推—拉理论与新古典主义经济学理论有何谬误？

3. 讨论迁移的结构化理论中的至少两种变量。

4. 性别敏感分析对于我们理解迁移过程有何帮助？

5. 迁移的结构化理论是什么意思？

6. "时间"在迁移研究中有多重要？

7. 为何我们对于"全球气候变化"与迁移的关系只需关心而无须过分恐慌？

8. "社会转型视角"应如何在构建迁移理论中被应用？

9. 讨论"空间"在迁移研究中的核心地位的一些表现方式。

迁移控制的地缘政治经济分析

4.1 引 言

即使是那些在国际机场、客运站或是边境口岸的漫不经心的观察者也都会注意到，民族国家就如同堡垒一般。国家边界虽是可渗透的、不断变化的、复杂的空间（如 Anzaldúa，1987；Nevins，2002；Johnson et al.，2011），但也象征了民族国家的物质力量和排外性。在这方面，各个国家及其各自的法律体系从本质上来说都是反移民的、支持统一种族的，它们具有排外性和排他性。公众可能会被期待成为单一的种族主义者、文化主义者和排外主义者，他们从本质上反对移民，因为他们害怕那些偏执的"成群结队"的移民以及某些类型移民的"入侵"，害怕自己会被"淹没"（swamped）（这个词是英国前首相玛格丽特·撒切尔在 20 世纪 80 年代所使用的）。毫无疑问的是，除了副词"统一"（uniformly）和"单一"（univocally）外，关于国家和公众的假设中存在一些事实。实际移民、寻求庇护者、难民和移民政治在社会和空间意义上都非常混乱。如果富裕国家形成堡垒或是"封闭社区"（van Houtum and Pijpers，2007），那么为了特定的目的在不同的时间和不

162 同的次国家地区，它们的门槛会降低。例如，霍利菲尔德（Hollifield，2004）谈到了与 19 世纪的"驻军国家"不同的新兴的"移民国家"。霍利菲尔德认为，所谓"移民国家"深陷于"自由的困境"，它们必须协调好贸易、投资与人的开放性与安全性之间的关系。移民国家必须确保经济福利，但也需要为公民提供必要的安全保障。

　　然而这些国家都不会满足于它们自己的目标。事实上，科尼利厄斯和津田（Cornelius and Tsuda，1994）发展了所谓"差距假说"。该假说表明富裕国家的政府一般希望限制移民，但在现实中，移民随着时间的推移而增加。换句话说，政府的控制是有限的，国家经常不能实现它们提出的目标（如 Castles，2004）。霍利菲尔德的"移民国家"与科尼利厄斯的"差距假说"都是针对国家及它们（失败）目标的简单概念。政治社会学家们早就指出，国家并不是铁板一块，国家也不只有一个声音。国家并不仅仅是专家圣贤们提出政策的一间会议室。相反，它是包含了很多层面、不同"分支"或"派系"（经常产生冲突）的复杂机构。不过，霍利菲尔德和科尼利厄斯提出的概念已经足够可以使我们开始讨论这个问题了。在这方面，政治社会学家们已经花费了大量笔墨去试图解释移民政治和政策是如何展开的。但就像迁移研究的其他维度一样，包含在政治和政策内的多种区域虽未被忽略，但经常被用于对空间隐喻的批判性分析中，地域的复杂联系在大多数研究中被相对严重地低估了，而且几乎是不明确的。事实上，费弗尔（Favell，2008）认为，在过去 30 年中，在欧洲和北美发生的从国家政府到地方政府的权力下放意味着地方政府需要为公民身份和移民定居负责。举一个例子来说，美国政府在 1996 年颁布的《非法移民改革与移民责任法案》中指出，允许美国每个地方政府都能对个体执行原先由中央政府才能执行的任务。但是，美国各地所需要面对的问题各不相同（Coleman and Stuesse，

2016；Varsanyi et al.，2012），而地方政府解决问题的做法甚至可能会违背联邦、各州和地方的法律法规（Heyman，1999）。因此，正如费弗尔（Favell，2008）所指出的，正是这些地方性政策的出台导致了替代性地缘政治迁移的爆发。

　　为了解释移民政策的发展与它们的一些特点，我将会介绍一套由致 *163*
力于研究迁移的地缘政治学家提出的理论化、概念化的争论。我之所以用"争论"而非"理论"，是因为这里的许多有关迁移政策的理论在哲学基础上不够明确，也不像其他迁移理论一样成熟且界定明确。[1] 尽管如此，我们还是可以看出个中差异。正如我们在第三章中所说的，我们会用系统的方式介绍一系列不同的观点。我们从一些比较激进的理论开始，包括马克思主义、新马克思主义及其相关方法，如对新自由主义及其与"移民管理"概念的关系的批判性分析，接着围绕"国家认同的途径"展开简要的讨论，然后展开"佛里曼的影响力十足的'客户政治'"这一论题。该论题是进一步探索相关观点和阐述国家与迁移关系的起点。虽然我将本章命名为"迁移控制的地缘政治经济分析"，但许多观点并不应当被归类为"经济"维度，当然有一些是可以的。这可能是一些观点的缺陷，但同时对于"空间"的忽视也是缺陷之一。本章的目的是让读者了解不同的方法。我们在没有讨论地区间或国家间的移民政策的情况下，强调了移民政策中地方、尺度及领土的重要性，这是一种十分典型的传统研究方法。在前一章，我们把对迁移政策的讨论分为与富裕国家（即北方国家）相关的讨论和与贫穷国家（即南方国家）

---

[1] 这些方法的优点和不足，参考博斯维尔（Boswell，2007a）、汉普夏尔（Hampshire，2013）、霍利菲尔德（Hollifield，1992）、马西（Massey，1999）以及迈耶斯（Meyers，2000）。我们的总结并不详尽。迈耶斯（Meyers，2000）讨论了所谓"户内政治"方法。这是一种"制度性、官僚性政治"的方法、一种"现实主义或新实在论"的方法。我只是略微讨论这些方法，并不具体涉及。

相关的讨论。这种划分看起来似乎很粗略，因为贫穷国家的政府也有类似的担忧，但它们的目标还是与富裕国家有显著差异的，并且这是要重点强调的部分。

4.2　北方国家的移民控制理论

4.2.1　移民政策的马克思主义与新马克思主义解释

让我们来系统地探讨这些理论。首先是马克思主义和新马克思主义对移民政策的解释。一般来说，理论会作为特定历史时刻的产物出现。20 世纪 50 年代至 70 年代有关迁移控制的马克思主义理论在欧洲国家和南非研究迁移的学者中声名显著。马克思主义和受马克思主义影响的研究文献主要关注劳动力迁移政策。移民被视为被剥削阶级和"产业后备军"——一些"相对过剩的人口"，且在经济扩张时期可以很容易被召唤来劳动，而在通货紧缩或货币贬值时，也很容易被解雇。移民也被视为工人阶级的种族分异，他们是具有定性或定量灵活性的劳动力，可以削弱工人阶级的力量，降低"劳动力价值"（大致相当于传统 / 新古典主义经济学中的"劳动力成本"）。这反过来却对特定民族国家的政府和资产阶级有利。与此同时，移民被认为降低了资产阶级和国家的社会再生产成本（见专栏 2.4）。这是因为许多移民是作为成年劳动力到达迁入国的，而他们在童年时期是不需要接受迁入国的教育和安置的。此外，从马克思主义的角度来看，移民也会降低迁入国的通货膨胀压力，因为雇主们支付给移民劳工的工资十分低廉。低工资与低成本组合而成的社会再生产加速了资本的积累。[1] 所以马克思主义学者会谈到移民劳工对欧洲工业的"结构必要性"就不足为奇了（如 Castells，1975；Castles and Kosack，1973；Miles，1982）。

最后，在马克思主义的观点中，国家被认为是"资产阶级的执行委员会"。[2] 换句话说，无论在迁入国还是迁出国，国家都代表了资产阶级的利益，尤其在迁入国。自 20 世纪 70 年代以来，很少有人采用马克思主义的方法来解释迁移政策，这或许可以用 20 世纪 70 年代至 80 年代北欧和西欧国家工业劳工迁移人数的下降和马克思主义分析的凋敝来解释。另一个原因是马克思主义学者从没有对不同国家类型的迁移做出过复杂的处理，因此他们并不能很好地把握迁移与国家之间的关系。一些学者（如 Cohen，1987，2006；Samers，1999，2003a；Sivanandan，2001）试图构建一个细致入微的新马克思主义视角，从而对国家、 *165* 移民进行更为复杂的分析，但大多数人都放弃了这样的方法。尽管如此，马克思主义视角在对新自由主义的隐性批判中开始崭露头角。

4.2.2 用新马克思主义的观点来批判新自由主义

20 世纪初，政府政策和劳动力迁移之间的关系再次引起学术界的关注，人们通常称其为对新自由主义的批判。我们已经在前面的章节中阐述了对新自由主义的看法，所以在这里不再赘述。政府之所以会受到学者的批判性审视，主要在于自由化运动的特权化以及一些人对其他人所做出的牺牲。因此，对新自由主义的批判中包含了对移民政策的隐性（又是明确的）批判。事实上，即使这些低技术移民被接受了，他们的

---

[1] 马克思主义术语中的"资本积累"与新古典主义经济学中的"经济发展"基本类似。
[2] 所谓"资产阶级"（Bourgeoisie）主要指的是 19 世纪地位长期上升的中产或上层阶级的商人和财产拥有者、土地拥有者、贵族或是封建领主，他们在工业资本主义体制中剥削了大量的劳工。

社会福利还是会受到严重的限制，经济权利也会被剥夺。正如史密斯和温德斯（Smith and Winders，2008）所认为的，新自由主义政策、计划、实践和论述都希望移民是"超易于流动的、可靠的、可自由支配的、生产能力强的、廉价的、相对年轻的男性"①（pp.63-64）。同样，学者们非常喜欢用不同版本的"新自由主义管理"理论或"新自由主义治理术"理论来解释富裕国家的移民政策。例如，鲍德尔（Bauder，2008）探索了新自由主义导向的媒体如何加强德国的移民福利与移民政策中高技术移民特权的重组。与此相反，科尔曼（Coleman，2005）和斯帕克（Sparke，2006）探索了美国新自由主义治理与安全问题的矛盾。他们认为北美自由贸易协定（NAFTA）在"911事件"之后就存有矛盾，新自由主义的地缘经济带来了跨越美加边境的货物流和服务流，但也造成了领土冲突语境下的保卫国家边境安全的地缘政治需求。最终，斯帕克认为，地缘经济已经践踏了"保卫国家边境安全的地缘政治幻想"（2006：12），而且在多数情况下对边界的保卫促进了经济流动，而非阻碍其发生。

166   如果新自由主义自20世纪80年代以来一直作为一套政策或方案占有主导地位，那么我们的基本观点就是，政府已经有选择性地实施了自由迁移政策（或在某种程度上对那些偷偷迁移进入的人睁一只眼闭一只眼）。我们之所以这样认为是因为：

第一，低技术移民做的工作基本是当地居民在现行条件下不愿意做的工作或者低工资的工作。他们通过提供廉价的劳动力，实现资本积累。与此同时，由于他们并不会为现行福利系统创造出更多的负担，因此他们在各国政府眼中都是可以利用的。肖尔蒂诺和费诺特利（Sciortino

---

① 移民是否在任何地方都被一致认为是"男性"仍是一个问题。然而，史密斯和温德斯则认为在美国，怀孕女性因为要休产假而不被美国雇主欢迎。

and Finotelli, 2015）把这种观点称为"作为福利负担的迁移视角"（也可参看 Bommes and Geddes, 2000），但这些研究也存在其他与这个视角相矛盾的逻辑，下面将会提到。

第二，政府（尤其是欧洲国家的政府和日本政府）意识到了"人口赤字"的出现，担忧国内劳工较少会对未来社会的可持续发展尤其是养老金计划产生影响。肖尔蒂诺和费诺特利（Sciortino and Finotelli, 2015）把这种观点称为"作为福利资源的迁移"视角。

第三，各国政府相信，高技术移民（从业务经理到科学家、医生、护士）可以通过创新和投资来刺激资本积累，或者通过提供必要的技能来缓解资金短缺的状况以及为社会服务。

第四，政府认为国际学生可以直接为大学提供资金援助，并且常常间接地为政府和企业提供援助。他们认为，国际学生不仅可以保障理工科院系能够招到足够的学生，还可以通过科学创新和工程创新保障国家的竞争力。

4.2.3　新自由主义还是"迁移管理"？

正如在前面的章节中所提到的那样，20 世纪 90 年代，政府与一些缺少批判性的学者更愿意谈及"迁移管理"而不是新自由主义。"迁移管理"或"管理下的迁移"是指富裕国家的一系列政策，旨在规范移民的类型和数量，无论这些移民是难民、家庭成员还是工人。但是，迁移管理旨在确保"正确的"类型（通常也是"正确的"数量）的移民，以满足特定的劳动力市场需求（批判性讨论见 Ashutosh and Mountz, 2011；Morris, 2002；Geiger and Pecoud, 2010；Kofman, 2010；Scott, 2016）。这是通过加拿大和澳大利亚的"积分系统"或者类似的

167

分层迁移管理制度实现的。分层迁移管理制度包含不同的层次、技能类别，它为移民的受教育程度、技能水平、财务状况等附上不同的积分数。他们将总积分数作为是否允许移民迁入该国的标准。通常情况下，积分数大于 100 的移民可迁入该国家。这些劳动力市场需求受到密切监控，各国家机构和方案在过去的十年内快速增多，以便减少劳动力的迁移和招聘更多的高技术移民，而严格限制其他移民（如寻求庇护者、低技术劳动力、难民）的迁入。这让我们想到了一些机构，如英国的移民咨询委员会和加拿大的海外资历认证转介办公室。尽管这些招聘或审查机构并不新鲜，但是评估不同类型的移民对劳动力市场需求和国家经济竞争力的价值的复杂方法是新近出现的。例如，英国制定了澳大利亚式的分层迁移管理制度，德国在 21 世纪初也改革了针对信息技术专家的"绿卡"制度，爱尔兰对高技术移民也使用了同样的制度，而丹麦实施了"外国专家"签证制度（Pellerin，2008；OECD/SOPEMI，2008）。与 20 世纪 80 年代和 90 年代初相比，移民管理工作越来越依赖临时迁移劳动力，以满足劳动力市场的需求，并且对移民的"临时性"进行严格监控（Pellerin，2008；Samers，2016）。

在这方面，"迁移管理"作为一系列的论述和政策，必然与新自由主义是兼容的。它旨在一方面提高经济竞争力，另一方面限制那些对精简福利系统来说是负担的移民的准入。同时，略显矛盾的是，它需要一些国家工作人员来管理这些移民。也许更重要的是，迁移管理反映了政府对其他问题的关注，如安全、外交政策的制定、贸易自由化、国际地位的提升、民族或种族同质性的创造、国家建设 [见沃尔什（Walsh，2007）关于澳大利亚的介绍；斯普雷和贝德福德（Spoonley and Bedford，2012）关于新西兰的介绍以及沃尔顿 - 罗伯茨（Walton-Roberts（2004）对推进加拿大的"想象中的未来"的介绍]。同样，政府试图控制非正式劳动力市场的增长，阻止偷渡和非法交易的继续发生，维持现有的养老金制度，承担人道主义的义务，如对寻求庇护者和难民的接收和安置等。然而到现在我们应该清楚，在 21 世纪初达到的平衡已经开始转向对高技术劳动力的选择性的和临时性的招聘，对家庭团聚的限制性立场（如 Kofman，2004），对为寻求庇护者和难民提供避难所的标准的收紧，以及通过对临时迁移劳动力方案进行官方的和仔细的审查来实现的对低收入移民的管控。这些临时迁移劳动力方案（如 Samers，2015b）是针对将在第五章中讨论的低报酬经济活动制订的。

　　那些来自移民国家的"左派"和"右派"的对于"迁移管理"话语的批判，主要强调它通过至少两种方式对无证移民产生的影响。第一种方式是合法化方案（也被称为赦免方案）的使用。在过去的 20 年中，法国、意大利、西班牙、瑞士和美国都曾使用过这种方案。"右派"政党倾向于认为这些方案无疑鼓励了其他人的迁移与非正常状态的"等待"。他们会一直等待，直到下次赦免的出现。这一观点在 2013 年至 2014 年的中美洲国家至美国的迁移中能够得到体现（如 MPI，2014b）。但一些针对意大利、西班牙和美国相关问题的研究发现，合法化和赦免带来了更多移民（如 Orrenius and Zavodny，2003；Finotelli and Arango，2011）。无论在何种情况下，"右派"政党都把合法化看作政府失去对移民控制的象征。与此相反，"左派"市民则支持在特定时间对特定国家的移民进行赦免。然而，他们仍然认为对于庇护政策的收紧是造成无证移民数量增多的原因。如果政府不能够让他们以合法的方式得到庇护，他们就只能通过秘密进入的方法来到这个国家。合法化方案以及其他政策，看起来不仅仅强调了迁移管理的许多意想不到的后果（如 Castles，2004；Massey et al.，2002），还强调了迁移管理的阶级维度（Datta et al.，2007；McGregor，2008）。不过，关于迁移管理

169

最关键的讨论却没有把它置于阶级的语言中。最常见的是把"迁移管理"
看作一种挑选移民的手段。移民被划分为"理想的"和"不甚理想的"
两类。这种划分主要通过堡垒般的思想方法的"排除"过程完成（如在
20 世纪 90 年代出现的"堡垒欧洲"概念）。尽管马克思主义的观点看
起来仍然十分有用，但它改变了社会政治经济现实、学术潮流，为研究
者提供了新的思路，并关注寻求庇护者和难民以及那些被世界边缘化的
人，这些为马克思主义移民政策分析画上句号。

4.3 民族认同方法

迈耶斯（Meyers，2000）在其所谓"民族认同方法"中指出，迁
移政策可以通过国家公民身份模型以及人们对政府和公众心目中的国家
地位（如某个国家的国家同质化和身份认同的神话以及政治和法律文化
特征）的理解得到解释。[①]他回顾了现在被广泛阅读的海厄姆（Higham，
1955）和琼斯（Jones，1960）的作品。他们将 19 世纪、20 世纪初的"美
国认同感"与美国迁移政策结合起来。正如迈耶斯（Meyers，2000）
所解释的，海厄姆与琼斯都认为"美国社会中的社会分裂、社会动荡
和工业衰退会加剧人们对失去民族认同感和民族分裂的恐惧"（2000：
1253）。这些过程反过来也导致了民族主义和本土主义（仇外）的形成。
本土主义只是一种"心理现象，是美国自信心的衰退"，是一种"有积
极的态度就能避免的现象"（2000：1253）。

其他"经典"的关于民族认同方法的资料将发达的迁入国分为"移

---

① "国家地位"是一个含混的概念。以我们的目的来说，我们关注的是"国家"的历史
与意义是怎样被理解的。

民社会国"（如澳大利亚、加拿大和美国）和"民族国家"（如奥地利、德国和瑞士），同构的和异构的国家（见 Castles and Miller，1993），以及采用出生地主义和绝对血统主义界定公民概念的国家（我在第七章 *170* 中会加以讨论）。还有一些人，如费斯特（Faist，1995），认为发达国家现今只存在两种形式的公民身份，即所谓"种族文化政治包容"和"多元政治包容"。当然，我们可以继续对这些类型进行划分，并在本书中给定批判性民族主义方法论的主线。但是，迈耶斯（Meyers，2000）却认为这种方法有四个优点。第一个优点是，它研究了一些政治上允许的民族文化习语与传统。正如他所说的，"国家政策并不是建立在真空之中的，它在某种程度上受到历史的和传统的社会思维方式的影响"（p.1255）。有些学者可能会从积极的角度来审视这一观点，但更多具有批判性的学术研究者则强调了在被入侵、被占领的或者民族文化逐渐消亡的国家中，政府及公民的情感是如何影响移民政策的（如 Guiraud-on，2000）。第二个优点是，它解释了为什么有一些国家希望有临时移民（如德国），而另一些国家希望有永久移民（如法国）。例如，霍利菲尔德（Hollifield，2000）认为，法国的移民政策为法国特有的共和主义理念所塑造。它创造了一个普遍化的愿景，即只要这些"外国人"愿意融入法国的政治文化之中，那么他们就是"好"的。而历届法国政府都认为只有永久移民才会融入本国的政治文化之中（见 Brubaker，1992）。第三个优点是，种族、民族和宗教冲突，如魁北克说英语和说法语的人之间，或是以色列的犹太人和巴勒斯坦人之间，可以决定何种迁移可以发生。这一方法的第四个优点与第二、第三个优点均有关系，但迈耶斯并没有加以讨论，即某些特定种族的移民可能更被关注，也更容易被接纳。然而，"民族神话"，尤其是为政府或市民所接受的相同的民族信仰，都对哪些特定国家的移民更容易被接受产生了影响。例如，

20 世纪 80 年代至 90 年代，德国政府放宽了移民政策，并对德国后裔提供了特别的保障；从 20 世纪 80 年代开始，西班牙政府就对拉丁美洲的西班牙语国家（尤其是厄瓜多尔和多米尼加共和国）的劳动力移民实行比较宽松的政策；韩国政府自 20 世纪 90 年代开始鼓励那些主要生活在中国和日本的朝鲜族移民迁往韩国。

171

因此，这种偏好，或称为"本土主义"（反移民政治、约束政策和实践）在"911 事件"后在与国家安全相关的限制政策方面表现得很突出。我们回想一下现在听上去已不可信的美国"1882 排华事件"、20 世纪的"白色澳大利亚"政策，以及在 20 世纪 90 年代早期新西兰针对亚洲人的"道德恐慌"事件。这些只是本土主义、民族认同、种族主义和经济不确定性的相互融合在许多国家带来的众多影响中的简单的三个例子。然而，那些我们认为 21 世纪初才出现的寻求庇护者和无证移民的犯罪行为（换句话说就是把寻求庇护者和无证移民视为罪犯）（Palidda，2011）早在 20 世纪 90 年代初的富裕国家中就已经出现了。举例而言，澳大利亚政府在 1993 年执行了强制拘留法案，即任何不能提供有效证件的移民都会被拘留关押（Hyndman and Mountz，2008）。与此类似，美国南部边界的军队化始于 1986 年的移民改革和控制行动（IRCA），并在 1996 年的目的在于反对恐怖主义和其他相关威胁的非法移民改革和移民责任化行动（IIRIRA）中得以加强（如 Massey et al.，2002）。在欧盟也同样如此，多数欧洲国家都在 20 世纪 90 年代末至 21 世纪早期降低了对寻求庇护者的接纳率，但之后对寻求庇护者、难民和无证移民的接纳率明显上升，尤其是对富裕国家与并非那么富裕的国家之间的（如从马来西亚到南非的）移民。

任何情况下民族认同方法都有缺陷。[1] 事实上，与将民族认同作为

---

[1]　迈耶斯（Meyers，2000）也对这个方法进行了系统性批判。

影响或决定移民政策的因素相比，更多学者关注的是民族话语与年龄、性别、性、种族、民族以及其他因素是如何相互联系并塑造了关系、认同、移民政策和移民本身的。而无论针对寻求庇护者和难民的"人道主义"政策的动机为何，他们对于民族构成的容忍度却都比较低，至少西方国家是如此。尽管有些人因为犯罪和监禁而不能进入美国，有些人因寻求庇护失败而不能进入英国，但有些国家在 2015 年在联合国难民署的带动下接纳了大量寻求庇护者（主要来自不丹、刚果、伊拉克、缅甸和索马里）。寻求庇护者较多的国家的接纳率从 2005 年的 55% 上升至 2015 年的 80% 多（平均值）（UNHCR，2016a）。关键问题在于许多国家一直在宽松自由政策和约束收紧政策之间摇摆，有时甚至两种政策会同时出现。我们要如何解释这些摇摆政策呢？或者我们要如何解释 21 世纪许多富裕国家移民数量已经达到了空前水平这一现象呢？（见引言，表 1.1 至表 1.3）在此对于民族认同方法的解释我已力不从心。在接下来的章节中，我们将用许多不同的自由主义（非马克思主义的）理论来试图阐明扩张性政策和约束性政策之间的关系。

4.4　弗里曼的"客户政治"理论

在弗里曼（Freeman，1995）极其有影响力的"客户政治"这一概念中，移民政策是不同"客户"的产物："这些小型而组织良好的群体对政策有着浓厚的兴趣，他们与对其负责的政府官员形成了密切的工作关系。"（p.886）迁移政策将不成比例地受到最强大客户的影响。弗里曼认为，因为移民及与其相关的少数民族群体越来越多地向政府阐述自己的想法，而雇主由于需要依靠移民劳动力而倾向于自由化的移民政策，所以最终的移民政策很有可能是"扩张性"的（即吸收更多的移民）。"客户"主要分为两组：那些支持迁移的人（商界领袖、移民和少数民族群体、支持移民的非政府组织等）和通常情况下不支持迁移的人（本土主义者，或换句话说就是民族主义者或反移民群体和相关的非政府组织等）。弗里曼认为，移民政策最终会呈现扩张性，因为自由的移民政策会为雇主、支持移民的群体带来实际的好处，但对于那些构成民族国家的有选举权的每一个公民来说，成本却是在不断扩散的。根据鲁吉（Ruggie，1982）和霍利菲尔德（Hollifield，1992）作品中的观点，弗里曼最终认为，北美洲和西欧的政体中包含了"嵌入式的自由主义"，它可以避免基于种族或民族来选择排除某些移民。他们将此作为"反民粹主义"的规范，并得出结论：各政治派别可以寻求共识，但不能让移民问题影响到政党政治。

4.5 乔帕克的"自限主权"观点

弗里曼的分析得到了广泛的关注，但也很快受到了批判。许多直接的批评家是在欧洲，或者至少他们利用西欧国家作为实例来探索弗里曼的说法的真实性。一开始，乔帕克（Joppke，1998a）认为弗里曼的分析使得美国游说之风盛行，对于 20 世纪 70 年代以后的欧洲国家而言，所谓"不必要的"家庭团聚并无意义，那时比利时、荷兰、法国、英国和德国都已经停止了劳动力迁移和为了家庭团聚而发生的迁移。由于劳动力移民拥有道德和法律权利，20 世纪 70 年代末和 80 年代初他们只能勉强同意再次接受家庭迁移，但这并不是"客户群体"游说的结果，而是由自由法院做出的裁决。乔帕克指出，弗里曼很少关注国家的司法层面，也很少关注国家法律程序对扩张性移民政策创建的影响。具体来说，乔帕克认为，法官对客户（如反移民团体）的要求基本是免疫的，他们关注更多的是宪法和法案。因此，并不是弗里曼的所谓"客户"塑造了移民政策，乔帕克坚持认为，法律程序（道德义务和法律约束）在扩张性移民政策中起着很重要的作用。不过，他也承认这些义务和约束会随着时间以及国家对于"不受欢迎的移民"的不同道德回应而发生变化，尤其是在欧洲北部与欧洲南部国家之间。意大利到了 20 世纪 70 年代中期才出现了移民。然而，弗里曼总结道："法院的自由法律体系阻 *174* 碍了国家对'不必要的家庭移民'的准入禁止以及对不受政府欢迎的移民或者非法移民的驱逐。"因此，民族国家限制了自己的主权，即控制移民增加的能力。乔帕克称其为"自限主权"。

在任何情况下，乔帕克（Joppke，1998a）都同意弗里曼的"反移民客户对政治和迁移政策（他称之为政治进程，而非法律进程）有着或多或少的影响"这一观点，因此移民政策不可能总是"扩张性"的。事实上，吉拉东（Guiraudon，2000）认为，扩张性政策的成本并不像弗里曼所说的那样快速扩散，即使乔帕克（Joppke，1998a）的合法扩张过程也被发现为许多州所不接受。正如我们在民族认同方法中所看到的，政府不仅关注反移民政党及其选民的要求，而且关注雇主对于低薪、高技术移民的需求。这也导致了另一个问题的产生，即政府本想追求更加宽松自由的移民政策，但结果移民政策可能反而更加严苛了（如Bosewell，2008a；Samers，1999）。我们稍后将会继续讨论这些问题。现在我们先讨论支持移民的客户是如何从政治社会学的角度借助对弗里曼的作品进行不同寻常的批判来行使权力的。

4.6　移民政策的政治社会学分析

在以意大利或整个欧洲为背景的写作中，肖尔蒂诺（Sciortino，2000）对弗里曼的分析提出了大量的异议，但我们主要就介绍两点。第一，肖尔蒂诺认为迁移政策很少受到国外居民的影响，也就是说他们并不是有影响力的"客户"。他认为非法移民和寻求庇护者几乎不可能成为游说者，因为他们游离于正式的政治体制之外。第二，他反对用政治经济学的方法对移民政策（无论是马克思主义、客户政治理论还是其他）进行分析。肖尔蒂诺认为政治决策者和立法者并不会简单地审阅客户的
175　信息（如非法移民劳工的非政府组织要求进行赦免或归化，或者要求使家庭迁移自由化）。相反，他主张使用政治社会学的方法，具体来说就是一种"社会学"的决策，即我们应该研究决策者是如何对待说客的，以及他们是否关心说客到底说了什么（见 Guiraudon，2003；Boswell，2008）。然而，无论决策者是否会受到说客的影响，他们肯定都会受到阶级、种族或性别等因素的影响。这些因素会决定哪些移民政策是可接受的，哪些移民政策是不可接受的（Samers，2003a）。此外，与弗里曼和肖尔蒂诺的看法不同，蒂奇诺（Tichenor，2015）认为移民本身也塑造了移民政策，但这部分影响为政治学家所忽视。稍后我们也会继续讨论这个问题，现在我们先考虑雇主的多样性这个问题。

政治社会学与弗里曼的"客户政治分析"：所有雇主都是相似的"客户"吗？政府对于雇主雇用非法移民的反应

在弗里曼的理论中，"雇主"的类别过于简单。一些雇主声称，其他雇主雇用非法移民（社会倾销）是一件很不公平的事情，这威胁到

了他们自身的竞争力。那些雇用了非法移民的雇主会去游说政府采取扩张性迁移政策吗？也许吧，但是很少有关于这个问题的研究，原因在于政治家和政策制定者并不希望承认自己支持那些依靠非法移民的经济活动。而雇用非法移民的雇主是否会为政府所支持呢？弗里曼完全忽略了大多数发达国家政府在近二十年来越来越关心非法移民与非正式就业之间的关系这一事实，尤其是国家劳动力市场的发展逐渐变得不规则化（Wilpert，1998），因为公众将非法移民与安全风险挂钩，或者因为政府也感受到了反移民公民的压力。公众认为政府应该采取行动杜绝非正式就业和非法移民的产生。有效的搜查和驱逐是管控非正式就业和非法移民的有效手段，然而，与非正式就业和非法移民相关的政治也是相互矛盾的。审查雇主错误的人员的缺乏、征收罚款的困难、驱逐工人的障碍、严管时期移民工人的周期性短缺以及对国家竞争力的益处（这种益处主要来自支付给工人极低的工资以及很少或几乎没有的保险金），对解释规范非法移民和非正式就业之间的矛盾方面大有帮助。

4.7　迁移与移民管理的福柯式方法

在超过 15 年的时间里，许多批评学者都在利用"福柯（Foucault）的视角"（历史学家、哲学家米歇尔·福柯的著作中的观点）不断批判国家或地方移民政策的放宽与收紧所导致的结果（Gill，2010；Kuusisto-Arponen and Gilmartin，2015；Samers，2015a）。他们对于福柯如此信赖的原因或许在于自"911 事件"后世界范围内不断涌现的对寻求庇护者、难民和无证移民的"污名化"。在本节内容中，我们关注了福柯的不同观点，并对近十年中许多使用了他的观点的研究进行了简要总结，对其他扩展了福柯的概念的研究也进行了精练的概括。

自 2000 年之后，治理、新自由主义治理、生命权力、生命政治、规训权力的训练等福柯式概念就在对移民的政治地理学研究中流行了起来。治理是一个十分模糊的概念。福柯认为治理并不只是政府的行为，还包括一系列实践活动，诸如分析、计算、推导、反馈和策略（Foucault，2007）。他认为治理并非仅与国家相关，还与国家之外的其他因素有关，如航线、航空港、劳动中介机构、私人监狱、集中营、私人安保以 *177* 及多种多样的社会媒体。福柯对于他的所谓"新自由主义治理"尤为关注（Foucault，2004，2008），它阐述的是市场（如私人集中营的运行方式）是如何管制特定的"人口"的。然而这些"人口"，如"寻求庇护者"或"经济性移民"，实际上都是虚构的人口。生命权力指的是标注、衡量并最终创造这些人（被认为是健康、有价值、可以进入本国的人，或者说不是那些不健康、没价值并会对国家安全造成威胁的人）的权力的运作。这种生命权力通过复杂的技术和政策（福柯称之为"治理术"和"权力术"）得以施展。这些技术包括从护照的使用到驱逐出境的事项，其目的在于标记、分类、衡量和重组移民。治理和生命权力通过生命政治得以实施，其主要手段是收集迁移数据并通过媒体的话语表达出来（如 Geiger and Pecoud，2013）。与治理类似，生命权力和生命政治都是权力的规训类型。对于福柯来说，规训至少有两种含义：一种是对于特定类型知识的使用，如通过对经济和公共管理知识的运用管制"身体"（并非指所有人）；另一种是在强迫身体时的规训（通常采用惩罚性的手段）。与此不同，移民管理却是具体化的（Mountz，2004；Hyndman and Mountz，2008）。许多女性主义地缘政治学家经常利用福柯的对人的管制理论进行分析，他们关注国内外的实践实际上是如何影响目标人群的（如 Hiemstra，2012）。

福柯的概念，尤其是"生命政治"这一概念，在脆弱性问题和性交易问题（FitzGerald，2016），以色列非法移民工作者（Willen，2010），爱尔兰寻求庇护者（Conlon，2010），边境问题（Johnson et al.，2011；Walters，2006），庇护条款和英国的防御（Darling，2011），美国家庭防卫（Martin，2012b），澳大利亚和地中海地区的岛屿及移民控制（Mountz，2011），欧洲的经济衰退和移民（Bailey，2013），加拿大和荷兰的人口偷渡（van Liempt and Sersli，2013），丹麦和英国的 *178* 婚姻迁移和情感技术（D'Aoust，2013），土耳其和希腊边境的监督问题（Topak，2014），欧盟移民政策的达尔文主义倾向（Rajas，2015）等语境下稍有变化。然而，尽管福柯关注个体是如何被规训、衡量和分类的，但是他却忽略了迁移研究中的性别分类（FitzGerald，2016）。我们将会在第五章中深入分析这些因素是如何塑造非法交易过程的话语和实践的。

这些对移民政策的批判以及一些受福柯启发的批判性思想，诸如死亡政治或巫术政治，都属于有关生死存亡的政治观点（Mbembe，2003）。巫术政治（生命政治的一种类型）使寻求庇护者和无证移民仅仅依靠着国家或一些非政府组织给予的一些不情愿的施舍在难民营、集中营、广场定居点或者街道上苟且偷生，这与达林（Darling，2009）在分析英国的庇难所和"仁慈的镇压"中所展示的一样。类似地，沃恩·威廉斯（Vaughan-Williams，2015）既引用了福柯的观点，又进一步展示了非法移民的动物化，他称之为"动物政治"。我们将会在本章后续部分介绍这个内容。总的来说，以福柯理论为基础的研究和受福柯理论启发的研究的优势在于它们不仅仅关注特定移民群体是如何被治理的，而且也关注他们一开始是如何经历了一系列不受政府政策限制的过程后产生的。

4.8　迁移的安全化

那些对福柯式方法感兴趣的人自"911事件"之后就开始阐释并批评迁移的日益"安全化"及其带来的后果（如 Bigo，2002）。目前关于迁移与安全的关系的研究多种多样（Bourbeau，2013；Messina，2014）。许多研究根本不是福柯式的（如 Givens et al.，2009），或者尽管分析的是国外的行动者和话语，但却没有直接引用福柯的论著（如 Boswell，2007b，2009；Guild，2009；Hampshire，2009）。但这方面的大多数研究都认为弗里曼（Freeman，1995）忽视了国家安全问题，无论这一问题对于地方政府、国家政府、国际舆论或个体本身是否重要。与此类似，"嵌入式自由主义"对于那些潜逃的、在押的或者被驱逐回起始国的人来说就是一幅幻景。迁移的安全化到底指的是什么？可能问题的答案十分明显，但给安全或安全化下定义并非易事（Guild，2009）。依据所谓"哥本哈根学派"对于安全的批判性研究，博斯维尔（Boswell，2007b）将安全化定义为移民与恐怖主义在政治话语之中的联系，而非仅仅是严格的限制性移民政策或安全实践。[①] 按照博斯维尔的定义，"911事件"成功地促进了美国移民政策的安全化，但在欧洲收效甚微（见专栏4.1），富裕国家的移民安全化过程并不是从2001年开始的（参见 Bigo，1998；Huysmans，2000；Tirman，2004；Waever et al.，1993；Weiner，1995）。然而汉普夏尔（Hampshire，

179

---

① 关于安全和迁移的研究重点关注的是国家和市民的安全问题，而非移民的安全问题（Castles and Miller，2009）。我们在本节中也不甚关心移民的安全问题，但我们会在第五章中关注移民在迁入国所面临的风险。在此我们关注的是国家在不同的空间形式之下对于领土威胁的态度。卡斯尔斯和米勒（引自 Adamson，2006）也强调，国际迁移没必要被视为不安全的，因为国家依赖移民以获得经济上的安全，依赖翻译官以度过战争岁月，依赖移民以减缓人口衰减等。但这也是针对安全的扩展性概念和解释，在本章中我们尚不关注这一点。

2009）认为，安全化并非简单地将特定的政策问题与安全联系在一起，还包括对那些被认定的威胁采取非常措施（p.118）。与博斯维尔（2007b）不同，汉普夏尔（Hampshire，2009）认为英国政府主导的移民安全化过程在"911事件"之后逐渐发生（p.118），但他认为这一行为与英国的迁移政策相去甚远。事实上，国家并不想把移民诬陷为一种"安全问题"，因为这也会对国家的移民控制过程产生不利影响（p.119）。

专栏4.1　美国和欧盟的移民安全化　　*180*

　　美国似乎是使政治话语及政治行为安全化并使其成为移民政策制定中心的范例。这一行为带来了新法律、新机构和新项目，包括把移民与户籍服务部（现在的美国公民和移民服务部）和美国移民与海关执法局共同归入国土安全部（2002），美国爱国者法案和反恐怖主义及有效死刑法案的出台，加强边境安全法案的出台，签证入境改革法案的出台，公开访美生物识别系统（指纹识别、身体和视网膜扫描、国家智能数据库信息监视等）的实施，这些都能或多或少地将部分移民通过司法审查和资格审核驱逐出境（Hagan et al.，2008：65）。以上这些都是用来创建所谓"智能边界"的。它们将先进的军事技术与边界和交通枢纽的监督作用相结合，在基于对原籍或其他标准的国家检测、种族或民族分析中对"正确的"人进行快速跟踪。与此同时，所有这些，至少到21世纪中叶，都会伴随着对驱逐人员数量的记录，尽管这通常并不是关于恐怖主义的指控，而是与移民的犯罪化有关（如Amoore，2006；Coleman，2005；Cornelius，2004；Nevins，2008；Sparke，2006；Tirman，2004）。

181　　　与美国一样，那些与美国类似的用于执行安全功能的欧洲的机构、政策、项目以及实践活动也增多了。然而，这种看似十分明显的安全化迁移，也在"批判性的安全研究文献"中被重述，这一点受到了博斯维尔（Boswell，2007b）的质疑。因此，2001 年 9 月 11 日之后的欧盟，博斯维尔认为，需要将安全化迁移（她的意思是将政治话语中的迁移和恐怖主义联系起来，而不仅仅是实施高度限制政策）和安全化实践分离开来。这是一种十分重要的批判，但她自己也承认特定时刻的安全化问题的整合过程在政治话语中的实践存在国家间差异，而迁移与安全实践逐渐成了一种问题。与正文中所谈到的类似，汉普夏尔（Hampshire，2009）引注了许多支持该观点的政策和实践过程，用于阐明英国的移民安全化过程。他认为，英国，尤其在"911 事件"之后，主要关注的是政治话语与实践。虽然"小报媒体"，如对移民持怀疑态度的非政府组织"移民观察"，经常将移民视为安全威胁，但汉普夏尔认为这是政府引导的安全化过程，它增强了政府对寻求庇护或寻求公民身份的外国人的控制力（2009：119）。"911 事件"之后，这些政策和实践活动都在 2001 年的反恐怖主义、犯罪和安全法案中被记录了下来。该法案的第四部分被下议院推翻了，原因是它歧视外国人，且违反了欧洲人权法院的立法。无论是否是外国人所为，许多恐怖主义行为都被英国人看作外国人的作为，但移民安全化

182　问题却被一再搁置。2005 年 7 月 7 日的伦敦爆炸案和 2006 年的移民、庇护和国籍法案促使移民安全化问题重登台面。我们之所以常常说到"讽刺地"一词，是因为那些承受爆炸案伤害的人绝大多数仍然是英国民众。最终，第四部分的废除，IAN 行动以及移民、庇护和国籍法案的通过表示一种"嵌入式自由主义"，或称之为"自

> 限主权"的确立（本章已经讨论过这个问题），以及英国移民话语
> 和实践活动的安全化（见 Bourbeau，2013）。

　　已有研究工作的第二部分被松散地置于与安全化相关的文献的框架
下，主要关注的是家在政治话语中的符号学意义及其重要性。斯帕克
（Sparke，2006）认为，即使是"祖国"这样的词汇，在美国内外也有
完全不同的含义。类似地，沃尔特斯（Walters，2004）认为，"政治介
入"（domopolitics）这一词汇中的拉丁语词根"domo"（"驯服""打
破"）也与拉丁语"domus"（家）密切相关。家至关重要，家是家人们
一起居住的地方，是避难所，是圣地。政府对于迁移和移民的控制多数
也与对家的保护有关（见 Darling，2011），这正如沃尔特斯（Walters，
2004）所说的：

> 　　我们可以邀请客人到家里去，但他们只是应我们之邀，他们不
> 会停留，而那些不请自来的非法移民与虚假难民就应该回到他们的
> 家去。（p.241）

　　已有研究工作的第三部分主要研究"911事件"之后迁移与安全
的关系，关注的是许多富裕国家或一般富裕国家从20世纪90年代
至21世纪中期逐渐上升的驱逐移民的趋势（见 Coutin，2015；An-
derson et al.，2011；de Genova and Peutz，2010；Gibney，2008；
Hagan et al.，2008；Hedman，2008；Hiemstra，2012；Hyndman
and Mountz，2008；Mountz，2010；Schuster，2005；Schuster and
Majidi，2015）。事实上，被驱逐移民的数量在21世纪增长迅速，吉布

尼（Gibney，2008）甚至称之为"驱逐转折点"，而德吉诺瓦和皮奥茨
183 （de Genova and Peutz，2010）称之为"驱逐管理体制"。虽然驱逐与
移民犯罪、安全化有关，但它同时也是一种控制寻求庇护者和无证移民
流动性的手段，公民的特权与非法移民的坏形象得到了强化（Peutz，
2006）。认识到以下观点很重要，即驱逐是政府的一种手段，多数无证
移民不是因为成本而被驱逐的，而是因为后续组织上的困难，以及许多
前移民群体和公民权利保护协会对移民行为的反对（Chauvin，2014；
Hampshire，2013）。但是为什么被驱逐移民的数量增加得如此迅速，
且范围也在迅速扩展呢？吉布尼和汉森（Gibney and Hansen，2003）
认为，驱逐是无效的，但却十分必要。"十分必要"是因为它给公民和
寻求庇护者都发送了一个信号：第一，它可以安抚对政府控制寻求庇护
者数量的失败行为直言不讳的那些人——政府必须被认为"做了一些事
情"（正如我早先提出的合法化问题）。第二，驱逐出境对潜在的寻求庇
护者起抑制作用。第三，国家可以对那些寻求庇护失败的人施加压力，
在去除威胁的情况下使他们自行离开。是否真正有这些效果就完全是另
外一回事了。驱逐移民是困难而昂贵的，移民可能没有合法的文件，他
们的迁出国也是未知的（有可能他们是故意毁坏了自己的文档），或者
他们积极抵抗驱逐出境的行为。在美国，有一种驱逐行为被称作"非同
寻常的引渡"，因为移民可能会被从他们的家中或工作的地方直接带走，
仅拥有身上带的东西，然后被安置到私人（军事）机场中，在以"虚拟
公司"名义注册的不定期的航班上被遣返。这种行为常常背着媒体和公
众进行（Peutz，2006）。

在美国，每年被驱逐的移民数量从 1990 年至 1995 年每年增加约
4 万人，至 2013 年已达 43.8 万人（Hagan et al.，2008；Department

of Homeland Security, 2013）。[①] 在英国，驱逐（官方用语为"强制移动"）人数在 2004 年至 2014 年已呈稳步下降趋势（Blinder，2015）。但当英国的被驱逐人数在 2003 年达到顶峰之时，每年要从 6.1 万申请者中驱逐超过 1.7 万寻求庇护者，首相托尼·布莱尔（Tony Blair）所领导的工党政府将其视为成就，而不是危机。其他发达国家的反应也是类似的。联合两国或多国进行驱逐已经成为国际化控制的一部分（Schuster，2005）。

　　我们很容易看到那些因为"明显的犯罪"和对西方自由主义共和国安全存在隐患的那些人被驱逐。事实上，正如海德曼和芒茨（Hyndman and Mountz，2008）所指出的，公众对移民的谈论把所有的移民都放到了一个包括"恐怖主义""难民"以及"经济移民"的令人恐惧的群体中，这导致移民的个性被剥夺了。对于被驱逐人员个性的关注是通过皮奥茨（Peutz，2006）令人回味的、令人大开眼界的和开创性的实地考察实现的。这个实地考察是针对从加拿大和美国被驱逐回索马里的索马里人展开的。皮奥茨号召用"去除人类学"的观点去理解被驱逐者称为"工业"的生活（Peutz，2006）。她的"去除人类学"观点探索了那些被驱逐者在被驱逐国家和被遣返的国家中的生活。许多在美国和加拿大的索马里人会因为非常轻微的罪行而被裁定有罪并被遣返，而当地公民可能都不会因为那些罪坐牢。移民局几乎是将他们绑架回国的。我前面已经提到索马里人是如何被美国移民局绑架并被立即送上飞机遣回索马里的。但当他们回到迁出国之后，特别是在回到如索马里这样"失败的国家"之后，会发生什么呢？那些接受采访的回到索马里（索马里北部）的索马里人说，他们在迁出国在很大程度上是不受欢迎的，因为

① 　根据美国国土安全部的介绍："驱逐指的是针对可驱逐出境的及不为本国承认的外国人所进行的强制执行的驱赶出本国国境的行为。被驱逐出境的外国人如果尝试重新进入本国会被处以行政或刑事处罚。"

他们背负着被遣回的耻辱且没有"成功"的证据，他们忘记了当地的语言和文化，成为那片陌生土地上的陌生人。的确，其中一名受访者说，他们需要寻找不同于在美国的被遣返的人的支持网络。"没有了更多的美国心态，没有了更多的西方心态，现在是在索马里这里，每个人都有自己的氏族。"（转引自 Peutz，2006，223）皮奥茨说："许多被驱逐出境者以这样的方式被'返回'到某一个地方，这对于他们来说可能不是归国，只是另一种回归方式。"（p.225）事实上，舒斯特和马吉迪（Schuster and Majidi，2015）发现，被英国驱逐的阿富汗移民在回到阿富汗之后仍会尝试返回英国，主要是由于贫穷、负债、家庭职责以及第一次没有成功定居的耻辱。即使对于那些未被遣返的人来说，"驱逐"的潜在威胁也是一种强大的压力（de Genova，2002）。

185 4.9 领土、迁移与移民政策：超越"跨国主义方法论"

在回顾了马克思主义解释、自由主义对迁移控制的政治学或政治经济学解释，以及"福柯式"方法和"安全化"方法之后，我们还需要关注移民控制的政治地理学解释。因此，我们关注领土化或移民控制的"尺度"。在本书的引言中，我们曾经把"尺度"看作"领土"的同义词，把多重（多尺度）领土相互作用的方式上的变化看作"领土化"的近义词。这种"领域"（与澳大利亚管辖的海域以及加拿大和利比亚管辖的海域相比）常常是不稳定的，甚至那些我们理所当然地认为的区域，如"东亚""欧洲""欧洲邻国""地中海区域""北美"等，也都是由移民管理战略所建构出来的（Casas-Cortes et al.，2013；Mountz and

Loyd，2014）。这些战略很多都涉及未经界定的地图和未被承认的非法迁移地图（Walters，2010），这反而导致许多区域或边境对于我们来说变得先在、自然而合法。此外，无论是否稳定，领土和物理边界都十分重要，它们对于移民常常产生灾难性的后果。

　　吉拉东和拉哈夫（Guiraudon and Lahav，2000）认为，移民政策正在经历一个"升尺度""降尺度""扩尺度"的过程。虽然他们是在欧盟的迁移政策语境之下创造的这些术语，但我们可以利用这些观点去研究世界上的迁移过程。我们将本节接下来的内容分为两部分："升尺度"和"降尺度"。"升尺度"与过去三十年中着墨较多的政治国际化和全球化的观点相一致。更具体来说，"升尺度"包括迁移政策从民族国家到超国家机构的转移，如欧洲联盟委员会或欧洲联盟理事会。这常常被称为迁移控制的"超国家主义"或"全球治理"（一般针对发生于欧盟之外的国家）。"降尺度"导致决策制定权等权力转移到地方政府（如美 *186* 国的州和地方政府、加拿大的省级地方政府、德国和马来西亚的区域政府）、非政府组织、慈善机构以及其他机构手中。而"扩尺度"（或利用更常见的词汇，"私营"或"外包"）就是将控制力转向私营部门、非政府组织或其他类似机构。"扩尺度"并不是一种简单的地理隐喻，还包含着地理应用。无论如何，读者们现在应该清楚，自福柯式方法以来的这些非国家、类国家或私有部门对于迁移政策的影响有多大。让我们在接下来的部分分析这三种过程。

4.9.1　升尺度

　　升尺度过程有多种形式，但最为常见的被称为"全球治理"，或是欧盟语境下的"超国家主义"。接下来我们将归纳五种升尺度类型：第一，对移民的全球治理。第二，对寻求庇护者和难民的全球治理。第三，根据 1 和 2，对寻求庇护者、难民和移民控制的"边境外化"。第四，欧盟的超国家主义迁移政策。第五，国际贸易组织和机构，如北美自由贸易协定和服务贸易总协定，对国家移民政治和政策的影响。

1. 是否存在对移民的全球治理？

学生经常问我们是否存在某些可以管理全球移民的迁移法律，答案是否定的。如果是那样的话，那就意味着存在一种正式的全球治理多边框架，但这也并非意味着全球治理就完全缺席。事实上，对迁移的全球治理在近三十年的各国政府的日程上一直都是最为重要的内容（Pecoud，2015），而在这之后，一种"简单的多边主义"（Betts，2012）也被建立了起来，而一些类型的移民（如难民流动或人口贩卖）比其他类型的移民（如劳动力迁移或家庭团聚）更多地使用多边主义的治理方式。然而即使劳动力迁移这种被认为是国家内部最为简单的迁移类型中也存在国际对话，尤其是那些与国际劳工组织和联合国相关的迁移。主要的法律文书包括国际劳工组织关于移民劳工权益的协定（ILO 97，1949；ILO 143，1975），也包括联合国关于移民劳工及其家庭亲属权益的协定（1990，但 2003 年才开始生效），还包括一项关于人口贩卖的协定（《巴勒莫公约》，2000 年签署，2003 年开始实施）以及一项偷渡协定（2004 年签署的《打击海陆空偷运移民的补充议定书》）（Balch，2015；Pellerin，2008）。关于人口贩卖的协定，并没有得到联合国毒品和犯罪问题办公室的重视，所以并没有被强制执行。事实上，这项全球性的，或更确切地说是国际性的人权法案有很多缺陷。第一，虽然人们一致认为应该遵守其中的条款，但这些法律没有被强制执行。第二，在

187

贩卖人口的案例中，对犯罪者的控诉并不一定意味着对受害者的保护，甚至还会导致受害者被驱逐（Balch，2015）。第三，国际劳工组织及其相关协定只保护那些有持续稳定工作的工人，并不保护持续增长的临时移民工作者及其家人。因此，这种协定对于管理移民收效甚微（Pellerin，2008：32）。

2. 对寻求庇护者和难民的全球治理是一种保护吗？

对寻求庇护者和难民的全球治理（"国际难民系统"或"国际难民体制"）常常被认为是一种"正式的多边主义"形式，而且是移民全球治理中唯一一种正式的多边主义形式（Betts，2012；Goodwin-Gill，2014；Hampshire，2013；Loescher，2014）。国际难民系统于 1950 年由联合国难民署发起，是第二次世界大战后为难民提供避难所的一个临时组织。因此，它的出现一开始主要是美国政府对特殊情况做出的回应，而且美国政府和其他西方国家政府都希望能够限制联合国难民署的权力，并对 1951 年之前的欧洲难民（如 Loescher and Scanlan，1986）进行保护。在国际难民系统中，正如我们在本书引言中所指出的，《日内瓦公约》（1951 年）和《纽约议定书》（1967 年）最为重要，而其他区域协定则治理着更为贫穷的国家（我们会在本章后续部分讨论这个问题）。到了 21 世纪，国际难民系统开始为联合国难民署所重视。截至 2015 年，它已经在 125 个国家拥有工作室，工作人员达 9300 人，预算超 70 亿美元（UNHCR，2016b）。

《日内瓦公约》的主要内容是"不遣返原则"，指的是难民拥有不被遣返回遭受迫害的起始国的权利。这一条在很多国际难民法中都有所提及，但关于难民的国际法十分复杂，包含无数国际组织（不只是国

188

际难民署）的协约、标准和实践以及国家法律。就这样,《日内瓦公约》的内容逐渐服从于各类解释（见 Goodwin-Gill, 2014）。无论如何, 西方政府一直都在质疑这次会议的权威性。在 20 世纪早期, 难民群体开始在世界范围内出现, 不仅非洲和中东的难民数量逐渐上升, 欧洲的寻求庇护者的数量也在上升, 尤其是前南斯拉夫的波斯尼亚人。自 20 世纪 90 年代早期开始, 富裕国家就不愿意为这一系统提供资金和资源, 并提高了庇护规则和条例的要求, 且对联合国难民署要求接收难民的请求十分谨慎。事实上, 虽然欧洲接收了约 300 万难民（占世界难民总量的 20%）, 但是许多欧洲国家并不接收任何难民, 所以全球近 80% 的难民（1200 万）基本上都在比较贫穷的国家（尤其是非洲、亚洲和中东国家）（UNHCR, 2016a）。

国际难民系统的软弱, 尤其是《日内瓦公约》中存在的弱点, 毫不奇怪地遭到了批评。如果《纽约议定书》一开始就能消除《日内瓦公约》对寻求庇护者的种族歧视和排他性, 它就有可能会使欧洲难民拥有公民身份和政治权利, 而不用给予贫穷国家经济和社会援助（Hyndman, *189* 2000）。此外, 21 世纪初, 各国对《日内瓦公约》进行了严格的解读, 如欧洲和北美曾经的社会保护都十分有限（Hyndman and Mountz, 2008）。虽然那些签署协议的国家实施了人道主义援助, 但并没有满足需要被服务的人们的需求, 甚至产生了相反的作用, 还经常引起外交政策的转变（Greenhill, 2010）。最后, 除了作为国际法来实施的《日内瓦公约》之外, 其他条约都很难实施, 因为它们对寻求庇护者和难民的关注不够, 且没有强制力（Hyndman and Mountz, 2008）。

3. 边境外化

佐尔伯格（Zolberg, 2002）使用了"远程控制"一词来指代发达国家对移民在申请庇护之前到达较富裕国家的边境或海岸的阻止过程。虽然"远程控制"不一定有作用，因为实际控制需要包含一系列关于国际边境的控制行为，如边境护卫行为，以及庇护控制到中转国之间的外化过程（详见第三章的解释）。这些过程以不同方式被描述出来，如外向性维度（欧盟）以及"外化"（Boswell，2003；Collyer，2007；Lavenex，2006a；Mezzadra and Nielsen，2013），尺度转换与发展援助（Samers，2004a），"禁止""切除"和"新遣返"（Hyndman and Mountz，2008），"强制执行控制的群岛"或是"跨国主义"（Mountz，2010），"边境外化"（Bialesiewicz，2011，2012；Casas-Cortes，Cobarrubias and Pickles，2013；Hiemstra，2012；Lavenex and Schimmelfennig，2009；Menjivar，2014；Mountz，2010；van Houtum，2010），"离岸"和"外包"（Bialesiewicz，2012），"领土外的投射"（Vaughan-Williams，2015）。虽然这些概念都是在欧盟的语境下形成的，但在对美国政府和拉美国家移民、澳大利亚政府和东南亚移民，以及其他迁入国和迁出国之间的研究中也可以被使用。例如，加拿大政府通过了 1987 法案（Bill C-84），禁止雇用没有有效签证的移民（Dawson，2014：6）。这反过来使得政府需要阻止那些他们怀疑没有权利滞留加拿大的船只进入加拿大海域之外 12 海里范围内的区域。此外，到了 20 世纪 90 年代，政府开始以"封闭"的名义增加海外移民的允许数量，其目的在于减少无证移民的数量。

　　尤其为了寻求庇护者，海德曼和芒茨（Hyndman and Mountz，2008）开始关注"新遣返"。它指的是一种基于地理位置的战略。这种战略阻止避难所采用新的强迫返回形式，且这种形式不同于不遣返原则。不遣返原则是一个严格的法律术语，指的是阻止签署国强行遣返违反 1951 年联合国《关于难民地位的公约》第三十三条规定的难民

（p.250）。"新遣返"包括让寻求庇护者和其他移民在到达可以申请庇护的主权国之前返回过境国（p.250）。正如海德曼和芒茨所认识到的，这种方法并不是新的，但鉴于新遣返这种做法已经如此普遍，因此应得到更多的关注。 这种新遣返政策在许多国家都有体现，但在澳大利亚的"太平洋方案"（见专栏 4.2）中最为明显，在欧盟的庇护和难民制度中也是可见的（见专栏 4.4），在叙利亚难民的管理中也得以窥见（见专栏 4.5）。

专栏 4.2　帕坦事件与澳大利亚政府的"太平洋方案"（引自 Hyndman and Mountz, 2008[①]）

海德曼和芒茨（Hyndman and Mountz, 2008）讲述了一段可怕的历史。一艘来自印度尼西亚的船（"帕拉帕号"）载着 433 名寻求庇护者（主要来自阿富汗），于 2001 年 8 月底在印度尼西亚和澳大利亚之间的海域开始下沉。这艘船开往澳大利亚圣诞岛，因为移民可以在那里申请庇护。患难之中，这些寻求庇护者被一艘挪威船艇（"坦帕号"）所救。应这些寻求庇护者的请求，挪威船长将他们带往圣诞岛，但澳大利亚政府拒绝这艘船靠近圣诞岛周围海域，还警告船长如果将船靠近岛屿，就指控他"走私人口"。这些寻求庇护者（包括 47 个孩子）暴露于"坦帕号"甲板之上，其健康状况不断恶化，腹泻、脱水、肢体损伤、皮肤病、体温过低等情况使船长陷入了两难境地。对澳大利亚当局医疗援助的请求起初被忽略了。政府宣称如果"坦帕号"待在岛屿 12 海里以外的区域就会给予医疗保障。三天之后，船长试图进入领海并靠近码头，

191

---

① 我们讨论的重点来自后面海德曼和芒茨的分析，也与国际特赦组织（Amnesty International）的分析有关。

但还是被拒绝了。在这种对移民问题的僵持局面下，保守党首相约翰·霍华德（John Howard）为了争取连任，派出澳大利亚海军控制了这艘船，并在9月3日将这些寻求庇护者转移到了瑙鲁岛。海德曼和芒茨（Hyndman and Mountz，2008）写道：

> 这一刻代表着采用"太平洋方案"后澳大利亚拘留制度残忍的新境界。澳大利亚拒绝接纳通过海洋到达这里的陆地移民，而是将他们全部拘留并分别送往澳大利亚北部较小的、贫穷的岛屿，如曼奴斯、巴布亚新几内亚和瑙鲁。
>
> （p.259）

"太平洋方案"中蕴含着"切除的力量"。澳大利亚议会宣布，从移民法律来讲，那些澳大利亚的偏远岛屿并不是国家领土的一部分，包括圣诞岛，这使得移民失去了申请庇护的能力。所以政府开始了双层战略封锁，即在海上拦截移民，以使他们无法到达澳大利亚大陆。这可能也包括托运船开往印度尼西亚（澳大利亚与印度尼西亚和其他国家签署了阻止偷渡的条约），但印度尼西亚并没有签署《日内瓦公约》，所以移民不太可能找到更加安全的避风港。"太平洋方案"的第二层战略是指将寻求庇护者和其他移民安置在某一个岛屿的拘留中心，这意味着他们无法得到律师和法律程序的帮助。如果这些寻求庇护者生病了，他们可能会被送回内地，但是他们仍将无法申请庇护。令人震惊的是，国际移民组织管理着瑙鲁贫困岛屿的拘留中心，在这里的寻求庇护者连杯饮用水都很难获取，疾病从厕所传播到食物，他们无法和家人联系。正如一位寻求庇护者所说的："拘留营是一个小监狱，岛屿

192

是一个大监狱。所有的岛屿，都是同样的监狱，我想要获得自由。"（Gordon，2005，转引自 Hyndman and Mountz，2008：261）澳大利亚政府被指控违反了《国际法》和《儿童权利公约》的多项条例。此外，美国人权高级委员会在公共论坛中提出反对澳大利亚的行为和政策。最终，这些寻求庇护者的安置问题部分由联合国难民署解决。131 名"坦帕号"寻求庇护者在新西兰得以避难，而剩下的人分散在不同国家，包括加拿大。

虽然我们可以从专栏 4.2 的事件中总结出很多观点，但讨论的重点是强调两个过程：第一，正常法律程序的悬置；第二，庇护控制问题中的"重领土化"过程及其与国家迁移法律之间的关系。

4. 欧盟是否存在超国家主义的移民政策？

我们开始讨论国家之上的治理问题，也就是讨论欧盟的治理问题，因为在世界上唯一拥有超国家庇护和迁移管理体制的就是欧盟。1997 年的《阿姆斯特丹条约》中就出现了这样的管理体制，而 2009 年的《里斯本条约》（以及 2009—2014 年的"斯德哥尔摩计划"）中对于跨国体制和跨国主义的探讨逐渐成熟，每个国家对于其他成员国的决定没有否决权。效仿《里斯本条约》，欧盟于 2011 年建立了共同庇护和移民政策（CAMP），在这一政策中，欧盟创造了一种各成员国必须服从的管理体制，然而在"能力"（欧盟组织有权规定的迁移政策的特定要素）方面，这一政策受到了限制（Hampshire，2013；Maas，2016）。共同庇护和移民政策主要包括以下基本特征：

第一，各国政府仍然决定着来自欧盟以外的劳动力和移民的类型和数量，包括家庭成员（见专栏 4.3）、寻求庇护者和难民。但是，对于所有迁移战略而言，尤其是与寻求庇护者和难民相关的战略，欧盟国家都诉诸于共同庇护和移民政策。关于寻求庇护者和难民的讨论参见专栏4.4。

第二，基于1985年的《申根协定》，除了英国和爱尔兰外，欧洲国家的土地边界控制于2007年被解除了，各国政府开发了"共同旅游区"。保加利亚、塞浦路斯和罗马尼亚虽没有纳入欧洲内部的申根国家空间，但在2016年它们也成为该协定的参与者。尽管陆地边界是开放的，但机场还是会将来自申根国家的旅客与来自非申根国家的旅客分开。此外，国内边境控制的宽松化使布鲁塞尔和巴黎等在2015年和2016年受到了持续难民流和恐怖主义的威胁。

第三，欧洲从2009年开始实施对雇用"第三国国民"（欧盟以外的移民）的雇主采取制裁措施的政策，但并非所有国家都采取这类措施。

第四，全欧洲范围的"一体化政策"开始实施。欧盟委员会提出了一个全欧盟政策，即在工作权和居住权方面创建欧洲通用许可证。

第五，为高技术移民建立快速通道，使他们只要提供工作合同、专业资格证和一定水平的工资就可以获得欧洲"蓝卡"（一种专门的定居和工作许可证），并给予他们特权。因此，要想进入欧盟国家，只需那个国家的政府提供工作合同即可。这一制度加速了劳动力迁移进程，并为欧盟家庭团聚和人口流动提供了有利条件。这同时也促进了欧盟国家招聘那些已经出现严重人才外流的发展中国家的人才。人才更新周期为1~4年。

第六，提高了欧盟与世界其他区域（尤其是亚洲和北美）相比的竞争力。然而"蓝卡"从很多层面上来看是个失败，因为很多国家希望能根据自身的劳动力市场特点来制定政策，而不想过分受欧洲政策的影响（如Cerna，2010）。

专栏 4.3 欧洲国家的家庭迁移政策：从国家差异到欧盟指导下的家庭团聚权利

在 2004 年欧盟扩大、2009 年《里斯本条约》签订以及共同庇护和移民政策出台之前，考夫曼（Kofman, 2004）对欧盟各国的迁移政策做出了独特而细致的总结。一方面，她认为已有研究中缺少关于欧盟国家迁移政策的研究，自 20 世纪 80 年代至 2004 年，家庭移民就一直是来自欧盟以外的合法移民中最为重要的部分（到 2011 年下降至 1/3）（OECD/SOPEMI, 2013）。另一方面，她认为这种关注的缺失并不稀奇，关于劳动力的分析造成了男性与经济生活和公共领域相关而女性与社会生活和私人领域相关的偏见（Kofman, 2004: 256）。无论这种观点在国家政策和实践中是否还盛行，根据欧盟理事会关于家庭迁移权利的指令，都应该受到关注（2003）。在这次简要的讨论中，我们并不关心这种有性别差异的国家政策是否持续，也不关心对家庭的严格定义如何变化，只是希望能够关注上面提及的"指令"，它在某种程度上可能成为国家政策的理论指导。"指令"中为欧盟 25 个国家的家庭团聚创建了规则，并大体上规定了家庭团聚需要满足的条件和这些家庭拥有的权利。"指令"中指出，非欧盟但现在合法定居于欧盟的居民均可以将他们的配偶、子女（18 岁以下）以及配偶的子女带至居住国家（针对欧盟公民携带非欧盟国民进入的情况也有规定）。欧盟成员国政府也可以使用自己的自由裁量权决定是否允许移民与"未婚伴侣""独立成年子女"以及"老年亲属"团聚（EU Commission, 2016）。如果家庭成员被带至欧盟，他们有资格获得与其他非欧盟移民相同的居住许可和受教育、工作及职业培训许可。定居 5 年之后，如果家庭成员与带他们来欧盟的人还存有"家庭关系"，就可以拥有独立的地位。但也存在其他额外的规定，诸如"遵守公共秩序""公共安全"等。每个国家都可以为非欧盟移民提供充足的住宿空间、有效的资源利用、健康保险，以及两年的限制期。21岁以下的配偶团聚也可能会被国家拒绝。只有一名配偶的人可以申请团聚（多配偶制并不被承认）。"一体化措施"，如语言要求，以及对于欺诈婚姻的惩罚措施都得以实施。

除了这项"指令"之外，也存在许多自由裁量权，而"指令"只能决定何种移民有权利进行家庭团聚，但这并不意味着他们一定能完成团聚。事实上，截至2008年，欧盟理事会已对19项侵犯行为加以注解，但这不包括那些"不符合程序的"［理事会于2011年通过绿皮书对符合程序的行为做出了规定（Caviedes，2016），并在2014年进行了类似的解释］（European Commission，2016）。然而，欧盟法院否决了国家对旨在保护家庭基本权利和子女生活的欧洲人权法案的支持（European Commission，2016）。最终，一些国家不得不改变自己的政策，以适应"指令"的变化，而个体和家庭的决策变化也会随之发生。考夫曼针对国家政策的具体文章也与此相关。

专栏4.4　欧盟对寻求庇护者的控制：《都柏林公约》与"外化"

自20世纪80年代以来，伴随着1990年《都柏林公约》的推行，对于寻求庇护者的国家限制日益增强。该公约主要用于限制欧洲层面的寻求庇护者或者分担这一负担（Thielemann，2004）。《都柏林公约》主要包括两个方面："限制"和"遣返"。限制是试图将经济移民与真正的政治难民进行区分，对那些潜在的寻求庇护者来源国实行签证限制（一种边境外化的方式）。发展援助与技术援

197

助，尤其是关于边界和监管方面的，一直都在增加。边境守卫也一直向更遥远的区域行进，如21世纪早期偷渡和非法交易盛行的乌兹别克斯坦的菲哈纳峡谷（Samers，2004a）。这种趋势随着"载体制裁"（对运载非法移民的轮渡公司、航空公司或其他交通运营商征收罚款）的施行得到强化（Samers，2003a）。然而，承担移民控制任务的个体组织会逐渐被国家部门取代（如 Collyer，2007）。

"遣返"，本身就有两个维度。第一，寻求庇护者的申请必须在申请庇护的第一个国家完成，主要目的是减少"庇护购物"。第二，寻求庇护者通常需要被驱回到第一个"安全国家"或"安全过境国"（一般一点儿都不安全）。换句话说，如果乌克兰被欧盟认为是安全国家，那么来自乌克兰的寻求庇护者便不能再在欧盟寻求庇护。同理，如果一个来自乌兹别克斯坦的移民穿过乌克兰而后到达了欧盟，那这个移民可能被遣返至乌克兰。20世纪90年代欧盟这样的做法逐渐加强（Samers，2003a，2004），现在已经被扩展至把叙利亚人遣返至土耳其的政策之中了。

除了《都柏林公约》，欧盟在2000年建立了欧盟难民基金，自2008年至2013年共筹集了6.3亿欧元，用于支付安置难民的费用，而寻求庇护者的相关问题也在21世纪头几年就被写进了欧盟政府议事日程。《都柏林二号公约》于2003年2月生效，取代了之前的《都柏林公约》。《都柏林二号公约》旨在明确欧洲哪一个国家应该负责决定是否同意庇护申请。如果寻求庇护者在另一个成员国属于非法居留，那么责任国将不得不接受他的遣返（仅在特殊且有效的时间内）。为此，《都柏林二号公约》增加了欧洲自动指纹识别系统，仅在9月11日之后的两个星期，签证信息系统，包括虹膜扫描、指纹识别和人脸识别等，就开始使用了，用以防止"购

198

买签证"。至少两项措施和制度会被加入申根第二代信息系统之中，这个系统中包括已经消除了内部边界控制的欧盟国家（Boswell, 2007b；Samers, 2004a；Walters, 2008）以及 2004 年建立的欧盟边防局欧洲成员国外部边界业务合作管理机构。在《里斯本条约》与共同庇护和移民政策之后，这些措施和制度以三种政策手段加以推广：一是 2013 年 6 月《都柏林三号公约》的出台（在包括冰岛、列支敦士登、挪威和瑞士的 32 个国家中得以实施）。二是 2013 年 12 月 EUROSOR 计划的实施。计划筹集了 2.5 亿欧元的款项，目的是提升欧盟边境的管理完善程度，并支持成员国在打击边境犯罪、阻止非法移民和防止移民流失海外等行动中精诚合作（FRONTEX, 2015a）。三是 2014 年庇护、迁移和一体化基金（AMIF）代替欧洲难民基金。在欧盟华丽的制度体系之上，意大利军队在 2013 年 10 月新增了"我们的海计划"，其目的在于控制地中海偷渡行为。"我们的海计划"在 2014 年 10 月为欧盟边防局的"海神行动"所替代。这项行动每月的预算约为 290 万欧元。该机构仅控制操作少量的飞机、直升飞机和巡逻船，用于完成这项行动（FRONTEX, 2015b）。最终，这些政策相互矛盾，一方面人道主义需要人们救助海上的生灵，阻止陆地上的苦难，但另一方面又希望阻止非法移民。阻止非法移民可能会增加寻求庇护者的数量，这反过来可能会导致地中海上生灵涂炭。这些政策所针对的目的各不相同，因此造成了欧洲国家边界管理上的显著矛盾。

199

这一系统又是如何面对叙利亚难民危机的呢？专栏 4.5 具体地分析了这次危机的发展过程。

专栏 4.5　欧盟对叙利亚难民危机的管理

　　"叙利亚难民危机"这一说法对于我们而言已经屡见不鲜。无论欧洲各国政治家以及主流媒体如何评论，这一危机都不只是欧洲和欧洲人的危机，它还是叙利亚难民的危机，是叙利亚本国和周边国家的危机。[①] 尤其当 2011 年叙利亚国内爆发武装冲突之后，国民就一直饱受疾病、饥饿、贫穷和死亡的威胁，即使那些接受了良好教育并拥有技术的"幸运儿"的生活也受到了严重影响。即使是像德国或瑞典这样的国家也在安置移民方面面临着诸多挑战，而许多缺少资源的国家（如埃及、伊拉克、约旦、黎巴嫩和土耳其）中也定居着约 400 万～500 万叙利亚难民。然而在这些国家，难民的生活也只得到了稍微的改善。事实上，2014 年，土耳其的难民总数达 180 万，同年德国申请庇护的人数为 20 万人（Dahi，2014；*The Guardian*，2015a），而 2015 年 9 月在德国注册的难民总数为 57.7 万人（Der Spiegel online，2015a）。对于叙利亚难民流动的管理起至关重要作用的是欧盟的官员和当局，土耳其、希腊、匈牙利和德国的政府（以及其他欧洲国家，如克罗地亚、马其顿和瑞典的政府），各级地方政府与市民（尤其是像德国这样在乡镇上安置了大量难民的国家的地方政府和市民），联合国难民署，其他非政府组织以及私有部门。让我们从欧盟开始说起。我们已经讨论了"外化"在其中所起的作用了，它阻止了难民以及其他欧盟边界之外希望寻求庇护的移民的进入。这意味着资产稀少的叙利亚难民以及其他难民似乎只有三种选择：一是成为难民，居住在难民营中，约旦和黎巴嫩的许多人皆是如此；二是定居于

200

---

① 正如芒茨和海姆斯特拉所指出的，"危机"一词是"国家最为重要的话语"。

土耳其的难民营或是半固定的非法难民营（如安卡拉、加齐安泰普、伊斯坦布尔或伊兹密尔的"小叙利亚"）之中；三是通过联合国难民署离开土耳其至其他欧洲国家或是可以直接去欧盟国家重新定居。我们从希腊开始研究欧盟的问题。移民从土耳其迁往希腊，导致希腊某些地区成为热点地区，如莱斯博斯岛（见专栏2.3）。在这里，希腊政府会对移民进行面试和提问，根据标准的欧盟识别程序检查他们的身份以及指纹。与此相反，非政府组织则为莱斯博斯岛和其他希腊岛屿上的移民和难民提供相关援助，但可能资源稀少。根据《都柏林公约》（在专栏4.4中已经讨论了），如果移民在希腊寻求庇护，他们就可以留在希腊（或是乘船前往意大利）。然而，能在希腊获得庇护资格的可能性很小。根据2014年的数据（*The Economist*，2015c），希腊同意庇护的接纳率在欧盟中排倒数第二（仅有14.3%）。如果申请庇护者的申请未被接受，他们将会被遣返至土耳其（至2016年春天数量并不多），或者成为失败的寻求庇护者并选择北上前往德国或其他欧盟国家。许多移民在2014年至2015年通过希腊前往波斯尼亚、塞尔维亚、克罗地亚，并最终到达德国，多数依靠步行或火车。为了安置大量来自南部欧洲国家的难民，欧盟于2015年5月经过一系列复杂的算法想出了能够将来自希腊和意大利的约4万名难民重新安置到其他欧盟国家的办法，但西班牙和许多东欧国家的政府拒绝了这项计划。作为补偿，一些成员国自愿接收了主要来自厄立特里亚、叙利亚和伊拉克的共3.2万名寻求庇护者。与此同时，许多欧盟国家政府与联合国难民署合作对2.2万名来自约旦、黎巴嫩和叙利亚的难民进行了重新安置。但这一数量与生活在叙利亚之外的叙利亚难民数量（总数约400万～500万）相比仍然很少。

2015 年 9 月，德国总理安吉拉·默克尔（Angela Merkel）认为德国应当欢迎寻求庇护者，而且德国不会限制难民的基本权利（Der Spiegel online，2015b）。她让成千上万在匈牙利定居的难民来到德国。德国市民在慕尼黑车站欢迎难民的情景也为大众媒体所赞赏。寻求庇护者被安置在许多安置点，包括已有的避难所、社会服务中心，无论这些安置点是否合适，都已经作为定居点完成了使命。如果寻求庇护者的申请通过，他们就能在德国得到难民地位（到达德国至少 6 个月之后才能获得），之后就可以获得工作。截至 2015 年 10 月，德国政府和瑞典政府接收了最多的叙利亚寻求庇护者和难民。

202

对于那些没有到达德国的移民和难民来说，北上的道路上困难重重。2015 年 10 月，匈牙利当局在匈塞边境和匈克边境建立了防护措施。匈牙利首相欧尔班·维克托（Orban Viktor）认为，欧洲，如果被不同价值观的人侵入，则会陷入危机（引自 The Economist，2015e：42；The Guardian，2015c）。所以最终数以千计的难民无法穿越匈牙利进入德国，这就将他们的步伐转向了别的地方。在这种政策和防护措施并存的时刻，虽然阿富汗、伊拉克和叙利亚的难民都被允许进入其他欧盟国家，但是 2015 年冬天为阿富汗和伊拉克敞开的大门却关闭了，希腊和巴尔干半岛上其他国家的叙利亚难民和其他难民经常发生冲突，因为叙利亚难民被认为相对其他国家难民享受了特权。这种对于叙利亚难民的偏向如果根据《日内瓦公约》和欧洲人权法案中的非歧视原则来说可能是"非法的"。

在德国，公众和政治家的反应常常被混为一谈，一些人支持默克尔在 2015 年夏秋两季对难民的安置，然而许多人则持反对态度。然而到了同年 11 月，默克尔本人也为先前的计划感到后悔，主要因为以下几个原因：保守党的强烈反对，执政党（CDU）内部的反对，需要为寻求庇护者和难民提供援助的乡镇居民的反对以及2015年11月13日的巴黎恐怖袭击。而公众对此的不满自2015年新年前夕的科隆性侵案（主要是摩洛哥和阿尔及利亚难民，而非叙利亚难民）之后愈演愈烈（Der Spiegel online，2016）。

到2015年春天，通过希腊穿越马希边境完成迁移过程的移民又需要面临另一个障碍。而欧盟、希腊和马其顿官方只允许那些能被北欧国家接受的寻求庇护者通过马希边境。这导致截至2016年4月，约1.2万名移民滞留在边境上。对于那些无法继续迁移的移民来说，他们只能继续留在希腊，居住在比雷埃夫斯的港口难民营或睡在雅典的大街上（New York Times，2016）。

2016年4月，欧盟和土耳其签署了"一对一"计划草案，以奖励土耳其为减少希腊本土的难民所做出的贡献。这项计划的预算约为60亿欧元，它保障了土耳其公民去欧盟国家的免签权利，并重启了关于土耳其加入欧盟的会谈。许多政治家都支持这项计划，并将其看作重要的解决方法，但许多批评者却认为这项计划是对欧盟人权法案的违背。

5. 国际贸易组织及机构对国家迁移政策是否存在影响？

国际"新自由主义"机构，如服务贸易总协定和北美自由贸易协定对国家迁移政策有影响吗？换句话说，是否存在超国家主义的移民政策呢？让我们从服务贸易总协定开始讨论。佩尔兰（Pellerin，2008）关注了世界贸易组织的面向全球的服务贸易总协定中的"模式4"。"模式4"的主要内容是"一个成员国中的自然人的临时存在，目的在于为另一个成员国提供服务"（p.31）。服务业已经成为全球资本积累中最具推动力的部门之一，欠发达国家（尤其是那些服务劳动力出口国，如印度）都对服务贸易自由化很感兴趣，但是只有包括模式4的时候才这样。尽管发达国家能同意这个协定，但他们坚持要将有限的流动性调节到他们认为合适的程度，当这种流动性威胁到他们国家的"领土完整"时，他们也能进行干预。此外，它并不应该被低估，这种有限的流动性主要针对高收入/高技术工人，以加拿大为例，主要包括三类人：商务旅客、专业人员和公司内部调动人员，如果"本地工人"能胜任他们的职位，可以免去雇主的核实。日本与欧盟以及其他欠发达国家之间的协定中也存在一组类似的选择标准。总之，佩尔兰（Pellerin，2008）认为，所谓"商人法"（商法），即服务贸易总协定中的一部分，对移民劳工的界定和对临时移民政策的塑造（如果不是决定的话）有着直接的影响。她认为，在这样的一个环境中，即使是那些高技术工人，也往往享受不到公民的福利，人权也常常被忽视。服务贸易总协定对于界定谁是或谁不是移民劳工和塑造临时移民政策的影响是通过必须纳入国家移民政策的具有法律约束力的措施得以完成的（Pellerin，2008）。

下面我们来说说北美自由贸易协定。北美自由贸易协定是区域贸易联盟中的重要案例，1994年由加拿大、墨西哥和美国签署。与欧盟完全不同，协定的第十六章中对劳动力的流动性做出了相当有限的规定。四类临时移民包括商务旅客、公司内部调动人员、专业人员和投资交易者，这些分类只适用于缔约国（如加拿大、墨西哥或美国）的国家公民。北美自由贸易协定的贸易（TN）签证使得加拿大和墨西哥的专业人员（包括60种职业）能够在美国更快地临时就业，而不用申请传统的签证。那些从TN签证中得到好处的人已由2004年的66000万人增长至2009年的99018人。我们发现，那些配偶拥有TN签证的人并不会享受任何进入特权，而且必须通过正规的迁移途径完成迁移。美国对于签证的发放是区别对待的。从 1994 年到 2004 年，美国政府对墨西哥专业人员有着诸多规定，但对加拿大专业人员则无此规定。事实上，加拿大与美国类似的教育系统和英语的普遍使用是墨西哥工人所不能具备的优势（Gabriel，2010：13；Samers，2015b）。

让我们以北美自由贸易协定内部的护工迁移为例研究这些观点吧 *205*（Gabriel，2010，2013）。对于加布里埃尔（Gabriel）来说，北美自由贸易协定是国际主义、新自由主义与性别化移民政策的结合（参见 Samers，2015b）。北美自由贸易协定符合加拿大经济发展的新自由主义倾向，一方面包括贸易自由化和洲际化，另一方面包括加拿大政治经济的市场化与私有化。这些过程和变化包括加拿大医院经费的削减和财政紧缩，导致了工作强度加大和卫生保健提供者控制力的失去。总体的结果就是加拿大护士的工作环境持续恶化，许多人都迁往了工作条件更好的美国。虽然数据有一些问题，但美国移民归化局的数据显示，1991 年，总共有 2195 位加拿大护士获得了美国签证，但 1999 年这个数字就达到了 6809 位（其中 5975 位是女性）。然而，尽管加拿大护士可以享受20 世纪 90 年代那种在美国工作能够快速获得签证的特权（在 2003 年美国的新移民政策中被称为"签证审查"），但加拿大护士还必须满足所有其他外国护士所必须满足的证书要求（包括英语语言能力和资格证书），当然这些需求也会发生变化。北美自由贸易协定本身并不包含任何护士资格相互认可的规定。尽管协定的功能是在一定程度上使人们的流动自由化，但它确实是有选择性的，且有时是违背国家（或地方）迁移政策的（Gabriel，2010）。

北美自由贸易协定在某些程度上使许多类型的劳工（专业的，而非低技术的、贫穷的）的流动自由化了，而且是偏向加拿大护士的。虽然在"不对称关系"（Delano，2009）中，美国是移民政策是否具有超国家性质的规定者，但北美自由贸易协定是有限的迁移政策超国家化的例证（Samers，2015b）。

　　虽然劳动力流动的形式有所差异，与服务贸易总协定相似，其他区域贸易协定也有对劳动力流动的规定，包括澳大利亚—新西兰紧密经济关系与跨塔斯曼旅游协议（ANZCERTA），东非和南非市场共同体（COMESA），加勒比共同体协议Ⅱ（加勒比共同体和共同市场），日本—新加坡自由贸易协定；东盟集团国家之间的不同协议（大量东亚国家），亚洲太平洋经济合作组织（APEC），阿根廷、巴西、乌拉圭、委内瑞拉及一系列相关国家的自由商业区（MERCUSOR），南亚区域合作联盟（SAARC）。拉文内克斯（Lavenex，2007）认为，在这么多种方式中，连同服务贸易总协定在内的所有区域贸易协议不仅显示了高技术人才流动的自由化，也展示了各国的移民政策被塑造的过程，但这个过程并非必须由国际贸易集团和相关协议决定。拉文内克斯（Lavenex）解释道：国家控制本国高技术移民的流动，但它们必须服从服务贸易总协定及相关区域贸易协定的规定。在这里我们要指出的最后一点是，在高技术工人流动中，私人雇主起到了至关重要的作用，并阐明了吉拉东和拉哈夫（Guiraudon and Lahav，2000）之前提出的"向外发展"或"外包"理论。例如，英国政府于2000年推出了一个试点计划，即允许跨国企业调动公司内部人员到英国（Lavenex，2007）。然而，这些临时工人完全不同于非法移民，在这种情况下，政府与私人行为者具有强大的存在力，这些无法在这里被一一提及了。

4.9.2 降尺度

　　关于迁移控制的大多数研究都倾向于国家或跨国家主义方法论，但却忽略了非政府组织作为准许进入的门卫的作用（除了那些专门关注非政府组织的难民文学）。在过去的 15 年间，社会科学家强调了地方层面的约束性政策、安全化和犯罪化的重要性，以及非政府组织所产生的作用。[①] 我们的任务至少包括两个方面：一是探索更多地方层面的迁移政策和实践活动，尤其是国家认同方法是否与国家环境相关，包括那些非国家实体的实践；二是检验本地化的约束性政策以及安全化和犯罪化的效用，包括后续介绍的拘留和疏散。

　　作为迁移政策的来源，赖特和埃利斯（Wright and Ellis，2000b）*207* 在对"民族认同"观点的批判中增加了明确的空间讨论（参见 Money，1999）。他们认为，美国的迁移政治会越来越受到美国的城市、州或者地区的移民安置点的多元化特征的影响。"同化"（第六章中将会进行解释和讨论）并不等同于消亡，但美国的民族认同主要基于对"白人世界"的认同，或者它曾经如此。这种认同从某种程度上来说是站不住脚的。他们注意到，这样地区化的迁移政治将会成为某种关系的产物。这种关系主要是生活在人口数量和政治上都是移民占主导地位的区域的白人与生活在同一区域的移民之间的关系。

　　从不同但类似的空间感应角度来看，民族认同者和本土主义（即反移民）者的回应越来越地方化，且关注"文化"而非"种族"。例如，史密斯和温德斯（Smith and Winders，2008）发现，在美国田纳西州的纳什维尔，许多公民对拉美裔非法移民的不满表现在"中性语言"和"非法行为"上，当然这也是对地方、遗产和"文化"的捍卫。在这些地方，移民被认为是"美国文化"（可能用纳什维尔的"文化"来表

---

① 我们应该区分约束和犯罪化问题，两者相互区别但又相互联系。第一个是指特定种类的移民进入国家的资格被限制；第二个是指一系列法律、政策、计划和实践，它们把那些违反庇护和移民政策的移民定为罪犯，并营造出一种所有移民的行为和动机都值得怀疑的氛围。

示）的威胁。在美国南部，让英语成为官方语言的斗争是很常见的，但那不仅仅是文化斗争，还是对经济基础的不满。一位黑人[①]工人在接受采访时抱怨说，那些移民拿走了所有的好处，黑人虽是市民，但却什么也没有。同样，史密斯和温德斯引用了乔治亚州州长的话："这些人周四非法进入美国，周五就获得了政府颁发的身份证，周一获得了工作福利，周二就可以投票了，这简直是不能让人接受的事情。"（政府发言稿，2006，转引自 Smith and Winders，2008：67）根据这一声明，史密斯和温德斯（Smith and Winders，2008）抗议称："通过非法越境、身份盗窃、资源窃取和选民欺诈等手段非法迁入的移民的这些犯罪行为不仅引起了乔治亚州的恐慌，也使国家受到威胁，美国应该从多角度进行军事防御。"（p.67）有时候，这种政治局面可能是令人困惑不解且自相矛盾的。举个例子，阿肯色州的州长既支持驱逐非法移民，也支持免费为非法移民孕妇提供产前服务，因为他是"生命主义者"/反对堕胎议程的宣传者（Smith and Winders，2008）。专栏 4.6 分析了拉美裔非法移民在美国城镇的犯罪化。

208

专栏 4.6　联邦政府的政策变化，白人／欧裔白人身份认同与拉美裔非法移民在美国城镇的犯罪化

《非法移民改革与移民责任法》（通常简称为 IIRIRA）于 1996 年在美国生效。这部法规中的第 287 条允许美国国土安全部授予州和地方执法官员履行职责的权利，而之前他们只给予联邦政府官员该权利。这一规定需要不同级别的政府间达成协议并进

---

① 所谓"黑人"（blacks）指的是那些在美国出生的黑人。我们在这里不使用"非裔美国人"（African-American），原因在于避免读者将其与那些外国出生（如加勒比人或是非洲人）的黑人相混淆。

行"适当训练",并在美国移民和海关执法局(ICE)官员的监督下执行。这里涉及的问题包括帮派或其他有组织的犯罪活动,人口的偷渡和贩卖,洗钱、毒品运输与买卖,与性相关的罪行,其他暴力犯罪等。

2001 年 9 月 11 日之后,瓦桑伊(Varsanyi,2008)展示了亚利桑那州的凤凰城政府是如何拒绝与联邦政府成为执法合作伙伴的。警察拒绝此邀请的理由是执行警务战略的花费过高。实际上,当地选民已经敦促政府实施"走后门"式的移民管理策略,通过颁布地方条例来阻止无证临时工的某些行为,如在招聘地点等候雇主挑选。所有的这些条例都是为了消除某些非法移民居民区"肮脏""无序"以及与当地景观"格格不入"的问题。

这种"走后门"式的移民管理在美国到处可见,最为臭名昭著的是宾夕法尼亚州的黑兹尔顿(一个位于宾夕法尼亚州东北部约有 3 万人的小城市)。2006 年 7 月,市议会通过了《非法移民消除法案条例》。条例规定,如果企业和业主雇用非法移民或为其提供住宿,都会被处以罚款,并宣称英语为官方语言。市长认为非法移民造成了学校、医院和社会服务设施的拥堵并且提高了犯罪率。联邦地区法院的一名法官裁定黑兹尔顿条例是违宪的。这对试图通过或正在考虑通过类似条例的美国其他城镇影响颇大。在市议会的裁决中,法官认为,"联邦法律禁止黑兹尔顿条例中的任何规定","因此,我们将颁发永久性禁令限制他们执行该条例。"(*New York Times*,2007)

209

类似的紧张局势也出现在了伊利诺伊州芝加哥西北部约 40 英里的喀本特士维(Carpentersville)。在那里,来自墨西哥和中美洲国家的移民数量在 1990 年至 2007 年增长了 17%。这个城镇的

37000人中有40%是拉美裔移民。许多"白种"公民正寻求这样的一种移民条例，在那里，两名居民在号称反非法移民议程的两家当地报纸的支持下被选举进入村委会。它在不断地分裂着城市，不仅把拒绝大量非法移民存在的"白种"公民与西班牙人以及不断变化的文化景观分开，而且把"白种"公民与那些依靠这些移民当劳动力的人分开。有一些警察领导也担心这些歧视性法规对他们和拉丁裔居民的关系会产生潜在影响。经过长期的战斗，一项只准讲英语的法律在2007年6月以5：2的投票取得了胜利。这两个村委会的居民对于立法中的任何妥协都毫不畏惧，他们发誓要推进对雇主和房东的镇压。显然，美国有35个城镇即将形成这样的措施（所有移民政治都是地方化的、复杂的、令人讨厌的和个人的）（*New York Times*，2007）。尽管如此，正如瓦桑伊等（Varsanyi et al.，2012）在文章中所说的，第287条在不同的城市背景之下，呈现方式是不一样的，或者不愿意检查因轻罪而被阻止入境的个体移民的状况，或者对于何时、何地、如何做缺乏明确的程序。

210

一些非政府组织也积极参与制定非正式的限制性和犯罪化政策。让我们来考虑两种在完全不同国家背景下运行的非常相似的组织。例如，"即召民兵"（MCDC）或民兵自卫队，他们是一群在美国—墨西哥边境上巡逻的"公民志愿者"，据称由35万名成员组成（DeChaine，2009），目的是"维护美国主权领土免受袭击、侵犯和恐怖主义"（Nevins，2008：170）。它尤其关注"边界围栏项目"，即一个横跨美国南部边境的钢制安全栅栏。该组织试图"继续监视边境并报告非法活动，建立边境围栏，敦促地方和联邦官员执行相关法律，通过推动法律实施来保卫国家，保障人民的安全"（对"即召民兵"领导者的采访，转引自 DeChaine，2009：57）。

越过对于国家认同方法以及限制政策和犯罪的区域化的地方性批判，我们还想象地方控制的一种不同等级，这是吉尔的观点。他（Gill，2009，引自 Back，2006）指出了在英国伦纳楼中（英国克洛伊登理事会在英国的总部，位于伦敦南部）寻求庇护者归属地的安全化问题。这是寻求庇护者常常说的申请庇护或者解决类似问题的地方。"在单独的队列中站了几小时之后，他们终于到达了决策大厅，在这里他们通过保护性塑料屏幕与面试官隔离开来，椅子被螺栓固定到某一位置，用于防止靠近屏幕，这意味着他们经常不得不提高他们在公共房间中的声音来讲述他们的庇护问题，包括他们在原籍国令人痛心的经历。"（p.225）*211*虽然这里的安全措施（如屏幕、螺栓椅等）在设计之初是为了保护内政部官员免受恐怖主义袭击，当然这几乎是不可能的，但即使它们只是作为一种安全措施，也是一种不信任的表现（Gill，2009）。他认为在他研究的四类庇护部门的调解人（即那些工作于拘留中心、国家庇护支持服务中心、个别庇护者协会的人和移民法官）中，他访谈过的人都享有一定的自由行事权，如果违背了寻求庇护者的意愿，不是因为法律程序或金融约束，而是因为他们被不同的方式操纵着。他警告说："这种操纵并没有通过管制、制裁或威胁来执行。"（p.20）（尽管这篇文章中并没有排除这种可能性）他更倾向于认为这些具有自由行事权的人对申请庇护者造成了伤害，因为国家权力将寻求庇护者描绘为"破坏性的"或"诽谤的"，从而将他们描绘为"应给予特殊对待的人"（出处同上）。简言之，这些执行者并不是被强迫去这样带有伤害性地对待寻求庇护者的，而是通过诸如"破坏性的""诽谤的"等描述性语言做到的。这些描绘不仅通过话语，也通过可怕的"空间"，如伦纳楼表达了出来（p.229）。

1. 拘留

在过去的二十年中，我们在一些国家目睹了越来越多的针对寻求庇护者和无证移民的拘留，很多文献都对这一问题有所阐释（如 Athwal，2015；Dawson，2014；Dines et al.，2015；Gill，2009；Hagan et al.，2008；Hubbard，2005a，2005b；Hyndman，2012；Martin，2012a，2012b；Moran et al.，2013；Mountz，2010；Schuster，2005；Silverman and Hajela，2015）。这些研究与吉奥乔·阿甘本（Giorgio Agamben）的"赤裸生命"（在本章已有提及，之后将会再进行介绍）并不相同，也和寻求庇护者的拘留不尽相同（Koulish，2015）。其他研究也扩展了关于拘留的实践，如关于监狱的地理学或空间的相关研究（Moran et al.，2013）。在加拿大，达生（Dawson，2014）为我们展示了公民和移民部在 2008 年至 2013 年是如何使用"旅馆"一词来描述拘留所（蒙特利尔、多伦多以及温哥华的移民管理中心）的。这种现象十分矛盾，因为旅馆以加拿大的传统词汇来说通常是环境舒适的地方，但是加拿大各地拘留所的环境都与这个词汇毫无关联。与此相反，他们把拘留所运营成了监狱，有铁丝网、24 小时监视、频繁的手铐、金属探测器、根据性别划分的群体以及进餐时间的严格规矩。英国和美国的拘留中心在物理环境和严苛程度上与加拿大类似（如 Hayter，2004；Martin，2012a，2012b；Schuster，2005）。

在英国，吉尔（Gill，2009）认为法官、律师和相关工作人员（包括翻译人员和面试官）都涉及大量的庇护案例。自 2004 年相关条例实施之后，法律援助就开始收紧，律师针对每个庇护案例的援助时间都受到了限制。结果是失败的救助金申请比例大幅上升，英国被监禁的寻求庇护者数量也从 1993 年的 250 人快速增长至 2014 年的 3400 人（Bacon，2005；Gill，2009；Silverman and Hajela，2015）。加拿大的拘留中心遍布全国，且在过去的几十年中快速增多。约有 10000 人在 2011 年至 2012 年进入拘留所，较 2010 年增长了约 1000 人（Dawson，2014）。而在美国，2012 年的数据显示，拘留的数量再创新高，有 32953 人遭到了行政拘留（Coleman and Stuesse，2016）。

鉴于拘留这种方式长期被使用，沃恩 – 威廉斯（Vaughan-Williams，2015）将其称为"动物政治"，或是对"非法"移民的"动物化"。他认为这种转型过程就像一个动物园，就像利比亚的黎波里前动物园被改造为接收迁往欧洲的加纳、尼日利亚和乍得难民的拘留所。沃恩 – 威廉斯在许多研究中的观点都与意大利哲学家吉奥乔·阿甘本的"例外国家"观点密切相关，这些国家的政府暂停现行法律，寻求庇护者在难民营或者类似的安置所中沦落为"赤裸生命"。其他人，如翁（Ong，2006），质疑法律是否完全暂停，他更愿意称之为"逐步扩大的主权空间"。在 *213* 任何情况下，在寻求庇护者的申请通过之前，拘留中心都会立即"安置"他们。事实上，吉尔德（Guild，2009）抗议道："寻求庇护者和难民并不是罪犯，他们只是在努力争取自己的权利。"（p.25）当移民的申请正在进行中或者已被拒绝时，以及一些寻求庇护者或其他类型的"非公民"等待被驱逐出境时，他们很可能就会被关进拘留所（如 Hyndman and Mountz，2008）。事实上，一些已经获得难民身份的人，在被"释放"到外面之前，也很容易因原先的罪行，如强奸或其他形式的暴力而被拘留。许多国家规定了寻求庇护者最长的拘留时限，从法国的 32 天到德国的 6 个月不等。但是，这并不适用于丹麦、希腊、爱尔兰或英国。在这些地方，寻求庇护者可以无限期地被迫滞留。条件不断变化，最糟糕的地方是巴黎的夏尔·戴高乐国际机场的等候区。在那里连获取必要的信息、法律支持，甚至足够的食物、基本的卫生设施都得不到保障。在许多情况下，公民对寻求庇护者的厌恶，使得政府很难构建这些拘留中心（见专栏 4.7）。

214

在安置拘留中心时，政府也会受到当地民众的阻力。2002年，英国政府选择了三处作为避难者"住宿中心"的可能地址：英国牛津郡的比斯特、伍斯特郡的斯罗克莫顿以及诺丁汉郡的牛顿。哈伯德（Hubbard，2005a，2005b）探索了拟议的牛顿"住宿中心"周围的政治问题。这个地方是前国防部的位置，处在一个相对偏僻的村庄中，有一个军事机场和军用住房，距离宾汉镇约1千米。就像其他两个地方一样，牛顿是寻求庇护者可以离开和走动的开放的地方，它并不像本书引言中提到的奥金顿接待中心和上文介绍的那些监狱一般的地方。和其他拟议的地方一样，牛顿的设计包含全方位的服务设施，以避免加重当地社会服务的负担。这里居住着750名寻求庇护者。这里包含个人宗教空间、一个健康中心、托儿所和教育中心。英国政府意识到它的位置可能会遭到反对，所以和当地政府官员进行了非公开会议。这项计划被公开后，当地的一个群体（牛顿行动小组）动员了庞大的基层民众的力量来反对这个计划。当地的委员会认为，由于新中心的视觉影响，在诺丁汉郡的乡村建设住宿中心是不适当和不协调的。它还会阻止首次购房者所需房屋的建设，而且住宿中心将导致交通量剧增。寻求庇护者可以被安置在其他更合适的地方，在那里他们可以获得一系列的服务。当地居民有着不同的政治观点，在大多数情况下似乎都会隐藏自己的种族主义观点。一些人对寻求庇护者的福利持怀疑态度，认为寻求庇护者不会获得足够的服务以及朋友、亲戚和其他社区成员的支持。然而，值得注意的是，难民委员会也有这些担忧。其他争论主要反对住宿中心对"绿化带用地"和一般乡村的影响。但哈伯德指出，早先对于在牛顿建设住宅的提议，很少有人反对，但变成建设住宿中心后人们就开始反对了。

事实上，哈伯德探索了当地委员会和居民对于住宿中心建设 *215* 地址的反对理由，他坚持认为是种族主义与"白人"观念在支持着白种人反对牛顿地址的提议。哈伯德认为农村被视为一个由纯粹的说英语的白种人居住的地方，而潜在到来的"并非纯白"的身体被认为是肮脏的、危险的、容易性侵犯的，且最终会威胁到当地居民的（尤其是"白人"女性）。关于非法侵入、强奸和其他形式暴力的恐怖渗透在宾汉镇居民对于为什么认为住宿中心不应建在牛顿的争论中。最终，英国政府也没有建设住宿中心，认为由于"位置的可持续性"问题，包括交通可达性和占用绿化带，在这里建设并不合适。

这一案例强调了本书引言中讨论的地方价值的重要性，并且说明地方移民政治可能与所谓"国家"移民政治同样重要。在哈伯德的研究中，"国家认同"的概念也被用于把寻求庇护者排斥于农村地区之外。

2. 疏散

让我们将注意力转向寻求庇护者和难民的疏散过程。这是政府用来减轻一些特定国家或地区的负担的策略，或者用于避免特定民族在某些区域、城市或乡镇过分"集中"的策略。它也可以被用来避免原驻居民和新移民之间的种族冲突，就好像寻求庇护者是产生种族冲突的根源一样。这仅仅是"指责受害者"的另外一个小小的例子。在任何情况下，分散会引发让人意想不到的后果。例如，20世纪70年代，越南难民（即在越南战争结束后逃离的"船民"）在联合国难民署的支持下被法国 *216*

政府收容并被从巴黎地区驱散到法国西部。大约一年以后，大多数难民为了接近其他越南或亚洲移民都选择回迁至巴黎地区（White et al.，1987）。1999 年，英国用服装和食品券代替了福利金，希望能够解决所谓"庇护危机"，并且将寻求庇护者从他们在伦敦和广大的东南部地区的主要定居地驱散至英国北部的一些城市中。这样做主要有两个理由：第一，北部地区大量空置房和廉租房的存在使得难民可以找到更便宜的住房。第二，这将会降低寻求庇护者与一些生活在贫穷的英国南部沿海城镇的本土主义者、排外者、种族主义者之间发生潜在冲突的可能性。这些地方再也不是吸引国内或国际游客的地方了，而移民们大多只能住在只提供床和早餐的酒店中（Audit Commission，2000；Schuster，2005）。具有讽刺意味的是，这一驱散寻求庇护者至除东南部之外城市的决定导致了新定居区域的冲突。例如，大约有 3500 名库尔德人在格拉斯哥的赛特希尔定居。2001 年 7 月，一名土耳其难民在与当地居民的冲突中丧生（Hubbard，2005a；Phillimore and Goodson，2006）。

这一部分告诉我们，弗里曼对"嵌入式自由主义"观点的使用似乎是缺乏远见的，而且它也不仅限于严格的国家政府。当然，对于无证移民、寻求庇护者、难民等，可能会有"人道主义"关切时刻，或者是法律上或政策方面的优待，当然，还可能会有难民在发达国家高兴地定居的故事。然而这些似乎都是例外，而不是规律。所以在讨论了这些限制性移民政策和移民犯罪化的轮廓和可能的后果之后，现在让我们转向移民安全化政策的问题。

3. 对移民的犯罪化和安全化问题的地方化解释

虽然某些公众人物和地方代表接受了移民的犯罪化与安全化问题，217 但不代表就没有争论。事实上，学术界仅仅关注了地方、国家、国际政体以及其他主体（如非政府组织）制定的自上而下的政策措施。但它们在地方、州和国家之中的施行常常会忽略基层民众对于犯罪化、安全化以及更加严格的迁移政策的反对。[这被蒂奇诺（Tichenor，2015）描述为"有争议的政治""社会运动""抵抗"或移民主体性]。移民不仅仅是国家行动和政策的受害者或被动接受者。相反，移民反过来影响了国家的发展和国家政策的制定。我们将从韩国、法国、英国和美国四个案例中解释这一观点。

1994 年 5 月，移民劳工、劳工组织和宗教群体（天主教、新教和佛教）向政府抗议，为移民劳工争取基本权利。1995 年，11 名尼泊尔劳工仍在汉城（今首尔）明洞大教堂前继续抗议（该抗议已持续两年）。这里一直是军事镇压时期劳工们斗争的地方。依靠着大教堂的象征意义以及 20 世纪 80 年代韩国劳工在此地反抗军事镇压的胜利史，民主劳动党终于在 20 世纪 90 年代促成了移民劳工训练系统的改革，这一行为被人权组织称为"剥削"。尼泊尔劳工尤为可怜，他们像动物一样被对待，也展示了地方化的移民流动对国家移民政治的塑造（Chung，2014）。

1996 年 7 月，法国政府收到了一群来自马里的非法移民的抗议。他们抗议他们作为非居民、非难民以及不可被驱逐的人的这种不确定的身份。他们住在地狱的边缘。他们在巴黎的圣安波利斯和圣伯纳德教堂举行了饥饿大罢工。随后一万多名支持者，包括学者、名人、神职人员、非政府组织成员等加入罢工。警察最终将两座教堂中的移民全部驱逐出去，这也是告诉那些想要移民到法国的人，"他们在法国并没有好运"（希拉克总统，转引自 Chemillier-Gendreau，1998）。这件事已经够令希拉克总统头疼的了，但移民又发出相应的信息，称他们会卷土重来（Samers，2003a）。几年之后，法国政府的确遭遇了类似的抗议，并关 *218* 闭了加莱海峡隧道端口的桑加特难民中心。2009 年之后这些活动如火如荼。这些活动主要由非政府组织，如"无界英国"领导，其目的在于反对法国政府对营地的破坏（见 Millner，2011）。

英国政府在开设奥金顿接收中心（2010 年关闭）和加姆斯菲尔德中心的过程中遭遇了一系列麻烦（Hayter，2004；Schuster，2003）。事实上，加姆斯菲尔德成了绝食抗议、屋顶抗议、公共上诉、自我伤害和自杀的地方（Gill，2009）。

在美国的过去十年中，移民在抗议美国移民政策时变得尤为激进。最好的证明便是 2003 年的"移民工人自由行"。在那一年的 9 月，约有 1000 名移民工人登上了 10 个城市的 18 辆开往华盛顿特区的巴士，巴士在中途多次停靠。"自由行"的想法开始于洛杉矶。作为蓬勃发展的首都，洛杉矶拥有各种工会和以种族、性别、民族等为中心形成的联盟，特别是由旅店员工和餐厅员工组成的国际联盟。数以千计的移民在这里工作，成为"自由行"的决策部门。华盛顿坐拥国家政治权力，鉴于其战略上的重要意义和象征意义，是巴士最应当去的目的地之一（Leitner et al.，2008）。正如莱特纳等所指出的，移民们希望能在华盛顿表达出自己特定的需求，包括以下几点：第一，非法移民合法化，尤其是那些参加工作并纳税的非法移民。第二，放宽获得公民身份的限制。第三，对权利的要求以及倡议美国移民政策的改革。第四，恢复在"新自由主义"政策下被剥夺的工人权利。第五，尊重公民自由以及其他所有权利。

在"安全的巴士时空"中，远离政府和警察的控制，移民们分享跨越边境的故事、被驱逐出境的恐惧和被歧视的经历（Leitner et al.，2008，167）。他们唱着歌，实践着非暴力反抗战术，并形成了一种集体政治身份。沿途的站点使得移民可以与各种组织相联系，如工会分支、宗教组织、学生组织、工作组织或是当地的社会团体。在这个移动的运动之中，所有的组织都给予支持，提供情谊上的支持，形成政治信仰并相互团结。在巴士穿过的城市或乡镇中，从宗教服务到游行示威，他们利用每一种可用的方式进行抗议。当他们在华盛顿特区面对政治领导人时，他们的集体身份开始分裂为激进派与改革派，他们反抗的话语也从获得人权转为"勤劳、纳税、遵守规则"的主流口号（Leitner et al.，2008：168）。这次活动不仅导致移民和海关执法局办公室对移民组织，如"新美国机会运动"等的制裁，而且毫无疑问地塑造了美国在 2010 年举办的规范约 1200 万非法移民行为的辩论。

这种抵抗在拥有"城市避难所"的地方，如旧金山，更为持久（Ridgley，2008）。里奇利（Ridgley）探讨并概述了在美国避难所城市中的所谓"叛乱分子的公民血统"。避难所城市出现在 20 世纪 80 年代，目的是保障中美洲难民在美国的基本权利，使他们免受美国移民法的管制，这在一定程度上挑战了移民的犯罪化和安全化。与之类似，达林（Darling，2010）以及达林和斯夸尔（Darling and Squire，2012）详细说明了英国空间政治以及开始于 2007 年谢菲尔德的避难所城市运动。它既是一种活动，又是一个能为寻求庇护者和难民提供避难所并使 *220* 其免遭驱逐的关系网。卡斯特里（Castree，2004）对"基于地方"的政治与"地方约束下"的政治做出了区分，认为它们体现了一种用来为在谢菲尔德建立基于地方的活动网络以及一种遍布英国的迁移网络服务的运动。

最后，移民通过选择或不选择某种形式的流动来进行抵抗。斯图尔斯和科尔曼（Stuesse and Coleman，2014）发现美国南部各州实施了因汽车驾驶最终导致被驱逐出安全社区的计划，这一计划是《非法移民改革与移民责任法》第 287 条的延伸。根据这项计划，如果移民个体违反了移民法规就会被审判并送至联邦监狱，甚至有被驱逐的可能性。因此，为了避免在开车时因害怕被警察拦下而无法流动，无证移民通过利用代驾或利用社交软件来获取哪里有交通限制或哪里有警察查岗等信息。正如那些使用了这些服务的移民所宣称的，只有事前组织的社区才是安全的社区。

虽然这些例子可能无法说服读者相信难民和非法移民可以行使很多索赔的权利，但是历史证明，移民确实影响了政府的行为。有时政府的行为对所有的移民都具有破坏性，有时他们又会良心发现，用最细微的方式实施人道主义的救援。

现在，我们对发达国家的移民政策应该有了大体上的了解，特别是它们所引发的矛盾和后果。现在我们将把注意力转向欠发达国家的迁移问题上去，它们的移民政策在许多方面都与发达国家相似，但又有足够多的差异需要单独写一节。

4.10 贫穷国家的移民控制

如果说非洲、亚洲和拉丁美洲的贫穷国家的政府和公众不关心移民
221 控制，那可真是大错特错了，但富裕国家和贫穷国家之间却有显著区别。此外，贫穷国家也并不只是迁出国而已。事实上，在 2015 年世界移民数量最多的 20 个国家中，第 12 位的乌克兰移民人口达 480 万人，占总人口的 10.8%；第 13 位的泰国移民人口达 390 万人，占总人口的 5.8%；第 14 位的巴基斯坦移民人口达 360 万人，占总人口的 1.9%；第 15 位的哈萨克斯坦移民人口达 350 万人，占总人口的 20%。叙利亚难民危机（见专栏 4.5）对土耳其的人口结构也产生了重要影响，它带来了约 290 万移民（多数都是难民），占据了总人口的 3.8%。

我们从"民族认同方法"出发，首先要问的问题就是：贫穷国家假

想的"种族同质"与西方国家的"多样性"相比哪种更为重要？让我们先弄清楚我们要讨论的是某个特定贫穷国家的种族同质还是对移民和迁移政策都产生重大影响的同质化假设。

民族认同方法，在富裕国家语境下，遭受"民族主义方法论"之苦，而贫穷国家的移民控制研究也走的是同样的道路，就连数据的收集也与之前的类似。公平来说，国家政府管控在迁移过程中并非不重要，与此相反，我们所强调的正是这种控制。事实上，艾尔·格迪姆（El Qadim，2014）认为，关于移民的多数研究都特别关注起始国的情况，而非起始国的国家政府对移民和本国人民的归国的影响程度以及对汇款流的调节力度。所以让我们开始探讨贫穷国家针对移民的国家法规。与富裕国家政府类似，贫穷国家政府也需要平衡好债务、贫困、失业和社会再生产危机等一系列竞争目标（Silvey，2009）。这些相互矛盾的目标可能包括以下几点。

第一，鼓励移民通过汇款获得外汇。汇款作为一种发展的手段而被 *225* 鼓励，用以取代海外援助或国际项目援助。印度尼西亚和菲律宾有政府监管下的特殊劳动力输出机构，主要目的是便于汇款。一些国家的政府，如阿尔及利亚和摩洛哥，需要返回的移民在海关购买当地货币，以获得外汇储备。正如我们在第三章中所讨论的，汇款，除了用于房屋的建造和奢侈品的购买，也可以用于发展一系列面向社会的项目（社会性汇款），如用于学校、宗教机构、道路、社区服务中心，等等。

第二，与第一点类似，鼓励迁移的目的是降低失业率（所谓"安全阀"），使移民在迁入国掌握新的技能，并在返回国家之后，促进本国经济的发展。

第三，通过双边或多边协定与移民迁入国合作，以实现以上两个目标。以经济发展的名义，这可能会涉及外交政策中不受欢迎和令人不满意的妥协。

第四，为了避免"人才流失"，或者为了避免某些特定经济部门特定技能人才的枯竭而抑制某些类型移民工人的输出。其中一个突出的例子便是南非政府对医生和护士流失的担忧，尤其是担心他们迁往欧洲和北美。

第五，反对发达国家狭隘的移民政策，这反而会阻碍迁移以及第一个目标和第二个目标的发生。墨西哥政府尤其反对美国政府对于墨西哥移民的约束性政策（Delano，2009）。此外，贫穷国家政府需要平衡与迁入国之间的政治和经济关系，以及本国海外居民的需求。而许多中国人、多米尼加人或是菲律宾人的"离散社区"[①] 则从一定程度上通过选举或其他行动塑造了迁入国的跨国政治（见 Lafleur，2013；Pearlman，2014）。

第六，遏制邻国和贫穷国家的寻求庇护者、难民和无证移民的不断迁移，并将其作为平息由失业率提高造成的动乱和防止恐怖主义的一种手段。对于寻求庇护者和难民来说，我们必须提及的便是《日内瓦公约》与《纽约议定书》。截至 2015 年，只有少数亚洲国家签署了这两项协议，但大多数拉美国家都签署了这两项协议。只有五个国家——柬埔寨、中国、东帝汶、日本和菲律宾认可这两项协议之一（Hedman，2008；UNHCR，2015a）。从理论上来说，这些迁移过程也受到区域协议的管控，尽管它们实际上很少能提供保护作用。这些区域协议包括 1969 非盟对话，1984 卡塔赫纳宣言等。即使这些国家接收了寻求庇护者和难民，本国公民从心理上也不会完全接受他们。就像南非政府为迁移提供了很多保护，但南非的公民仍对他们心存偏见（Gordon，2015）。

---

① 我们将会在第六章中深入讨论离散社区。现在我们把它定义为特定国家或种族的移民群体，他们迁移并重新定居于世界上的其他国家，而在迁入国仍旧以同国家或同种族聚集的方式群体而居。

　　国际上对无证移民所能提供的保护也很有限。索马里兰（索马里北部地区）并不只是一个普通的迁出地，它也是成千上万来自邻国（吉布提、埃塞俄比亚和南索马里）的移民的家园。2003 年 10 月，三位欧洲"人道主义工作者"在索马里不同的城市被谋杀。虽然并不清楚谁才是凶手，但在此之后政府立即下令打击非法移民，在 45 天内有 77000 多名移民被驱逐出境。这些非法移民被视为艾滋病、毒品、文化消解的源头（Peutz，2006）。未注册的津巴布韦劳工也常常被驱逐出博茨瓦纳（Galvin，2015），而东南亚国家（如马来西亚和泰国）也经常驱逐大量移民，尤其自 1997 年 8 月发生亚洲金融危机之后。2003 年 5 月，泰国政府已经驱逐了约 10000 名缅甸移民，并通过湄索检查点将他们遣返缅甸。马来西亚也在 2004 年驱逐了 40 万名印度尼西亚非法移民（如 Ford，2006；Hedman，2008）。驱逐和相关的暴力行为都属于我们在前面部分所提及的"扩尺度"。专栏 4.8 就讨论了关于马来西亚移民控制的"扩尺度"问题。

专栏 4.8　马来西亚移民控制的"扩尺度"问题
（引自 Hedman，2008）

　　与美国类似，马来西亚也有自己的"即召民兵"或称"人民义工队"（Hedman，2008）。它于 1964 年由政府成立，作为"辅助执法单位"这样一种公共组织，它最初的使命是"帮助维护国家安全和人民福祉"（转引自 Hedman，2008：375）。其组成人数为 34 万～47.5 万（2006—2007），这个数字已经远超马来西亚警察和其他武装人员的数量。在过去的十年中，"人民义工队"在吉隆坡等城市有效地开展了"突袭行动"，并围捕了大量的非法移民。例如，2001 年 1 月，一支由警察、市政厅官员和移民部门共同组成的 300 人的"突袭力量",席卷了珈蓝清真寺大街附近的所有餐厅。2005 年 2 月,人民义工队的权力进一步扩大,与政府关系进一步拉近,并隐性支持政府对非法移民进行"监管"。在 2005 年权力扩张之后,人民义工队甚至有权利在没有许可证的情况下进入房屋,使用枪支,随意要求人们出示移民文件并控制拘留中心。人民义工队成员的行为在很大程度上已经不受政府的管控。更糟糕的是,每个成员如果逮捕一个非法移民,将会得到 80 令吉(约合 22 美元)的奖励,所以不出意料地,从 2005 年到 2007 年,被拘留的移民数量从 17000 人增长到 34000 人,整整翻了一倍。发生在吉隆坡以外的房屋拆迁和对移民的杀伤仍在继续发生,突袭也在继续。2006 年 2 月的一个晚上,大吉隆坡士拉央巴鲁地区发生了一件"非法移民"的"围捕"事件,在那里移民受到殴打,五名移民死亡。这些被围捕的人是联合国难民署承认的难民(Hedman, 2008)。不足为奇的是,人民义工队被指控过度使用武力,任意逮捕和袭击非法移民。政府的人权委员会已经意识到这一问题,建议人民义工队组织尽快改革,一些组织成员甚至认为"法律掌握在自己手中"(转引自 Hedman, 2008, 374),"我们不能容忍人民义工队成员如此滥用权力,我们将采取措施防止这样的事件重演"(同前)。然而这似乎看起来只是政府的花言巧语而已。

第七,安抚已经穷困潦倒的公民,以面对外来移民以及周期性发作的本土主义和仇外心理。例如,克洛茨(Klotz, 2000)在南非种族隔离的阴影中标识了一种"新的非种族仇外心理"。事实上,2007 年,只是因为成为移民,津巴布韦人就已经成了马来西亚暴力对准的目标,印度尼西亚和其他移民也成为马来西亚反非法移民暴力的目标(在专栏 4.8 中已讨论过)。然而,贫穷国家政府也面临着政治合法性问题

（他们需要做一些事情，以让公民满意）。迁移政策中更加臭名昭著的　*229*
便是所谓"性别特征"，因此本章最后将讨论亚洲国家的迁移政策与性
别的关系（见专栏4.9）。

专栏4.9　亚洲国家的迁移政策与性别的关系

与其他区域和富裕国家类似，贫穷国家的迁入与迁出法律、政
策要么具有性别歧视性，要么是"性别中性"的，它们对不同性
别有着不同影响。亚洲国家的迁入政策和迁出政策有着不少共性，
但本节强调的重点是更为贫穷的东南亚国家。

大多数亚洲国家的移民政策都在于限制劳动力移民的数量，限
制其居留期限并限制他们通过"一体化"政策获得定居的安逸感，
尤其是那些与家庭团聚有关的迁移（Piper，2004，2006；Seol and
Skrentny，2009）。在对日本和韩国的研究中，索尔和斯克伦特尼
（Seol and Skrentny，2009）指出，事实上，在亚洲国家内部定居
的移民数量很少，主要原因在于这些国家将经济发展看得比较重，
这些国家缺少家庭团聚的政策，而亚洲国家较其他国家而言有更
多的移民控制政策。与此类似，一些国家（如新加坡，较亚洲其
他国家相比富裕）根据技术来决定移民是否有进入和定居的权利，
这正呼应了西方国家的政策（Yeoh and Lin，2013）。多数亚洲女性
非法移民都被要求为一位雇主从事两年以上家政工作，这也反映
了女性只能从事家政工作的偏见。因为他们之间的合同并不是永
久的，且女性多数从事私人部门工作，所以女性并不能受到国家
劳动法律的保护。正如我们将会在第六章中了解到的，这会对移
民劳工产生最坏的影响（Piper，2004，2006）。[1] 正如西尔维（Silvey，

---

[1] 我们还可以参考布伦达·约和她在新加坡的同事所发表的关于新加坡国内工人和权
利的大量近期文献。

230

2004）所指出的，亚洲各国政府都对私人领域发生的虐待事件保持相对沉默的态度，留给非政府组织来解决这些无法说出的苦楚。更普遍的是，亚洲国家的迁入政策和迁出政策以及社会实践都意味着女性移民所能进行的选择十分有限（Piper，2004，2006）。

我们可以将关于移民政策的讨论划分为：国家行动者和非国家行动者（包括劳务经纪人）以及他们的利益，国家和国际人权工具以及非政府组织的作用（Piper，2004；Lindquist et al.，2012）。首先我们要说的是国家行动者。大部分移民政策似乎都是由政府精英自上而下制定的。派珀（Piper）认为，大多数政府官员都无法理解移民女性的生活，尤其是贫穷的移民女性的生活，所以这些官员总被视为"冷漠"和"傲慢"的象征（p.221）。国家高度参与（正如前面所述的七个国家移民政策目标中的第一条）组织了女性移民劳工向沙特阿拉伯这样的国家的迁移，但非法劳工输出机构也还存在。而大多数亚洲国家，尤其是印度尼西亚这样的国家并没有打击非法劳工输出机构，而是容忍它们的存在，因为它们看起来可以为国民经济发展目标服务，而且以可接受的方式对待了迁入国和迁出国的贫穷女性。通常警察和其他官员也与这种非法劳工输出机构进行合作，（Silvey，2004b；Rodriguez，2010；Rudnycky，2004）。虽然非法劳工输出机构的"劳务经纪人"都主要由男性组成，但女性也逐渐成为家政劳工之外的重要组成部分（Lindquist et al.，2012）。这些在迁移治理中的行动者让我们想起了福柯文献中所关注的非国家行动者。这些单方面行动的私人行动者保护了海外女性移民，也让我们想起了印度尼西亚女性移民在沙特阿拉伯的生存状况（Silvey，2004b；Rudnycky，2004）。尽管政府普遍关注海外公民的福利，但他们面对目的地国的底气却不是很足。能达成双边协议是十分罕见的，如果外国政府有虐待本国公民的情况出现，他们能做的却很少，特别是如果移民受到威胁要被从所在国家驱逐出境，他们就会损失大量的汇款（Piper，2006）。

　　到亚洲各国和地区的迁移已经成为各个部门的战场。一方面是劳动力部门，通常更关注劳动力移民的需求（如通过创造劳动保护标准和劳动仲裁谈判，主要是在中国的香港、日本和新加坡）；另一方面是内政部，它们脱离了对移民劳工的担忧，反而对安全问题更感兴趣（Piper，2004，2006）。亚洲国家之间的合作主要针对非法/无证移民，尤其对偷渡和人口贩卖管制甚严，但这些协议通常不像在欧盟地区那样具有法律约束力。自 2005 年之后，关于劳动力迁移的研究越来越多，包括全球迁移发展论坛（GFMD）、"科伦坡进程"（Colombo Process，2016）和 2007 东南亚国家联盟关于移民劳工的保护宣言（IOM，2010）。然而就像《曼谷宣言》一样，这些协议和宣言既无法律效应，也无强制力。

　　非国家行动者、非政府组织和志愿组织也在亚洲慢慢成长。大量的非政府组织，如总部位于马尼拉的亚洲迁移论坛以及吉隆坡的艾滋病与流动行为协同研究（CARAMASIA）等组织越来越多，它们正建立国际网络来解决移民（尤其是女性）的福利、教育、证明文件和法律需求问题，在迁入国和迁出国都是如此。同样，移民自己已经形成了海外宗教或种族互助协会，这在大量的海外菲律宾人之中十分常见。依赖国家以及国内外非政府组织连接的迁移链在菲律宾这样的国家正在兴起，但在柬埔寨和越南等国家还是比较少见的。关键是这些非政府组织是自下而上的，它们对于精英驱动的移民政策的回应也多属基层回应（Piper，2004，2006）。

231

前面的章节中提到的国家和国际文书，如 1990 年的《联合国公约》，只被菲律宾和斯里兰卡认可。公约可以为移民劳工提供最低限度的保护，但鉴于亚洲国家和世界其他国家对此公约的认可率较低，移民劳工的命运就被"慷慨地"交给了非政府组织或是受到各国海外劳工法的保护，这里面存在执行的问题。支持移民劳工的非政府组织的一名成员介绍道："这些法律都存在于此，但当涉及现实时，就什么也没有了。"（转引自 Piper, 2004: 224）。

4.11　结　论

与迁移本身一样，国家追求特定移民政策的原因，以及这些政策的特点都是复杂的。在这一章中，我回顾了一系列宽泛的方法，用以说明移民政治和移民政策往往相互矛盾，特别是当基于竞争的目标和基于策略的"迁移管理"出现之后。在本章的最后一部分，我们将视线从理论上移开，目的在于分析贫穷国家实际的政策和实践。其中一些政策完全来自富裕国家，只是在贫穷国家的一次性应用，但也有一些限制。正如我们在第二章和第三章中所看到的，这种理论方法有时候是不一致的，有些相互补充，而有些相互重叠。关键问题在于迁移并不只是由神奇的经济法决定的"自然"现象，或仅是移民的个人决策。民族国家（包括迁出国）都由移民、市场、非国家行动者、国际机构（如欧盟或北美自由贸易协定）、地方领土控制和塑造的。很难说哪一种领土治理形式比其他的更加重要，但无论迁移研究中如何要求停止采用"民族主义方法论"，很显然国家控制并没有消失。无论是超国家的移民政策，还是本土化的移民政策，都没有指出移民面临的不幸处境。这就是移民政策的实际内容。在任何情况下，国家都会给予高技术工人和富人一些特权，让他们享受更具竞争力的迁移策略，那些没有技术的合法移民除外。寻求庇护者和难民在某些条件下也是被接受的，但是无论在富裕国家还是在贫穷国家，对于他们的保护都没有达到像《日内瓦公约》中承诺的那样。尽管如此，移民们还会继续组织并呼吁更多的权利。关于这些权利和公民资格我们会在第六章中进行介绍。现在我们开始第五章的讨论，我们关注的是当移民突破重重障碍最终进入迁入国后他们的生存问题。换句话说，我们将在下一章重点关注工作和雇佣问题。

4.12　拓展阅读

关于国家和迁移有着无数的研究，但在过去十年间，北美和欧洲国家比其他地方有更多的文献出现在核心学术期刊上。博斯维尔（Boswell，2007a）、格迪斯（Geddes，2015）、汉普夏尔（Hampshire，2013）、霍利菲尔德（Hollifield，1992）、马西（Massey，1999）、迈耶斯（Meyers，2000）及萨迈斯（Samers，2003a）提供了对马克思主义者、国家主义者和其他自由政治经济方法的移民政策理论的点评。想要对福柯式方法进行更深入的了解，可以参考法辛（Fassin，2011）。想对世界层面基于国际案例（如韩国、日本等）的移民和迁移政治研究有所了解，参考霍利菲尔德等（Hollifield et al.，2014）。卡斯尔斯等（Castles et al.，2014）中的第八章对合法化计划、难民政治和移民安全相关问题进行了综述回顾。博斯维尔和格迪斯（Boswell and Geddes，2011）则为欧洲内部的迁移和流动提供了一个研究案例，尤其是体现了欧洲各个机构的重要性。加布里埃尔和佩尔兰（Gabriel and Pellerin，

2010）对于全球劳动力迁移进行了分析。马西等（Massey et al.，2002）对2000年之前美国和墨西哥移民控制的特点和后果进行了研究，而德拉诺（Delano，2009）、萨迈斯（Samers，2015b）进行了更新。内文斯（Nevins，2008）则对近期美墨边境的"人口"进行了叙述。卡斯尔斯（Castles，2004）和佐尔伯格（Zolberg，2006）对移民管理中国家面临的问题进行了指导性概述。考夫曼（Kofman，1999，2002，2004）、派珀（Piper，2006）、威利斯和约（Willis and Yeoh，2000）对移民政策与性别的关系进行了非常有用的评述。关于移民控制的地方研究，尤其是英国和美国的研究，可以参考哈伯德（Hubbard，2005a，2005b）。达林（Darling，2010）以及达林和斯夸尔（Darling and Squire，2012）对英国进行了研究，而莱特等（Leitner et al.，2008）、史密斯和温德斯（Smith and Winders，2008）以及瓦桑伊等（Varsanyi et al.，2012）对美国进行了研究。

4.13　总结性问题

1. 解释为何富裕国家的移民政策不是简单的约束性政策。
2. 解释移民政策从哪些方面来说是"升尺度"的。
3. 什么是《都柏林公约》？它是如何影响寻求庇护的？
4. 移民政策从哪些方面来说是一种地方性事务？
5. 移民政策是如何与性别相关的？
6. 讨论富裕国家和贫穷国家之间移民政策的差异。

迁移、工作与定居的地理分析

5.1 引 言

迈克·戴维斯（Mike Davis，2006）描绘的有关阿联酋迪拜的扩张图景令人吃惊，而这些对于新购物中心、大型工程项目和令人眩晕的迪拜摩天大楼里的参观者而言是看不到的，对于大部分来自印度和巴基斯坦的移民劳工也是如此。这些移民劳工以合同工为主，占迪拜劳动力的25%。到了 2005 年，约有 70 万移民进入阿联酋寻找工作（Buckley，2013）。在精英阶级和中产阶级过着有空调的奢侈生活的同时，许多移民劳工却在这个炎热的沙漠城市中每周工作 6 天，每天工作 12 小时。种族歧视和宗教歧视是十分常见的，如保安和间谍会密切监视移民劳工。雇主们有时会消失，并且不支付任何工资。移民劳工居住在脏乱的房间里，一个房间最多时可以住 12 个人。工人们在偏远的沙漠营地居 *238* 住，在那里厕所和空调都是闻所未闻的奢侈品。在很多情况下，自来水也是一种奢侈品。工人们每天会被巴士载到迪拜市中心的建筑工地上工作。这种工人就是所谓"合同工"，他们与海湾地区的卡法拉体系息息相关。这是一种"担保体系"，所有国外劳工（无论是建筑工还是家政工）要想续签合同，其法律和经济责任都需要得到阿联酋公民的确认。在这一系统中，想要获得公民身份或是永久居住权几乎是不可能的（如Buckley，2013；Pande，2013）。正如迈克·戴维斯所认为的，这个系统只是一个委婉的说法而已。移民们的护照常常会被雇佣代理机构没收，而且签证又与特定的雇主绑定，因此他们的活动间接地受到控制。来自南亚的移民劳工甚至被禁止进入高档的购物中心、高尔夫球场和昂贵的饭店。阿联酋不遵守国际劳工组织的劳动法规并且拒绝签署国际移民工人公约。人权观察（一个非政府国际组织）估计，超过800人在从事建筑工作时失去了自己的生命，这些均被当地政府和公司掩盖。事实上，他们的生活十分艰辛，移民劳工的与食物、卫生、健康相关的大部分社会再生产活动都留给了小型慈善机构和跨国公司里的少数精英群体。慈善机构与跨国公司更关注的是劳工身体上的需求，而非其政治诉求，这一点与迪拜政府和警察的想法完全不同（Buckley，2013；Davis，2006）。戴维斯解释了政府对移民劳工的态度：

> 迪拜警察可能对非法钻石和黄金的进口、卖淫团伙和利用现金一次性购买25套别墅的可疑人物视而不见，但他们在其他方面却表现得十分勤劳，如驱逐那些抱怨被不诚信的承包商们欺骗工资的巴基斯坦工人。

（Davis，2006：66）

这还没完，迪拜警察甚至会将那些举报雇主强奸的菲律宾女佣送进监狱。与此同时，厌倦了邻国沙特阿拉伯和巴林的什叶派动乱，迪拜政府以及阿联酋其他地区都更喜欢南亚的非阿拉伯劳动力。然而这些移民在2005年前后也在政治上有所活跃，因此政府通过"文化多元化政策"

大量引入阿拉伯工人，稀释了亚洲其他地区劳动力的比例。然而按政府的要求雇主们并不能找到合适的城市工人。2005 年前后的城市居民并不想为了 100～150 美元一个月的工资到建筑公司上班，而移民工人也以暴乱的形式反对低工资和比较差的生活条件。到了 2007 年，3 万～4万劳工参与了长达两周的罢工活动。自相矛盾的是，城市空间的分割加强了抗议的激烈程度，但也最终瓦解了它们。一方面，工人们为共同问题所激励，消息很快就在难民营中传开了，抗议声在通往市中心建筑工地的大路上、各个工地上、迪拜劳工部中心以及劳工营振荡，移民劳工顿时出现在大众和各个非政府组织的视野中。另一方面，随着罢工的推进，面对建筑公司的关注，阿联酋政府开始容忍在难民营私人空间内的小型罢工，但不能容忍城镇范围内的罢工。事实上，政府将难民营作为薪酬和工作条件的仲裁机构，目的在于阻止更多公众的抗议。其实，难民营为抗议和罢工提供了场所。城市空间的分割导致许多工人产生了政治诉求（Buckley，2013），但迪拜仍然需要这些劳动力的支持，从而不断扩张发展。

　　虽然迪拜可能是一个不寻常的利用移民劳工来建设资本主义殿堂的例子，但是这些移民，无论是迪拜案例中薪酬低得可怜的，还是香港、伦敦、纽约和新加坡的高薪印度移民，都是经济建设的中心力量（见表 5.1，它提供了经合组织国家中外国工人的数量和比例）。哈罗德·鲍德尔（Harald Bauder）在书中的开篇简要总结道：

　　　　不妨想象一下，如果有一天所有的移民都决定回到他们的祖国：菲律宾的保姆收拾行囊离开了一直为其抚养孩子的新加坡家庭。圣地亚哥郊区的夫妇也失去了他们一小时工资不到 5 美元的墨西哥菜农。意大利农民会发现他们果树上的水果都腐烂了，因为他

240

们的廉价劳工离开了果园。纽约的制造业也将因为大量劳动力的缺失而濒临崩溃。更糟的是,华尔街也将关闭,因为清洁工、保安、办事人员和出租车司机都已经不在此地了。工业化国家的许多经济部门都将处于停滞状态,而其他部门也会紧随其后。虽然这并不是典型的世纪末日场景,但是这个假设的例子也说明了我们的经济高度依赖于这些"隐形的"国际移民劳工。

(Bauder, 2005: 3)

其他国家的移民又是如何参与经济活动的呢?要想弄清这个问题,首先要明白移民与移民劳工的区别。本书的引言和前面几章都介绍了人们迁移的多种多样的理由。如果人们仅仅因为工作而迁移,我们就需要考虑四个部分的内容。第一,无论人们迁移是为了获得更好的工作环境,还是更高的薪酬,这些愿望可能都是被某些国家、区域或城市的媒体(包括网络、纸媒、电视、广播等)鼓动的。第二,人们因为朋友、亲戚或是熟人而迁往海外工作,可能这些人会为他们提供安置地和食物,至少会提供一段时间,直到他们找到自己落脚的地方或是心仪的工作。第三,人们会因为雇主的招聘而迁移,通常也会有朋友、亲属、私人劳动力机构或是起始国政府的帮助。起始国政府建立了一个国家支持的劳动力雇佣(或称"劳动力出口")市场,以组织大规模的劳工流动。这在菲律宾和印度尼西亚政府对待建筑和护理行业以及许多其他行业移民的案例中得以体现。虽然全世界范围内这类雇佣都很普遍,但却不一定是合法的。高技术移民往往会通过私有企业或公共组织,如欧洲国家中的国家健康服务处来完成迁移。第四,与以上所有渠道均有关,即移民可能会被非法招募或被贩卖。这种情况在因为一系列原因离开母国的高技术移民中也会发生。他们最后可能会寻求庇护,或者不选择寻求庇护而维持非法身份。在这两种情况下，他们最后往往都是从事低薪工作（本章还会重点讨论这个问题）。

本章的目的并不是描述和解释劳动力迁移，而是描述和解释移民从事某些经济活动的途径和原因，以及他们拥有目前工作环境的过程和原因。本章按照以下顺序展开。第一，为了了解移民劳工的工作行为和经历，我们会回顾三种能够揭示劳动力市场内部移民劳工现状的理论：人力资本理论、劳动力市场分割理论和移民网络方法。之后，我们会提出"国际劳动力市场分割"理论，并利用它来指导我们理解世界移民劳工的经历和现状。

表 5.1 劳动力市场参与度（就业率 / 失业率），本国出生 / 外国出生的男性 / 女性，2013 *241*

	就业率				失业率			
	本国出生男性	外国出生男性	本国出生女性	外国出生女性	本国出生男性	外国出生男性	本国出生女性	外国出生女性
澳大利亚	78.0	77.8	68.6	62.0	5.9	5.8	5.0	6.0
奥地利	76.7	72.7	68.9	58.5	4.4	10.4	4.5	9.3
比利时	67.5	60.5	59.7	45.3	6.8	18.2	6.8	16.0
加拿大	74.9	76.6	71.0	65.2	7.5	7.9	6.2	8.3
智利	71.0	83.3	46.6	66.7	6.6	4.1	8.7	3.7
捷克共和国	75.5	80.6	59.6	58.4	5.9	7.3	8.4	9.7
丹麦	76.0	67.3	71.7	59.1	6.4	11.4	6.5	13.5
法国	68.1	66.4	62.2	48.7	9.2	15.9	8.9	16.4
德国	78.1	77.2	70.8	59.8	5.1	8.3	4.5	7.9
希腊	58.0	56.3	40.0	39.5	23.2	37.3	30.7	38.9
匈牙利	63.4	78.4	52.5	58.3	10.4	7.4	10.1	12.8
意大利	64.2	68.6	46.1	49.4	11.1	15.9	12.4	17.5

	就业率				失业率			
	本国出生男性	外国出生男性	本国出生女性	外国出生女性	本国出生男性	外国出生男性	本国出生女性	外国出生女性
韩国	71.6	80.9	49.7	50.8	3.2	3.3	2.9	5.8
墨西哥	78.3	68.2	45.0	39.0	5.1	6.9	5.1	6.8
荷兰	80.1	68.8	72.4	55.4	6.3	132	5.4	12.2
波兰	66.6	69.5	53.4	47.7	9.8	5.7	11.2	21.1
葡萄牙	63.4	64.1	57.6	61.3	16.4	22.5	16.5	21.0
西班牙	60.3	53.2	50.7	48.4	23.5	37.4	25.2	34.1
瑞典	78.3	67.4	75.9	58.5	6.6	17.0	6.4	15.8
瑞士	85.2	83.3	77.0	68.5	3.2	7.2	3.0	8.3
土耳其	69.6	63.9	29.6	33.0	8.1	10.2	10.8	11.5
英国	75.2	76.7	67.1	59.0	8.2	8.1	6.7	9.8
美国	69.3	79.6	62.2	57.4	8.2	6.5	7.2	7.6

数据来源：OECD（2015）

5.2 对迁移与工作之间关系的理解

传统观点（人力资本理论及其局限性）

在就业研究中，占有主导地位的理论是人力资本理论。它是在因加里·贝克尔（Gary Becker，1964）的研究中广泛使用的理论，也是世界各地的经济学家、经济地理学家、研究迁移的社会学家以及许多政策制定人员主要使用的理论。人力资本理论宣称，劳动力市场之所以会是如此（或人们是如何在劳动力市场中按照他们的工资水平来工作的，即"人们的劳动价格"）主要是由个体（这里指移民）原因导致的，其中包 *243* 括个人技能、教育经历、能力以及他们对工作职位、工作条件和收入等综合考量后所做的理性选择。因此，经济学家认为，一个人的劳动价格与一个人的人力资本有关。

无疑许多证据都支持了这个理论。人们对人力资本理论的研究也从早期相对粗放的研究演变成现在结合大量的"控制变量"（如职业、职业流动性、代际流动性和收入）对劳动力市场成果进行的研究。这项研究包括人力资本是如何随时间变化的，"接收的环境"（目的地国政府政策、劳动力市场特征、移民所居住的种族社区条件）（Portes and Rumbaut, 2014：139），以及与此相关的"种族飞地"的存在与否（之后会讨论）、"同种族"地区集中、"社会资本"（在同种族人群网络以及与目的地国公民之间的网络形成过程中的作用）、年龄、变化的移民政策、公民身份、劳动能力缺失、性别、国家和民族背景、父母的受教育程度、"种族"、宗教信仰以及其他特质。关于这一点有各种各样的文献，它们有时会因为不同的民族群体和国家而出现一致但却复杂的结果。[1] 其他研究分析了不同的类型资本主义、不同的福利体制以及不同的国家

---

[1] 想了解 21 世纪前十年的研究，请参见布勒德灿和三都（Bradatan and Sandu, 2012）对西班牙的研究，奇西克和米勒（Chiswick and Miller, 2010）对澳大利亚的研究，克里斯和韦伯（Creese and Wiebe, 2012）、拉伊库玛等（Rajkumar et al., 2012）、祖贝里和塔西尼克（Zuberi and Ptashnick, 2012）以及普雷毕什（Preibisch, 2010）对加拿大的研究，康纳和凯尼格（Connor and Koenig, 2013）、科普曼斯（Koopmans, 2010）以及列纳瑞和福林（Reyneri and Fullin, 2011）对欧洲国家的对比研究，弗莱施曼和多克拉斯（Fleischmann and Dronkers, 2010）对欧盟失业率的对比研究，莱萨德 - 菲利普斯等（Lessard-Phillips et al., 2013）对欧盟移民二代的研究，喀纳斯等（Kanas et al., 2012）以及喀纳斯和范·图博根（Kanas and van Tubergen, 2011）对德国的研究，瓦尔丁格和卢特拉（Waldinger and Luthra, 2010）以及波特斯和朗博（Portes and Rumbaut, 2013）对美国的研究。

政策，尤其是与移民、雇佣和福利相关的政策之间的关系［近期的研究包括德米瑞瓦（Demireva，2011）关于英国的研究；德维特（Devitt，2011），弗莱施曼和多克拉斯（Fleischmann and Dronkers，2010），科根（Kogan，2007）的比较研究］。但近三十年的历史经验却相互矛盾。例如，科根（Kogan，2007）发现，"自由主义福利"国家（如爱尔兰、英国）的就业可能性要高于"社团主义福利"国家（如澳大利亚、德国）或"剩余型福利"国家（如意大利、西班牙）。然而弗莱施曼和多克拉斯（Fleischmann and Dronkers，2010）却认为福利制度的类型与就业并无关联。布切尔和弗里克（Büchel and Frick，2005）则支持在"人力资本"被控制的情况下，移民政策对劳动力市场成果有显著影响的观点，至少他们在关于 20 世纪 80 年代至 90 年代西欧国家的研究中是如此的。与此类似，波特斯和朗博（Portes and Rumbaut，2014）同样也在控制人力资本变量的前提下比较了美国内部墨西哥人和尼加拉瓜人的劳动力市场以及柬埔寨、古巴、老挝以及越南等前社会主义国家劳动力市场在成果上的区别。美国政府为后四个国家的劳动力提供了大量的定居援助（主要原因在于 20 世纪 70 年代至 80 年代上述四国都脱离了社会主义制度），这为与墨西哥和尼加拉瓜人有关的更高水平的经济流动做出了贡献。尼加拉瓜人多数也是 20 世纪 80 年代来自桑蒂诺（社会主义）体制下的难民，美国的外交政策也在随着时间而改变，给予尼加拉瓜人的物质援助远没有给予越南人的多。与此相反，1989 年之后，美国政府允许大量中国人到美国工作，这就提高了中国技术移民的收入（Orrenius et al.，2012）。而在欧洲语境之下，科普曼斯（Koopmans，2010）提供了类似的分析，并表明，更具约束性的移民政策与多元文化福利政策（如荷兰、瑞典）相比能够带来更高的就业率。科普曼斯指出，宏观经济环境（低失业率）也是移民高就业率最好的预测因素。然而国家或城市的宏观经济环境对就业率的影响并不显著。赖特和埃利斯（Wright and Ellis，1996）指出，移民劳工在 20 世纪 70 年代的经济危机中仍然能够在纽约找到工作，原因在于美国公民因经济危机离开城市，为移民劳工提供了机会。

城市和经济地理学家们的研究更为关注地方效应。他们对人力资本、社会资本和社会再生产要素（如居住位置）之间的关系进行分析，从而理解城市劳动力的社会空间分异（为何移民集聚于特定产业），并最终对劳动力市场成果做出解释（见 Mattingly，1999；Wright and Ellis，2000a；Ellis et al.，2007）。埃利斯等人（Ellis et al.，2007）认为，尽管有很多特例，但移民的居住区位一般与移民在特殊行业的集聚有关。换句话说就是，工作空间的可达性和它的社会可达性同等重要。他们发现居住地与工作地的地理位置对于理解大都市内部劳动力的社会空间分割至关重要。这一发现也暗示了资本主义生产与社会再生产本质之间的联系所在，这种联系我们之后会谈到。 *245*

我们暂且不提人力资本理论的细微差别，大部分的人力资本理论存在至少四个问题。第一个问题是，许多人力资本理论研究依赖于过度简化的移民经历和特质 [如"保持英语技能不变"或是其他对于移民群体同质化的令人质疑的假设——波特斯和朗博（Portes and Rumbaut，2014）所说的"文化主义理论"]。例如，2010 年，在英国的多数波兰劳工都被社会认为是年轻且受过良好教育的，但有些已经无家可归，75% 的人没有大学文凭，英语口语普遍很差，有些人甚至遭受了边缘化（White，2011）。第二个问题是，在关于同质化的假设中，人力资本理论常常因为将劳动力市场及其所在的社会环境中的社会阶层差异"自然化"而被诟病（Hanson and Pratt，1991）。例如，法国劳动力市场统计数据中普遍使用类似"北美人"和"非洲黑人"这样的分类方式，我们并不清楚这样的分类方式对劳动力市场结果有多大影响。这些自然的区分并没有停滞于国家或种族层面。人力资本理论家认为，移民们在被雇用时也经常被分为合法的或不合法的，但实际上雇佣关系可能会改变他们的移民身份。在意大利或西班牙，随着政府"规范化计划"的实施，即为长期拥有正式工作的移民提供合法的居住身份，就业或失业经常会让移民陷入无尽的合法和违法的怪圈之中（Hazan，2014；Reyneri，2001；Schuster，2005）。人们只看到性别的表面价值，不承认性别是就业过程中的产物。例如，在美国，菲律宾女性与拉丁美洲国家的女性被雇用从事家务劳动或是护理工作，因为这些工作都被看作"女性的工作"。这无疑也强化了家务劳动力与将女性看作"护理者"之间的关系（如 Hondagneu-Sotelo，2002）。

246

既然许多人力资本理论家与无数的雇主都认为，根据性别、民族或是否有证件进行分类的劳动力市场中的个体都具有某些共同特征，那么学者们对于劳动力市场现状的评价或雇主们会在数据中将他们进行分类也就不足为奇了。除了上面引用的法国的例子，人力资本理论家认为在全球劳动力市场研究中这也是一种标准的分类范式。简言之，人力资本理论家并不关心雇主们是如何构建或重构移民身份及其在劳动力市场层级结构中的位置的。

然而极具讽刺意味的是，雇主们将他们的工人分配到特定的工作岗位的决定一般是基于一些广为人知的刻板印象（一般基于国别、民族或是性别），或是基于他们在特定环境中身体或行为上的表现（如着装等）。这会产生强化群体身份的效果，但它也引出了一个十分棘手的问题：如果群体身份和行为加强了，那么这些群体身份是否因为是由雇主构建的而变得不真实呢？如果它们确实是真的，那么基于国家差异对数据进行分类（就像人力资本理论所做的这样）就十分合理了。但这种方法也模糊了群体内部的差异与工人的多重身份（McDowell et al.，2007），并冻结了论文中以及雇主印象中的群体身份和行为，因此这种方法助长了种族偏见和文化偏见。

人力资本理论的第三个问题是，它无法明确地回答关于"社会职业降级"（Reyneri，2001）、"移民劳动力贬值"（Bauder，2005）以及"人才流失"（如 Fossland，2013）的问题。换句话说，当那些具有较高学历或拥有一些技能和资质的移民来到迁入国后，他们的学历、技术或是其他资质都不被迁入国的雇主们接受。移民们并不能轻松地转移他们的资本，所以就很难从事农业、工程、法律和卫生等行业的工作（如 Banerjee and Phan，2014；Bauder，2005；Raghuram and Kofman，2002）。此外，他们对所在国的工作规范并不熟悉，如班纳吉和潘（Banerjee and Phan，2014）对加拿大的研究就证明了这一点。福斯兰德（Fossland，2013）通过对挪威的研究说明区分"高技术"（拥有所在国语言知识，接受过技术教育）和"高素质"（为雇主所满意）移民的重要性。拉古拉姆和考夫曼（Raghuram and Kofman，2002）描述了这样一幕：印度医生到了英国之后就变得资质不足，所以被要求参加耗时耗力的考试以获得英国国家卫生署中一个难以捉摸又不稳定的职位。一般来说，在发达国家，医生成为医院的工人，电力工程师成为电工都是很正常的，高学历的政治活动家受到迫害而寻求庇护，在低薪工作中勉强度日甚至失业也都是很正常的。事实上，许多移民或寻求庇护者通常都具有中等以上的教育水平。人力资本理论家通常把这样的移民描述为"人力资本回报率低的人"（Kogan，2004）。简言之，劳动力市场结果与一个人的受教育程度、资质和技能并没有一一对应的关系。人力资本理论的第四个问题是，它重点关注的是移民的社会经济流动（即一种

对劳动力市场现状的改善），而没有关注移民出于生计考虑而进行的迁
移行为。事实上，虽然基于人力资本理论的研究确实可以衡量收入和薪
酬，而非只是简单的职业成就，但统计数据的缺失让我们很难关注到底
层劳动力市场中的非正式就业。

5.3　另一种观点的开始，劳动力市场分割理论的发端：双重劳动力市场假说

让我们来回顾第二章中对于双重劳动力市场假说的介绍。它认为现
248 代工业社会劳动力市场中有两大部门，第一主要部门有着较好的工作条
件、较高的工资、较稳定的地位以及较多的提升机会，而第二次要部门
则有着较差的工作条件、较低的工资、较不稳定的地位以及较少的提升
机会。因为工业生产的本质以及本地工人不愿意从事这类工作，所以移
民主要进入第二次要部门工作。

这是对劳动力市场与迁移之间关系的一种十分优雅的理解，但却是
不完整的。首先，它只关注了由雇主产生的劳动力需求，而对国家与其
他机构所扮演的角色关注甚少，对工人的社会再生产也只字未提。其次，
它只对劳动力市场进行了两部门分类，这显得过于简单化了，尽管发达
国家的构成逐渐趋向富人和穷人两种类型。同样有趣的是，由于制造业
（现代工业社会的"工业"）的大幅衰退，许多富裕国家（如欧盟国家、
北美洲国家或如新加坡这样的某些亚洲国家）中的制造业所雇用的工人
总数不到全部工人的 25%（World Bank，2012）。将这些国家称为"现
代工业社会"，这体现了一些批判性思维，但却回避了某些问题的实质，
如皮奥里（Piore）的分析在多大程度上与以服务导向型就业为主的社

会有关。安德森（Anderson，2010）则认为，皮奥里的分析十分中肯。在对英国东欧移民的研究中，她将他们的薪酬和工作条件称为"皮奥里式"的（p.305）。再次，许多兼职工作是十分稳定的，而许多本应是主业的工作却成了一些定期项目。然后，皮奥里完全忘记了非正式就业与移民企业家的存在，这也不奇怪，因为他在完成他的专著时就完全褪去了学术光环。最后，皮奥里对公民身份提供了一种很粗放的解释（一个人要么是本地工人要么是外国工人），而且在某些"嵌入性表现"的假设中他忽视了雇主是如何涉及就业分割的（本章后面部分会详谈）。简言之，皮奥里的分析有其自身的缺陷，而这些缺陷在 21 世纪仍然存在。这些批判向我们指出了对于他的分析的一些修正思路。接下来我们将继续介绍劳动力市场分割理论。

5.4　超越双重劳动力市场理论：劳动力市场分割理论 *249*

　　在 20 世纪 70 年代皮奥里的相关研究之上，赖希等（Reich et al.，1973）以及后来的戈登等（Gordon et al.，1982）都发展了"分割"的概念，并用它来描述公司内部的不同规则是如何统治劳动力市场内部的"细胞"（某个或某些工作岗位）的。这些不同的工作岗位有着不同的工资、不同的工作条件、不同的晋升可能性等。赖希等认为工人们会因其受教育程度、资质、语言和其他技能而被嵌入特定的岗位之中，同时因其肤色、国籍、性别或是其他可描述的特征而被认为适合于不同的工作。这对于那些在雇主的印象中适合从事高薪工作的群体来说这是积极的，但对于那些在雇主的印象（偏见）中适合从事低薪工作的群体来说就是消极的了。目前知名的劳动力市场分割理论就是为了弥补双重劳动力市场理论和人力资本理论的局限性才出现的，虽然有些学者也尝试着将人力资本理论与劳动力市场分割理论相联系（如 Kogan，2004；Mumford and Smith，2004；Sousa-Poza，2004）。换句话说，与其仅仅关注个体与劳动力市场结果之间的关系，学者们更愿意去调查有些移民的表现并不像他们的"人力资本"所预计的那样好的原因。

佩克（Peck，1996）也为该理论的完善做出了贡献。他指出，分割包括"生产要求"（劳动力需求是因特殊生产需求而产生的）、监管力量（对移民劳工的各种形式的监管，从城市警察到国际移民监管等）和"社会再生产过程"（家庭、房子、汇款等在创造工作移民中的作用）的交集。我们发现他的一些观点是对人力资本理论的更新。无论如何，我

250 们可以把社会网络分析、社会文化资本、雇主和雇工的文化判断以及面试时的种族歧视都放入佩克的理论中，以拓展其理论框架。这些组合过程在佩克的著作中被认为带有地方性。但是他对劳动力市场分割理论中的"地方"特征的强调，忽略了劳动力市场的国际维度，而我会在之后的部分再次关注这个问题。但是在此之前，我需要阐述一下劳动力市场和迁移之间的相互作用。

5.5 劳动力市场分割理论的变化：文化资本、文化判断及其嵌入性

哈罗德·鲍德尔（Harald Bauder，2005）借用社会学家皮埃尔·布尔迪厄（Pierre Bourdieu）的著作来说明"文化判断"与雇主的区分过程，以及身体表现与工人的嵌入型文化资本是如何交互影响并在加拿大

的某些城市及众多农村地区（如温哥华与安大略省南部农村）造就了特殊的劳动力市场结果的。这种分割并不仅仅包括刻板印象。雇主们认为一个给定的工作类型最好由具有某种特质的人担任。这样的身体表现对于获得并维持工作来说是很有必要的。移民们必须"遵守规则"并"维持应有的形象"（Bauder，2005；McDowell et al.，2007；Waldinger and Lichter，2003）。那些不这样做的人都被认为是缺乏"文化能力"的人，会面临失业或者从事较差工作的风险。正如鲍德尔所说的：

> 坚持认为身体表现能够表达是否具有胜任某个职位的能力的雇主和工人参与了劳动力文化分割。那些无法展现个人能力，或是未达到雇主预期能力的劳工都会被驱逐出工作场所，因为某些工作需要一定的文化资本。

> （Bauder，2005：45）

某些工人拥有一些必备的"文化资本"，然而其他工人却没有，而雇主们的所谓"文化判断"根植于阶级、种族、性别和公民身份等观念中，这些能够帮助区分加拿大"白人"雇主和非加拿大雇主。但是，鲍德尔认为，"嵌入型文化资本"并不是工人们带到劳动力市场上的某些东西。相反，这是由雇主们的期望与工人们的表现在特定情境中相互影响而形成的问题（即"空间偶然性"）。这种空间偶然性可能涉及一个城市、一个邻居、一家公司、一个非政府组织、一所学校或是一间咖啡屋。在温哥华，他讲述了许多有关南亚移民在寻求工作时因为口音、服饰甚至是身上的体味而被拒绝的故事。例如，一名南亚女性移民无法获得温哥华的图书馆工作，因为图书馆管理人员认为，如果她需要通过电话与顾客交流，顾客会无法理解她的口音。然而，她曾在纽约的图书馆工作过，也在印度大图书馆工作过，在那些地方她都曾与许多讲英语的外国人进行日常交流。然而，在其他经济活动中，一个人的口音就显得不那么重要了。例如，一些对语法和发音技巧一窍不通的南亚人也会被招做温哥华的出租车司机。他在《城市文化》(*The Cultures of Cities*) 中叙述了祖金 (Zukin) 的工作。文中道："一些男同性恋的身体表现能够使他们在曼哈顿很容易找到服务生的工作，但在纽约皇后区那可能就是一种障碍了。"(p.86) 事实上，鲍德尔指出，在某种情形下，移民独特的服装甚至是一种优势。在这里他提到了温哥华的穆斯林，他们很多都在安保产业中工作。穆斯林所戴的头巾成了可靠和诚信的象征。如果某些有特殊文化的移民集中于某个特定的行业之中，那么消费者的期望也就会发生变化。鲍德尔很幽默地写道：

> 让我们假设这样一种情形，如果种族网络引导了大量传统的且穿着正式的德国南部居民进入披萨外卖行业，那么这种穿着就成了这个行业的合理行为。如果这个群体控制了这个行业，这种穿着甚至会成为这个行业的象征，顾客们甚至会期望看到这种穿着。这个略显傻气的例子证明，一个移民群体如果集中于某个行业，就会影响这个行业的物质惯例。

(Bauder, 2005: 46)

252　　与此类似，麦克道尔等 (McDowell et al., 2007) 认为，在伦敦西部一个招聘总经理的宾馆中，合法的移民会因他们所体现出的特征（笑容、着装、外表、与顾客交谈的方式、语言能力，甚至是肤色）而被选择。雇主们经常将某些特征与雇员的国籍结合起来。例如，"他或她是印度人，所以他或她一定是一个快乐、整洁且助人为乐的人"。使用萨琴格（Salzinger，2003）的质询理念，麦克道尔等（McDowell et al.，2007）争辩道：雇员的表现存在一种"二分形式的质询"，一方面他们要完成雇主理想的服务，另一方面也要满足顾客的期望和爱好。而在宾馆服务业中，顾客的魅力对雇员的工作表现起决定作用。这些特征可能只适用于宾馆服务业，而对于其他领域并不适用。简言之，嵌入型文化资本是有空间偶然性的，即一些类型的"文化资本"和"物质表现"对于某些地区而言很重要，但对于其他地区却无关紧要。

事实上，瓦尔丁格和利希特尔（Waldinger and Lichter，2003）认为，雇佣行为与劳动力市场分割并不仅仅是"消极偏见"的结果，而可能是对国籍和肤色的刻板印象。然而，雇佣行为与移民是否能被接受成为劳工有关，尤其是成为那些低报酬且工作条件差的行业的劳工。雇主们都不希望雇用没有用的雇员。如果一个雇主雇用了一个来自危地马拉的雇员，而这个雇员对老板十分顺从，那么他可能也会雇用这个雇员的妹妹，因为她也被认为可能是顺从老板的，这样雇主也就不需要花太多钱去寻找别的雇员。这就把我们带到了移民网络的问题上去，我会在下面的部分来解释它。

5.6 劳动力市场分割理论还有用吗？劳动力市场文献与迁移文献

在亚洲、澳大利亚、欧洲和北美的"超多样化"城市（Vertovec，2007）和"混种"城市（Sandercock，2003）中，雇主可能也不是市民，或者也并不属于主要的种族，分割问题变得更为复杂。它并不仅仅是主要种族对次要种族的问题，也不仅仅是市民和非市民之间的区别问 *253*

题，还不仅仅是白人雇主和黑人雇员之间的问题。然而，对于瓦尔丁格和利希特尔（Waldinger and Lichter，2003）来说，关于分割的争论关注的是那些认为企业或组织（不论大小，不论是官僚统治的还是家族管理的）都通过歧视（参考劳动力市场文献）和迁移网络（参考迁移文献）塑造了雇佣行为的人。

瓦尔丁格和利希特尔（Waldinger and Lichter，2003）在有关迁移的文献中指出，雇主并不是简单地希望刊登完广告，工人就出现在门前，虽然这种现象仍然很普遍。相反，"社会资本"在"社会网络"中的作用为工人获取工作提供了便利。雇主依靠移民的社会网络雇用其他移民，尤其是在那些本地工人不愿从事的行业中。移民的职位常常处于劳动力市场的最底层，那些职位对于语言技能的要求并不高。在找工作时，他们在语言（尤其是英语）上的薄弱能力有时并不是缺点，因为工人们聚在一起常常说的是其他语言，而非英语。如果大多数顾客都是阿拉伯人、西班牙人，甚至是讲乌尔都语的人，那么雇用一个只会说英语的人又有什么意义呢？如果大部分工人都不说英语而顾客却只说英语时又会怎样呢？在这种情况下，一些工人就需要是双语的或是多语的，还要学会当地的主要语言。当工人和（或）顾客来自多种文化背景时，拥有多种语言能力对于交流而言就显得尤为重要。类似情况会出现在许多洛杉矶医院中。所以雇主们有时也无法确定他们到底要雇用谁，他们只能在劳动力市场中进行选择。正如我们之前所讨论的，雇主对第三世界国家的雇员普遍存在种族偏见以及消极的刻板印象，但仅仅从肤色或国籍去解释雇主的决策也未免过于简单。事实上，美国雇主在底层劳动力市场中更喜欢"拉丁裔"或"白人"雇员，因为他们更为温顺，工作也更为努力。美国雇主认为这些工作可能对于非裔美国人[①]来说并不适合。这

_____

① 非裔美国人（African-Americans）指的是在美国出生的黑人，而非那些出生于非洲而后迁移至美国的人。

一现象在种族飞地中更为明显，雇主与雇员来自同一个起始国，所以会雇用相同种族的雇员。事实上，瓦尔丁格和利希特尔（Waldinger and Lichter，2003）认为，从种族飞地和劳动力市场两个角度分析，"移民网络使得语言上的少数民族也能得到工作，而且还会排斥那些不会说这种语言的工人"（p.78）。移民网络和寻找工作的过程会导致所谓"社会封闭"，即某些部门会被某些国家或种族主导，或是被男性或女性主导。例如，在美国俄亥俄州的后工业化城市戴顿中，自2000年开始土耳其及其他中东国家的企业家数量就在不断增长。然而，许多非裔美国人在这个非裔美国人占43%的城市中仍旧不确定自己能否为上述企业家所雇用（New York Times，2013）。

以上讨论是对劳动力市场分割理论的复杂性的展示，它并非想否定工作单位中的个体或组织存在种族主义或歧视，尤其是白人市民对有色人种的歧视，或是种族主义的其他形式。事实上，巴特尼茨基和麦克道尔（Batnitzky and McDowell，2011）展现了英国国家财政服务体制之下的制度性的种族主义及其对雇佣过程的影响。讨论的目的是暗示特定类型的空间、迁移/种族社区与雇佣之间的关系有多么重要。我们将会在下一节介绍这个问题。

5.6.1　复杂的劳动力市场分割理论：种族/移民飞地和种族/移民扩散

到现在为止，我们对劳动力市场和迁移的地理分布说得很少。地理学家和社会学家都在研究"空间"和"地方"对劳动力市场的影响方面 *255* 做出了贡献。在本节中，我们将会简要讨论对于移民劳工产生不同影响的三种显著空间现象：种族/移民飞地、郊区民族居民区、地理扩散过程。这个讨论主要强调两个重点。第一，大部分或者较高比例的雇主和雇员都是移民的地方与当地劳动力市场都被白人或是市民雇主所主导的地方，对移民的印象与期望可能会不同。第二，移民雇主主导的地区和雇员主导的地区，对于在招聘过程中是否使用移民网络也许同样存在差异。这并不代表劳动力市场分割的概念在"种族飞地"中是无效的，只是不同而已。

延续 20 世纪 20 年代到 30 年代芝加哥学派的研究（主要研究芝加哥白人欧洲移民的社会经济流动性及其对城市和郊区居住流动性的影响），社会学家开始研究 20 世纪 80 年代种族／移民飞地和经济的空间表现。这次研究是在更多的国家进行的。他们认为富裕国家的工业衰退在为移民提供工作机会方面发挥了重要作用。事实上，在移民迁入国，种族歧视广泛存在于劳动力市场中，因此就业机会的缺乏就成为一种常见现象，而移民在其他地方能找到高收入工作的主要原因包括雇佣优势／种族经济或是自主创业／个体经营（Logan et al.，2003）。这些相互重叠的术语的区别是什么呢？雇佣优势是指某些经济部门的劳动力比例不协调，无论在公共部门还是私营企业，工作都是由白人或是其他种族群体成员拥有和管理（Logan et al.，2003：346）。例如，在加拿大、美国、比利时、法国和荷兰，越南女性常常从事指甲护理工作（Eckstein and Nguyen，2011）。她们通过正式或非正式网络主导了这个行业，并将其他移民劳工排除在行业之外。然而，尽管某些移民最终能够主导某个行业或部门，但他们也只能在有限的程度上影响劳动力市场成果，因为劳动力市场需求、移民相关政策、人力资本与分割过程也都与他们的命运有关。

种族经济（Bonacich and Modell，1980）包括个体经营者和同种族雇员，它们都是在城市、区域和国家空间上散布的经济体，而这种交互网络一般带有民族性（他们的种族特征会被研究者下定义，或被移民自己下定义，而这种定义普遍仅包括某一单一的种族）（Light et al.，1994）。因此，这种种族经济可能是跨国或跨地方的，要么是特别正式的经济行为，要么是非正式的经济行为。莱特等（Light et al.，1999）则进一步描绘了种族经济与移民经济的差异。在移民经济中，移民企业家雇用其他移民，但不是同种族的，如纽约服装工业中的韩国企业家雇用了墨西哥人和厄瓜多尔人（Kim，1999）。

种族经济或是移民经济的概念既包括个体户（企业家），也包括他们的雇员（工人），因此关于经济体的研究与关于双重劳动力市场的研究是不同的，后者不包括自主创业（企业家精神）。我们这里主要讨论的内容并不包括企业家精神（见专栏 5.1），而是关注种族或移民经济体之中或之外的低收入劳动力是否能够产生种族飞地这个问题。

专栏 5.1　种族或移民企业家精神

个体经营的企业家及他们的产业导致了移民工薪阶层的产生。企业家的比例会因国家、区域、民族和性别等因素的不同而变化。经合组织 2015 年国际移民动向的数据显示了在欧洲国家外国出生的公民搞个体经营的比例。在匈牙利，这一数字为 2.5%，而在卢森堡这一数据为 50.5%。在有关"种族企业家精神"的文献中，常被忽略的一个问题是移民企业家经营的公司与那些由本地人或是占主导地位的种族所经营的公司是否存在较大差异（Light，2005）。问题的答案并不很清晰。

出于对种族与企业家精神问题重要意义的考虑，一群在荷兰的学者采用"移民企业家精神"一词来说明市民身份是如何影响非本地企业家的命运的（Kloosterman et al.，1999；Kloosterman and

257

Rath，2000）。这个研究逻辑性十足，毕竟我们所有人都是具有
"种族的"（Samers，1998a），而且我们没有理由假设本地居民的产
业是"种族性"不强的，或者说特定种族的社会网络（社会资本）
是支持本地企业或移民企业的。但这确实忽视了在更广泛的劳动
力市场中长期存在的种族歧视问题以及移民与少数种族因不是主
要民族（"劳动力市场劣势"）所面临的缺少资源（"资源劣势"）
的障碍。然而，那些面临着劳动力市场劣势与资源劣势双重考验
的人更有可能建立非正式的贸易，而不是正式贸易。从这个角度
来看，种族企业家精神是一个十分正确的术语。对于并没有经受
以上两种考验的移民而言，他们更倾向于建立一种正式的贸易关
系（Light，2005），而此时能够区分他们的只有市民身份了。从这
个角度来看，移民企业家精神或许才是正确的术语。

　　在美国的文献中，"互动论"或许才是在移民/种族企业家精
神的研究中首选的概念。它介绍的是个体经营户与他们的顾客在
种族经济或种族飞地之中的关系（Light，2005）。这种观点一直到
克洛斯特曼等（Kloosterman et al.，1999）时还存在。他们将它写
在了对荷兰的研究之中，认为被美国学者忽略的管理问题也是十
分重要的，这主要是因为欧洲对于企业家及其贸易的监管要比美
国更加严格（Light，2005）。结果便是，如土耳其的面包师或是
阿姆斯特丹的屠夫，都选择去逃避一系列的监管措施，而荷兰的
移民企业家精神则存在于正式和非正式的连接统一体中。考虑到
258　欧洲国家对于小企业的监管，克洛斯特曼等（Kloosterman et al.，
1999）发展了所谓"混合式嵌入"的理念，即社会、经济与制度环
境的相互作用。从这个角度来看，移民企业家精神从理论上来说，
是社会文化框架变化与（城市）经济变化的产物。两种变化的交

互作用发生在一个基于邻里、城市、国家或经济部门水平的更大的动态结构体系中（p.257）。

　　威尔逊和波特斯（Wilson and Portes，1980）首次提出"移民飞地"这一概念，这是一个包含个体经营企业家与他们同种族雇员之间关系的空间概念。他们的研究主要还都停留在雇员上，而顾客是市民还是移民都对他们原本的构想没有什么影响。移民和后来的"种族飞地经济"的概念都在不同的方向上得以延展（Light et al.，1994），包括种族飞地内同种族居民点的整合（Sanders and Nee，1987，1992）。紧接着，《美国社会观察》（American Sociological Review）（1987，Vol. 52，No. 6）中出现了关于是什么构成了种族飞地经济的争论，而正如莱特等（Light et al.，1994）所讽刺的那样，这个术语已经成了某种"橡胶标准"（p.69）。不管怎样，被称作"民族飞地猜想"的东西引起了大量的争论。第一个争论是，"种族飞地"的员工是否比那些"一般劳动力市场"上的同种族员工拥有更高的工资（"相对工资"的问题）？个体经营者和雇主们在多大程度上对这些区别负有责任（Sanders and Nee，1987）？这取决于以下三个命题：一是飞地中的雇主们受益于同种族的劳动力，他们通过培训获得忠诚的和较低成本的劳动力（Bailey and Waldinger，1991）；二是尽管移民在劳动力市场中处于弱势地位（如语言），但他们仍可以在种族飞地中找到工作；三是那些拥有技能的工人不会受到社会职位降级的影响，他们在种族飞地中会找到适合自己技术水平的工作，并且赚得更多（Wilson and Portes，1980）。但总体来说，有关种族飞地的益处的证据是十分不确定的。正如洛根等（Logan et al.，2003）所说的，"种族战略不是一个神奇的子弹，但也不是一个 *259*

毒药丸"（p.381）。第二个争论主要关注移民们是否被"困在"了种族飞地经济体中，从而抑制了他们的"文化适应能力"和社会经济流动（Bonacich and Modell，1980）。第三个争论主要是关于社会再生产的问题。例如，周（Zhou，1992）在她被人熟知的《唐人街》（Chinatown）一书中记录了中国雇主是如何允许中国女性在她们工作的时候还带着自己孩子的。这在唐人街这种"种族飞地"之外是很难被允许的，因此对中国女性在更广泛的劳动力市场中的雇佣就变得不可能了。

5.6.2 种族郊区、异性地方主义与地理扩散：对迁移与工作的影响

在移民和种族飞地的研究中，劳动力市场分割的概念仍然有效，但是刻板印象的类型和作用过程以及对"他者"的期待却与本地劳动力市场由市民劳工所占据之时完全不同。移民并不会在种族飞地之外居住。他们在"世界城市"（Ellis et al.，2014；Hu，2015；Sanderson et al.，2015；Sassen，2006a）或是"门户城市"（如Price and Benton-Short，2008）聚集，如美国有75%的移民，约100万人居住在城市，相比仅有50%的市民居住在上述区域，但是移民并不会受到中心城市的影响（Ellis et al.，2014）。哈德威克（Hardwick，2008）对美国的这种现象总结道："那些新迁入的移民比较喜欢定居于郊区而非市区。"（p.164）（还可参见Hardwick，2015；Singer，2004）绝大多数国家的城市差别都不大，如英国、澳大利亚、加拿大和新西兰。关于这件事，李（Li，1998a，1998b）创造了"种族郊区"这一术语，用于指代那些聚集了某一主导但并不排外的族群的新兴的郊区居住区或商业区，如一些中国移民或越南移民在洛杉矶外部的橘郡的集聚（Portes and Rumbaut，2014）。

　　种族郊区的概念表明，许多移民会从大城市的中心区域迁往郊区，但许多移民的脚步已经延伸至富裕国家最大的都市区之外，有些学者称 *260* 之为美国语境下的"新移民目的地"（如 Winders，2012）或是"新移民门户"（Singer，2004）。富裕国家的移民一直定居于大都市区之外，这些观点有概念上的先例。事实上，泽林斯基和李（Zelinsky and Lee，1998）将其分析置于完全相反的"全球化"语境之下，提出了"异性地方主义"的概念，用于指代 20 世纪末由于交通和通信成本的降低，移民从中心城市迁移至郊区或非都市区的行为。（见图 5-1）

　　由于技术创新与全球化，商业空间和居住空间已经不需要必须具有空间邻近性了。移民即使相距很远，无论在同城还是在异国，仍可以保持联系。莱特（Light，2004）认为，当移民数量超过了工作数量（迁 *261* 移饱和度）时，非正式经济活动的"缓冲区"因要满足移民的工作需求而不断扩张（即他们的所谓"缓冲扩展"）。待这个缓冲区本身已经达到某种程度的饱和（缓冲饱和度）之后，移民就会离开特定城市而去寻求拥有更便宜的住房、更高的工资以及对贫困人口更加宽容的警察等的地方。正如我们在第二章中所看到的，移民可能会因多种原因而发生迁移，如充足工作的可能性（不只是高薪），其他家庭原因（与亲属的团聚）或难民定居政策。所以无论莱特的观点是否正确，都可以证明移民被分散出欧盟和北美的现实。在所谓"二次迁移"中，许多多米尼加人会从高消费的纽约迁移到物价比较低的非工业化城市，在鸡类加工厂（新兴工业）、饭店和宾馆里工作（*New York Times*，2006）。难民定居政策也导致了俄亥俄州的哥伦布市及明尼苏达州的明尼阿波利斯市的索马里人拥有的小企业的持续发展，而墨西哥的直接招聘也使得许多合法但无证的墨西哥或其他中美洲国家移民都来到西南部内布拉斯加州的屠宰场、爱荷华州的养猪场以及肯塔基州列莱克星顿的马场工作。阿尔及利亚人长期在法国北部地区的鲁贝定居，刚开始在工厂（现在已废弃）工作，20 世纪 80 年代开始在建筑工地上工作（Samers and Snider，2015；Samers，2017），而 20 世纪 50 年代在英国布拉德福德和莱斯特定居的巴基斯坦人在纺织厂工作（如 Castles，1984）。以上事例表明，获得体面的工作并不是唯一吸引移民定居的因素，他们还想寻找便宜的房子，而这样的房子更容易在那些去工业化的小城市中找到。而这些小城市很多都是由更早迁入的移民群体建立起来的，从宾夕法尼亚的威尔士矿工到在法国北部工作的比利时、波兰和意大利工人（Noiriel，1984）。简言之，我们没有理由认为移民只会在最大的和最有经济活力的城市找工作。

图 5-1 "包水包电包煤气"：美国肯塔基州莱克星顿西部的"出租"（西班牙语）标志。墨西哥移民与那些中美洲原住民，通常在美国的"世界城市"中定居生活
迈克尔·萨迈斯 拍摄

　　在了解了有关劳动力市场分割的主要文献（包括从跨国到跨地方的地理维度的研究）之后，我们把这些深刻见解用于发展萨迈斯（Samers，2010d）的所谓"国际劳动力市场分割理论"。

5.7　国际劳动力市场分割理论 *262*

　　国际劳动力市场分割理论（Samers，2010d）被认为主要有三个维度。第一个维度是指，它包含由各个国家或超国家（如欧盟）政府以及他们各自的移民政策所导致的世界范围内的劳动力市场的分割。但我们在这里提到的"国际"一词的含义是什么呢？我们提到了所谓"国际行动者"，即那些根据国际规则分割劳动力市场的国家或超国家政府。第二个维度是指，这些国家或超国家的移民政策也将劳动力市场进行了分割，主要方式是依据移民的国籍或其他目的地国认为好的特质（如特殊的职业技能等）将移民分配到特定种类的部门或工作之中。这在政府雇用某些类型的移民劳工时所使用的一系列划分规则中得以体现。第三个维度是指，它包括私人公司和机构内部对移民劳工的分割（对劳动力市场分割理论最为基础的理解）。我们将团体也包括了进来，主要是因为很多移民，尤其是那些来自中国、多米尼加、加纳、印度、爱尔兰、牙买加、菲律宾或南非的移民，会选择在美国或西欧的医院、诊所或国际卫生保健系统中的医疗站点工作。企业中的劳动力分割则有着社会和空间维度之分。从社会角度来看，通过签证来限制特定民族在特定行业的就业（往往没有正规劳动合同）造成了就业的不稳定。

　　国际劳动力市场分割理论与双重劳动力市场分割理论是不同的，因为国际劳动力市场分割理论认为，移民皮肤的颜色及他们表现出来的文化资本并不是造成劳动力市场分割的所有原因，公民身份也逐渐成为一种重要的分割标准。范·派瑞斯（Van Parijs，1992）谈到"公民身份开发"，即一个人的公民身份作用于他所在的劳动力市场中的条件和方式。当然，一些有关人力资本理论的研究也考虑过这个方面，但他们认为公民身份在就业前后并不会发生变化。另外，国际劳动力市场分割
263 理论认为，社会再生产并不仅仅是"地方化"（如住房、交通、福利性质等）的，也会受到包括以家庭内外资金流动为主要形式的国际金融流 [它也被证明是中国移民在巴黎生存的一个重要经济手段（White et al.，1987）]、国际社会资本转移、汇款等的影响。就像我们在第二章中所提到的那样，金融流可以调解家庭 / 家户决策、迁移、在工作场所中的脆弱水平（简言之，个体在工作时的绝望程度）以及接受某项工作的愿意程度之间的关系（Kofman，2005a；Kofman and Raghuram，2006；Yeates，2004）。例如，许多来自巴基斯坦的低薪无证移民都在东伦敦的巴基斯坦人开的快餐店中工作，但他们却仍需要自己在巴基斯坦的亲戚资助。这使得他们不得不在这种痛苦的条件下生活，要么"自愿"工作，要么被迫工作，因为他们是偷渡者（Ahmad，2008a）。

5.8 多样性社会下的迁移网络方法

迁移网络方法强调的不是移民及其行为，而是移民的实践活动及同种族或同民族网络在寻找工作和相关资源中的作用。这些网络有助于群体内"社会资本"的成长与"偏爱经济"的形成（Ledeneva，1998）。同民族和同种族链常常被当作"联合资本"，而"过渡资本"则指的

是与移民同民族或同种族群体之外的联系，尤其是与市民之间的联系（Putnam，2000；Lancee，2010）。但无论是联合资本还是过渡资本都包含了强联系或弱联系。格兰诺维特（Granovetter，1973）说，弱联系在获取资源（工作、住房等）的过程中与强联系一样都很重要，当然并非所有同族联系都是强联系，群体内部还会根据阶级、性别、世代以及其他因素进行划分。事实上，列纳瑞和福林（Reyneri and Fullin，2011）认为，移民之间的弱联系在获取工作、资源和增加收入上更为重要。在喀纳斯等（Kanas et al.,2012）关于德国的研究与兰策（Lancee，2010）关于荷兰的研究中，他们发现社会联系与高职业等级呈正相关，而与德国和荷兰市民之间的联系（过渡资本）也与高职业等级相关。然而，喀纳斯等并没有发现其与高收入之间有显著关系，但兰策（Lancee，2010）却发现收入确实增长了。除了雇佣之外，其他研究显示，金融资源也是非常有用的。例如，在对居住在伦敦的无证加纳移民的研究中，维斯塔和坎迪林格（Vasta and Kandilige，2010）发现，对于那些无法在银行开户的人来说，最好的方法是向可以开户的加纳移民借户。有时这种行为也要支付一些钱款，或者通过人情完成。与此相反，格里兹马拉-考兹洛斯卡（Grzymala-Kazlowska，2005）在对在布鲁塞尔工作的无证波兰移民的研究中发现，许多波兰劳工之间互相猜疑，相互竞争，无法合作和互助。她没有使用人们认为的在伦敦的波兰劳工可能会形成的"社会资本"这个概念，而是用的"准社区"这个概念。吉尔和比尔拉斯基（Gill and Bialski，2010b）发现了它们的细微差别，主要是通过研究发现依赖同种族形成的社会网络是如何被社会经济地位塑造的，以至于高收入的波兰移民依靠强联系，而低收入的波兰移民依靠弱联系。

在回顾了七种理解移民与劳动力市场关系的方法后，我们开始认为它们可以被结合在一起，即移民劳工的劳动力市场成果与他们的人力资本、分割过程、社会和空间转型（飞地、分散、种族郊区、文化资本、移民网络、国际劳动力市场分割过程和社会再生产过程）密切相关。

5.9 富裕国家的混合方法示范

在本节中，我们将说明融合了先前介绍的多种方法而成的混合方法的有用性。然而，我们通过对佩克（Peck，1996）关于"生产需求""监管力量"和"社会再生产过程"（或者用更为简单的词汇：需求、供给和监管）的分类研究阐明了国际劳动力市场分割方法的重要性。我们重点关注的是富裕国家，但也对贫穷国家做出了简要的概述。这种区分
265 看起来既涉及民族主义方法论，又是纯天然的。富裕国家之中也存在显著的多样性，如美国就一直接受家庭团聚迁移，而多数亚洲国家就不存在官方承认的家庭团聚迁移（Seol and Skrentny，2009）。无论在南方国家还是在北方国家，在富裕地区还是在贫穷地区，移民所从事的很多工作都是类似的，毕竟南方国家和北方国家都存在富裕的或贫穷的区域、城市等。南方各国的经济结构、劳动力需求以及劳动力迁移都不尽相同，它们与北方国家通过多样的劳动力迁移系统产生联系（Kofman and Raghuram，2012）。但无论如何我们都能从中了解到一些显著的区别。第一，与富裕国家相比，贫穷国家的许多农业或家政工作仍旧由市民完成。第二，非正式雇佣在贫穷国家的数量要远高于富裕国家。第三，富裕国家的移民政策包含许多贫穷国家因为种种原因无法实施的政策（尤其是标识技术高低的分数制度）。第四，贫穷国家的社会再生产条件要比富裕国家严酷得多，虽然并不是所有生活在富裕国家的移

民都能远离可怕而令人恐惧的生活（如 Darling，2009；Wilkinson and Craig，2012）。

5.9.1　劳动力需求与迁移劳工的分割

关于"生产需求"（劳动力需求），我们很难为富裕国家的经济状态绘制统一的图片，而且从国家角度去分析这些问题不如从区域、城市、其他交叉领域和雇员的多样性的角度来分析更明智。正如鲁斯和安德森（Ruhs and Anderson，2013）所指出的："雇主们想要什么（如技术、竞争力和某些必备的属性）一直都受雇主认为他们能从已有的劳动力池中获取什么的影响。"（p.72）当然可获取的劳动力池至少也受国家条例和社会环境的影响，所以我们会用民族主义方法论以及需求的地区特征来进行分析。接下来我们描述了富裕国家经济的一些基本特征。

第一，服务业导向的职位由于吸纳就业人口众多而占据优势地位，*266* 而制造业的就业人数却不断下降，这就是所谓"后福特主义""后工业化经济"或"知识经济"。

第二，对于高学历或高技术雇员（工程师、企业经理、科学家等）的大量需求。正是这种需求才使得一些人把这种经济描述为"后福特主义/后工业化经济""知识密集型经济""知识经济"或"知识社会"。然而，这种工作常常集聚在国家中所谓"创新岛"的城市区域（如加利福尼亚的"硅谷"地区），吸引了大量高学历和高技术移民。对于高技术移民的需求常常基于项目。项目导向型雇佣（如 Grabher，2002）指的是与研究和发展有关的短期项目，以及其他在计算机软件、制药、高端消费品方面所进行的创新活动。这也导致了临时劳工项目的复兴，以适应这种需求（Castles，2006；Samers，2016；Surak，2015）。

第三，对福利部门人员的需求，如医生、护士、社会工作者、教师等，他们会被政府划分为高技术人员。

第四，尽管所谓"知识密集型工作"不断发展，但对于低技术、低报酬劳动力的需求也是持续不断的，主要集中在传统农业、建筑业、制造业、服务业，尤其是"3C"行业（看护、保洁和餐饮）和旅游业中。

第五，不稳定的、灵活的、非典型的、偶然的、不安全的、兼职的、临时而低薪的雇佣（如 Anderson，2010；Fudge and Strauss，2014；Kalleberg，2009；Theodore et al.，2015）都导致了"不稳定无产者"的大量产生（Standing，2011）。这些工作中还包括一部分非正式雇佣[①]，它们与那些高技术雇佣一样也会出现在临时工人计划之中（常常被称为客籍工人政策）。所有这些非正式雇佣都消解了严格的分割过程，或与分割过程融为一体（Peck，1996）。除了私营或公营企业的工作之外，家庭中或其他地方也存在不稳定的工作，如具有很强的性别选择性的家政服务工作（Kofman，2013）。

267

第六，企业的"垂直分工"包括产品中的某些要素以及最终产品或服务在其他企业进行的"外包"（有时是在海外的离岸外包）。这些所谓"其他企业"（通常是更小的企业）只能依靠着无尽的产业链寻找更小的企业，有时候也需要涉及非正式经济活动与频繁的无证/非法移民雇佣，或者以非正式的方式进行合法移民和市民的雇佣。然而，各个国家非正式雇佣的比例不尽相同。例如，在南欧国家（尤其是意大利和希腊），非正式雇佣的比例[②]要远高于斯堪的纳维亚半岛上的国家或是其他北欧

---

① 其实非正式雇佣有许多术语，如"不拘形式的雇佣""未申报的雇佣"或"地下经济"等。在本章乃至整本书中，我们将会简单地称其为非正式雇佣，并认识到这个术语的局限性，以及它所涉及的多样条件。
② 直至 20 世纪 90 年代，瑞典的无证移民在非正式雇佣中的低就业率都可以通过监管劳动力市场的贸易联盟和集体协议的监管和权力得到解释。

国家（Williams and Nadin，2014）。

第七，自2007年9月开始的全球金融危机之后，富裕国家的失业率不断上升，"共享经济"和"零工经济"的规模不断增长，这也意外地造成了非正式雇佣的增多，以及各个群体之间互帮互助的增多。世界合法或非法、正式或非正式、线上或线下的贸易体系，尤其是针对低端产品和服务的贸易都在不断增长。

以上特征被认为是21世纪富裕国家经济的基本特征，其中一些特征与特定国家、区域、城市、农村有关。例如，在大部分富裕国家中，高技术移民的数量远超低技术移民，但在韩国却刚好相反，即使韩国政府一直鼓励高技术移民并对低技术移民进行监管（Lee，2007）。与此同时，以上特征都没有指出移民劳工的作用，因为雇主们可以采取很多不同的策略，既可以雇用移民劳工也可以不雇用。正如鲁斯和安德森所指出的：

增加工资或是提高工作条件可以吸引更多不活跃的、失业的、 *268*
被雇用于其他部门的市民，但可能也会增加工作的时长。这可能需要（i）改变招聘过程以及在训练工人或提升工人技术上增加更多投资。（ii）降低生产过程中的劳动力密集程度，提高资本密集和技术密集程度。（iii）在劳动力成本更低的国家重新布局。（iv）将生产转向劳动力密集程度更低的商品或服务。（v）雇用移民劳工。

（Ruhs and Anderson，2013：74）

在这些关于富裕国家移民劳动力需求的空间问题之中，最为新颖的、具有开创性的讨论就是萨森的"全球城市假说"以及她在此之后所做的修订（1991，1996b，2006）。我们以她的分析为起点来研究移民劳动力市场分割和富裕国家的经验。

5.9.2 全球城市、城市劳动力需求与迁移

萨森的分析中尤其有用的是将经济结构与劳动力需求同劳动力迁移（劳动力供给）相结合的理论。在全球城市假说中，某些城市在 20 世纪 70 年代开始成为世界经济的需求和控制中心，包括金融市场的快速发展以及生产行业与专业化商业服务（会计、法律、管理、金融咨询以及相关服务）的兴起。它们带动了房地产市场的繁荣、大城市的中产阶级化、奢侈品消费市场的成型以及对高技术工人的旺盛需求，市民和国际移民均是如此。与此同时，高报酬、高技术工人的不断涌现需要大量低报酬、低技术的劳工为他们服务。同样，这些工人既可以是市民，也可以是移民。肖尔蒂诺和费诺特利（Sciortino and Finotelli，2015）认为，对于低报酬服务的需求是鲍莫尔（Baumol，2012）所说的"成本疾病"（生产率提高的无力导致工人报酬极低，尤其是家政工人）问题导致的结果。现在我们再看萨森，她关注经济活动的"非正式化"特征（换句话说，非正式经济活动的发展）。她认为非正式经济活动已经在城市中存在已久，第三世界移民并不是这些非正式经济活动的制造者。对于萨森来说，最重要的问题是贫穷国家的移民对非正式化的影响有多大。她认为，日益显著的收入不均衡以及一些生产导向型企业在竞争稀缺且必要的资源时的乏力，导致了非正式化的产生，甚至导致了"血汗工厂"的产生。她认为"血汗工厂"就是一种"低档制造业"。低薪移民或少数种族无法负担起全球城市之中的奢侈品消费，因此他们依赖于"同种族"生产者，在移民所经营的廉价超市中购买他们需要的货物——她将此称为"低档大众消费服务"。与此同时，她把面向富裕消费者的

小众市场称为高档的"非大众消费服务",这也导致了移民劳工占主导的城市中的劳动密集型、小规模分包产业的发展。然而,在之后的讨论(Sassen,1991)中,萨森的观点明显更加偏向于"供给一方"的角度。她认为全球城市中移民规模的扩大导致了小规模生产的扩张,它们甚至可以与大型连锁超市和商店进行竞争,尽管这种竞争十分激烈,从中获取的利润也很小,但这也反过来造成了对于更加廉价劳动力的需求。

　　对萨森的批判比比皆是,在此我只简单地指出三个。第一,所有的这些所谓"全球城市"(如伦敦、香港、纽约、巴黎、悉尼和多伦多)都有着不同的经济、政治和社会特征(如 White,1998),因此生产力需求与相关的劳动力市场都会通过不同的管理形式得以形成。第二,区分全球城市与其他城市的界限并不清晰(McCann,2002;Samers,2002)。世界上的每个城市都是由人的流动形成的(Robinson,2002)。正如泰勒(Taylor,2004)所说的:"世界上并没有非全球城市。"(引自Robinson,2002:42)。举一个更为极端的例子,对世界上各个大型城市的民族多样性的研究表明,麦加比洛杉矶更为多样化(Benton-Short et al.,2005),然而它却不会出现在任何学者所描述的"全球城市"之中。*270*这样就会产生两种结论:要么是所谓"全球城市"和"普通城市"在生产规则上的性质相似,要么就是"普通城市"有其他需要我们关注的工作和移民需求。在我们通过地理学对其中一些现象进行解释之前,关于萨森的观点我们还需要关注的一点就是无证移民和非正式雇佣的增长及其之间的关系。接下来我们先通过讨论高技术移民来介绍全球城市假说的原理与局限性,然后主要介绍一下无证移民与非正式雇佣。

5.9.3　构建高技术移民

让我们回想前面讲述的"高技术移民是所谓'全球城市'的核心"的观点。所谓"高技术",一般指的是既具有大专以上学历,也具有一定经验的移民,但实际上"高技术"的概念十分含混,它由政府和雇主在特定的时间和地点进行界定,十分易变。鲁斯和安德森解释道:

> 有些"技术"是需要用证书(如国家职业资格证、专业资格证、学徒期证等)证明的,但随着是否需要证书证明的变化,工作也可以从高技术转而变为低技术,反之亦然。而当人们认为"软技术"不能通过获取正式的资格证来获得时,正式资格证作为衡量技术的工具的局限性就凸显了出来。他们认为从解决问题到团队合作再到迎合顾客等,这些都属于软技术,而软技术在某些部门尤为重要,尤其是处理与顾客、客户、使用服务者的社会关系的相关部门。为了确保工作能够为顾客提供良好的服务体验,某些技术是必须用到的。例如,关怀的质量对于健康和社会保障部门的工作来说至关重要,它受到许多软技术的影响,所以许多客户比起正式的专业资格更偏向于个人品质。与此同时,技术也是雇主控制劳动力的重要因素。对于软技术的需求可以被认为是对于拥有特别的个人品质和行为的雇员的需求。
>
> (Ruhs and Anderson,2013:71-72)

技术是有性别之分的,许多拥有家政服务和保健看护技术的"保健人员"也会被认为是"高技术的"(如 Iredale,2005;Kofman,2014)。"高技术移民"是来自不同地域的多元化的群体。考夫曼

（Kofman，2014）认为，欧洲多数技术移民都是女性，但这也不能解决多数部门仍被男性占据的问题。马隆（Mahroun，1999，引自Williams et al.，2004：30）提供了对于高技术移民的五分观点：管理人员和高级管理人员、工程师与技术人员（顺便一提，在健康部门工作的医生和护士也属于这一类）、学术研究人员与科学家、移民企业家、学生。我们还可以加上媒体或通信工作人员（Hu，2015）以及教师（Iredale et al.，2015）这两类。然而，这两个类别在这里并没有得到展示，与学术研究人员和科学家有关的数据也没有得到展示，但我们将会简要地讨论其他几个类别。

　　在管理人员和高级管理人员方面，博瓦斯托克（Beaverstock，2002，2005）、博瓦斯托克和博德维尔（Beaverstock and Boardwell，2000）研究了英国的会计与纽约、伦敦、香港和苏黎世的银行家。这些人大部分都是男性。他们认为，高技术移民加强了资本在这些国际金融中心的积累，反过来又加大了这些地方对于高技术人才的移民需求。同样，鲍尔和孔泽（Bauer and Kunze，2004）认为，通常只有那些集聚于发达地区的外资跨国企业才更需要跨国劳动力。有证据证明了这一点。例如，2002年，91%的移民工作许可证都发放到了集中于伦敦及其周边地区从事金融服务行业的人手中（Home Office/DTI，2002，转引自Williams et al.，2004），而约70%获得H1B签证（美国的高技术签证）的人集聚在美国20%左右的大都市区（Ruiz et al.，2012）。伯纳德等（Bernald et al.，2014）发现这种聚集在捷克共和国更加明显。至于工 *272* 程师与技术人员，威廉姆斯等（Williams et al.，2004）指出，比起高级管理人员，他们在空间上更为分散。尽管如此，外国工程师和技术人员更倾向于在"高科技"城市和城市地区集聚，如得克萨斯州的奥斯丁、瑞典的斯德哥尔摩以及德国南部的慕尼黑（Bauer and Kunze，2004）。

硅谷就是此类招聘的著名例子。硅谷有 53% 的科学家和工程师出生于海外，甚至有大约四分之一来自印度和中国（Saxenian，2005）。[①] 在英国，工程师和技术人员大多生活在由布里斯托尔、牛津、剑桥和伦敦构成的三角形地带之中，且大多数是男性。与此相反，英国国民医疗保健服务系统中只有 12% 的高技术移民生活在伦敦或是英格兰东南部（Williams et al.，2004）。国民医疗保健服务系统中的外国医生面对的问题，即我的所谓"社会—专业降级"，是很有启发性的。从欧洲经济区（EEA）[②] 之外迁入英国的拥有从医资格证的医生数量从 1995 年的 23% 增长至 2000 年的 26%，然而与那些欧洲经济体的医生相比，他们多数都集中在收入较低的"非咨询职业等级"，其部分原因在于他们当初是作为学生（Raghuram and Kofman，2002）、寻求庇护者或是难民（Stewart，2008）迁移到英国的。如果我们仅分析护士和教师，我们会发现这类迁移者中绝大多数是女性（Iredale，2005）。

在移民企业家方面，企业的经营范围和类型、企业家的部门与领域都是存在地域差异的（见 Kloosterman and Rath，2003）。研究较多的案例之一是在中国香港出生的"空中飞人"——高技术、高收入的商人——他"买下"了美国和加拿大的公民身份，飞行于中国香港和北美洲西海岸之间进行频繁的跨国业务（Kobayashi and Preston，2007；Ley，2003，2006；Ong，1999）。尽管加拿大政府招聘这些企业家是出于战略上的考虑，但在经济上他们并非总是成功的，部分原因在于他们不熟悉加拿大当地（如温哥华）企业经营的相关法规和惯例（Ley，2003，2006）。然而移民企业家在全球城市中的扩展方式并不相同。当

_273_

---

① 所谓"种族小环境"一般不用于指代这类部门中的高技术移民的聚集，但使用它也不算错。
② 2008 年，欧洲经济区包括列支敦士登、冰岛和挪威，以及那些得益于贸易协议和其他协议的国家。

然，小城市之中的移民社区或少数种族社区比大城市之中的更能促进创业精神的维持。

正如我们在第一章和第二章中介绍的那样，学生是世界移民中非常重要的组成部分，也是区分临时迁移和永久迁移、寻求庇护者和难民问题的象征（King and Raghuram，2013）。无数调查显示，有一些学生会留在他们获得学历的国家，而另一些则会返回他们的祖国（Hazen and Alberts，2006）。正如高技术移民一样，学生的迁移在地理分布上也呈现出独有的特征。2001 年，世界上 59% 的外国留学生都集中于五个国家（澳大利亚、法国、德国、美国和英国）。[①]2014 年，这个数字回落至 55%（原因是亚洲国家的学生流动加强了，尤其是中国），但国际学生的高度集聚现象仍然存在于 10 个国家中[②]（IIE/Open Doors，2015a），而空间问题也因为宏观区域（如欧盟）与国家（如美国）之间的差异而更加复杂。在欧盟国家内部流动的宽松的移民政策促进了学生迁移的发生（甚至有很多项目是出于鼓励的目的，如 2014—2020 年的高额奖学金计划及其后续政策），但即使欧盟内部也存在外国学生集聚的现象。2014 年，约 11% 的国际学生集聚在英国，而德国和法国仅有 7%。这种集聚现象部分要归因于学生学习英语的愿望（获取语言资本）。而在硕士和博士阶段，外国学生则倾向于集聚在富有名望的某些学校之中，大城市对于他们有更大的吸引力（Williams et al.，2004；IIE，2015a）。例如，在美国，虽然城市之中的大学中聚集着大部分外国留学生，但在本科阶段仍然有学生就学于小城市或农村区域的学校（IIE/Open Doors，2015b）。

由于 2001 年 "911 事件" 的发生，美国政府从 2001—2005 年通 *274*

---

① 数据来自国际教育学院。
② 英国《卫报》（*The Guardian*）经常制作关于国际学生地理分布的地图。

过将获取学生签证的程序和检查程序复杂化的手段来削减外国留学生的数量。美国大学注册的外国留学生数量从 2000—2001 年的 58.63 万人下降至 2005—2006 年的 56.47 万人，且在 2002—2005 年逐年下降。直到 2006—2007 年，外国留学生人数才缓步回升（上涨了 3.2%）（Open Doors，2008）。人数的增加至少反映了美国移民局正尽力为学生简化签证程序，这也会影响他们留在美国作为高技术移民永久居住的倾向（Hazen and Alberts，2006）。虽然 2007—2009 年以来的金融危机的加剧以每年约 3% 的速度减少了国际留学生的人数，但美国学生的总数却从 2009 年的 69 万增长至 2015 年的 97 万（IIE/Open Doors，2015b）。

5.9.4　无证移民与非正式雇佣：生产规则和强迫性制度的交叉

全球城市假说的第二个要素是我们所关心的低技术、低报酬移民的非正式雇佣，但这一现象并不仅仅局限于全球城市中，而是不断地向农业、采矿业以及无数的低报酬、无报酬经济活动扩展。有一个观点就是，移民劳工在促进低技术、低报酬工作的发展中的地位越来越重要，因此富裕国家的经济结构与自愿移民劳动力的获得密切相关（Castles and Kosack，1973；Castells，1975）。富裕国家中的移民常常会接受那些在他们学历和职业资格之下的工作（Ruhs and Anderson，2013），而这就解释了富裕国家对移民劳工的依赖问题。然而，正如瓦尔丁格和利希特尔（Waldinger and Lichter，2003）以及其他研究者所认为的，如果雇主能够提供工作，市民（美国语境下常常指的是美国出生的黑人）也会在某种程度上接受所谓"移民工种"。但移民无法从事的部门的报酬可能会上涨，进而吸引市民（如 Cohen，1987；Gomberg-Munoz，2011）。简言之，依赖问题的确存在。

有许多无证移民或是合法移民都以低薪或无薪从事着非正式工作 *275*（如 Marcelli et al.，2010）。从历史角度审视，非正式雇佣是全球资本主义的一部分，而且处于增长趋势。但在我们更深入地讨论无证移民与非正式雇佣之间的关系之前，我们至少需要知道一些关于无证移民和非正式雇佣的基础定义。对于"无证移民""非法移民""未授权移民"等概念，沃尔特斯（Walters，2008）认为，国家也没有统一的界定，目前主要关注的都是其"非法性"问题（de Genova，2002）。定义"非正式雇佣"可能会比较简单。

第一点我们要强调的就是，与其说正式或非正式部门（如 Hart，1973），倒不如考虑工作本身在就业体系中的正式性或非正式性（Sassen，1998；Williams and Lansky，2013；Williams and Nadin，2014）。工作和生活都有它们正式或非正式的瞬间，一个企业内的某些职位或任务是否正式可能会十分明确，而另一些则不会（Smith and Stenning，2006；Williams and Nadin，2014）。从早期卡斯特尔和波特斯（Castells and Portes，1989）的概念出发，威廉姆斯和温德班克（Williams and Windebank，1998）定义了所谓"非正式空间"，即"那些生产和工作活动未在国家、地方政府注册，以逃避税务、社会安全和劳动法的范畴，但在其他方面都是合法的工作所形成的空间集合"（p.4）。在此基础上，他们对有薪非正式经济活动（他们所说的"非正式雇佣"）和其他两类非正式经济活动 [无薪非正式雇佣（个体或群体的互助行为）和非法雇佣] 进行了区分。后者指的是产品的生产在任何条件下来说都是非法的（如非正式的毛衣生产，虽然产品是合法的，但是生产过程并不是。大多数国家的多数市民的生产也都不完全合法）。[①]

276 在本章中，我们将重点关注有薪非正式雇佣、无薪非正式雇佣和非法雇佣（尤其是非法贩卖），但不包括互助。现在放下这些定义，我们开始关注一些能够让我们更好地理解非正式雇佣和移民关系的情境（引自Samers，2005）。

第一，拥有合法居住权和合法工作权的移民（包括寻求庇护者与难民）在非法地生产合法的货物。即使生产或提供服务的过程是非法的，但如果最后生产出的产品或所提供的服务是在合法条件下进行的也会被判定为合法的，如那些生产服装的"血汗工厂"。

第二，拥有合法居住权但并不拥有合法工作权的移民（包括寻求庇护者与难民）被非法地雇用去生产合法的货物。（同第一）

第三，拥有合法居住权和合法工作权的移民（包括寻求庇护者与难民）被非法地雇用去生产非法的货物或提供非法服务，如在生产毒品的"血汗工厂"工作或提供性服务等。（见专栏5.2）

第四，拥有合法居住权但并不拥有合法工作权的移民（包括寻求庇护者与难民）被非法地雇用去生产非法的货物。（同第三）

第五，无证移民（即他们既没有合法的居住权也没有合法的工作权）被非法地雇用去生产合法的货物或提供合法的服务。（同第一）

第六，无证移民非法地生产非法的货物或提供非法服务。（同第三、第四）

第七，无证移民合法地生产合法的货物或提供合法服务。（这并不常见，但有些人虽然没有合法居住权和工作权，但雇主却基于伪造的合法档案来雇用这些工人）（见专栏5.3）

[①] 我们简单地进行关于空间的讨论。要想了解更多对于定义非正式雇佣的讨论，见威廉姆斯和兰斯基（Williams and Lansky，2013）以及威廉姆斯和纳丁（Williams and Nadin，2014）。

专栏 5.2　人口贩卖与性交易

　　我们可以回想一下第一章的内容。人口贩卖通常被认为是非法输入模式与非正式或非法雇佣的结合体，它往往涉及"剥削条件"（一种进口奴隶式的操作）。联合国指出，"人口走私"意味着对于人口的招聘、运输、转移、窝藏和接收，是指通过威胁或使用其他形式的暴力手段，如强迫、绑架、诈骗、欺骗、滥用权力或利用其脆弱境况，甚至通过给予钱财或福利来获得控制另一个人的权利，以达到剥削目的的行为。这种剥削应当至少包括通过他人卖淫盈利或进行其他形式的性剥削，强迫进行劳动或服务，奴隶式或类似于奴隶式的行为，随意差遣或是切除器官（UN，2000，3a，p.3）。这样的定义并不能完全解释所有类型的剥削及其背后存在的动机。事实上，人口贩卖也包括一些类型的身体暴力，对工作场所的物理限制以及当移民不合作时向警察和移民管理部门告发的威胁（Anderson and Hancilova，2011）。此外，德兰格（de Lange，2007）指出，在布基纳法索，由于一系列原因，国家内部的儿童移民或儿童交易就不能被简单地区分开来，因此到底是什么造成了"剥削"和"强迫"，目前尚不得知。同样，走私和贩卖之间的关系比联合国所宣称的还要模糊，因为走私也可能涉及通过从事困难工作获得极低收入而进行的债务偿还（如 Ahmad，2008b；Kyle and Koslowski，2001；Salt，2000）。然而，联合国对人口贩卖的定义被视为一个基准定义，甚至也为国际移民组织、非政府组织以及一些关注"人口贩卖"的学者们所承认。如同大多数非法流动一样，对人口贩卖的精确数据并不可得，但它似乎已经成为一种普遍现象，涉及整个世界之中的成千上万的人。人口贩卖的原因和条件在不同国家和同一国家不同地区也都不一样，但从调查之中我们可以清楚地了解到，人口贩卖，无论是否涉及性交易，都

277

一方面包含了一定程度上的自愿主义，如对未来可能获得的机会的憧憬（如"西方式"生活方式与消费的诱惑），另一方面包含了绑架、威胁、强迫、欺诈、对可从事工作的虚假承诺、强迫劳动或是违法监禁（Askola，2007；Ahmad，2008b；Salt，2000）。安德森和汉希洛瓦（Anderson and Hancilova，2011）则对这个问题持批判态度，他们置疑起始国的工作条件是有多差，才会使移民那么害怕在起始国失业，并愿意冒险被贩卖到其他国家被强迫工作。

性交易似乎已经成为学术界与媒体关注的焦点（Askola，2007）。奥古斯丁（Agustin，2006）与肯帕杜（Kempadoo，2007）都认为非法性交易不应当被视为强制性移民，因为这些女人应该都知道自己将要进行的工作是与性有关的（她们不一定不喜欢）。事实上，从她们在自己国家的经历来看，一些女性甚至更喜欢从事卖淫的工作。然而，对于奥古斯丁（Agustin，2006）和肯帕杜（Kempadoo，2007）来说，把一些从事"非法性交易"的移民女性描述为具有从事卖淫工作者特点的女性并不过分，而且有必要将那些目的就是从事性或与性有关的工作的移民与非法性交易区分开来。因此，政府和大众媒体喜欢使用"受害话语"，以及他们认为移民从事性或与性有关的工作仅仅是非法性交易，都是出于对女性合适性行为的道德期望，这也导致了控制第三世界人口迁入以及对女性"性场所"的严厉政策（Kempadoo，2007：82；FitzGerald，2016）。然而，正如奥古斯丁（Agustin，2006）和许多报纸、杂志所认为的一样，许多女性并不期望改变她们现有的工作条件。

专栏 5.3　非法移民如何合法地工作？

似乎对于无证移民来说合法地工作几乎是不可能的。但是，考虑到必要的社会网络和支付能力，想要获得一个"社会保险"编号并不是特别难的一件事情。事实上，英国有许多社会保险号被盗用，许多无证移民会与合法移民在一起工作（Ahmad，2008a）。与此类似，在美国，一些非常具有说服力的身份证件和其他必要的文件在墨西哥和拥有众多墨西哥移民的部分美国城市均可以通过购买获得（Cornelius，2005；Meissner and Rosenblum，2009；Nevins，2008）。

279

　　以上七点告诉我们，我们所做的非黑即白的假定实际上是非常复杂的。与我们在引言中所说的一样，因为移民们都身处这些类别之中或类别之间，所以他们有时会发现，如果依据移民法或雇佣法，他们经常处在合法和非法之间的灰色区域，这也是安德森等（Anderson et al.，2006）所说的"半遵守状态"，即一些人拥有居住许可证，却没有工作许可证。多数工作许可证只允许移民从事限定时间的工作，这使得他们有时会违反规定。总之，法律上复杂的知识使得我们经常采用更具批判性的视角去看待问题，尤其是非正式雇佣的增长、特质与普遍性等问题。

　　富裕国家的无证移民数量也在不断增长。虽然无证移民的定义在各国之间并不相同，但是大量数据表明，富裕国家的无证移民数量从1990—2005年都在不断增长。然而，2007—2010年的数据表明，至少在欧盟是这样，无证移民的数量已经低于2005年之前的水平（Morehouse and Blomfield，2011）。类似的结果也出现在对于在美墨西哥人的研究之中，但对于中美洲人的研究结论并非如此（Massey et al.，2014）。就无证移民和非正式雇佣的关系而言，我们可以假设雇主希望雇用最便宜、最温顺、最值得信赖而且做事效率最高的工人，这也是罗

斯（Ross，2003）所说的"零负担"[1]（没有任何负担，包括子女）。如
280 果我们做出了如此假设，雇主偏爱无证移民的结论就富有逻辑了。伊斯
坎德尔（Iskander，2000）发现，巴黎服装企业的雇主在20世纪90
年代更偏向于选择合法移民，因为只有合法移民才能完成工业生产中不
同阶段的生产，虽然其中的某些移民也可能具有非法的特征。

5.9.5 合法移民与无证移民在何处工作？

无论针对无证移民和非正式雇佣的规模和空间分布有什么零散的证
据，在亚洲、欧洲和北美洲，无证移民及合法移民都被认为是"低技
术"移民。移民们主要集中于那些被认为是民族的/移民的专属领域，
如农业、服装业/纺织业、低级制造业和轻工业、建筑业、食品加工业、
食品贩售业、景观园艺业、零售业和"3C"行业。以上这些行业的工
作，多数会被视为具有"3D"（肮脏、危险、困难）特征。当移民从事
性工作时，或是移民在从事工作时受到了连他们自己都认为不能接受的
待遇时，我们甚至还可以再加上一个特征，即失去尊严的。一些国家的
特定行业可能会存在例外，如韩国就很少有移民从事与农业相关的工作
（Seol and Skrentny，2004）。而在其他富裕国家和地区，农业是雇主
们雇用合法移民和无证移民劳工的重点行业。许多波兰人以及其他东欧
工人选择了在英格兰东部和南部从事与蔬菜和园艺有关的工作（Ander-
son and Rogaly，2005；Rogaly，2008，2009），牙买加人和墨西哥
人在安大略省和加利福尼亚州从事草莓采摘的工作（Bauder，2005）。
如罗格利（Rogaly，2008，2009）研究发现，超市零售业者对于移民
劳工的需求自20世纪90年代开始就一直在增长，其原因在于他们相信

---

[1] 引自史密斯和温德斯（Smith and Winders，2008）。

移民劳工"值得信赖，灵活，适应力强"（2008：500），且业务能力也 *281*
比较强（2008：499）。在"劳动力供给"或"社会再生产过程"方面，
移民劳工（主要是东欧地区的年轻男性和学生）接受这类工作的目的也
是双重的。他们忍受着低报酬工作，因为他们更希望能够以东欧国家的
货币支付工资，而季节性工作也能为他们的生活计划提供帮助，如继续
学业或是回到起始国完成房屋修缮。他们常常居住在十分便宜的安置性
住房中，以降低社会再生产的成本。食品零售业者需要生产者以极具竞
争性的价格完成高质量的生产，这反过来导致生产者依赖劳工承包商通
过季节性农业工人计划帮他们完成移民劳工雇佣。由于监管力量的存在，
季节性农业工人计划需要在承包商许可的背景下实施，这反过来导致许
多小生产者被驱逐，从而巩固了零售业者的权利，也对工资方面施加了
压力。这在 21 世纪初欧盟的东欧移民身上有所体现。

　　在其他地方，移民都在服装业与纺织品制造业工作，如在阿姆斯
特丹服装行业占主导地位的土耳其男人（Raes et al.，2002），在洛杉
矶和纽约工作的中美洲国家的男人和女人（Light et al.，1999；Kim，
1999），以及在马来西亚工作的越南女性（Crinis，2010）。对于建筑业
而言，我以前已经讨论了印度和巴基斯坦的移民"大军"是如何占领迪
拜糟糕的建筑业工作市场的，或是拉丁裔移民是如何促进得克萨斯州的
城市发展的（Torres et al.，2013）。到了 20 世纪 90 年代，合法的与
无证的波兰移民劳工在同样艰苦的环境下建立了"新柏林"，而那时波
兰还没有进入欧盟（Wilpert，1998）。同时，在英国居住的约 21% 的
立陶宛人集中在伦敦的建筑行业中（Spence，2005），而阿尔及利亚
人与摩洛哥人则被分进了工作条件和工资待遇都非常差的法国建筑行业
（Jouin，2006）。如果没有成千上万的非洲移民与南亚移民在食品加工 *282*
和三明治制造工厂中的劳动，伦敦将无法制造出成千上万的供英国每

日消耗的三明治（Holgate，2004）。（另一个食品加工行业的例子见专栏5.4）

专栏5.4　爱荷华与迪拜真的不同么？

　　肉类加工业和屠宰场都已经成为移民和难民的主要工作地点，尤其是在加拿大和美国，但拉丁裔移民所占的百分比却从2005年的57%下降至2010年的48%。2006—2007年，自美国实施了对雇主的突袭检查之后，肉类加工工作的时薪（2010年左右为12美元/小时）已经足以吸引合法移民了（Martin，2015）。而在加拿大，截至2006年，亚伯达省的布鲁克斯有60%的工作已由难民或移民来完成，而这些工人中又有90%是来自阿富汗、埃塞俄比亚、巴基斯坦、苏丹和索马里的难民，但也有一些是来自其他东部或南部非洲国家的难民。2005年，他们就因为对工作环境和工作条件不满而举行了三周的罢工活动，最终迫使雇主改变雇佣策略，转而雇用中国、菲律宾、萨尔瓦多和乌克兰的移民（Broadway，2007）。在美国，移民管理局突袭检查了乔治亚州的斯蒂尔莫尔，发现7000名工人中有20%是无证移民（Martin，2015）。2008年5月12日，美国移民管理局突袭检查了一个位于爱荷华州波斯特维尔的由土耳其人建立的犹太肉类加工厂。以前这个工厂就已经被认为存在大量违法行为，但由于犹太社区领袖的干预而一直没有被检查。这次行动找到了389名主要来自危地马拉的无证移民，他们一直都在这种违反劳动条例［如雇用童工（州法律规定18岁以下）］和安全条例的工厂中工作。管理者很少对他们进行培训，而且有时会以一些不尊重的方式来骚扰工人，还强迫工人长时间工作。例如，一个名叫埃尔默（Elmer）的危地马拉移民劳工，一天工作 17 小时，一周工作 6 天。7 月 27 日的《纽约时报》就报道称：
"他一直在持续不断地工作，除了工作和睡觉他什么也干不了。"在
这篇文章中，埃尔默说："我很难过，我觉得我是一个奴隶。"一方
面，这导致了犹太拉比（对有学识的人的尊称）、移民法案支持者、
合法或非法的拉丁裔劳工（他们中有一些正面临着被逮捕或被驱
逐出境）的抗议；另一方面，当地居民和来自联邦移民改革委员
会的反非法移民的抗议者强烈要求移民局逮捕"非法移民"。该工
厂声称，他们并不是故意雇用 18 岁以下工人的，主要是因为这些
工人伪造了证件。而移民称，尽管很多移民是因为假证件而被雇
用的，但事实上雇主知道他们位于合法年龄以下（*New York Times*，
2008b）。这些故事难道真的与迪拜南亚工人的故事完全不一样吗？

　　雇佣移民打理庭院在美国格外重要，因为雇主通常拥有大面积的土
地、原始草坪和花园需要打理。在这种行业中，主要是墨西哥人以及中
美洲国家的移民在附近的五金店或其他非正式部门以个人或团队的形
式等待着工作（通常是日工）。那些选择他们的人通常是经营景观公司
的人或是纯粹的个人户主（Valenzuela，1998）。虽然这种日计劳动在
美国很常见（Valenzuela，1998；Theodore，2003；Theodore et al.，
2015），但这种形式的劳动在欧盟国家并不常见，而且在美国也会逐渐
减少。这一方面是由于对工人需求的减少，另一方面是由于宾夕法尼亚
州的黑兹尔顿与伊利诺伊州的喀本特士维的市政法令的颁布所造成的影
响（*New York Times*，2007；*New York Times Magazine*，2007）。

　　"3C"行业的就业与性别息息相关（Hochschild，1983），呈现出

284 女性移民占主导的现状，尤其是来自贫穷国家的"有色女性"①。霍赫希尔德（Hochschild，2000）将这种家务劳动力的流动视为"看护链"的一部分，即在全球范围内基于无偿或有偿看护工作的人际联系（2000：131）。通常来看，一条"看护链"涉及一个贫穷家庭中年长的女儿照顾她的弟弟妹妹，而她的妈妈在为一个移民劳工照顾孩子，而这个移民劳工却在照顾发达国家家庭的孩子（同上）。这种看护工作包括育儿、同居或异居形式的家务工作、看护或是在医院、诊所、老年疗养院和私人住宅中的保健工作。自 20 世纪 90 年代开始，关于富裕国家的研究就一直不断，如福特和川岛（Ford and Kawashima，2013）对日本的研究，卢茨和帕伦加－莫伦贝克（Lutz and Palenga-Mollenbeck，2010）对德国的研究，西尔维（Silvey，2004b）与潘德（Pande，2013）对海湾地区的研究，约和索科（Yeoh and Soco，2014）对新加坡的研究，李（Lee，2006）与宋（Song，2006）对韩国的研究，安德森（Anderson，2007）对英国的研究，索特洛（Hondagneu-Sotelo，2002）和佩内纳斯（Parreñas，2001）对美国的研究等。其他研究还包括埃伦赖希和霍赫希尔德（Ehrenreich and Hochschild，2004）的研究、考夫曼（Kofman，2012，2013）的研究、考夫曼和拉古拉姆（Kofman and Raghuram，2012）的研究以及耶茨（Yeates，2009，2012）的研究。然而"看护链"这个比喻很普遍，尤其是在对护理的研究中。耶茨认为：

> 位于国际看护链（Yeates，2009）最顶端的国家中的护工由在看护链的底端的国家提供。例如，美国从加拿大引进护工，而加拿大从英国引进护工，以此弥补本国护工的流失。英国从南非引进护

---

① 拉古拉姆（Raghuram，2012）质疑了现有南方国家边缘女性群体迁移研究的政治价值。她认为这种研究会将不均衡性和边缘化代入研究，并形成一些刻板印象。

工，同样以此弥补本国护工的流失，而南非则从斯威士兰引进护工。

（Yeates，2010：426）

除了"看护链"的比喻，我们还从第二章和第三章中找到了家政服务人员多为女性移民的原因。考夫曼（Kofman，2013）和拉古拉姆（Raghuram，2012）很重视"看护链"这个比喻，但他们希望能够针对"社会再生产"的观点（见专栏 2.4）进行更多的讨论，虽然他们已经在关于全球家政服务的文献中进行了一些讨论（见第三章），已经阐明了他们对于看护工作的认识，以及看护工作在不同国家的等级划分。例如，考夫曼（Kofman，2013）认为，富裕家庭或中产阶级家庭会偏 *285* 向雇用外国家政服务人员，而贫穷家庭有时则会通过迎娶外国新娘来满足家政需求。

尽管工作条件差异较大，但几十个研究都发现，移民女性的工作条件通常是非常艰苦的，她们是失去尊严甚至是受到抑制的。我们在第二章和第三章中提到过，因为移民女性总是随叫随到（Anderson，2001b），所以雇主们很喜欢雇用她们。移民女性通常每周工作 60～75 小时，几乎没有休息日。家政移民劳工可能会在那些昂贵但却偏远的房子中工作，房子中的生活设施和交通工具很少甚至没有。她们被禁止在工作日将男朋友带回家，且不能打电话，不能招待客人（Hondagneu-Sotelo，2002）。在某些极端的例子中，她们会受到性侵犯，或者她们的护照会被没收（Anderson，2001b）。国籍和公民身份是决定移民工作条件的重要影响因素。不仅家政工人会面临工作方面的困难，移民护工在发达国家的医院和诊所中也面临着大量的问题，如低收入和长时间劳作（如 Yeates，2004，2009，2010）。

从另一个方面来看，看护和保洁工作既雇用男人，又雇用女人，这涉及一系列的活动。艾哈迈迪（Ahmad，2008a）和瓦尔贝克（Wahl-beck，2007）记录了巴基斯坦和土耳其移民在伦敦和芬兰的便当（外带）商店中的艰苦生活，这就是瓦尔贝克（Wahlbeck，2007）所说的"烤肉经济"。《那些无证的"行走僵尸"》（艾哈迈迪的论文题目）讲述了一个长时、低薪，并且由雇主免费提供油腻而不健康的饮食的故事。诚然，有些移民更愿意在同种族老板手下工作，甚至认为可能会受到十分公平的待遇，但很多人却对这种在"小物理空间"中无休止地循环工作感到后悔，这种长期的不稳定性使得他们对未知的明天充满了焦虑（Ahamd，2008a：315）。那是一个关于"种族飞地"中的凄惨生活的故事，但根据麦克道尔等（McDowell et al.，2007）的研究，就算西伦敦高等级酒店的食品饮料部门中也会存在劳动力市场分割，很少有非白人从事幕前工作，大部分有色人种都被安排到幕后工作。

286

　　伦敦的保洁部门与英国其他地方并没有什么大的差异。与特定的种族飞地并没有什么关系，毫无疑问，在发达国家的城市之中，保洁已经成为一种移民主导的（不一定是某个种族）工作。在雇用移民作为保洁人员的同时，保洁工作的私有化和外包化也在不断发展。通常来说，在这个十分注重节约成本的部门中，招聘移民仅仅是因为他们更加便宜（May et al.，2007；Pai，2004）。梅等（May et al.）的研究表明，无论是医院、学校、超市、其他大型零售店还是伦敦地铁，超过90%的受访保洁人员都是外籍的。有些人迁往英国是出于旅游的目的，而其他人则是寻求庇护者、学生、互惠生等。在梅等学者的研究中，我们发现大部分的合法工人都来自尼日利亚或加纳。该产业中存在劳动力的性别隔离，女性在半私人空间（如酒店）中往往处于主导地位，而男性往往集中在半公共空间（办公室清洁、地下车库）。约有90%的人收入低于"伦敦基本生活收入"，其时薪仅为5.45英镑（约合10美元），年薪为

10200 英镑（约合 20000 美元）。其中大部分都是有劳动合同的合法员工，他们也纳税，并为社会做出贡献。

帕伊（Pai，2004）发现，无论是合法的移民还是非法的移民，都在伦敦金丝雀码头灯塔连锁超市的外包公司中工作。这些移民来自加纳、尼日利亚、埃塞俄比亚和南美洲国家。这个连锁超市不执行《英国工作时间指南》中的规定，因此这里的保洁人员每周至少需要工作 48 小时。按说工作超过 48 小时就可以获得 1 至 4 周的假期，但这个规则却经常被无视。虽然有些移民做的工作和其他人一样多，但得到的报酬却相差甚远。合同并没有保证时薪兑现，而且合法劳工和非法劳工之间的工作条件相去甚远。这也指出了监管对于影响移民工作经历的重要性。

5.9.6　监管的力量

准入政策和定居政策以及其他经济和社会政策，从劳动力市场的监管到房地产项目的监管都影响了移民找到工作的可能性以及他们在这些工作场所的位置和经历。这些政策对于合法移民来说同样重要。正如鲁斯和安德森（Ruhs and Anderson，2009）所说的，移民控制造就了非法行为，而非法行为塑造了劳动力市场结果。这些政策通常是存在地区差异的，且国家和超国家形式的监管往往存在重叠区域，如在欧盟内部（Geddes，2014），所以在这里我们无法对"监管力量"与移民劳工生活中存在的大量交叉部分进行深入探索。如果要完成这个任务，我们就需要另外写一本书了。尽管如此，有一个部分在这个阶段仍需重申或强调，即明确准入政策和定居政策在塑造劳动力市场结果和过程中所起的作用。这些政策或法规都旨在对移民和雇主产生影响。

移民劳动力市场结果和分割为超国家（如欧盟）政府通过至少三种

方式所塑造。第一，欧盟政府通过我们在前面所介绍的"蓝卡"制度来提高高技术移民的数量。当然，对于德国来说，用这种"蓝卡"制度来吸引高技术移民劳工的确算是成功的，但欧盟的普通庇护和移民政策对于招聘这类工人和寻求庇护者造成了巨大障碍。进入欧盟国家的劳动力市场不仅有很大的变数，而且经常滞后，并且存在着无数的限制（Cerna and Chou，2014；Weber，2016）。第二，欧盟的普通庇护和移民政策规定了欧盟国家的寻求庇护者和难民可以定居的时间和地点（有时是临时的）。虽然寻求庇护者并没有选择在哪里寻求庇护的权利，但他们的语言技巧可以使他们找到工作。第三，由于普通庇护和移民政策的限制性本质以及寻求庇护的困难，难民的身份常常是独立出来的，它所导致的无证身份也会影响雇佣的结果。

国家政府一般利用正式的公民身份和签证来控制他们对不同类型移民的迁入和停留时间，包括将工作许可证与居住证明捆绑在一起，同时又将居住证明和就业证明捆绑在一起，要求移民提供自己有足够住房和经济来源的证据，而不能成为"公共钱包的负担"（这个短语是海关官员对于所有在英国居住的外国居民几乎要明说出来的词汇）。很显然，这些政策都是分层的，不同的工作条例是为不同类别的移民制定的。正如我们会在随后的部分谈到的，移民政策同经济以及其他社会项目会加速弱化移民在他们雇主面前的地位——早先被概括为"公民剥削"。寻求庇护者和难民的工作时间甚至是否能够工作都要受到限制。例如，在英国，大多数寻求庇护者除非获得"居留签证"（居住证明或难民身份证明），否则均无法工作。此外，他们即使被承认为难民，也只能在英国停留五年。斯图尔特和马尔维（Stewart and Mulvey，2014）采访的两位难民对雇佣及其影响的解释是：

　　这对于我来说着实不易，因为当我去找工作的时候，当他们发现我只能在这里待五年时，他们就会因为培训的成本问题而不想录用我了。他们需要花费金钱和时间来培训一个并不会永远待在这里的人，他们确实不想去支付这个成本，所以找工作对于我来说实在是太难了。[索菲娅（Sophia）]

　　我找不到工作，因为我只是一名只可以停留五年的难民……我也理解雇主们为什么不录用我……我有很多权利，我也有工作的权利，但问题是雇主们对此并不关心。[吉娜（Gina）]

在加拿大和瑞典，这一现象更为普遍，雇佣的偏好为寻求庇护者和难民的进入模式所塑造。在贝维兰德和潘德科（Bevelander and Pendakur，2012）的定量研究中，他们对寻求庇护者和难民能否获得全部或部分服务进行了比较，这些服务包括有偿和无偿的语言训练。在瑞典，寻求庇护者和难民会得到有偿的语言和入职培训，然而在加拿大却不会这样，因为加拿大政府只会给予定居的难民奖学金，以鼓励其接受语言训练。虽然他们的研究远不够精细，但他们还是对主要内容进行了分析，阐明了加拿大政府对待寻求庇护者与难民在政策上的巨大差别，并解释了雇佣等级上的巨大差异。

　　与此相反，瑞典在对待寻求庇护者和难民的相关政策上差别不大　*289*（除了定居的位置问题），而且在雇佣等级上的差别也没有那么大。

　　除了寻求庇护者和难民，政府也通过惩罚雇主（罚款或是犯罪指控）来阻止他们雇用无证移民或是以非正式或非法途径雇用合法移民，但这些措施只是被偶尔执行罢了（见专栏5.5）。

专栏 5.5　雇主制裁——它们有用吗?

　　美国政府从 1986 年就开始对那些有意雇用无证移民的雇主进行制裁。但是 1986—2003 年,移民归化局仅仅投入了 2% 的资金来实施这些制裁,全国也只有 124 名移民官员在从事这项工作,但边境上却有 9500 名移民官员。深入调查所花费的时间也在 1999—2003 年下降了 50%(Cornelius, 2005)。但边境执法却越来越"军事化"(Andreas, 2000),违规执法数量在 1992—2002 年下降了 70%。2002 年,整个美国只有 53 个雇主因违规而被罚款。2003 年,只有 4 个雇主因此被起诉。平均罚款数额为 9729 美元,而这对于大部分雇主来讲都不值一提。很显然对雇主的制裁并不是美国国会的重点工作,也不是移民局和海关执法机构的重点工作。美国司法部也试图以雇用无证移民为由起诉这些大型公司,如泰森食品(一家主要从事鸡肉加工的食品公司)和沃尔玛。以泰森食品为例,2001 年被指控雇用了无证移民,但却从未被定罪。部分原因在于,1986 年的法律中隐晦地表达了以下意思,即如果工人可以提供相关文件,雇主不需要验证工人所提供的证明是否是真实的,他们所需要做的唯一一件事就是检查移民劳工是否有这些文件,并把这一过程记录下来。从某种程度上来说,这种做法会导致歧视现象的发生,许多雇主可能不会雇用那些拉丁裔中或是其他少数群体中被怀疑没有相关文件的工人。2003 年,美国政府建立了电子验证系统。这一系统与之前的系统类似,但系统中的信息可以被不同部门(如社会安全保障总署、国土安全部等)共享,其目的在于核实在美工作的移民是否的确有工作权利。如果一名工人不在数据库中,那么雇主和工人就需要确定是否存在软件问题、数据问题,或者工人确实是未经授权就来参加工作了。然而,软件问题和数据问题并不是移民的错，但这常常需要花费大量的金钱和时间得到核实，也会影响到合法移民以及在外国出生的市民（Meissner and Rosenblum，2009；Rosenblum，2011）。除了电子验证系统之外，2005—2010 年，登记制度变成了自愿式的（除了美国的亚利桑那州仍强制登记，目的在于驱赶移民去别的州寻找工作）。此外，有些州（如加利福尼亚州、伊利诺伊州）都限制了雇主使用电子验证系统的权利。这些问题都成了这一系统中存在的最大漏洞（Martin，2014；Rosenblum，2011）。同样，美国也没有在法律上禁止私人部门雇用无证移民，而这种雇佣方式又相当重要，包括家政服务、景观园艺等（如 Cornelius，2005）。更重要的是，美国正由制裁雇主向制裁移民转变（Jones Correa，2012）。

在英国，针对雇主的制裁也是羸弱而无效的（Layton-Henry，2004），尽管对每雇用一个无证移民的罚款已经从 2001 年的 5000 英镑（约合 10000 美元）涨到了 2013 年的 20000 英镑（约合 30000 美元）（UK government website，2016）。西班牙政府在经济危机时加大了对雇主的检查力度，而经济危机和高失业率也被证明在阻止无证移民问题上较检查要有效得多（Hazán，2014）。在日本，政府也在模仿美国和欧洲对雇主进行制裁，但也被证明是不够强硬的（Tsuda and Cornelius，2004）。仅在法国，雇主制裁被认为是有效的，这也许得益于 20 世纪 90 年代法国政府不同机构之间的全面而广泛的合作（Marie，2000）。

在中国，通过对国内流动人口（中国市民）实施调控政策导致的劳动力市场分割程度与国际移民一样严重。20 世纪 50 年代，中国出现了户口制度（户籍登记制度），用于阻止农村居民迁往城市。户口制度使得国家补贴和福利能够顺利地发放给城市居民而非农村居民。中国政府在 20 世纪的最后几年放松了这个系统，允许农民工的存在，尤其是在沿海大城市之中。但那些最令人向往的工作却都为有户口的人保留，农民工只能被迫去从事那些低薪的艰苦工作。简言之，21 世纪前 10 年，居民身份仍然影响了大规模由农村向城市流动的人们的就业前景（如 Wang and Fan，2012）。

在雇主监管方面，正如我们在第四章中所提到的，政府也制定了许多规则和条例来吸引部分工种的工人，无论他们是否是高技术、高收入的工人。在这种雇佣体系中，有些人提到了所谓"行业转向"（Caviedes，2010）。而早在 20 世纪 90 年代，加拿大政府就一直倡导"积分系统"的理念（Hiebert，2002），这种系统将移民的"可接受能力"、年龄、受教育程度、可用于投资的收入（包括购买和经营加拿大农场的意愿）以及语言能力结合起来，用于界定不同级别的准入许可。法国、德国、英国和美国等在吸引高技术人才或私人企业家时，都使用了类似于加拿大积分系统的各种变体。科斯洛斯基（Koslowski，2014）区分了三种不同的"模型"：加拿大的"人力资本"模型利用一种积分系统来吸引永久性移民（居住在加拿大的大多数移民都不是永久性移民）（Siemiatycki，2015）；澳大利亚的"新社团主义"使用的是以由商人和工人建立的标准为基础的积分系统；美国的市场导向型、需求驱动型模型主要以雇主利用系统对雇员进行选择为基础。2008 年，英国政府推出了自己的积分系统，这一系统是建立在以前的所谓"等级"系统的基础之上的。十年之后，英国的积分系统仍然是一种包含了不同级别的复杂系统，包括对高技术移民、企业家、技术工人、临时工、欧洲经济区域的工人（包括瑞士工人）和"其他工人"的引入（UK government website）。在这个崭新的积分世界中，有些人根本就没有参赛资格，如果移民被分为低技术移民、低报酬移民以及欧盟和欧洲经济区之外国家的移民三类的话，那作为一个工人几乎不可能获得准入权，尽管他仍可以做其他工作。同样，正如考夫曼（Kofman，2014）所说的，这些积分系统虽然看上去在性别上是中立的，但实际上却具有性别选择性，在特定的部门和职业中会有针对女性的歧视政策（Fossland，2013）。澳大利亚政府则制定了很多政策来吸引高技术移民，但只从学生和临时的高技术移民中选择能够获得永久居住权的人，因为他们相比外来移民肯定会更具经验（Hugo，2014）。

5.9.7 社会再生产过程

监管的力量与社会再生产过程的结合为移民劳工创造了不同的就业机会和就业经历。接下来我们将会讨论，合法性、社会支持，或者二者的缺失，是如何造就不同温顺程度的移民的。我们所能想到的等式十分简单：社会支持越少，移民的权利就越小，他们就越脆弱而温顺。也许 *293* 在具体实践中并不会完全如此，但这种假设会引发一系列讨论。而且，想要超越富裕国家社会再生产现状是不可能的，因为社会再生产领域是十分复杂的。下面我们将重点讨论社会再生产的两个维度：福利变化概况以及住房问题是如何影响劳动力市场准入和经历的。

社会再生产过程一般包括国家提供的福利（社会住房和补贴住房、食品计划、健康保险等）和其他"一体化"政策，如免费的教育和英语语言教学以及职业培训（如 Sainsbury，2012）。出租屋的可利用性，家人和亲属的流动，诸如红十字会、社区组织（如一站式服务商店、法律援助服务处等）这样的全球性非政府组织提供的社会支持，家乡或国家组织，礼拜场所或宗教组织，工会以及迁入国、迁出国的家政劳动力，对于从国际社会再生产中正式退出的国家而言都是一种补充。

当然也有一个广泛而普遍的观点认为，在过去的30年间，发达国家新自由主义思潮指导下的社会再生产的内涵已经包括通过扩大移民数量来减少为公民提供的社会援助。这导致了索特洛（Hondagneu-Sotelo, 2002）所说的"社会再生产的商品化"以及"看护链"的发展。通过这些术语，她旨在表达，如果社会福利不断减少，双职工家庭比例就会增加，那么部分人就必须通过获得补偿（所谓"商品化"）来完成社会再生产的任务（看护孩子、做饭、清洁等）。移民家政工人就是这样的人。

国家和非国家政策，包括与家政服务劳动力迁移有关的政策，都随着地方的不同而改变，所以说社会再生产过程为复杂的地方制度所塑造。其中一个广为讨论的观点就是，新自由主义导致富裕国家为市民提供的社会援助在过去30年间快速减少，而移民数量却在不断增多。如果对于移民来说确实如此的话，那就不一致了（Bommes and Geddes, 2000; Sainsbury, 2012; Schuster, 2000），有些原先不值得援助的个体也成为值得援助的了，反之亦然（Sainsbury, 2012; Sciortino and Finotelli, 2015）。许多研究者认为在多数富裕国家中，合法移民与难民所接受的社会援助与市民一样多（Bevelander and Pendakur, 2012; Bommes and Geddes, 2000; Geddes, 2000; Portes and Rumbaut, 2014）。塞恩斯伯里（Sainsbury, 2012）认为，"主要差别就在于移民和本地市民的社会权利"（p.280），而且这与居住时间和价值的衰减也相关（Dwyer, 2005）。此外，在多数欧盟国家中，国家政策一直被收紧，它们对寻求庇护者和难民的国家援助也在减少（如 Darling, 2009; Dwyer, 2005; Sainsbury, 2012; Schuster, 2000）。这也加剧了那些没有欧盟公民身份、没有权利滞留欧盟的人与那些拥有欧盟公民身份或是长期居住身份的人之间的分化。例如，在西班牙，"希腊计划"（协调在西班牙的希腊移民的总体计划）自 2000 年开始实施，规定只有那些支付了税款和社保的移民才有权利获得"一体化服务"。这项计划将无证移民与非正式就业的合法移民排除在外。从另一方面来说，所有移民，无论其是否合法，在理论上都有权利获得免费医疗和学校教育。其他组织，如红十字会、博爱会都尝试着通过为移民提供服务来补充政府资金，这些服务由社会福利中心提供，并由非政府组织统一管理，但资金支持主要是由政府和天主教教堂提供的（Cornulius，2004）。然而，我们应当注意，社会服务的等级和质量都会随着区域和省市的变化而改变，且受 2008 年金融危机的影响而逐渐下行。加泰罗尼亚甚至拒绝为无证移民提供医疗服务和教育资源（Hazán，2014）。这些服务包括儿童看护、法律援助和西班牙语教学。无证移民的子女处境更加艰难。虽然很少有儿童会因为其非法身份而被学校拒绝，但他们毕业后并不会获得毕业证书，所以也很难获得工作许可证，这导致他们只能从事非正式雇佣工作。所以我们很少看到无证移民在正式职位上工作（Cornelius，2004）。 *295*

在美国，"1996 年福利改革法案"（又称"个人责任与工作机会调节法案"，PRWORA）包含一系列十分复杂的福利政策。该法案指出，将福利提供的自由裁量权从联邦政府层面转移至个人层面。总体来说，这项法案规定，非公民不能在他们到来的第一个五年内获得福利基金，与此同时，一生中使用福利基金的时间不能超过五年。他们无法参与食品券计划（客户凭券购买食品的系统）和老年援助计划。唯一的例外是那些能够证明自己在美国生活和工作超过 10 年以上的寻求庇护者和难民。虽然食品券计划和老年援助计划中的一些福利在 2002 年就放开了，特别是对儿童，但在种族化的福利发放背景下（Marchevsky and Theoharis，2006），大多数合法移民和许多老年人、残疾人移民还是不能或很难获得这些福利（Peck，2001；Peck and Tickell，2002）。社会福利的获得导致工作福利的缺失，也导致更为灵活的移民劳动力的产生，他们一天干两份收入微薄的工作（Marchevsky and Theoharis，2006）。此外，削减非公民的食品券计划导致了老年人移民，尤其是儿童（Nam and Jung，2008；van Hook and Balistieri，2006），以及任何年龄段的无证移民（Hadley et al.，2008）的食品短缺问题。正如欧盟的福利政策一样，它造成了公民与非公民之间的分歧，剥夺了移民讨价还价的权利（Hero and Preuhs，2007；Marchevsky and Theoharis，2006；Zimmerman and Tumlin，1999）。

296 住房是构成社会再生产的核心元素，它影响着移民的就业选择和他们的工作环境。尽管对于高收入的移民而言，找到合适的住房并不是件困难的事，但对于低收入移民、寻求庇护者和难民而言，住房的可获得性、房屋的社会成本和租赁成本可能会成为他们最初定居时关注的主要问题，并且在随后的几年中，这些问题会继续影响他们的生活。在伊斯坎德尔等（Iskander et al.，2013）关于费城外来移民的研究中，饭店和建筑工地的"物理邻近性"让移民得以在建筑工地干活的同时在饭店做学徒打下手，以谋求更高的报酬，而费城南部低廉的房价更是这种关系的催化剂。

社会性住房也会因公民身份的不同有准入上的差异。在许多国家，难民被给予社会性住房或是租赁市场券，但对于寻求庇护者和非法移民，国家一般提供社会性住房。例如，与许多欧盟国家，尤其是南欧国家相比，英国拥有更大比例的社会性住房，但地区差距仍旧显著。等待社会性住房的时间不等，从东南部城市（伦敦及伦敦周边）的 7 年到偏北部城镇的若干个月。总体来看，英国社会性住房的数量一直在减少，这与社会再生产的新自由主义的相关观点是一致的（Dell'Olio，2004）。

　　私人房屋租赁并不是社会性住房的简单替代品，在许多国家它的供应量是十分有限的，尽管也存在显著的国内差异。事实上，残忍地拔高所谓"全球城市"的住房价格限制了支付得起的私人租赁房屋的数量，再加上社会性住房存量不足，使得移民为获取一席生存之地而不断奋斗（Drever and Blue，2011）。然而，对于社会性住房或私人房屋数量有限的国家而言，如比利时、意大利、芬兰、爱尔兰和卢森堡，这种情况同样真实存在。荷兰、瑞典和英国有着较其他欧盟国家更大的房屋租赁市场，但这种住房供应有着国家内部的分布差异。事实上，英国的寻求庇护者主要分布在英格兰北部，因为他们负担不起英格兰东南部的房价（Audit Commission，2000）。这反过来又限制了他们在劳动力需求疲软的城市中就业的可能性（Phillimore and Goodson，2006）。对移民皮肤颜色的歧视与高于市场租金的收费加剧了这种短缺状况，其结果就是"过度拥挤"[①]，这也给移民劳工带来了大量问题，如睡眠不足，缺少烹饪的设备，工作地点与住宅相距甚远（Ahamd，2008a；Blumenberg，2008；Dell'Olio，2004；Dwyer，2005；Ozuekren and van Kempen，2002）。住房甚至是无家可归的问题在弗雷·胡安·卡洛斯（Juan Carlos Frey）的电影《寻觅鹿峡谷的墨西哥人》（*Invisible Mexicans of Deer Canyon*）中有着生动的介绍。在这部影片中，他描绘了加利福尼亚州圣地亚哥城市周边山水峡谷中的非法墨西哥移民的生活。他们生活在孤立的没有电和自来水的棚屋之中，这些棚屋与建在山脊上的百万美元豪宅仅一箭之遥。这些墨西哥男人在棚户区之间移动，主要从事零星而非正式的日计劳动，这是他们在圣地亚哥郊区仅能够找到的工作。在这种条件下生活和工作是很难发展一个人的"人力资本"的。

297

---

① "过度拥挤"一般与占主要地位的市民以及国家所确立的标准、法律和实践相关。

5.10 贫穷国家的劳动力市场分割与迁移

贫穷国家的"生产需求"很难被完整地描述，但我们可以粗略地描绘一下。从许多亚洲和拉丁美洲国家，如阿根廷、中国、印度、墨西哥、菲律宾、泰国及越南的工业兴起，到 2005 年巴西经济的逐渐衰落，再到非洲撒哈拉周边国家持续而缓慢的发展，呈现给我们的是一幅贫穷国家和中等收入国家不均衡的社会经济发展的景象（如 Economist，2016b）。劳动力迁移的类型与不均衡的发展密切相关（Kofman and Raghuram，2012；Castles et al.，2014）。在本节中，我们主要关注可以部分代表贫穷国家和中等收入国家的南非，因为开普敦和约翰内斯堡的多数移民都居住在离商业中心最近的区域，而约翰内斯堡的失业率与全国的失业率基本相同，约为 40%（Grant and Thompson，2015）。

其实，一方面，贫穷国家中的少数富裕区域见证了一些人逐渐提升的生活标准，如孟买、内罗毕、里约热内卢和上海。另一方面，社会科学家中广为流传的一种观点是，30 年的结构性调整、"新自由主义"或"后－新自由主义"使贫穷国家中的市民和移民遇到了大量的问题，如失业、食品安全问题、慢性病。在这一背景下，21 世纪前几年的一些学者认为，由于结构性调整和其他形式的新自由主义，非正式雇佣在南方国家的城市、城镇和乡村地区迅速扩张（Beneria，2001；Davis，2004；Harriss-White，2003）。这些说法也为最近的数据（与新自由主义无关）（Schneider，2012）以及越来越多国家或地方的定量研究所证明（如 Bloch，2010；Grant and Thompson，2015）。而从事农业（见专栏 5.6）、家政和其他服务业、制造业和采矿业工作的主要都是低报酬的移民劳工，包括国内移民和国际移民、合法移民和无证移民，也包括来自阿根廷、塔吉克斯坦、印度和南非的各类移民（如 Anderson and Hancilova，2011；Bloch，2010；Crush，2011；Kofman and Raghuram，2012）。这种需求还导致许多正式或非正式的创业者，如哈贝沙衣帽服饰零售商（埃塞俄比亚人／厄立特里亚人）、莫桑比克食物小贩、在南非的索马里贸易者等的产生（Grant and Thompson，2015）。

　　这些生产需求是如何与监管力量结合在一起的呢？让我们在这里简要地提及两个案例。第一个案例涉及移民政策。移民政策在某些国家执行得比较严格，这主要与其经济形势、政治意愿以及最重要的可用执法资源有关。在执法方面，特别是与工作相关的移民法，缺乏执法资源会直接导致这些政令只能留在纸上。尽管如此，正如墨西哥与美国的边境一样，许多贫穷国家之间的边界也会被布以重兵，如南非和津巴布韦之间的边界，但是无证移民经常会无视这样的控制，他们要么单独逃脱控制，被偷渡或被贩卖，要么贿赂边境警察和官员。

　　第二个案例涉及劳动力标准。在结构性调整的大趋势之下，很多情况都会限制劳动力标准的存在，而剩下的条例基本都被忽略或违反（如 Hughes，1999），尤其涉及与工作相关的移民条款之时。资源的缺乏与实施工作条例的不情愿都否定了这种监管的重要性。在南非，布洛赫 *299*（Bloch，2010）指出，2002 年移民法案中的公司工作许可计划允许私营企业雇用任何身份的工人，劳动部也规定，所有工人应得到相同的报酬和福利。然而，津巴布韦的农场工人通常所能得到的报酬低于中等水平，他们有时会被非法扣留，常常加班工作。这些案例都说明了南方国家劳动力市场中的雇主—移民关系。

専栏 5.6　南非的农业生产和对移民劳工的需求

(引自 Johnston，2007)

　　20世纪90年代初，在南非一些主要的自由州中的农村地区，白人农场主开始招聘黑肤色的南非人，他们主要雇用巴索托女性（莱索托附近的市民）来从事收获和加工农作物的工作。她们的工资是每天1.65美元，她们每天需要工作10小时，每周工作6.5天。有许多"监管力量"（更合适的说法是解除监管或再监管）都在种族隔离制度崩溃前夕背叛了白人农场主，包括对许多农产品市场和农产品加工的管制的解除，来自南非政府的农作物专项补贴的降低，其他金融津贴的降低，糟糕的宏观经济环境导致的南非货币（兰德）汇率的不断恶化（这反过来又导致进口农业投入成本不断上升），以及干旱（加剧了农民的债务）。这些对大部分南非白人农民造成了巨大的成本压力。

　　因此，自由州的农民开始种植芦笋及其他园艺产品，因为种植这些相比种植小麦、玉米及其他粮食作物可以获得更多的利润。当然，对于雇主来说，劳动力成本仍然是成本中的重要部分，但这并不能解释雇主为什么会选择雇用巴索托工人，尤其是女性，因为雇用男性也是同样的工资水平。部分原因可能在于产品的性质及其生产需求，但主要是出于对性别形成的刻板印象。芦笋种植工作，精细且具有时效性，已经实现高度机械化，因此对于雇主而言，劳动力成本在总成本中所占比重是不断下降的。然而，鉴于芦笋收获时间的敏感性，雇主主要依靠可以随时被叫到农场和罐头厂的能够值夜班的灵活劳动力来完成工作。与此同时，比起劳动力成本，雇主更担心劳工停工或彻底罢工，因此在1994年政府宣布解除种族隔离后，雇主对于黑皮肤的南非劳动力的需求会更大。简言之，尽管在计算生产成本时，劳动力成本是其中一部分，但劳动力的灵巧和顺从也是雇主考虑生产成本时的重要方面。

因此，雇主会通过劳工承包商专门雇用南非拥有合法工作权利的巴索托女性（有时并非都是）。他们认为女性一般总是适合某些类型的工作。雇主们发现，比起许多南非人甚至巴索托男性，巴索托女性更加顺从、努力和灵巧（顺便提一句，灵巧和顺从也是亚洲女性的典型特征）[①]。这或许可以解释为什么 60%～75% 的农场工人都是女性，以及为什么在约翰斯顿（Johnston）调查的一个农场中，巴索托的季节性移民数量从 1985 年的 10% 激增至 1992 年的 82%。雇主更愿意招聘那些孩子年龄稍大的女性（她们的平均年龄超过 40 岁），而不是孩子还是婴儿或幼儿的女性。他们相信孩子年纪稍大的巴索托女性背负着更多的家庭责任，她们会更加不顾一切地想挣更多钱。正如约翰斯顿（Johnston，2007）所指出的，尽管白皮肤的南非农场主认为这会改善这些可怜女人的生活，但具有讽刺意味的是，这些农场主却抗议南非早先提出的有利于改善农场工作环境和工资水平的立法法案。

对于雇主而言，劳动合同系统似乎是一个理想系统，但它存在的问题是失去了制作罐头的全年技术劳动力，因而也就错过了使其罐头厂投资最大化的机会。因此，农场主开始在芦笋生长季节外种植其他蔬菜，延长一些工人的合同，保障工人在接下来的季节里能够就业。雇主在这方面的努力是自由州和莱索托之间"移民系统"发展初期的典型特征，目的则是使工人的生产力最大化，以此提高农场主的投资回报率。

301

[①]　这种对于顺从的刻板印象很难消失，因为很多批判性研究都指出无证移民在面对驱逐威胁之时都会对雇主的要求更为顺从。这种现象的确存在，巴索托工人很少抱怨。然而，根据约翰斯顿的研究，巴索托女性和其他工人确实以种族或同一工种为依据团结在一起，用于抗议雇佣条件，尽管罢工一般超不过半天。

302 　　法律对于雇主雇用无证移民劳工的惩罚措施包括大额罚款（对于雇主和雇员均适用）和监禁（每雇用一个劳工处以长达五年的监禁）。然而，因为南非政府没有维护这些条例的必要财力，所以很少实施惩罚。总之，即使是那些身处自由州而为莱索托关于劳工工资和工作条件法案所保护的合法移民女性也有可能会被违约。移民通常被迫支付招聘成本，而交通费用和医疗保险也都被任意从工资中扣除。因此，在这种支付系统之下，劳工工资一直都是不稳定的。虽然合法的移民女性（尽管其中一些曾经从事过非法工作）在农场中占大多数，但农场主还是会不顾法律限制而招聘一些非法女性劳工。芦笋种植的季节性特征意味着大多数移民劳工每年的工作合同都只有4~6个月。农场主们似乎更喜欢移民劳工，因为他们在结束工作之后很容易被遣返或驱逐出境。工人们根据各自民族的语言而被分配到不同的工作团队。同样说索托语的莱索托工人会被分为说南非科萨语的工人和茨瓦纳语的工人以及南非工人。雇主们更愿意进行种族分离，以防止工人形成组织，这种雇主策略在富裕国家和贫穷国家中都十分常见。

　　上文提到的族群区分已经在再生产过程中展现出来了，农场附近的宿舍也是根据种族差异被分开的。然而，莱索托糟糕的社会再生产条件也对这种公认的迁移系统至关重要，正如我们在第二章中所探讨的，可以被认为是一种“超级剥削”。莱索托的就业机会——尤其是正式就业机会——极其稀缺，平均工资也很低。巴索托移民劳工大多来自缺少教育和医疗保障的贫困家庭，许多都是带着多个孩子的单身母亲，或是尽管已婚，但不可能收到来自男方家庭汇款的人。与其他许多劳动力迁移一样，这种环境下产生的强烈工作意愿可以保证南非的白人农场主保持盈利。

这个例子说明，这些过程对于贫穷国家和富裕国家来说都不 *303*
是独特的，但时间和领域上的区别导致生产需求、监管力量与社
会再生产过程的不同，它们一起塑造了移民劳工具有地域特色的
经历。

5.11 结 论

在本章中，我们简要地讨论了劳动力迁移的原因，然后概述了三个
有关劳动力市场与迁移之间关系的理论，即人力资本理论、双重劳动力
市场理论与劳动力市场分割理论。我们通过一些变量的介绍扩展了劳动
力市场分割理论，包括文化资本、文化判断和嵌入式方法。瓦尔丁格
和利希特尔（Waldinger and Lichter，2003）称之为"迁移文献"，与
"劳动力市场文献"相对，而萨迈斯（Samers，2010d）则称之为"国
际劳动力市场分割"。我们并没有深入讨论人力资本理论和双重劳动力
市场理论，而是利用劳动力市场分割来关注政策、企业行为、组织、家
庭、移民社区和空间之间的关系及其对 21 世纪劳动力市场的影响。然
而，我们不能忽略"人力资本变量"，包括人力资本被修饰的更为复杂
的方法（如对年龄、性别、接受环境等的关注）。由技术和身份得不到
承认导致的失业以及移民劳动力的贬值会受到移民政策、雇佣政策、雇
主、机构、歧视以及它们与社会再生产过程的关系的影响，以上说法都
说明我们需要一种更为批判的理解劳动力市场位置和移民劳工经验的方
法。雇主根据移民的身份、国籍、种族、性别等因素对移民进行劳动力
分割，这些因素决定了移民工人找到什么类型的工作，以及他们的工作 *304*

经历如何（尽管他们的工作经历常常是可怕的）。全球城市假说是另一种将移民与劳动力市场相联系的空间理论。它有很多优点，但它忽视了其他城市也会受到全球性人口流动的影响。大约 20 年前，在富裕国家，移民要么在物价不是很贵的城市定居，要么在大城市周边的郊区定居，他们通常会选择在雇主也是移民的公司工作。全球城市假说既关注高技术 / 高收入雇佣，又关注无证移民和非正式雇佣的关系。我们认为这是富裕国家和贫穷国家移民工作的中心特征。我们主要对富裕国家移民工作岗位的局限性进行了详细研究，然后，发表了一些关于移民劳工再生产与监管的基本观点。本章以两个贫穷国家劳动力市场分割研究实例的探讨结束，它们似乎反映了富裕国家劳动力市场分割的许多过程。

由于经济增长和就业创造是世界上大多数统治政府的重要目标，劳动力迁移也就成为实现这一目标的重要策略。富裕国家专注于吸引更多*305* 的高技术劳动力，而贫穷国家则需要保留住更多高技术劳动力，但大多数政府都认为有必要为不同行业和职业创建不同技能水平的职位。因此，工作与其地理分布特征是政府对世界各国移民所采取的政策的核心关注点。他们的工作经历和雇佣经历都塑造着他们的公民身份和归属感，反之亦然。这些观点我们会在第六章中重点讲述。

5.12 拓展阅读

对于一般劳动力迁移感兴趣的读者可以从第二章中已经提到的一些内容开始了解，如卡斯尔斯和米勒（Castles and Miller）的《迁移时代》（*The Age of Migration*）（4th edition）。有一些论著影响了本章写作，包括哈罗德·鲍德尔（Harald Bauder, 2005）的《劳动力流动：迁移如何塑造劳动力市场》（*Labour Movement: How Migration Shapes Labour Markets*），以及瓦尔丁格和利希特尔（Waldinger and Lichter，2003）的《另一半球如何工作：迁移与劳动力社会组织》（*How the Other Half Works: Immigration and the Social Organization of Labour*）。关于非正式雇佣，读者可以参考威廉姆斯（Williams，2010）在马尔切利、威廉姆斯和乔萨特（Marcelli, Williams and Joassart）编著的《发达国家中的非正式工作》（*Informal Work in Developed Nations*）中关于非正式雇佣的介绍。《移民和难民研究手册》（*Routledge Handbook of Immigration and Refugee Studies*）中的第六至第十五章也做了类似的介绍。考夫曼和拉古拉姆（Kofman and Raghuram，2012）对于贫穷国家的家政服务进行了研究，并对家政劳动力进行了讨论。《国际迁移展望》（"International Migration Outlook"）中提供了经合组织国家的移民数据，而国际迁移组织提供了世界劳动力迁移的大量数据。

迁移、公民身份和归属感的地理分析

6.1 引 言

让我们来了解一下《纽约时报》于 2009 年 4 月报道的住在纽约市的一个厄瓜多尔家庭的生活。[①] 父母是定居在皇后区的无证移民。母亲原先在厄瓜多尔从事计算机系统分析师的复杂工作，而现在是一个保姆。父亲原先是厄瓜多尔的一名低收入工程师，20 世纪 80 年代来纽约攻读工程学学位，而现在作为绘图员在一个中国移民开办的建筑公司工作。父亲在 2001 年经由得克萨斯州秘密到达纽约，而母亲和女儿则在同一年利用旅游签证来到纽约，并且延期未归。儿子出生于迈阿密，是一个美国公民。他们是一个"混合状态家庭"，因为儿子是合法公民，而女儿是无证移民。虽然儿子可以在美国和厄瓜多尔之间自由旅行，或是在美国从事一份正式的工作，但他希望能回到厄瓜多尔。他的家人认为那样就浪费了公民身份。与此同时，母亲也试图利用儿子的公民身份

---

① 这个故事来自"一个被分为合法和非法两部分的家庭（*New York Times*，2009.4.26）

来为自己获得"绿卡"（可以享受永久居留权的许可证）。

女儿喜欢和她所有的朋友一起生活在美国，并且以优异的成绩从本
地高中和大学毕业。① 她十分害怕离开这座城市，因为那样会有被移民
局逮捕的风险。她无法凭借自己的会计学位获得一份高收入工作，也
无法获取驾照和社保号。勤奋的女儿十分担心自己的未来，不过她找到
了一份虽然收入低，但是还算明智的合法工作——在一家小公司做记账
员，主要为移民提供移民信息，接待前去咨询有关移民政策和签证问题
的移民。她的工作完全合法，因为美国政府为这些没有社保号的人提供
了税务识别号。妈妈想让女儿找到一个美国丈夫，以此来获得公民身份。
她虽然不情愿，但也许时间会慢慢改变她的想法。她的梦想是与同她一
样是无证移民的男朋友一起在非政府组织中工作，并组织游说美国政府
推动所谓"梦想法案"。这个法案致力于为那些被父母带到美国的无证
高中毕业生争取合法地位。

这个故事的核心是移民和移民家庭的公民身份与归属感。这一章主
要有两个目标，一是继续讨论公民身份在移民迁入政策中的作用，二
是探讨不同形式的公民身份和移民归属感之间的关系。对于这两个问
题的研究，尤其是涉及国籍法部分的研究还很不成熟。学者们普遍认
为，19 世纪至 20 世纪，随着时间的流逝移民逐渐被同化（尤其在美
国是如此），或者被迫成为那些最终能回"家"的"客籍工人"（如欧
洲）。直到 20 世纪 80 年代，迁移、公民身份和归属感之间的关系才
在欧洲学者和北美学者之间引发了激烈的讨论，因为很明显，无论是
同化还是"客籍工人"，返乡都是简单或不可避免的结局（Baubock，
2006；Hansen and Weil，2002b）。同时，关于空间的理念和讨论已

① 无证移民从纽约大学毕业是合法的，据估计大概有 6.5 万无证移民从美国的高中毕业
（数据来自城市系统，引自上面纽约时报的文章）。

经渗透到学术辩论之中了，虽然这些辩论在空间上仍是"不成熟"的，
甚至有时候会轻率地抛出民族国家的观点，用于支持跨国公民身份或者
归属感。本章的目的在于解释公民身份、迁移与归属感这些复杂的地理
现象。

在前几章中对地理前提进行解释之后，我们对公民身份和迁移进行
了基本区分，即作为法律地位的公民身份、作为权利的公民身份以及有
归属感和政治参与权利的公民身份之间的区别（如 Bloemraad et al.,　*309*
2008；Bosniak，2000；Leitner and Ehrkamp，2006；Lister and Pia，
2008）。我依照这些学术和社会差异将本章的讨论分成四个独立但又相
互联系的部分。

6.2　空间、迁移与公民身份

围绕公民身份和归属感展开的迁移研究的核心议题包括面对国际
法，民族国家作为公民身份和归属感的决定者的特点，国际人权管理体
制的出现，跨国归属感和公民身份的去国籍化（Sassen，2006b）。这
一方面被称为"国家导向"形式的公民身份的争论，另一方面又被称为
"全球主义""后国家主义""非国有化"及"跨国"形式的公民身份的
争论（如 Joppke，1998a，1998b；Sassen，2006b）。费弗尔（Favell，
2001，2008）呼吁从城市或更广阔的城市区域的角度来审视公民身份。
事实上，鉴于新自由主义和新形式的政治参与，我们可能需要将我们对
公民的理解扩展到国家以外，以便审视新形式的跨地区经济、政治、社
会参与和抵抗（详情见 Ehrkamp and Jacobsen，2015）。我们甚至可

能有必要将分析进一步降低至家庭层面。本章开头的故事使我们得出这样的结论，但埃利亚斯（Elias，2008）却认为，家庭和"家庭规模"是至关重要的。在马来西亚，移民的声明与权利是有性别之分的，印度尼西亚和菲律宾的女性移民占据了其所在国家家庭佣工的很大一部分。与公共领域相关的权利在佣工流动的家庭私有世界中似乎毫无意义。

尽管有望纠正从超国家和次国家实体的角度来分析公民身份的倾向，但这样做掩盖了民族国家作为领土形式仍然对公民身份的创建有重要意义的事实。从这个意义上来说，在跨国主义或全球主义 [在 20 世纪 20 年代初期就渗透在了关于公民身份的辩论中（Isin，2012）] 的狂热和阴霾中，人们很容易诋毁以国家为中心的公民身份和归属感的重要性，或者在假定国家解体的前提下产生一种新的城市公民身份或地方公民身份的倾向。因此，我坚持将对分割公民身份、归属感和参与感起重要作用的超国家、国家和次国家的地域结合起来。然而，这并不意味着移民（甚至是公民）是被地域根植的公民身份的被动接受者，他们也是地域的创造者。尽管如此复杂，对于世界各地的许多移民而言，获取移民国家的公民身份（甚至更好的双重国籍）是最终目标，尽管在某些情况下永久居留权也同样可取。从这个角度来说，我们认为公民身份也是一种"策略"（见专栏 6.1）。

专栏 6.1 作为策略的公民身份

　　许多关于移民及其法律地位的研究或者认为迁移是一个"候诊室"，在这里移民做他们该做的事，并最终获得完全合法的公民身份，或者认为它们展现了移民是如何努力争取正规身份、居留许可和其他社会权利的。而关于跨国公民身份的文献无疑会把获得公民身份视为一种（应对）策略来探讨，这是一种不常见的视角。相比之下，翁（Ong）广受欢迎的《灵活的公民权》（*Flexible Citizenship*）一书便将公民身份看作一种为了生存和经济繁荣而采用的"灵活的策略"。具体而言，她讨论了所谓"空中飞人"，即高技术且高收入的商人，他们从美国"买"到公民身份，并且穿梭在中国香港和美国西海岸之间开展业务。与此同时，他们的妻子和孩子，或者有时只有他们的孩子则生活在旧金山郊区，享用着美国的教育和其他机会。在这个过程中，他们改变了美国西海岸城市和郊区的经济、政治和社会景观（Kobayashi and Ley，2005；Preston et al.，2006；Waters，2003）。与翁（Ong，1999）所研究的以经济为目的的"灵活的公民身份"不同，普勒斯顿等（Preston et al.，2006）的研究主要是对生活在多伦多和温哥华的中国香港男女的不同动机与策略的探讨。刚开始，许多人并不是"空中飞人"，有些人甚至在加拿大的这两个城市中还拿着较低的薪水。几乎没有人在中国香港拥有剩余经济关系或财产。大多数女性要么是因为丈夫希望自己迁往加拿大而迁移，要么是因为她们认为加拿大教育水平对孩子更好而迁移。整体而言，无论对男性还是女性，获取公民身份最主要的目的在于拯救自己的家庭。

311

马夫罗迪（Mavroudi，2008）从一个完全不同的角度讲述了在希腊雅典生活的巴勒斯坦难民中的"务实公民"的故事。她的研究告诉我们，巴勒斯坦人在希腊和世界其他地方有很深的流亡感和被边缘感。与此同时，许多人梦想能回到巴勒斯坦，虽然另一些人对回家感到恐惧，但他们都对和平的前景充满希望。巴勒斯坦移民的现状是用着基本无用的巴勒斯坦护照，面临着获得希腊国籍的阻碍，靠低收入艰难地维持着"务实公民"的身份。要想获得实际的公民身份，他们要么等待希腊国籍的发放，要么为了

> 更好的生活去投奔在加拿大或阿联酋的亲戚朋友，也许他们的最
> 终目的是返回巴勒斯坦，也许不是。

移民们不同的起始国和迁入国以及不同水平的正式公民身份都影响
了他们所能得到的权利类型、质量和范围。但是，并不是某些国家以慷
慨的自上而下的方式单方面提供权利，而是像我们之前提到的那样，移
民自身要去争取具体的权利，而国家则通过呼吁人道主义、（经济）现
312 实问题或对大规模抗议表示恐惧来进行回应。事实上，正如我们在第四
章中所看到的，世界各地的移民普遍通过抗议来追求公民身份和更多的
权利。像其他形式的公民身份一样，移民的抗议会受到地方、空间、区
域的影响。公民身份的地理因素是本章其他节的核心内容。

6.3 有合法地位的公民身份（正式公民身份、国籍与入籍）

公民身份的概念和古希腊城邦一样古老，但如果我们说说它的现代
形式（基于国家的公民身份），那么它的起源就可以追溯到 19 世纪法国
大革命时期（如 Brubaker，1992；Hansen and Weil，2002a），甚至
可以进一步追溯到欧洲封建时期（Bauder，2014b）。现代形式的公民
身份，产生了像"护照"之类的管控元素（Torpey，2000），关系到一
定范围内的人口的权利和义务，它根据国籍排除其他人。我们应该对公
民身份和国籍做出区分。虽然它们都涉及国家，其中的每一个概念，就
像萨森（Sassen，2006b）所解释的，"反映了不同的法律框架。两种
都能从国家成员的维度辨别个体的合法地位。但公民身份主要是从国家

维度进行定义的，而国籍则更多地与洲际系统背景下的国际法律维度相关"（Sassen，2006b，281）。因此，重点在于强调，虽然国籍是公民身份的另一种说法，但它们并不是同义词，而是"一个硬币的两面"（Baubock，2006：17）。

这一节本质上是从完整的公民身份的角度来讲述国籍的属性与获得的。人们可以通过出生、血统、婚姻或定居等方式来获得国籍（Hassen and Weil，2002b）。根据相关国家的规定，完整的公民身份包括所有可能涉及的权利，如选举权和被选举权以及服兵役权。正式公民身份的概念是十分复杂的，通过上述讨论我们可以看到，正式的公民身份和国籍在定义上是排他的——它们排斥其他——即使它们并未被限制在单一的领域内，如民族国家中。

在这本书的引言部分，我特别强调了被用来定义移民地位的迁移类型是怎样成为批评对象的。这些批评十分必要，但也被过度夸大了。当然，留学生可能成为永久定居者，并且最终以我们所说的家庭重组或就业的方式获得所在国国籍。举例来说，这种现象在澳大利亚的学生中特别普遍（Hugo，2014）。同样，来自欧盟以外国家的移民随着时间的推移也许可以在欧洲开始慢慢享受到各种给予公民的社会福利，但是，几十年后无证移民依旧是无证的，这取决于国家大赦或实施正规化项目的时间，以及移民的年龄、迁入时间、国家背景和性别。在这种情况下，把他们的状态视作"流体"可能有点牵强。这表明国籍与正式公民身份并不能被简单地视为国家导向时代的产物。

6.3.1 正式公民身份的国家"模型"？

在 20 世纪大部分时间里，研究人员通常利用公民身份的"国家模型"来阐述移民与公民身份之间的关系。这些公民身份的"国家模型"
被认为影响了入籍率、团队意识及归属感（Brubaker，1992；Favell，
1998，2001）。例如，布鲁贝克（Brubaker，1992）对法国的"出生
地主义模型"（出生于合法领土的公民）与德国的"血统主义模型"（拥
有合法血统的公民）进行了对比。在法国，政府会自动为外国父母在法
国领土上生的孩子授予公民身份。这种想法停留在"国家主义"、共和
主义和普遍主义者的理想上。换句话说，法国政府希望用一种扩张性的
公民身份政策来欢迎那些希望能够不顾种族（普遍主义维度）成为法国
政治文化一部分的人（国家主义和共和主义维度）。法国普遍主义部分
地解释了为什么法律上的、政治上的，甚至是社会认可的"种族"或"少
数民族"在一开始就被法兰西共和国视为禁忌（如 Feldblum，1993）。
这也许可以部分解释，在法国人们对于在公共区域配戴面纱（以及其他
314 明显的宗教标志）的忧虑。与此相反，德国的血统主义（"血统法"）则
被认为是建立在"种族群体"（民族共同体）或"祖籍群体"的概念之
上的。这是一种"德国性"（Germanness）的感觉，它使得公民身份只
能被授予那些极少的可以证明其德国民族背景（通常是通过父母继承）
的人。布鲁贝克（Brubaker，1992）认为，这解释了为何在德国想要
获得合法公民身份要比在法国难得多。

依据这样的国籍和公民身份类型学，学者们认为，除了奥地利、希
腊和瑞士是根源于血统主义的国家，大部分欧洲国家都介于二者之间，
加拿大、澳大利亚和美国更加倾向于出生地主义。尽管这些"国家模型"
从来就不是单纯的一种（如 Kastoryano，2002）。例如，20 世纪 50 年
代至 60 年代，德国政府将血统主义与自由化难民政策相结合，而法国
政府以及其他社会实体在融合的"文化问题"的基础上对非洲移民进行
了审查，并不顾及其出生权利和参与法国政治生活的意愿（Bloemraad

et al.，2008；Laurence and Vaisse，2006）。如果说在 20 世纪民族国家对公民身份概念的理解有相当大的差别，那么它们似乎都集中在过去的 15 年里了（如 Geddes，2003）。或者就像芬克和巴布克（Vink and Baubock，2013）所警告的那样，"民族概念的血统主义和公民概念的出生地主义的关联在几个方面是被误解的，它不能反映这两个原则的历史根源，反而错误地指责它们是极端对立的"[①]（p.629）。

事实上，15 年前，费斯特（Faist，2000）认为，鼓吹这类"模型"的存在是不光彩的。此外，埃凯姆和雅各布森（Ehrkam and Jacobsen，2015）坚持认为，对这种自上而下的公民身份模式的维持会使其他一些包含更多权利的公民身份消失。

6.3.2 双重国籍或多重国籍

双重国籍或多重国籍涉及一个持有另一国或多国国籍的人通过血统主义、出生地主义或婚姻形式最终获取公民身份的问题。然而，这并非只是迁入国同意一个外籍移民入籍的简单问题，还涉及迁出国对自己的国民在其他地方入籍的许可。如果第二国籍是通过出生地主义而获得的，迁出国可能会更加宽容，因为那是身不由己的，并非有目的地入籍（Schuck，2002）。虽然几乎没有定量证据可以反映双重国籍在世界上的存在程度，但是对于特定国家的案例研究证明，它正在增长，并且增速很快。据估计，现在世界上大约有一半国家有了双重国籍或双重公民身份的规定（Baubock，2006；Kraler，2006；Sejersen 2008；Vink and de Groot 2010），尽管像荷兰和西班牙（以及德国对于非欧盟国家）一类的国家不允许双重国籍的存在（Green，2012；Yanasmayan，

---

① 温克和巴博克（Vink and Baubock，2013）在他们的所谓"公民权配置"中，试图重新考虑这些国家类别。但是，我们并没有在这里讨论他们的论文。

2015）。尤其是像瑞士这样的国家，但据估计，20 世纪 90 年代末，瑞士约有 60% 的公民作为双重国籍人士生活在海外（Koslowski，1997；引自 Schuck，2002：67）。双重（甚至是三重）国籍的出现，我们可以说，主要是因为一个德国人嫁给了一个土耳其人，他们在美国生下了孩子（Hansen and Weil，2002b：3）。因此，多重国籍会增加国际移民的数量（Hansen and Weil，2002b）。

然而尽管双重国籍或多重国籍开始明显扩散，许多移民仍然发觉，如果没有母国的允许，接受别国国籍是很困难的，如生活在美国的海地人和生活在巴西的日本人（海地政府和日本政府不允许双重国籍）。让我们讲一讲生活在阿根廷的叙利亚人（叙利亚的生活过于艰苦和不寻常）（Escobar，2007；Forecese，2006；Schuck，2002；Surak，2008）。阿根廷事实上代表了双重国籍的一种特殊情形，即国家并没有明确允许双重国籍或多重国籍，而且不允许公民放弃自己的公民身份。因此，它的海外公民能够得到双重国籍是因为阿根廷政府没有意识到（Escobar，2007）。有人可能会在这个意义上区分"开放""宽容"和"限制性"双重国籍制度（Aleinikoff and Klusmeyer，2001；引自 Escobar，2007：47）。例如，让我们看看英国、美国和印度，它们代

316 表着不同程度的开放、宽容和限制的政体（见专栏 6.2 和专栏 6.3）。

专栏 6.2　印度针对部分人的双重公民身份自由化
（引自 Dickenson and Bailey，2007）

　　与阿根廷的限制性立场相比，印度 2003 年的双重公民身份法案和 2005 年的修订版，允许大多数（而不是全部）海外印度人有双重公民身份。主要包括了两类人：一类是非常住印度居民或者

每年在印度之外生活超过 183 天的人；另一类是"印度裔人"（A Person of Indian Origin, PIO），这些人曾经拥有印度护照，或者父母或祖父母曾经是印度公民或嫁（娶）了印度公民。双重公民身份自由化的动机在于政府对吸引那些被认为在艺术、商业、学术界和专业领域中十分出色的流失掉的"英雄"回到印度重燃了兴趣。毕竟，大约有两千万印度人生活在印度之外。对于政府来说，吸引海外的印度人主要有两个目的：一是通过鼓励外商直接投资和技术转让来刺激国民经济发展；二是有助于加强以印度教的温和宽容模式为中心的想象中的民族主义。关于经济发展，双重国籍成为印度经济整体迈向自由化的一种元素。事实上，政府发展了一种双管齐下的战略。印度工商业联合会（The Federation of Indian Chambers of Commerce and Industry, FICCI）策划了海外印度日（Pravasi Bhartiya Divas, 会持续三天，包含会议、表演、派对和演讲等），以庆祝"非常住印度居民"和"印度裔人"的贡献，使之与印度建立紧密的联系。这一战略的第二个特征是为一些"非常住印度居民"和"印度裔人"提供双重国籍。最终，印度的双重国籍提供给了澳大利亚、欧洲和北美洲共 16 个国家的印度人，但不包括非洲、东南亚和中东等印度人口更多的国家（只有尼日利亚和黎巴嫩例外）。那些最终接受了双重国籍的人可以免签前往印度。他们可以不经登记投资各种经济活动，可以购买土地和财产，也可以让子女在印度上大学。

认识到印度将独立前和独立后的侨民区别对待这一点很重要。印度独立前的侨民与受英国殖民和压迫的"旧印度"有关。这样的话，对待双重国籍的自由化态度就不会被扩大。例如，对待南非印度人，他们于 1860 年至 1911 年作为契约工和商人来到南非，

317

他们显然不是印度政府理想的完美海外公民，或者说是合意的侨民成员。也就是说，印度政府认为南非的印度人拒绝多元文化主义，他们远离黑人主体，并且生活在所谓"镀金笼子"之中（Dickenson and Bailey, 2007: 768），最终远离"现代"印度。与此相反，独立后的侨民却被视为可以通过跨国网络繁荣经济，并且可以为"新印度"做出贡献的人。正如狄更森和贝利（Dickenson and Baily）所认为的，印度政府正在构建一个围绕"事业成功、世界范围印度教、多元文化主义"的侨民概念（p.765）。对于这些作者，双重公民身份是一个阶级范畴，因为它只被提供给那些在西方国家寻求教育和工作机会的人，却抛弃了那些离开母国到贫穷国家做契约佣工的人。简言之，印度政府根据人的地理位置和社会起源来区别有没有资格持有双重国籍，这本身就是一种充满了"印度特色"的想法。

专栏6.3　美国和英国的双重公民身份比较

318

也许记录双重国籍的本质和意义最有效的方式就是直接将英国（宽容政权）和美国（法律限制但实际宽容）的实际情况放到一起进行对比。与德国政府和美国政府不同，英国政府一直保持着自由的或者说是无关紧要的双重国籍审核办法，他们既不鼓励移民入籍，也不鼓励他们放弃公民身份。[1] 这种冷漠的态度从多数英国政策缺乏反抗这一点中反映出来。对于汉森（Hansen, 2002）而言，21世纪对于双重国籍的宽容态度反应了：第一，1948年，作为"多样化公民"的"英国公民"的产生（即每个公民都有英

---

[1]　在欧洲其他地方，双重国籍的问题似乎由政治精英和经济精英们所驱动，而非移民本身（Kraler, 2006）。但在美国并非如此，许多拉丁美洲移民从20世纪90年代开始就为双重国籍而组织活动（Escobar, 2007）。

国公民身份和英联邦公民身份）。第二，双重国籍被英国政府简单地视为一种让移民更好地融入"英国社会"的方法。第三，它似乎并没有给英国政府带来什么实际麻烦。对于双重国籍，英国政府几乎没有任何限制，所以也没有保留对于这种情况的统计数据。海外的英国公民可以获得别国的公民身份，而身处英国的迁入民也无须为了获得英国国籍放弃之前已有的国籍。事实上，英国移民局并没有调查个人入英国籍的意愿，所以也不会为移民的迁出国提供个人入籍的手续。然而，我们还是有必要注意两点：首先，路易斯和尼尔（Lewis and Neal, 2005）在"新同化作用"一文中指出，在发达国家中，包括英国，公民身份测试不断增多。这种情况意味着尽管政府对于双重国籍的态度可能是宽容的，但今后可能会更难获取。其次，双重国籍公民不能和国民取得完全相同的公民权利。例如，一个双重国籍公民已经入了英国籍，在这种情况下，如果他被指控犯有"叛国罪"或威胁"英国人民的安全"时，政府指定的特别委员会可能会撤销这个人的国籍，除非这会导致这个人没有国籍。对于在英国出生的个体，在任何情况下政府都不能撤销其英国国籍（Hansen, 2002）。汉森的一个影响重大的分析指出，没有证据显示，双重国籍与对英国的忠诚度有关。这在一个著名的决定中得到证实。第二次世界大战期间，英国政府并不羁押那些英—德双重国籍公民，而在美国，美—日双重国籍公民却被送进了监牢。以上讨论并不是想说明英国政府针对迁移与定居问题考虑了一系列普遍自由的政策。毕竟，正如汉森（Hansen, 2002）所指出的，"直到 1990 年，还有一位资深保守派政治家建议对西印度人采取'板球测试'（他们会为哪边喝彩？英格兰还是牙买加？），以证明他们的忠诚度"。

319

在美国，自美国宪法签署以来，联邦政府对于双重国籍保持了很长时间的怀疑，尽管自20世纪90年代以来，政府对于双重国籍的态度已经越来越宽容了，但是仍不鼓励（Schuck，2002），特别是当涉及对美国的政治忠诚度和国家忠诚度的问题时（这些概念到底指什么？），也可能是因为一些不太明显的原因，如在"反恐战争"的背景下，为双重国籍人员提供外交保护的复杂性（Forcese，2006）。因此，双重国籍是美国宪法所禁止的，如果寻求入籍就必须放弃原始国籍。然而政府对于这方面越来越容忍的原因包括两点：第一，由于许多国家并不透露国籍信息，所以政府想要核实是非常困难或者不可能的。第二，美国政府对于放弃公民身份的行为缺乏法律支持，所以很难实施。然而，伴随着拉丁美洲双重国籍的自由化，越来越多的拉美裔移民要求获得入籍资格。美国政府已经大幅增加了致力于入籍的资源，矛盾的是，在过去的十年间，美国在边境管控上的花费也在快速增长。移民如果想要入美国籍，就一定要有一段时期有自己的住所（Schuck，2002）。美国对于双重国籍的宽容态度将一些政治重担抛给了拉丁美洲和其他在美国拥有大量迁出民的国家的政府，包括加拿大、印度和菲律宾（Escobar，2007；Portes and Rumbaut，2006；Schuck，2002）。丝毫不奇怪的是，双重国籍和入籍在拉丁裔移民中十分普遍。马丁（Martin，2002）阐述了至少5条理由：

第一，有资格入籍的移民数量在20世纪90年代急剧上升。

第二，"绿卡"代替了容易被伪造的长期居留卡，这与入籍的成本一样昂贵，而许多移民选择了入籍而不是获取"绿卡"。

第三，迁入和入籍服务逐渐强调"入籍"，并专门建立了项目来解决入籍人数增多的问题。

第四，墨西哥双重国籍政策开始鼓励墨西哥人在美国入籍，就像前面讨论的那样。

第五，福利改革促使移民为了不失去社会福利而入籍。

在马丁所列的这个单子中，我们可以加入"911事件"的影响，以及 2001 年爱国者法案中的表述，它们促进了美国对非常住迁入民的驱逐。很简单，拉丁裔移民与其他移民都将入籍视作一种保护而不是被驱逐。同时，这也允许他们加强与母国的联系，尤其可以保障他们在母国大选中获得投票的权利（Escobar，2007；Levitt，2002）。

6.3.3　从国家模型到半公民身份以及居留地主义：国家模型的趋同

法国和德国的国家法律说明了在"西方自由民主"体制下入籍政策趋同的重要性以及作为权利的决定性因素——居住时长的重要性的提升。

1. 法国国籍法的变化

在法国，1889 年《国籍法》的 44 号条款与公民身份获取有关，而 23 号条款则与公民身份属性有关。44 号条款授予那些出生于法国的孩子公民身份，无论他们父母的血统是否纯正。23 号条款与双重出生地主义有关，尤其与那些阿尔及利亚（阿尔及利亚一直到 1962 年都是法国的一个海外省）迁入民的孩子的公民身份属性有关。1993 年年底，法国通过了《国籍法》（于 1994 年 1 月 1 日生效），对 23 号条款进行了限制。它规定：法国前殖民地（包括阿尔及利亚）的迁入民在孩子出生前必须在法国居住够一定年限，这样他们的孩子才能获得法国国籍。
同时，它对 44 号条款也进行了限制。它规定：迁入其他国家或国籍在
法国之外但居住在法国土地上的人的孩子将不再拥有公民身份。菲尔德
布鲁姆（Feldblum）解释道：

> 1993 年改革颠倒了这种逻辑……在法国出生的迁入民的孩子
> 只能以出生时的国籍状态被界定——作为外国人——直到他们获得
> 了与生俱来的权利（作为法国人的权利）。他们在证明自己是法国
> 人之前都是外国人。

（p.149）

然而，1993 年改革并没有废除出生地主义，它只是让移民更难获
取法国国籍而已。为了在某种程度上回应之前的保守党政府所做的严控
公民身份政策的决定，法国社会党的 1998 年稽古法案重新实现了准自
动化的公民身份获取方案。只要这些孩子从 11 岁开始连续在法国居住
5 年，他们在 18 岁时就能获得法国国籍（年轻的移民也可以选择拒绝
入籍，如果他们希望的话）。法国政府也给予了阿尔及利亚迁入民的孩
子双出生地主义权利，这是在 1993 年改革中被取消的条例。然而，这
种修改并没有在法国其他前殖民地进行应用，这主要是为了避免过多的
欧盟外国家移民的迁入（Feldblum，1999）。最后，1998 稽古法案允
许一些无证迁入民身份正规化，尤其是那些家人居住在法国的移民或是
完全单身的移民。这些内容在欧洲人权公约第八条中有所体现，这表明
一些超国家的法规对国家法律有一些影响（Kofman，2002）。

2. 德国国籍法的变化 *322*

许多学者认为，直到 20 世纪 90 年代，德国的公民政策都主要受控于血统主义，这使得入籍非常困难（Ersanilli and Koopmans，2010；Green 2001，2012；Klusmeyer，2001；Koppe，2003；Rotte，2000）。继 1990 年《外侨法》之后，有进一步的呼声呼吁在 20 世纪 90 年代后期的德国开放公民身份。2000 年 1 月 1 日，德国政府实施了《国籍法》，其中既有宽松政策，又有紧缩政策。《国籍法》的原则包括将入籍的最低居住年限从 15 年减少到 8 年。同时，入籍费用从 51 欧元（大约 56 美元）增加到 255 欧元（大约 280 美元），并且，它关于任何想要入籍的潜在公民不得有超过 6 个月的入狱记录（或相当数量的罚款）的规定在 2007 年改为累计不超过 3 个月（Green，2012），而且，入籍不能因为任何自身原因拖欠社会保险或社会福利（Koppe，2003：440）。此外，入籍候选人必须表达他们对德国政治制度的信仰，证明其对德国的了解。此外，德国政府第一次介绍了出生地主义的成分，规定只有到达 23 岁才能拥有双重国籍。换句话说，"第二代"迁入民（即移民的孩子）在出生时自动获得德国国籍（前提是父母任一方在德国居住了 8 年以上或者拥有"永久居住权"），但他们在 18～23 岁仅可以在原籍和德国国籍中选择其一（Green，2001，2012；Klusmeyer，2001；Koppe，2003）。从原则上来说，如果要成为德国公民，就必须放弃原始国籍，但实际上并不一定是这样。例如，土耳其政府制定了一个"蓝卡"（与欧盟不同），允许蓝卡持有者"保留成为土耳其成员的特权"。他们虽不是正式的公民（Yanasmayan，2015：2），但政府赋予他们在土耳其生活和工作的权利、投票权、拥有土地的权利或继承权。这种"选择模式"的灵感来自 1994 年的法国国籍法改革（Green，2001；*323* Klusmeyer，2001；Koppe，2003；Rotte，2000）。很明显，法国政府和德国政府都或多或少地依据居住时间来对是否可以入籍进行衡量（Joppke，2007）。

3. 半公民身份与居留地主义

在《民主与国家》（Democracy and the Nation State）这本颇具影响力的书中，哈默（Hammer，1990）认为，在欧洲各国长期居住的移民享受着社会权利和政治权利，包括社会福利以及在当地或地区的选举权。他将这种状态称为"半公民身份"，即由移民迁出国、迁移类型和居住时间联合决定的部分公民身份。这种在欧盟背景下的拥有不同权利的状态被称作"公民身份分层"（Morris，2001；Kofman，2002）。费斯特（Faist，1995）等学者认为，在英国、德国、瑞典和法国等国家中，社会服务的获取越来越多地涉及基于移民居住时长的法律认可，就像它会涉及移民出生地、民族归属感一样。费斯特反过来称之为居留地主义。波特（Bauder，2014b）简洁地解释道："以居住地为基础的公民身份属于独立于出生地和社区的人，而且在移民迁入某一区域并在该地区居住后适用。"（p.93）。在欧盟国家中，移民是一种分层的公民，主要分为八类：特定国家的公民、来自欧盟成员国却生活在另一个成员国的公民、由非欧盟国家迁往欧盟国家的移民、双重国籍公民、拥有双边协定的人、寻求庇护者、难民以及无证移民。简言之，移民身份在欧洲是分层的。当哈默的书关注欧盟时，世界各国的公民身份政策已经开始涉及基于一定程度的居留地主义的公民分层与半公民身份。事实上，它们将出生地主义、血统主义和居留地主义这三种元素结合起来了（Bauder，2014b）。甚至除了这三者，我们也看到"新自由主义公民身份"或"投资者公民身份"的增长（如 Carrera，2014）。卡雷拉（Carrera）回忆道："2013 年，马耳他宣布，向对马耳他投资的外国人授予公民身份，忽略他们的居住时长。"这个"待售公民身份"的丑闻很快就引起了欧盟议会的愤慨。欧盟议会认为，申请人和国家或它的公民之间应该有"真正的联系"（European Commission，2014c；引自 Maas，2016：541）。与欧盟议会协商之后，马耳他政府妥协了，并提出了一些居留时间方面的要求。然而，投资者公民身份的出现根本不是在 2013 年从马耳他开始的。事实上，奥地利、保加利亚和塞浦路斯以及爱尔兰都有类似没有居留时间要求的方案，而法国、荷兰和英国则需要"真正的联系"（Maas，2016）。因此，居留地主义和投资者公民身份可以被结合在一起。

6.4 作为权利的公民身份

公民身份，正如我们在引言中所提到的一样，它并不只是国籍的象征。事实上，它还包含权利。当然，它们有重叠。这一节的重点在于关注移民所能获得的经济、政治和社会权利，尤其是与公民身份相关的权利。许多关于公民身份和移民相关权利的文献的切入点都是马歇尔（T. H. Marshall，1950）的一本广为流传的书——《公民与社会阶层》（*Citizenship and Social Class*）。在书中，马歇尔认为，人首先应当获得公民权利（如公平审判权、言论自由、行动自由，等等），而后是政治权利（如选举权），最后是社会权利（获得社会福利的权利）。这种线性的次序因为过于序列化而受到批判，因为马歇尔忽视了移民与政府在权利获取和权利内容方面所做的斗争（如 Isin and Wood，1999；Bloemraad et al.，2008；Hampshire，2013）。在 21 世纪的第一个十年中，这个序列似乎就已经被改变了，社会权利可能变为第一位，

但是诸如地方选举权之类的政治权利的竞争可能会变得十分激烈（如
Guiraudon，2000）。在西班牙或美国，即使对于那些没有法律地位的
无证移民，政府也没有剥夺其社会权利。这并不是一个简单的新次序代
替旧次序的故事，而是各国之间或一国内部不同区域之间呈现不同次序
325 的体现。然而，我们并非要无休止地记录不同国家、次国家区域或地区
性移民积累的实际权利，而是要通过回顾一些普遍的论点和富裕国家移
民权利获取的相关概念以及各种各样的讨论来介绍权利的实际情况。

6.4.1 迈向公民身份的后国家形式？

如果公民身份的国家形式在 20 世纪 90 年代趋同，或者越来越多地
基于某些标准，如欧洲的"居留地主义"，那么它们也经历了其他变化
过程。这些过程包括法律地位和权利的变化。公民身份的这些变化形式
被称作后国家的、跨国的或是全球的。不幸的是，在研究进程中，这些
过程并不涉及一个理论、方法、分析框架或研究议程，并且这些术语之
间的差异和相似点也是模糊的（Lister and Pia，2008）。

在关注了欧洲国家的分析之后，索伊萨尔（Soysal，1994）在《公
民身份的限制》（*Limits to Citizenship*）一书中指出，公民身份的国家
形式正朝着"人格"的普遍形式发展，即超国家的或国际的宪章、守
则、公约和法律日益重视将普遍权利和特权与人（不考虑他们在民族国
家中的地位）联系起来。她将这个新"模型"称为后国家公民身份 [或
如雅各布森（Jacobson，1996）所说的"跨境权利"]。它是以国际或
全球人权观念为前提或合法条件的。基于这些理由，不仅个人，而且移
民群体，都是根据其身份权利，如语言和宗教，被给予保护的（Soysal，
1997）。因此对于索伊萨尔（Soysal，1994，1997）来说，公民身份的

国家形式会随着国家领域权力的流失而不断弱化。她坚持认为，"外籍劳工"来到瑞典后，要想获取一系列权利，并不一定必须对瑞典历史或瑞典语言有多深入的了解。然而，索伊萨尔也认识到：矛盾的是，后国家权力事实上由国家政府组织。

6.4.2　对索伊萨尔"后国家公民身份"的批判

索伊萨尔的观点为研究制定了议程，并且所发表的"后国家权力事实上由国家政府组织"的观点被证明非常合理 [（Hampshire，2013：*326* 111）。然而，在过去 20 年中，出现了很多对于她的观点的重要批判。] 第一种批判是：索伊萨尔的"后国家的"与博斯尼亚克（Bosniak）的"去国家化的"（Bosniak，2000）以及萨森（Sassen，2006b）所说的公民身份的"去国家化"并不完全相同。对于萨森而言，后国家公民身份有时候是超越国家的，但去国家化则更多指国家内部的变化，以及他们吸收国际和后国家规范的途径。因此，"去国家化"意味着一个国际或全球的人权制度正在慢慢发挥作用，但这包括使用国际人权公约用于法学（对法律的解释）的国家法院和法律决策。对于萨森而言，这个问题并不是简单的超越民族国家的事情，而是"国家"本身就在改变和吸收"国际"或"后国家主义"（如对双重公民身份的承认）。这就是区分去国家化和后国家公民身份如此关键的原因，它们完全不同但却紧密相关。

第二种批判关注移民与更高法庭（通常是欧洲）之间的关系。其中被提出的问题包括，移民的法律地位和权利是否仍然得到国家的支持以及个人移民是否可以上访欧洲法院（欧洲最高司法裁决机构）申请国家未给予的权利和特权。同样，还有一个问题是移民在多大程度上会向更高级的权力机构而不是向国家政府提出上述主张，以及国际机构的决定在不考虑其执行情况时，比国家政府提供和规定的权利和责任高出多大程度的"法律约束力"（如 Joppke，1998a；Kofman，2005b；Surak，2008）。我们值得花更多的时间来讨论欧盟内部实际权力的进展，因为欧盟被认为是世界上权力的"超国家性"和"后国家性"发展最深远的区域。出于这方面考虑，20 世纪 90 年代，位于卢森堡的欧洲法院和位于斯特拉斯堡的欧洲人权法院[①] 所做的重要裁决在一定程度上来自超国家和后国家的公民身份以及权利的扩张（如 Geddes，2003；Guiraudon，2000；Kostakopolou，2002）。事实上，一些重要的警告是十分必要的。首先，欧洲任一国家的公民都是欧盟的公民[②]，但是，所谓"第三国公民"（或 TCNs——来自欧盟之外的移民），无论他们是避难者、家庭成员还是移民劳工，其身份都是由国家政府决定的。因此，需要强调的是，任何后国家的权利都在一定程度上依赖于个体在国家中的公民身份，并且越来越依托于居留地主义的半公民身份（如 Bauder，2014b）。例如，在欧洲国家居住时间小于 5 年的 TCNs 不具备与其他居住在欧盟国家更长时间的居民一样的权利。然而，即使那些来自欧盟国家而生活在另一个欧盟国家的、属于欧盟合法公民且被欧盟法律赋予相似经济和社会权利的移民，其政治权利（如担任公职）也被大部分欧盟国家禁止（Perchining，2006）。避难者在欧盟的整体情况更加严峻，大多数国家仅仅为他们提供最微薄的社会支持和偏远的住宿，以抵制潜在避难者关于"采购避难权"的主张。例如，在英国，避难者的救济金在 20 世纪的前 10 年中逐渐减少，只有那些被认定为"贫困的"避难者才能获得救济金（Darling，2009；Dwyer，2005）。

327

---

① 欧洲人权法院本身与欧盟的法律并无关系，但尽管如此，如果这个国家政府签署了欧洲人权公约，它的权力就不会大过国家法院。

② 马哈斯（Maas，2016）在法律地位方面提供了关于这种关系的一些模糊的论述。

结果是，欧盟公民身份的等级是基于生活在自己国家的欧洲公民、生活在其他欧盟国家的欧洲公民、合法居住的 TCNs、避难者和非法移民的不同而不同（如 Kofman，2005b）。因此，就经济、社会和政治权利而言，情况有时会复杂得难以想象，这并不仅仅取决于成员国的居留地主义，而且与欧洲的相关政策或者其他与权利相关的合法裁决有关，且与双边劳工以及欧洲内部和欧洲—非欧洲国家的协议都有关系（如Mass，2016）。虽然权利的后国家化已经开始显现，但不同国家间权利趋同的证据令人难以信服。举个例子，科普曼斯等（Koopmans et al.，2012）指出，在 1980—2008 年被调查的 10 个欧洲国家中，他们并没有发现涉及权利的跨国一体化的证据。正如他们所说的："直到 2002 年，权利都倾向于变得更加包容，但之后陷入了停滞。"（p.1202）

鉴于与索伊萨尔的范式建立联系存在困难，同时考虑到在本书中提及的空间敏感方法，我们可以将移民权利视为多重领土塑造下的、菲尔德布鲁姆（Feldblum，1998）所捕捉到的"新国家成员"理念。她的意思是"发展的影响在于重新设定文化、国家和跨国的边界，以确保其封闭性"（p.232）。然而，我们也需要考虑当地的权利形式，其中有些被正式列入了市政政策，另外一些可能只是涵盖在公民和移民的日常行中。总的来说，多重权力也许在获取和提供社会权利上发挥着作用，由此产生了欧洲、国家和地方的半公民身份。总之，如果索伊萨尔关于权利后国家化的论点是有问题的，那么他对于权利的实际内容一无所知，所以让我们进行更进一步的检验。 *328*

6.4.3 移民权利的"新自由主义"？

奇怪的是，如此多的关于公民身份、移民和归属感的文献都脱离了新自由主义或很少包含与广泛的政治—经济变化相关的论点（对于例外，可见如 Mitchell，2003；Ehrkamp and Jacobsen，2015；Schierup et al.，2006）。那些强调世界各地的至少是合法移民获得经济、政治、社会权利增加的情况并不完全出人意料。然而，与这些新获得社会、经济权利相关的实际财政支持——尤其是北美和欧盟国家给予大多数移民的——正在逐步退化，这与新自由主义或"商品化"的论点相符（后者是指政府对社会权利资助的撤回、减少或私有化，使个人对自身的"社会复兴"负责）（如 Andersson and Nilsson，2011，Carmel et al.，2012；Sainsbury，2012；Schierup et al.，2006）。在这方面，美国一直被假定为弱福利国家，但在"新自由主义卷土重来"的影响下，移民"商品化"深入发展（见专栏 6.4）。相反，斯堪的纳维亚半岛的国家仍被认为拥有"非商品化"或强大的福利国家模式，但我们需要评估的是这种情况是否仍然存在（见专栏 6.5）。

329

专栏 6.4 "低"福利国家——美国的移民与变化的社会权利

让我们更仔细地重温一下美国的案例。我们已经在第五章中简要地探讨了社会权利的变化。与欧洲国家不同，美国并没有超国家的权利系统存在，美国权利的赋予是由联邦、州和地方政府所共同决定的。1996 年，在个人权责一致行动法案（Personal Responsibility Work Opportunity Reconciliation Act，简称 PRWORA）或被人熟知的"福利改革政策"出台之前，合法移民与美国本地居民享受着近乎相同的社会权利，而即使是无证移民在 20 世纪 90 年代之前也有资格享受部分社会服务。对于合法移民来说，这些服务包括对有子女家庭的援助计划（Aid to Families with Dependent Children，AFDC）、针对老年移民和残疾移民的补充社会收入项目（Supplementary Security Income, SSI）以及食品救济券。
然而并非每个人都能获得这个资格。一项名为"认证"的规定要
求移民必须有"赞助人"（大多数家庭类别的移民都需要赞助人），
这样移民才能估算（认定）他们最初进入移民国家3~5年内的收
入。正如马丁（Martin，2002）所说的，这个认证过程的优点之一
在于它是有时限的，所以"它不会构建出一个二等居民纳税却不
能从中获益的阶级关系"（Martin，2002：217）。在PRWORA通
过之后，政治家、决策者甚至一些学者都把它定为"移民不应有的"
滥用福利制度（Fujiwara，2005），随之而来的是社会福利的一系列
变化。首要变化在于移民，特别是非法移民不应与国家公民享有
同等的权利。AFDC一夜之间被废除。无论亲移民的宣传团体、州
政府和地方政府如何反对，移民和公民之间应该有所区分的基本
前提始终存在。值得注意的是，在1997年8月法案实施之前，移
民权利组织的抗议成功地恢复了1996年以前老年移民和残疾移民
享有的SSI福利（Fujiwara，2005；Levinson，2002；Marchevsky and
Theoharis，2006；Martin，2002；Viladrich，2011）。

330

考虑到移民的入境类别或法定地位及其进入时间对PRWORA
的影响，美国政府决定，自1996年8月以后，进入美国的"永久
性定居者"（Legal Permanent Residents, LPR）将不再享有食品救
济券或SSI福利的资格。SSI和食品救济券的获得需要40个季度
（大约10年）的时间，而且在这40个季度中还有许多补充条款，
如LPR必须拿出或多或少的连续正式就业记录，然而许多人都只
有非正式的工作，因此这类证明很难获得。但上述条款不针对老人、
儿童、避难者、难民和其他一些人，如退伍军人等。此外，1996
年8月后到达的永久性移居民可以在合法进入移民国家五年之后

申请贫困家庭临时补助（Temporary Assistance for Needy Families, TANF ——AFDC 的后继计划）（Fujiwara, 2005; Levinson, 2002; Martin, 2002; Viladrich, 2011）。

寻求庇护者和难民［包括那些处于临时被保护状态（Temporary Protected Status, TPS）的人］只有在入境七年之后才有资格享受福利（尽管难民有权通过国家和私人组织获得联邦政府提供的其他财政和社会福利补偿）（Levinson, 2002; Martin, 2002）。社会权利的缺乏（包括获得定期和预防性的医疗服务）可能会导致患慢性病的移民无力承担美国的医疗保险，如同贝利等（Bailey et al., 2002）在对美国 TPS 计划内的萨尔瓦多移民的研究中所发现的一样。对人们健康的影响不仅限于那些 TPS 的受益者，有相当多的研究记录了（老年）难民、非法儿童和妇女移民所遭受的身心上的负面影响，此外还涉及一些自己或家庭没有福利补贴的自谋生活的人（Fujiwara, 2005; Hadley et al., 2008; Nam and jung, 2008; van Hook and Balistreri, 2006; Viladrich, 2011）。

在 PRWORA 之前，无证移民从未参与过联邦经济调查计划，虽然他们确实有机会获得地方政府管理的现金援助项目（Viladrich, 2011）。在 PRWORA 之后，美国各州开始全面负责处理与无证移民有关的医疗和社会保障问题。然而，出于对公共卫生或安全的考虑，无证移民有资格获得一些紧急医疗救助和其他健康福利（Levinson, 2002; Martin, 2002; Viladrich, 2011）。

除了对联邦一级的社会福利设限外，美国各州被要求基于国家儿童健康保险计划（the State Children's Health Insurance Program, SCHIP）依法向 1996 年 8 月前抵达的永久性移民儿童提供帮助。此外，美国的一些州也试图解决 PRWORA 的问题，它们通过整合联邦和州的资金，针对一些移民数量较多的州，如加利福尼亚州、纽约州，制定了该州特有的食品救济券，来弥补联邦政府在移民补助上的空缺。对于1996年后抵达的移民，美国各州可以提供TANF，尽管上面提到了5年门槛，但各州有权决定移民是否可以继续获得TANF。除了这些州层面的社会权利外，2002年的农场安全和农村投资法案（Farm Security and Rural Investment Act）恢复了移民在地方层面获得食品救济券、住房和其他生存支持的途径，此外还包括一些州立大学的学费（Levinson, 2002; Martin, 2002）。

总之，移民对社会和医疗服务的实际获取似乎与美国入境签证、法定地位和在美国停留时间的长短等变量相关（如Durden, 2007）。布鲁姆拉德（Bloemraad, 2006）发现，美国移民的经济、政治和社会权利相对匮乏，导致与加拿大（移民拥有相对充足的权利）相比，美国的移民入籍率较低。然而，纳姆和金姆（Nam and Kim, 2012）认为，研究者必须考察不同的年龄组才能做出这样的判断。

专栏6.5　高福利国家——瑞典的移民与社会权利

与其他斯堪的纳维亚半岛的国家一样，瑞典是一个久负盛名的高福利国家，即国内所有人在理论上都有权被扶持。在21世纪前10年中期，舒尔鲁普等（Schierup et al., 2006）总结道：瑞典继续推行着相对较强的福利政策，但是其社会保障却从20世纪80年代开始持续削弱，愈发忽视数量不断增加的无证移民（亦可见Sainsbury, 2012）。相反，安德森和尼尔森（Andersson and Nilsson）批判道：事实上，从20世纪90年代开始，寻求庇护者和无证移民在一些领域的权利在不断增加，包括就业、医疗和教育方面，然而住房和经济权利并非如此。鉴于这些作者之间的明显分歧，我们应对其进行更加深入的研究。

从 20 世纪 50 年代开始，移民的经济、政治、社会权利愈发广泛，权利似乎随着时间的推移而不断增加。1975 年，移民开始拥有投票权和地方或区域的选举权，然而直到 2001 年，公民身份都是基于血统主义的。居住地主义从 20 世纪 80 年代开始代替前者成为公民获取权利的象征。事实上，直到 20 世纪 80 年代，大多数移民和寻求庇护者都或多或少地拥有与瑞典公民相同的福利，包括忽略就业状态的家庭基本收入保障（社会帮助）、失业和职业保险，国民健康保险、残疾和退休养老金、疾病补偿和儿童监护分配——这里仅列举了部分福利。

尽管平等主义取得了一定的进展，但在 20 世纪 80 年代末，政府通过向寻求庇护者提供一种特殊的津贴，取代了他们之前拥有的与瑞典公民一样的基本收入保障），尽管二者的指标和定义是一致的。然而，在 20 世纪 90 年代初期，瑞典政府开始削减公民和移民的社会福利，这通常被归因于 20 世纪 90 年代初瑞典经济的严重衰退，而不是新自由主义的影响。无论如何，政府认为，公民的其他福利在不断减少，因此寻求庇护者和难民也不应该幸免。换句话说，对瑞典福利的修订不是针对移民的，至少这一倾向并不明显。然而，福利政策的"改革"对寻求庇护者、劳工 / 家庭移民和难民的影响最大，因为急剧下降的福利供给对低收入人群造成了极大打击，特别是对于 20 世纪 90 年代数量不断增长的寻求庇护者和难民而言。这与 20 世纪 90 年代失业率的上升趋势一致。就业前景恶化，导致寻求庇护者和难民的权利被削弱，从而无法享受与就业有关

333

的福利。1992 年，政府将庇护福利金（庇护津贴）减少百分之十，这与公民福利的削减相一致。但在同一年，政府免除了超过四个月的寻求庇护者的工作许可申请，并且在 1994 年，政府允许寻求庇护者与朋友或亲戚一同居住，而不是居住在接待中心，同时仍可获得住房福利，甚至在 1994 年至 2005 年可获得额外的住房补贴（Andersson and Nilsson,2011；Bevelander and Pendakur,2012）。然而，1994 年，庇护津贴从公民社会最低保障中被剔除，因为政府认为，寻求庇护者不应享有与瑞典公民同样的政策保护。20 世纪 90 年代初到 21 世纪初经济衰退之后，这一补贴并没有得到提高，由此反映出生活水平的变化（Andersson and Nilsson, 2011；Sainsbury,2012）。此外，面对不断增加的寻求庇护者，瑞典政府选择发放临时而非永久性居住卡来作为回应。发放永久性居住卡则意味着寻求庇护者和难民无法获得一般的社会保险。塞恩斯伯里（Sainsbury,2006）指出："在这种情况下，居留地主义从包容机制转变为一种社会排斥。"（p.239）尽管如此，1996 年的一项法案赋予了寻求庇护者和难民工作权，并增加了其子女的受教育机会。由于瑞典公民不需要赡养自己的父母，因此政府要求入籍家庭的老年移民应在收入和住宿方面"自给自足"，这将导致公民与非公民之间产生隔阂（Sainsbury, 2006；Schierup et al., 2006）。

334

　　如上所述，瑞典的公民身份是以血统主义为基础的，但 20 世纪 50 年代到 80 年代，正式公民身份的建立发生了改变，而发展至 20 世纪 80 年代和 90 年代，社会和经济权利与居留地主义的联系逐渐增强。自 2001 年《国籍法》颁布以来，入籍变得相对自由化（与美国和许多欧洲国家不同，瑞典不存在公民身份测试，且《国籍法》使双重国籍成为可能）。这项法律将入籍依托于官方的居留地主义之上，政府将居住时间从 7 年缩短至 5 年，入籍资格设定为 18 岁以上。研究结果显示，居留时间的长短和就业状况取代了国籍或法定公民身份，成为移民获得权利的主要标准 [这将瑞典与其他欧洲国家（如奥地利、比利时、法国和德国）区分开来，其他国家的寻求庇护者不得上班，或至少推迟一年（在英国）]。在教育方面，瑞典政府在 20 世纪初期规定，寻求庇护者应享有与瑞典公民一样的中小学教育，同时，议会就移民的各类医疗保健问题进行了辩论。对于合法的移民及其家属的医疗服务保持不变，但对于无证移民，政府认为，他们应在自费条件下得到紧急医疗救助。非法儿童移民或寻求庇护被拒者可以享受完整的医疗帮助。同时，对于寻求庇护者而言，政府将在无偿或至少在低于公民的收费标准下提供紧急医疗救助和预防性医疗服务。相反，2004 年开始，政府逐步削减了对无法证明身份的移民的日常补助。

335

在 21 世纪前 10 年的末期，难民在努力寻找工作方面遇到的困难推动了此前当地可变福利的全国标准化。为了鼓励难民寻找工作，他们从工作中获得的额外福利不会对之前得到的福利产生影响，并且他们享受的福利将比社会最低标准高，但享受福利的期限将缩短至两年。寻求庇护者和难民必须接受瑞典的社会和劳动力市场课程培训，如果他们没有这样做，将受到诸如削减福利等制裁（Bevelander and Pendakur, 2012；Sainsbury, 2012）。

总之，虽然许多社会福利对于移民来说仍然保持不变，有些社会福利甚至会增加，但临时许可证的大量发放，限制了移民获得福利的机会，甚至在瑞典这样的高福利国家，社会福利的削减也已经对移民生活产生了深远的影响。是否可以将这些变化（和一些福利的恢复）归因于"新自由主义"是另一回事。有些人认为，上述讨论只是证实了这一概念的有效性，而另一些人不那么大胆，仅满足于适度关注实际的政策变化及其矛盾，而不深究新自由主义这样的宏观概念。毕竟，在20世纪90年代初，瑞典政府的确认为，寻求庇护者权利的增加将会导致越来越多的人到瑞典来寻求庇护。因此，尽管有人重新强调对寻求庇护者或难民提供更为积极的劳动力市场政策，但市场方案（商品化）仍被看作衡量福利"警戒"水平的最佳方式。从围绕新自由主义的辩论和涉及新自由主义概念的研究中我们发现，从整体上来讲，学术界似乎对社会权利的新自由化存在很大的不确定性。

　　不管新自由主义对理解欧洲国家（如瑞典）或美国移民权利的发展有何价值，移民权利在欧洲和北美以外的国家，包括日本和韩国都有所 *336* 增加。对于第二次世界大战之后长期定居日本的韩国人而言，特别是自1990年开始的移民控制和难民识别行动之后，他们的移民权利得到了极大关注。尽管有许多例外存在，如日本移民间种族歧视的存在以及政治权利表述渠道的匮乏。对于合法移民来说，权利已经扩张到了一定程度——在日本这个公民和移民被同等对待的国家，永久居住权似乎比公民身份更令人渴望。苏拉（Surak，2008）猜测，这些权利的扩张主要是由于：第一，日本政府自20世纪80年代以来开始遵从国际人权公约。第二，地方官员的政治前景由确保其管辖选区的移民福利决定，因此官员会为移民游说其工作权利、医疗保险和养老金。国家移民政策的制定者可能会依据地方的部分移民权利进行制定，而非全部采纳。不过，我们可以补充一点，日本政府认为快速"花白化"老年人的护理服务是一个较为重要的问题，需要通过移民政策的自由化来解决（Peng，2016）。但是这并不能说明这些权利的实际内容，特别是对于难民而言

（Dean and Nagashima，2007）。新自由主义在移民和难民权利方面的叙述在日本似乎有些错位。

韩国似乎也同样如此，移民在 20 世纪前三分之二的时间里享受的权利很少。但在韩国，合法移民劳工的权利在很大程度上与公民一致，特别是在 2007 年的基础法案（Basic Act）和移民政策第一基础计划（First Basic Plan for Immigration Policy）（2008—2012）实行期间，移民（特别是"朝鲜族"）的权利通过特殊工作许可证得以扩张。这些政策旨在吸引他们来韩国，并且促成其永久定居（Surak，2008；Kim，2008；Lee，2008）。尽管如此，1999 年签署的提供基本社会福利的基本生活保障法案（一项福利法案）忽略了年龄和就业状况，涵盖所有已婚并且拥有未成年儿童的韩国公民，但并不包括占据韩国移民绝大多数的移民劳工。因此，宋（Song，2016）坚持认为，研究重点应该放在家庭而不是个人上，"韩国移民注册政策以家长制家庭制度和文化家长式为基础，而不强调文化多样性的同等重要价值"（p.13）。此外，尽管日本和韩国两国政府在扩展权利方面出现了柔和的言论，但权利的扩展使得无证移民处于边缘地带。20 世纪前 10 年末期，无证移民已经在日本和韩国的移民中占据越来越大的比重。 因此，和世界其他地方一样，移民在韩国和日本的权利出现了等级分化。

在其他地方，特别是欠发达国家中，就权利的实际内容运用新自由主义理论来阐述也会产生相同的问题，因为对于移民来说，经济、政治和社会权利从未在制度层面被约定俗成地放在首位。无论过去的移民权利是什么样的，过去 25 年发生在欠发达国家中的结构性调整已经将这种权利大打折扣了。因此，大多数低收入移民，尤其是无证移民，只能通过在迅速发展并令人绝望的非正式经济体中，以及南半球同等贫困的郊区边缘的劳动来谋生（Davis，2004）。

总之，将后国家权利或跨国公民身份的诉求夸大化是很容易的。这些权利的内容似乎在移民即将触及的时刻逐渐被侵蚀，特别是在欧盟国家。正如我们在美国所看到的，伴随着福利形式的不断变化，有些移民甚至不能入境。移民所经历的不同的权利约束说明，他们融入移民国的机会也会受到影响，但这并不取决于这些权利，而是一个归属感的问题。我们在下一部分会谈及这一话题。

6.5 公民身份的归属感

虽然公民身份可以通过法律地位和社会权利来定义，但其关键在于"归属感"。这里的"归属感"是指移民对公民身份的主观感受和对公民身份的实践。我们将对"社会排斥""文化边缘化"和"多样排斥"的 *338* 阐述作为这一章节的开篇，看似是一种奇怪的方式，但是，依据社会/差异排斥和边缘化的程度，移民可能会对所在国产生排斥，进而心怀负面情绪，然后做出一些与归属行为相对立的事。上述行为被称为"种族应对"。在讨论社会/差异排斥之后，我们再回顾一下"同化""多元文化主义""整合"（有时又被称为"文化适应"或"适应"）、"差异包容"（Carmel et al.,2012；Mezzadra and Nielson,2013）、"多样性"和"跨国归属"之间的区别，最后进行移民身份政治参与问题的讨论。本章的这部分内容混合了一种对于公民身份自上而下的理解。正是在这种理解方式下，政府通过演说、政策和实践手段来塑造归属感，如果自下而上地理解这个问题，便是移民在相关声明、政策和实践中开拓自己复杂身份关系的过程。

6.5.1 社会排斥，文化边缘化与差别排斥 / 包容

20 世纪 80 年代，"社会排斥"作为英美贫困线理论的替代品，在欧洲广为流行。原因在于，它强调了导致一些问题的社会进程的范围，这些问题包括"社会参与不足，社会融合缺乏，权力缺失"（Room，1995：5）。在世界其他地区，"边缘化"或"脆弱性"似乎是应用更广的名词（尤其是在探讨寻求庇护者、难民和失所者的情形下），虽然这些政策没有像法国和英国那样以更具体的方式列入国家政策。在欧洲移民政策逐渐转向"不平等"和"社会包容"的同时，社会排斥进程并没有消失，而是充当了南半球和北半球各国家的移民在城市、镇、乡村、拘留中心、难民营或其他地方均会面临的问题的隐喻（对该话题的批判，见 Madanipour et al.，1998；Mezzadra and Nielson，2011；Goicoechea，2005；Samers，1998a）。接下来让我们关注这些城市进行社会排斥的运作方式。它们主要是通过种族主义、民族主义、排外主义、各种形式的消极偏见以及我们在本书中探讨的轴心分化（如年龄、阶级、身体完整度、性别、种族、国籍等）的结合而完成的。再次强调，考虑到"西方"国家以外的社会进程，它涉及的不仅仅是"白色特权"，也不仅仅是"白人"与"黑人 / 棕色民族"之间的种族排斥——尽管这仍然是许多区域内一种关键的排斥形式（Grosfoguel et al.，2015；Winant，2015；Wimmer，2015）。

社会排斥同时牵扯到物质、法律和话语三个维度（Samers，1998a；Musterd et al.，2006）。物质排斥经常与法律排斥相关（基于个人的法律地位或半公民身份），包括来自正式就业或创业的排斥，银行或其他金融机构的排斥，基础教育（特别是较贫穷国家）或高等、更优质教育的排斥，"适当的"住房、医疗和社会服务、培训，以及公园

等休闲空间的排斥。它还可能涉及移民无法参与当地或所在国家的选举，以及难以在地方、国家或国际场合同政府官员"坐在一张桌边"谈判等社会排斥现象。话语排斥则可能导致移民在政策报告中被忽视，以及移民个体或集体在国内外主流媒体（从广泛使用的博客到主要的电视、网络节目）中发声的缺失。然而，以移民为中心的和亲移民的非政府组织出版物和媒体（覆盖多个地方和国家，关注移民和亲移民群体）表明，移民可能在某些领域内被社会排斥，但也被包含在其他虚拟或真实的领域中。社会排斥的概念至少有两个含义：差别和包容是密切相关的，并且存在一种复杂的排斥地理学，它通过特定的地方和领域、虚拟空间和群体产生，同时也通过地域来进行自我塑造。因此，比社会排斥更好的术语应该是"社会空间排斥"（如 Sibley，1995）。

移民的社会空间排斥可能也会和他们的"文化边缘化"有关，因为他们被视为"差别过大的""文化疏远的"或"不能融入或同化的"。本国公民对"外国人"文化活动的恐惧和愤怒（或许二者都有），可能包括认为他们使用外语进行宗教活动是异端而危险的。从父权制到一夫多妻制，"外国人"也可能与一些"奇怪的"或无法接受的实践相关。事实上，许多移民不一定能够享受到 21 世纪初日渐提升的包容性。例如，美国政府在"911 事件"之后就对拉丁美洲移民和穆斯林移民（或那些被视为拉丁裔和穆斯林的人）采取严格的审查和压制措施（Howell and Shryock，2003；Ashutosh，2008；Shoeb et al.，2007；Staeheli and Nagel，2006）。欧洲各国政府也采取了相似的举措来应对欧盟的穆斯林移民，包括建造清真寺等问题（如 Cesari，2005）。举个例子，在 2009 年瑞士的公民投票后，瑞士政府将尖塔视为公共领域伊斯兰教的明确标志而禁止使用（Antonsich and Jones，2010）。除了各国的政府行动外，公共空间中还存在其他形式的恐伊斯兰和反移民暴力

340

行为。这可能直接针对的是遮面的穆斯林妇女，特别是在瑞典的马尔默市（Listerborn，2015），或在雅典、希腊的穆斯林和其他新纳粹政党——"金色黎明党"（Hatziprokopiou and Evergeti，2014）的移民，或是网络上的欧洲和北美的公民个体（Ekman，2015；Gemignani and Hernandez-Albujar，2015）。这种伴随暴力的文化边缘化并不局限于欧洲和北美。马来西亚政府与许多马来西亚公民在 20 世纪 80 年代对印度尼西亚移民十分欢迎，因为他们既是邻国公民又是穆斯林同胞，但现在马来西亚人民的反印度尼西亚情绪高涨，这与其民族主义的复兴有关。马来西亚民族主义视印度尼西亚劳工为"外来伊斯兰侨民"（Spaan et al.，2002）。但其他移民，如缅甸人，也会受到马来西亚和泰国警察的镇压。

移民一旦感受到这种来自文化、种族、伦理，以及对外的敌意，就会缺乏归属感。我们应该清楚的是，社会空间排斥和边缘化可以通过各种方式表现出来。其结果可能是移民拒绝文化发声和对主流文化的实践，也可能导致移民对这种实践声明的接受，或导致移民对主流文化的新谈判和挑战，以及移民对母国文化的颂扬。最后一个过程通常以游行的形式进行，这是移民文化常见的表现形式，也是一种非常微妙的对全球性种族主义、歧视和其他排斥或边缘化活动的抗议。这牵扯到米歇尔（Mitchell，1995）所说的"表征空间"。为了提供一个例证，维罗尼斯（Veronis，2006）阐述了多伦多西北部的珍和芬治社区（Jane and Finch section）的加拿大—西班牙日游行活动对各种拉丁裔社区的意义。这场游行从中央大道延伸到商业大街，被音乐、舞蹈（包括一个儿童舞蹈团体）、食物和美女充斥。这种游行并不是针对生活在加拿大的人或加拿大人的抗议，更多的是拉丁裔移民对自身受到歧视，缺少公共住房，以及社会流动性缺乏的一种微妙抗议。它展示了拉丁美洲的多样化以及他们作为拉美人的骄傲和自豪，尤其与加拿大"多元文化主义"的政治声明发生碰撞时。这种行动旨在抗议当地公民对移民"贫穷、教育程度低、懒惰、暴力、恶毒"等特征的描绘（p.1665）。维罗尼斯认为，游行受新自由主义思潮的影响，致力于支持当地企业并为弱势青年提供就业机会。商业和工作支持的提供是否必须是"新自由主义化"是另一回事了，但游行的确可以提升"个体责任感"的价值。换句话说，新自由主义思潮讲求人们为自己的生活负责，而不是简单地依靠国家福利的支持。游行队伍被大量拉美文化的庆祝活动充斥，但这并不意味着拉美裔的移民在多伦多就一定排斥所有加拿大生活的好处，并且考虑到融入的压力，这样做也很难。我们后续将探讨这些"压力"，现在先让我们把注意力转到与社会排斥有关的想法，即"差别包容"上来。

尽管有这么多排斥和边缘化，但一些移民在公民的心目中仍被认为是相对"可接受的"或"值得的"，这取决于他们的年龄、语言、肤色、国家和民族背景、对"职业道德"的认知、实际或预期中的经济成就、对政治自由主义的意愿（如 Chauvin，2014；Chauvin and Garces-Mascarenas，2012）。梅萨德拉和尼尔森（Mezzadra and Neilson，2013）称之为"差别包容"。事实上，对移民的"接受度"和"正当性"随着时间的推移而变化。举个例子，伊格纳季耶夫（Ignatiev，1995）在《爱尔兰是如何变白的》（*How the Irish became White*）这一精彩著作中讨论了在美国内战前的一段时期里，爱尔兰人曾被视为不可接受的移民。但内战之后，爱尔兰人进入了美国主流人种阶级。所以"接受度"是一个与"时机"或历史阶段相关的问题。

总之，对于梅萨德拉和尼尔森而言（Mezzadra and Neilson，2013），"包容"可能不像我们想象的那样"积极"，因为我们首先要问："实际包容了什么？"另外，他们认为"差别包容"可能只是控制移民

342

的手段和规则。针对这一方面，李（Lee，2015）展示了韩国的非政府组织是如何通过创造"守纪律的公民"（一种我们可以称为"新自由主义管制"的形式）来反映国家情况。他们使北朝鲜难民被迫在经济上自给自足并参与"市政贡献"，如使用志愿者的称号将其免于获得福利，同时期望他们接受低薪工作。

6.5.2 同化作用

在 20 世纪大部分的移民研究中，同化至少有三层含义：随着时间的推移，移民适应或采用了主流文化思想和实践；移民在某些方面达到了与本地居民相同的社会经济地位（Zhou et al.，2008：41）；移民开创了一些与主流文化群体互不干涉的居住和就业空间。[①] 虽然在欧洲某些国家，同化并没有得到过多关注，但在 21 世纪初的美国、日本或韩国，同化（或其他类似的形式）已经在学术和公众讨论中得到了强烈的反响。在美国，对同化的关注反映了长期以来美国的社会融合理念，以及在接连不断的移民浪潮中融入的"美国化"的理想概念。到了 19 世纪，同化意味着采用全国主流的文化（白人，盎格鲁－萨克逊新教徒或是新教徒式的文化）和期望的方法。同化主义的理念在 20 世纪的美国随着时间的推移而变化，移民潮（特别是天主教徒和少量犹太人）重新塑造了美国的文化景观，而国内占主导地位的文化看起来则不甚明显。事实上，戈登（Gordon，1964）将 20 世纪的美国看作新教徒、天主教徒和犹太人的"三重熔炉"。21 世纪则带来了更多样的移民文化，包括大量的佛教、印度教和穆斯林移民。截至 2005 年，新教徒的人口已经

343

---

① 对于这篇文献的评论，可以参考阿尔巴和尼（Alba and Nee，2003）、希伯特和莱（Hiebert and Ley，2003）、科维斯托（Kivisto，2005）、列维特和贾沃斯基（Levitt and Jaworsky，2007）、沃特斯和吉米尼兹（Waters and Jiminez，2005）。

低于 50%（Portes and Rumbaut，2014）。同化的理念作为一种公共声明和实践并没有消失。在日本等其他国家，美国移民申请候选人必须参加公民考试，问题涵盖了从何时发生什么战争，到（特别是）美国宪法的修正，试图以此重申对"美国化"的某种构想。

也许有人会认为"同化"一词会在西方国家的学术用语中消失，但就目前来看，情况正好相反。然而对同化性质的争论却发生了变化。事实上，与19世纪、20世纪持续良久的线性同化争论相对，最终移民的生活会与城市公民一模一样。波特斯和周（Portes and Zhou，1993）提出了一种非线性的同化概念，他们认为第二代移民之间的社会经济地位和社会文化实践的差异可以被称为"分段同化"（Portes and Zhou，1993；Portes and Fernandez-Kelly，2008；Zhou et al.，2008）。波特斯和周（Portes and Zhou，1993）将分段同化描述为"超越'统一主流'，具有特定的'道德偏见'，能创建出一个国家整合的范本"。而且，他们发现了几种不同的"接受"形式。正如他们所说的，"一种涉及不断增长的文化适应以及融入相应的白人中产阶级，另一种则同化至下层阶级，需要接受永久贫困。其实还存在第三种方法，即利用快速发展的经济来维护社会价值观及其紧密团结的特征"（p.82）。

波特斯和周并未忽视空间分析。事实上，对于他们来说，一方面，海地人的文化明显与非裔美国人主导的迈阿密文化是十分矛盾的；另一方面，它在文化同化的基础上形成了社会经济同化的缺失（教育、职业、收入、房屋所有权的测度），这些都在激励着他们完成"分段同化"。为了解释这种分割的结果，波特斯和周提到了"整合模型"，即"由政府政策形成的综合体；迁入社会的价值观与偏见；种族社区的特征"（p.83）。这些模式取决于公民如何看待移民的肤色或他们的所谓"种族类型"，以及他们的位置或"流动阶梯"的出现（限制性工业化是如何

344

在美国消灭那些高收入的工会生产工作的）。由于对分段同化和传统同化研究的不满，周等（Zhou et al., 2008）进一步对分段同化的概念进行了深化，指出传统同化措施是有问题的，与其同样重要的是衡量"代际进步"，即移民群体超越其父母成就的程度。然而他们采取了更进一步的方法，即"以主体为中心"，优先考虑移民本身"察觉、界定和衡量流动性与成功"的方式（p.42）。这种方法是对民族志和其他定性研究方法的突破。人类学家、社会学家和批判性人文地理学家对此格外熟悉，但他们在这方面的分析却非常少。他们的研究结果可以促进人们对移民愿望的理解。例如，他们在美国"以主体为中心"的调查结果之一为，中国、越南和墨西哥的受访者之间存在差异。对于中国和越南的受访者来说，很明显，无论以任何传统方式衡量其社会经济成就，他们都不认为自己是"成功"的，而以传统方式衡量没有那么"成功"的墨西哥人，其结果可能是他们认为自己是成功的。

在任何情况下，这些原始的元素在合并之后都会添加下面一些变量，如家庭结构、文化、经济、人力和社会资本、父母的法律地位、父母的期望和投资优势、第二代人的法律地位、关于原籍国困难生活的文化记忆、对公共资源和服务的获取等，特别是对于弱势移民来讲。

345 　　这一更新从广义上来说仍然是标准的同化研究。研究者似乎从一开始就考虑到了国家之间的差异，并在其研究设计中运用了国家群体之间的比较。从第五章引用的有关劳动力市场的文献中，我们看到了一些维度之间的差异，如性别，还有其他"变量"，以此来确定衡量社会经济地位的标准方式，如到达时间、代际、移民国家的政治和社会背景，甚至是回国政策。其他研究则更多关注"文化同化"或"选择性文化适应"（Portes and Rumbaut, 2014），其观点为公民及移民在同化的过程中会随着时间的推移而使自身的文化和社会实践得以改变（回顾可见

Levitt and Jaworsky，2007）。在过去的十年中，出现了一种与众不同的同化现象研究，它试图在跨国主义觉醒后将同化放在社会科学家的重要议程上（Leitner and Ehrkamp，2006）。然而这类研究并不关注移民的适应方式，而是关注同化现象作为一种话语时被审视的方式，以及这些论述被人们所接受的方式。

后一种关于同化的研究明确了什么以及谁不能接受"同化是一个与空间相关的问题"这一理念，并且这一问题涉及公民和居民的复杂身份。在密歇根州的迪尔伯恩及其周围的小镇中，某种情况是被接受的——这里有着美国最为集中的阿拉伯移民（如果不必须是穆斯林），然而在西维吉尼亚这个主要的"白人"州，类似的行为就会显得很奇怪，甚至让人无法接受。在某些地方，移民被视为"格格不入的"（Cresswell，1996）。相反，在美国（或其他地方）某些城市、城镇和社区中，移民又是"合适"的。这些地方主要被迁入民的民族和宗教群体占据，并且形成了主流文化。事实上，西班牙语的主导地位不仅可以被人们接受，而且还在得克萨斯州南部与墨西哥交界的地方得到了迈阿密政府的积极鼓励。因此，"同化"（或同化声明）愈发复杂，因为当移民在国内占据主导地位时，其文化论述和文化实践都是十分复杂的，特别是对于少数种族文化的聚集地而言。

这被全面地记录在埃尔坎普（Ehrkamp，2006）的民族志研究中。他对拥有约 2 万德国原住民和土耳其移民的马克思洛小镇，这个德国后工业化区域进行了研究。20 世纪 90 年代末，土耳其移民约占当地居民的 25%，埃尔坎普重点关注的是话语同化是否存在，而非同化的程度。她接续了后现代哲学家雅克·德里达（Jacques Derrida）的工作，将"同化"或"融合"比作"待客"，当地的"主人"决定了"客人"所必须遵守的规则。在这一背景下，与德国其他地方一样，这里的移民劳工

346

（所谓"土耳其客人"）成了国家和地方尺度话语同化的一部分。这似乎是一个有悖于常理逻辑的工作，正如埃尔坎普（Ehrkamp，2006）深入解释的那样："通过要求移民变得相像，非迁移居民将其描述得更加不同，从而使适应或融合（德国政治声明中常用的术语）变得几乎不可能。"（p.1678）

这反过来为政治家和大众媒体提供了土耳其移民"不可同化"的证据。同时，"大多数居民"要求移民采用德国的标准，从而不会扰乱多数人所具有的同一性。换句话说，这些言论使得土耳其移民变成了具有"异国情调的其他人"，同时，以其文化的独特性称其"东方化"（Said，1978），而可能最终使土耳其移民无法同化。

整个德国的话语同化过程体现在当地政治领导人和居民反对在马克思洛社区进行伊斯兰教祈祷的要求，以及反对土耳其人使用双语，或在街上仅使用土耳其语，以及在商店前使用土耳其语等行为上。为了探索这两个问题，埃尔坎普认为，土耳其身份的建构只能被理解为与德国的身份感有关，并且二者都是通过国家和当地空间的同化话语产生的。这些声明使土耳其移民处在了"德国主义"的对立面上。因此，虽然人们普遍认为土耳其移民要在"贫民窟"中坚守自己，但埃尔坎普采访的移民之一声称，"分开生活"是不可取的，而土耳其移民由于住房歧视被迫这样做。

虽然土耳其移民内化了一些关于他们的消极声明，但也对"不同层级的政府""大众媒体"和德国公民针对其社会和空间的表征产生了争议。但他们的主张很简单：土耳其移民抱怨德国人不愿意"融合"，即不参加土耳其的文化实践活动，而总是让土耳其人去适应德国的文化实践。鉴于这种推测性（想象中的）的差异感，埃尔坎普研究中的移民并不认为自己是德国人。正如一名土耳其移民所宣称的，"我们是土耳其人，不是德国人"。

埃尔坎普文章的另一个主要论点是，马克思洛地区的土耳其移民不赞赏某些行为，如表现得"太欧洲""太顺从"或者"过于德国化"。在上述地区，移民以完全不同的形式被同化。当土耳其人参观如艾森或杜塞尔多夫这样的大城市时，他们的着装和行为会有所不同。在这些城市里，类似的地方同化声明并不占上风，或者至少不会对土耳其的文化实践产生影响。埃尔坎普将其总结为"同化话语的空间也产生了（移民）身份的空间性"（p.1688）。

6.5.3 多元文化主义

多元文化主义是一系列旨在识别群体利益的声明、意识形态、政治哲学、治理形式和政策。同时，多样化和多元化的背景可以使人们拥有归属感，从而以识别和表征的名义达到政治运动这一目的（如 Hall，2000；Korteweg and Triadafilopoulos，2014；Kymlicka，1995；Parekh，2006；Vertovec，2007）。霍尔（Hall，2000）也认为区分"多元文化"（即多样性的条件）和多元文化主义很重要。他试图对多样性的意义进行"定位"（Penrose，2013）。因此，尽管人们毫无争议地将澳大利亚、加拿大、德国、荷兰、美国或英国这样的"西方"国家标榜为"多元文化的"，但乔帕克（Joppke，2007a）坚持认为"多元文化主义"作为一套官方政策，虽于 1971 年在加拿大推行，而后于 20 世纪 70 年代和 80 年代在荷兰和英国实施，但在二十多年后，却被荷兰和英国政府正式废除。上文提到的有关多元文化主义的各种定义（包括霍尔所做的区分）以及约帕克关于多元文化政策终结的主张至少产生了三个问题：第一，社会"文化多样性"的程度如何？第二，多元文化政策

348 在多大程度上仍然存在于政府的政策中？第三，多元文化或多元文化主
义可以在概念上扩展到上述范围之外吗？

在美国，有一个普遍的观点：美国社会已经从"熔炉"转变为极其
多元化的"沙拉碗"，大多数移民都保持着一些原籍国的文化元素，并
与其他留有自己国家文化习俗的人融合在一起。但是，我们应该弄清的
是多元文化主义是否意味着文化从本质上是一致的，是否是审视"差
异"和"归属感"的最佳方式。我们在 20 世纪 80 年代对于这个名词
的理解是：多元文化主义的声明和政策似乎意味着移民和他们的文化
习俗与主流文化的做法是截然不同的，它们是固定的、稳定的、不变
的，是植根于民族或种族的附属品。21 世纪关于多元文化主义的研究
者（如 Parekh, 2006）认识到：虽然文化习俗源远流长，但它们也随
着时间的推移而改变，并且与其内部的一致性相去甚远。在芝加哥北部
西德文郡大街的"南亚"企业和居民可能是一个例子。在"911 事件"
之前，虽然大多数印度人和巴基斯坦人彼此间的社会联系很少，但他们
却在这一事件后由于南亚的属性和棕色皮肤而不得不接受严格的伊斯兰
审查。因此，棕色人种／南亚的文化已经通过这一对邻里被拼凑起来，
但却很难通过印度或巴基斯坦人的身份来完成文化的再生（Ashutosh,
2008）。

多元文化主义者在早期建立识别"民族文化""少数民族文化"甚
至"种族"系统时，如英国的"种族关系范式"，忽视了"少数群体"（即
谁是少数，存在于何时何地？）、"种族"（没有生物基础）等术语在使
用中的问题。也很少有人会否认文化行为可以通过特定的国家来识别，
并且国家和民族背景会对身份和归属感有所贡献。然而，其他方面的差
异，包括性别、语言技能、代际差异、宗教信仰和实践活动、与种族和
历史相关的个人经历，以及与同一个村庄、区域或原籍国其他人的情感

联系，都会像国家和民族那样成为一个人身份的核心。举个例子，罗宾斯和阿克索伊（Robins and Aksoy，2001）坚持认为，对于在英国的土耳其塞浦路斯人来说，他们从未在国家层面表达过自己的身份。英国的希腊塞浦路斯人已是四分五裂，我们可以通过移民的年龄分辨出谁是在塞浦路斯分裂为希腊和土耳其的一部分之前到达这里的，而谁是之后到达的，在当代的英国和土耳其也同样如此。谷（Gu，2015）在关于中国香港的巴基斯坦女孩的一项研究中指出，她们为摆脱了巴基斯坦父权制而感到自豪，主张"巴基斯坦性"对于她们而言并不是必需的，她们会宣称自己是穆斯林，并宣扬伊斯兰教的重要意义。综上，否定复杂的文化身份是困难的，最重要的是知道如何调和从奥地利到南非的混合社会的文化差异。

　　对于"政府是否真正放弃将多元文化主义作为一种差异调和的方式"这个问题，柯特维格和特里阿达斐洛波罗斯（Korteweg and Triadafilopoulos，2014）认为，多元文化主义在荷兰甚至德国都很活跃，但两国政府从未优先推行过一个官方的多元文化政策。至于其他国家，如20世纪80年代以前的韩国，无疑是"种族同质"的，之后也会将"多元文化主义"作为一种治理形式（如Kim，2015；Lim，2010；Watson，2010）。对于柯特维格和特里阿达斐洛波罗斯（Korteweg and Triadafilopoulos，2014）而言，多元文化主义作为一种少数民族群体组织的治理形式，"参与其他政治家的政策制定和实施。它们贡献了所处群体的文化优势，来帮助完成这一群体的挑战"（p.2）。这样，多元文化主义演变成一种务实的整合方式，它并不非基于某种多元文化哲学或政府采用的一系列官方政策或政策导向。因此，它是一种多样性横向组织的产物，而不是通过自上而下的政策实施形成的垂直组织。例如，他们通过荷兰政府和非政府移民组织之间的协商来说明这一点，以此表明荷兰的摩洛哥移民群体和土耳其移民群体之间"荣誉暴力事件"出现的罕见性。

我们将在这里进行补充：多元文化主义可以被认为是一系列仍然在英国，如莱斯特等城市中，发挥作用的声明和行为，尽管在过去的 30 年，国家政治和政策发生了改变（Jones，2015）。同样，洛博（Lobo，2014）也试图扩展多元文化主义的概念并将其本地化，因此她把在公交车上与澳大利亚达尔文市的斐济移民的冲突称为"日常多元文化主义"。莱斯特（Leicester）的多元文化实践以及在达尔文市发生的多元文化交流与冲突，巩固了我们在本书中的重要观点，即国家对社会问题的看法存在局限性，如多元文化政策。最终，多元文化主义和多元文化政策已经被知识、政策和公众焦点在所谓"融合"的各种声明、意义和实践中激烈争夺，而这正是下一节的主题。

6.5.4 融合

对于欧洲公民来说，他们经常会听到"他或她融入了瑞典"或者"他或她没有很好地融入奥地利"这些言论。然而，"融合"一词在学术界和政界中都是有争议的。为实现我们的目标，这里的"融合"至少包括三种含义。第一种含义与同化接近，也经常用于欧盟国家，尤其是 21 世纪初的法国、德国、荷兰和英国。当政府或公民开始哀叹"融合"导致的问题时，他们考虑的是移民对主体市民的主流实践和价值观的适应程度，或者指一些物质资料，如房子、工作、教育和医疗的可得性（如 Ager and Strang，2008）。第二种含义更接近于多元文化主义，即移民并非"失去他们的文化"，而是保留住他们的文化，并能加入西方自由民主的政治文化的讨论之中。一位父母为阿尔及利亚移民的法国年轻女子的故事很好地说明了这一点：

> "我，我发现我已经完全融入了法国，所以我在这里有家的感
> 觉。因为我出生在法国，我说法语，我的文化也是法国文化，我学
> 习法国历史，所以法国是我的祖国……我的身份是身处法国的原籍
> 在阿尔及利亚的人，也是一名穆斯林。"
>
> [法蒂玛（Fatima），引自 Keaton，2006：40]

　　第三种含义似乎更不常见，是移民和公民"走到一起"，直到他们
能够接受彼此的文化实践（语言、宗教、食物、音乐等）。在法国更为 *351*
普遍的术语是"融合"，而德国更青睐"同化"一词，事实上欧盟也曾
经公开呼吁这种以"共同的基本原则"而"走到一起"的移民融合政策。
2004 年 11 月，欧盟委员会宣布："融合是所有成员国居民和移民互谅
互让的一个动态的、双向的过程。"（引自 Joppke，2007：3）乔帕克
指出，这个来自欧盟委员会的声明表达了欧洲对移民文化、语言和宗教
前所未有的尊重姿态（同上）。我们还需要强调的是，这是"融合"而
非"同化"。毕竟，文化和宗教的实践活动是在欧洲宪法保护下进行的。
然而，欧盟委员会的"共同基本原则"同样要求尊重"欧盟的基本价值"
（引自同本书），其中包括"自由、民主、尊重人权、基本自由和法律原
则"[①]。此外，欧盟委员会坚持认为移民应当尊重"女性平等""儿童权益"
和"宗教自由"（同上）。这主要源于对欧洲社会中伊斯兰宗教主义的担
忧，因此欧盟委员会未能承认"西方文化"中对女性的压迫（如西方女
性对美和性的追求），以及前面所讨论的杰克森高地的案例那样，对于
儿童权益和愿望的忽视。

---

① 　欧盟理事会（2004）引自乔帕克（Joppke，2007）。

融合的第一种含义是十分明确的，它取决于公民和"其他人"的概念，正如上文中同化那部分所谈到的，谁可以以及在多大程度上被看作不同甚至难以接受的，这是一个与空间和时间有关的问题。尽管如此，移民内部的"异类化"倾向于形成不同的阶级、人种、民族和排外性团体，以至于有色人种和穆斯林经常被西方政府和公众看作"文化同质性"的威胁或西方自由民主"犹太—基督系"的根源（如 Balibar and Wallerstein，1991；Staeheli and Nagel，2006）。在亚洲、拉丁美洲或南非社会，"异类化"可能存在不同的维度，但是这个过程涉及类似"外国人"的"劣化"或"文化间隔"，并且随着时间的流逝是否能够克服也难以判定。

352　　在乔帕克（Joppke，2007a）的所谓"公民融合"的名义下，对于"多元文化主义"（或至少在言辞上）是如何被抛弃的这一问题，荷兰是一个典型的例子。低收入家庭签证申请人在进入荷兰之前需要接受"融合测试"，其中包括荷兰语的熟练程度，这又和同化作用更近了一步。然而关于荷兰语的海外培训很少，所以它有效地阻碍了合法移民中的大多数低收入群体，因此法国、德国和英国也都采取了类似的措施（Joppke，2007；Lister and Pia，2008；Martin，2014）。举个例子，在德国，入境 6 个月以内并且接受社会救济的移民必须参加德国文化和语言课程，否则其工作许可证的更新会受到威胁。想要加入德国家庭的外国人也同样如此，他们必须通过语言考试（Martin，2014）。在英国，这些测试是为了营造出一个围绕"英国核心价值观"的归属感（Lewis and Neal，2005：431）。然而，种族平等委员会①把支持多元文化作为 20 世纪 70 年代对"种族关系范式"的扩展。多年以后，委员会主席放弃了对多元文化主义的言辞，取而代之的是对"融合"价值的主张。路易

① 这个组织已经解散，现在成了"平等和人权委员会"。

斯和尼尔（Lewis and Neal，2005）指出，这一现象十分引人关注。总之，国家想要通过某种方式确保潜在公民的"忠心"，使其能够将国家视作一个真正的民族国家，而不是一个抽象的概念。欧洲国家将核心的国家价值概念作为追求社会凝聚力和融合度的脊梁（Lewis and Neal，2005：433）。因此，"911事件"之后，欧洲的公民政策开始由多元文化主义向"公民融合"，或者说是新同化作用的立场转变（Joppke，2007；Kofman，2005b）。

　　然而，尽管这是一个公民融合和新同化作用的时代，但把民族国家理解为同质的，或者认为文化融合及新同化作用消除了移民文化的假设是错误的。相反，多元化、异质性和对"多样化"的支持（Faist，2009）才是西方自由民主无可争议的特性，即使是欧洲南部的国家，如葡萄牙或希腊等也不例外。不要认为移民只是简单地接纳同化或是融合的压力，最好的方法还是重温一下文化理论家霍米·巴巴（Homi Bhabha，1994）关于"谈判"的概念。从迁出国、迁入国的同胞，到 *353* 各种环境下的公民，移民都可以从中应对或协商不同的社会压力。这种跨国维度的身份商议是我们在下一部分要着重关注的。但目前，我们不仅要将"多样性"视为移民国家的特征，也要将其作为政府、公司、私人组织、个人和团体积极追求的政策和举措，不论这一多样性是否来源于移民。

6.5.5　多样性

　　在这一部分，我们依托费斯特（Faist，2009）关于"多样性"的概念，将多样性视为一种新合并模式的构想。对于费斯特来说，"多样性"指各种语言、宗教和种族群体的状况（也就是说，它与文化多元性和多元文化主义类似），但同样重要的是，它表明了一种默许的认可（换句话说，一种社会"理解"），即组织机构"不能以文化特征为由歧视其工作人员、成员或客户，而应该对这些特征保持理解和接受的态度"（p.3）。对于多元化的第三个理解关系到"文化技能"的重要性，如双语或多语言主义、作为"能力"的社交网络，以及对跨国公司提供帮助的市场技能。因此，"多元化"的想法与各种组织机构密切相关。在多样性批判方面，费斯特认为它忽视了个人与群体之间的不平等，忽视了公民身份的某些特定要素（如公民身份的道德义务和权利方面）。最终"多样性"只能是各种组织中的一项管理技术。因此，我们试图将多样性与同化和多元文化主义进行比较："多样性"假设人与人之间的差异是各个组织运用的资源 / 能力的差别。因此，组织机构必须"调整和适应移民经验"，但这是一种不对称的关系，即组织和主导民族团体对其他民族的控制权。

"多样性"是由费斯特建构的。它有两种方式，一种是私营部门的"多样化管理"（即上述将多样性视作一种资源和一系列文化竞争力），354 另一种是公共部门的"跨文化方式"。在这种模式下，一些公共服务组织，如医院，拥有"文化敏感看护""跨文化精神病学"和"多语言"等标签。他认为，"多元化"作为一种组合模式在"不久的将来"不会衰退，原因牵扯到"跨时代发展"和"迁移结果的跨国化"。他的意思是，这些移民的特征、他们想渗透进"西方社会"的愿望以及与原籍国的紧密联系强化了他们应对多样文化的"需要"，移民及其后代在民族国家以及国际协定中对于权利的诉求，随着时间的推移越来越多地被转换为与其他人交往的权利，如进行宗教活动的权利。因此，国家和国际层面的法律诉求变得越发普遍。

6.5.6 跨国归属感

基顿（Keaton，2006）讲述了艾莎（Aicha）（化名）的故事。这是一个生活在巴黎郊区的年轻的摩洛哥女性移民的故事：

> 虽然在理论我是法国人，但我内心永远是一名阿拉伯人，一份简单的文件不能改变我的文化。我出生于法国，具有法国文化，但我却与摩洛哥人住在一起。每年中有两个月我会前往摩洛哥。我说摩洛哥语，吃着摩洛哥的食物。事实上，我具有两种文化，法国的与摩洛哥的。为了生活上的成功，我不得不成为近乎完全的法国人，否则我就完了……所以，我还是一名来自摩洛哥的穆斯林。
>
> （引自 Keation，2006：35）

艾莎同时对两个国家、两个民族都有归属感，同时她也把自己定位为一个穆斯林，这就是所谓"跨国归属感"（如 Basch et al.，1994；Levitt，2001）。这种归属感既面向移民国家的混合社会，同时也面向一个或多个原籍国家，或包括特定民族或少数民族流散的国家所构成的同等复杂的社会。也有人将其称为"双焦点"（Rouse，1992）或"双向接触"（Grillo and Mazzucato，2008）。在这种情况下，移民不断地以矛盾的方式看待"这里"和"那里"（Turner，2008）。在某些情况下，例如意 *355* 大利博西-菲尼移民法（2002）禁止返还意大利境内移民缴纳的国家保险，所以越来越多在意大利已生子的多塞内加尔移民放弃了回到原籍国家的希望。正如里乔（Riccio，2008）所言："他们开始觉得自己既不属于这儿，也不属于那儿。"（p.230）这种跨国归属感（或者归属感的缺失）将会通过各种文化、经济、政治和社会实践表现出来（Levitt and Jaworsky，2007；Vertovec，2004），并可用于分辨归属感以及他们的表达或实践（Glick-Schiller，2003）。

移民中的"跨国归属感"可以被理解为一种与同化截然相反的概念（Ehrkamp，2006），或者说是分割后的同化。而其他人，如吕卡森（Lucassen，2006），并不认为这些过程是相互排斥的，他们认为跨国归属感可能与同化实践相一致。还有部分人（如Glick-Schiller et al.，2006）更喜欢将"合并"与跨国主义联系在一起，形成了"跨国社会领域"内移民地位更加先进的表达方式。[1]格里克－席勒等（Glick-Schiller et al.，2006）认为，建立和维护社会关系网络的过程关系到每一个人或每一个由个体构成的组织，通过这种关系网络，个人或者组织可以连接到被一个或多个民族国家认可的机构（p.614）。然而，理解这种合并需要一些切入点，他们认为切入点是"个体移民、移民构建的社会网络，以及网络产生的社会领域"。

让我们回到在引言和第三章中曾经讨论过的跨国性的问题上来。跨国网络将跨国归属感的发展和维系纳入了考虑范围。然而，20世纪90年代开展了一场关于跨国归属感是否可以（或在多大程度上可以）被看作一种新现象的辩论。在格里克－席勒等（Glick-Schiller et al.，1992）的《移民问题的开创性跨国视角》（*Towards a Transnational Perspective on Migration*）和巴修等（Basch et al.，1994）的《解放的国家》（*Nations Unbound*）中，他们都认为在20世纪的最后几十年中，加勒比海和美国之间的移民与此前19世纪至20世纪初的那批移民完全不同，就其在加勒比等原籍国和美国的政治和社会参与度而言。这种矛盾或许会在1910—1920年移民回流的限制下得到缓和。在福纳（Foner，

---

[1] 对于格里克-席勒、卡格拉和古尔布兰德森（Glick-Schiller, Caglar and Gulbrandsen, 2006）来说："社会网络使得本地网络有可能通过跨国或跨地方加以扩展。"（p.614）

2000）的记录中，每 100 个进入美国的移民中，在 10 年间就会有超过 *356*
三分之一的人返回家中，甚至还包括那些最初为了逃离政治迫害的俄罗
斯犹太人（引自 Levitt，2001：21）。

我们在引言和第二章中了解到，归属感不可能只有跨国性质。究竟
"国家的"意味着什么呢？国家的文化、经济、政治和社会关系是由一
系列其他的空间和社会维度构成的。从空间维度上来说，一些相对敏感
的研究者也会质疑跨国主义学术论述中的所谓"方法论民族主义"。让
我们再次仔细思考阿施施（Ashutosh，2008）关于芝加哥北部南亚人
的研究。在一个餐馆中，墙上挂着一个写着"Southall"（引用伦敦西部
一个被誉为"英国南亚文化中心"的地区）的标志牌。虽然这个现象并
不稀奇，但芝加哥的印度移民不仅形成了次大陆文化的附属品，而且将
比印度（或南亚）更广泛的文化纳入其中，如内罗毕文化。或许，我们
不应该把过多精力放在研究单一的跨国归属感上，而应该更加关注多元
领土的附着与实践。

因此，为了更好地理解与移民归属感有关的复杂空间依赖，人类学
家和社会学家提出了一些广泛使用的概念，包括"跨国社会领域""跨
国社会空间""跨本土主义""区域主义（trans-locality）""跨区域主
义""跨国城市化"以及"跨国村庄"等（Vertovec，2001）。这些想法
有许多都是重叠的，所以我们并没有关注所有的定义，而是只关注了最
后两个——"跨国城市化"和"跨国村庄"。对于那些关心移民与城市
问题的人来说，迈克尔·彼得·史密斯（Michael Peter Smith，2001）
的"跨国城市化"是十分有影响力的。在这个概念中，跨国社会中的
活跃者利用作为全球网络节点的国际化城市的优势，获取他们的文化
机会（指对特定国际化生活方式和图景以及高等教育机会的追求）、经
济机会（指寻找就业，将工作汇款发展为经济资本，如收购或建立小

型企业）和政治机会（如为前移民与跨国组织打工）。所有的这些都是 357 通过移民开拓主要城市和跨国城市间的旅行和通信线路实现的。

列维特（Levitt，2001）较少关注跨国归属感中对于城市的理解，因此将其概括为"跨国村庄"。对于她来说，一个跨国村庄的存在有四个维度。第一，国际移民实际上并不需要成为村庄（或者说跨国社会领域）的一员。第二，这样的村庄浮现出来，并通过源于原籍国、流入移民国的社会汇款（社会资本、行为和理念）来维持。第三，跨国村庄由一系列宗教组织、移民组织和政治组织构成。第四个维度是"社会成本"，也就是说，由于一些回流移民十分富裕，而其他移民则没有比离开时富裕多少，这加大了他们在先前阶级、性别和代际上的差距。

对于列维特强调的社会分工，一些小范围的研究足以说服我们，为何跨国归属感不只具有跨国的特征。首先，麦格雷戈（McGregor，2008）在关于伦敦"赤贫空间"中津巴布韦的寻求庇护者和无证移民的研究中发现，"家"和英国的关系有着显著的阶级差异。阶级差异有时会在津巴布韦人之间再次产生，特别是对于那些来伦敦做生意但缺乏资本或必需技能的迁移者而言。而其他人则用巨额的资金从小生意开始创业。值得一提的是，这些阶级差异是什么时候消失的：当那些在津巴布韦被认为是"高技术"的工人，最终也只能和津巴布韦的寻求庇护者和难民一起从事建筑物清洁或是低工资的护理工作的时候。他们共享着社区、同乡会，以及一个更繁荣的津巴布韦的希望。同样，麦考利夫（McAuliffe，2008）在关于悉尼、伦敦和温哥华的第二代穆斯林及巴哈伊教伊朗人的研究中表明，他们与"祖国"的关系并不像想象中那么紧密，他们更加关注阶级抱负实现的动力或自身所处的阶级地位（低、中、高）、宗教（伊斯兰或巴哈伊）以及空间（他们聚落的形态）。例如，巴哈伊教被要求在城市的某些区域中定居，以建立所谓"后方先锋"，或者在城市特定区域创建由九名成年巴哈伊教徒组成的地区精神集会。这样的要求建立起了一些不太受欢迎的城市地区的集会，并且与巴哈伊教徒的阶级愿望相悖，但他们看似能调和这些矛盾。虽然巴哈伊人可能会和其他伊朗的穆斯林一起生活，但由于历史上伊朗对巴哈伊教的迫害，这些巴哈伊教徒并不会和穆斯林一样对"祖国"有那么强烈的依恋。 *358*

再次强调，那些确实被我们误解的跨国实践和空间，可能实际上是区位、亲属、家庭关系和性别的其中之一。关于性别，我们可以参考埃尔坎普（Ehrkamp，2008）对德国马尔克斯罗地区的土耳其和库尔德年轻移民进行的研究。她认为一些土耳其男性在公共场所对女性表现出的大男子主义，通常会被德国媒体、政客和公民们看作土耳其的民族性质，而非男权主义或由于性别产生的排斥空间。再者，很显然这些跨国文化行为不能简单地与原籍国"文化"联系在一起，而可能与特定种类的性别表现相关。虽然没有城市、城镇、村庄作为尺度或地区重要性的特定参照，萨利赫（Salih，2001）着重解释了意大利的摩洛哥女性在跨国归属感中的性别差异。她认为意大利摩洛哥女性的性别期望和家庭责任形成了对摩洛哥不同的跨国依恋，根据她们就业、婚姻和住房状况，以及她们对照顾两个国家的亲戚和孩子的需求而有所不同。最后，格里克-席勒等（Glick-Schiller et al.，2006）谈到了迁移研究中的"种族透镜"，他们认为迁移研究混淆了宗教和种族，跨国关系可能更多涉及宗教社会领域而不是种族。例如，伦敦和多伦多的索马里人通常都认为自己是穆斯林而不是广大非洲流散侨民的一部分（Grillo and Mazzucato，2008）。这向我们展示了跨国身份中的宗教问题。

事实上，我们直到现在才开始提及宗教。宗教是跨国身份和实践中的一个关键维度，宗教信仰在移民日常生活中的每一个特征都成了西方媒体关注的焦点，不仅是伊斯兰教的各个分支，还包括巴哈伊教、佛教、印度教以及各种形式的基督教，如五旬节信仰对于西方国家的非洲移民来说十分重要。上述也只是移民宗教实践中的一部分。[①]

359   在这个部分，我们只能对跨国主义和宗教信仰进行一个简略的讨论，同时要注意避免将二者间的关系概括得过于简单化，也要寻求移民之间的复杂空间和宗教活动地点。我们将在这里考察两个相关的问题，其根本都是在"西方"社会背景下。第一个问题涉及原籍地和目的地之间教徒与宗教信仰的流动，在这里我们将只提供几个例子来阐述我们的观点。第二个问题是关于 20 世纪 70 年代以来"第二代"宗教活动是否加剧的。[②] 针对第一个问题，不仅仅是移民带来了宗教活动，波特斯和朗博（Portes and Rumbaut，2014）也叙述了许多富裕国家的移民持续依靠原籍国宗教人士的例子。例如，在休斯敦郊区的乔迪印度教寺庙的富裕南印度教徒，跋涉回印度，寻找印度教宗师来工作，并在寺庙建造的初期阶段用梵文举行古代仪式。同样，路易斯安那州的老挝移民也被迫从老挝招募僧侣为他们的新寺庙工作。从另一个角度来看，2004 年，一条河流淹没了多米尼加共和国的吉米镇。在这场灾难中，700 人失踪或死亡。作为回应，新英格兰和纽约的多米尼加移民群体在两个组织的周围聚集：一个是阿利安萨 – 多米尼加组织，它是一个纽约的社会服务

[①]   在一些关于移民问题的概述中，跨国主义和宗教问题十分重要，如卡奇和艾克兰德（Cadge and Ecklund，2007）、埃尔坎普和纳格尔（Ehrkamp and Nagel，2014）、格里克 - 席勒等（Glick-Schiller et al.，2006）、甘（Kaag，2008）、赫斯曼（Hirschman，2004）、索特洛（Hondagneu-Sotelo，2007）、孔（Kong，2010）、列维特（Levitt，2008）、门耶尔瓦尔（Menjlvar，1999）、波特斯和朗博（Portes and Rumbaut，2014）、萨赖瓦（Saraiva，2008），《社会文化地理》（*Social and Cultural Geography*），15（6），2014 以及范·图博根（van Tubergen，2006）。
[②]   有些人将这称为西方社会中的"后世俗主义"，特别是在博蒙特和贝克（Beaumont and Baker，2011）的辩论中，但是我们不参与这个辩论。

组织；另一个是波士顿的 ASOJIMA 同乡会，它为该镇提供资金。比起通过被认为是腐败的省级政府来转交资金，民间组织更愿意把钱交给组织援助后勤工作的教区牧师那里。

这项对于二者关系的研究最重要的发现之一是，宗教信仰可能不仅仅受跨国身份的影响，而且是其组成部分。从这个意义上来说，关于宗教和移民关系的大量研究表明，宗教信仰和习俗实际上在迁移和定居之后变得更加强烈，甚至更加保守，这与其他维度的差别有关，如阶级和性别（Cadge and Ecklund，2007；Ehrkamp and Nagel，2014；Hatziprokopiou and Evergeti，2014；Hondagneu-Sotelo，2007；Kepel，1997；Kong，2010；Laurence and Vaisse，2006）。

这种重燃的宗教热情是可见的，如许多韩国人处于福音派基督教的实践中，以及西非的灵恩派（Pentecostalism）基督教的实践中（如Riccio，2008）。类似地，普利德力（Predelli，2008）指出，挪威的穆斯林妇女对清真寺中的社会生活和空间的参与逐渐增多，纵然清真寺仍 *360* 以"男权性别制度"为核心。佩德森（Pedersen，2012）讲述了她采访的一名伊拉克难民妇女由于在丹麦失去阶级地位而变得越来越关心如何成为一名"合适的穆斯林妇女"（她认为自己是伊拉克的"中产阶级"）的事例。然而宗教不会从原籍国"完好无损"地传播到迁入国，它们会改变并且适应新环境。从福音派教会到印度教寺庙，它们是如何通过本地化政策、时间和空间对宗教游行产生影响的呢？对此，我们需要思考塑造宗教习俗变革的超越国家的背景，此外，公众的敬仰也重塑了这种风俗。在这个意义上，圣布兰卡特和甘塞利黎（Saint-Blancat and Cancellieri，2014）讨论了菲律宾移民在意大利帕多瓦的圣十字架节的游行是如何占用当地的城市公共空间的。在这里，世俗与后世俗之间存在着模糊的相互作用。类似地，艾哈迈迪等（Ahmed et al.，2016）证

明了东伦敦的基督教徒、印度教徒、犹太人和穆斯林的信仰行为是如何
与种族和阶级产生联系的，并明确了这种认识的含糊之处。

为了解释第二代移民的宗教热情及其与跨国身份之间的关系，我
们可能会依赖于赫斯曼（Hirschma，2004）的所谓"三个'R'"，即
把宗教作为避难所（refuge），作为一种尊重（respect）的形式，以及
作为一种资源（resource）的功能。当宗教作为避难所和一种尊重形式
时，复兴的宗教信仰可能与移民在更加个性化、世俗化、充满选择性或
"不道德"的社会中定居所产生的感知和困惑有关（Pedersen，2012；
Shoeb et al.，2007），或者说他们是被歧视和被仇恨的对象。对此，马
里佩拉德等（Maliepaard et al.，2015）提到了在荷兰长期存在的穆斯
林移民组织。换一个视角来看，休德等（Shoed et al.，2007）在对密
歇根州迪尔伯恩的伊拉克难民的研究中，阐释了伊拉克战争的创伤、在
沙特阿拉伯难民营的生活、在美国流亡的感受、在美国社会中颇为复杂
的自由和影响以及对家乡的思念是如何促使伊拉克难民成为更加虔诚的
穆斯林，并以此来"守护共同的家"的。里乔（Riccio，2008）发现，
在意大利北部塞内加尔的穆斯林之间，宗教似乎是为了达到一个相似的
道德目的。更具体地说，里乔（Riccio，2008）和甘（Kaag，2008）
讨论了莫里德苏菲兄弟会（一种伊斯兰教徒秩序）是如何帮助塞内加尔
人的，如在他们经历复杂的跨国生活时为其提供一种意识形态和精神指
361 引，以应对种族主义和歧视。正如里乔（Riccio，2008）所说的，兄
弟会中的跨国行为是通过谈话和磁带的尺度来维系的。透过这两种媒介
他们能够发现祷告和圣诗以及宗教首领的命令和裁决。这些跨国实践的
"形成和加强主要是由于宗教活动在接受国的广泛传播，以及塞内加尔
马拉布特（精神领袖）的频繁访问"（2008：229）。

宗教活动的加剧在某种程度上也可能与社会的新自由化有关，由于

各国不再提供社会福利，众多信仰的移民教堂、清真寺和寺庙填补了这一空白——莱（Ley，2008）在对温哥华的研究中将其称为"城市服务中心"。虽然宗教在提供社会保护方面的作用几乎不是新鲜事，但"新自由主义"却被看作这幅图景中的重要部分。多重领土内的"政治机会体系"（我们将在本章的最后一节讨论）以及多样的社会分化维度之间的任何事情都可能对跨国主义、宗教和个人身份之间的联系所形成的复杂身份产生影响（如 Turner，2008）。宗教信仰似乎会以某种方式妨碍入籍，但是许多宗教组织和同乡会一样，实际上也会协助移民获得美国公民身份。大多数研究表明，越来越多的宗教信仰鼓励跨国社会和政治参与，包括以天主教为基础对美墨边界军事化的政治抗议（Cadge and Ecklund，2007）。同时，宗教实践可能会导致另一种"融合"形式的产生。弗里多夫森和艾兰德（Fridolfsson and Elander，2013）在瑞典的穆斯林中发现了类似的情形。瑞典城镇某些特定社区中清真寺的存在（而不是缺失）推动了当地社区的"联结"和"桥接资本"的建立。

为了完成对跨国身份的讨论，我们将着重解释其中一些往往被视为个人喜好的身份（如对入籍的追求），作为众多身份中的一种，它们又会在国家、组织或群体的实践中被约束或激活。下面我们可以说，跨国或所谓"流散身份"（见专栏 6.6），以及宗教身份和实践都是由原籍国和迁入国共同产生的。这在法国的移民与对外政策中非常明显，阿尔及 *362* 利亚和摩洛哥大使馆和领事馆指出，一个"法国伊斯兰教"产生了。在这个复杂的政府关系里，法国、阿尔及利亚和摩洛哥政府共同塑造了法国伊斯兰教的实践，也改变了阿尔及利亚和摩洛哥移民的种族和宗教身份（如 Maussen，2009；Samers，2003c）。

专栏6.6 流散身份?

　　"流散"这一术语，以及对流散移民的研究有着很长的历史。它常常用来形容一些"典型"的散居移民，比如一些非洲人、中国人、犹太人以及巴勒斯坦人，但这个术语也可以从阿尔巴尼亚人扩展到泰米尔人的"群体"范围（Brubaker, 2005; Safran, 1991; Sheffer, 1986, 2003; Cohen, 1997）。虽然流散一词的含义颇受争议，但布鲁贝克（Brubaker, 2005）认为流散具有以下几个基本部分：分散、祖国导向和界限维护。分散是指一类人群的扩散（定义为民族文化和国家的一个名词），并且通常被迫从最初的国家迁移至世界上另一个地方。这里的所谓"世界上另一个地方"不需要很远，它可能只是跨越了一个国家边界，甚至可能发生在同一个国家内部。一些研究流散的学者认为这是分隔而非分散，并表明是国界使一群人分隔开，从而产生了流散的移民。祖国导向包含对一个真实的或是想象中的家园的渴望。这意味着一段特定的记忆，通常是关于祖国的"神话"或是"返回祖国的神话"。但正如布鲁贝克（Brubaker, 2005）所指出的，并不是所有人都认同离散中包含着对返回祖国的渴望这种观点。例如，人类学家詹姆斯·克利福德（James Clifford）在对南亚人的研究中指出，他们在新家园中重新创造文化和社区感的愿望非常强烈。界限维护是指，流散移民通过将自身与其他群体区分开，特别是那些占据主导地位的个体或群体，来维持其强烈的身份认同感。然而这可能会导致界限维护和界限侵蚀之间的紧张关系。这种界限必须得到"长时间"的维护（p.7），甚至可能会跨越代际。对于布鲁贝克来说，这一"有趣的问题，以及与流散现象相关的问题是，这些界限可以在多大程度上，以及以何种形式被第二代、第三代或是随后代际中的移

363

民所维护"（2005：7）。这是"流民的曙光时代"，还是只是关于流散讨论的涌现——一种语言上的变迁而不是世界真实的变化？

这个问题并不容易回答，因为流散的概念本身就已经成为了一个被严格审议的对象。让我先简要说明其中的六种批判观点。第一，"流散"可能不是一个适合描述劳工移民的术语，因为劳工移民通常都具有临时性和能动性（Faist，2000）。第二，所谓"流散"实际上可能是一种不合需要的韦伯式"理想型"概念，也就是说，它是一个无法抓住特定群体之间的社会变革矛盾性的抽象概念（Wahlbeck，2002）。第三，流散的概念实际上取决于原籍国"种族特征"的重要性，它是身份和团结构建的核心，而非其他维度的差异。第四，流散被盲目"迷恋"（变成一种令学者们着迷的对象），这会掩盖其他社会维度或社会进程的重要性，如阶级、资本积累，以及民族内或跨种族的联盟。第五，流散移民并不是真正意义上的"流散"，因为他们身后的国家总会从中斡旋（Basch et al.，1994）。第六，流散不仅受到国民经济、文化和政治的影响，还会受到改变归属感的本地化因素的影响（可以回顾 Blunt，2007）。这使得我们很难分辨跨国身份与流散身份。这就取决于研究者使用的是关于流散和跨国的何种定义以及实际上的研究对象。

总之，描绘一个跨国归属感的理论是非常困难的。相反，我们应当期待移民在多重领土上拥有不同的跨国属性和其他属性（跨地方、跨区域等）。这些行为可能会产生不同形式的政治参与。我们将在下一章花 *364* 更多的篇幅在这个问题上。

6.6 公民参与和政治参与中的公民身份

本章要讨论的公民身份的最后一个维度是公民参与和政治参与，包括抵制国家的行为，这种行为的执行者现在被称为"叛国公民"（Holston and Appadural，1999；Leitner and Strunk，2014）。在这一节中，我们认为公民身份是"主动的"，而不是由国家"被动"地提供给个人或团体。在这种公民意识下，政治参与可能不仅包含更多正式的形式（如在迁入国或原籍国参与政治党派和政治选举、投票和公开游说），也包含更多非正式的形式（如联合抵制、绝食、静坐示威、游行、街头抗议、罢工和其他形式的公众动员）。正式形式的和非正式形式的政治参与之间的界限通常是模糊且难以区分的，涉及为获得服务或高质量服务而进行的动员或"主张"，推选原籍国或迁入国官员，与歧视对抗，要求有权在公共场所建造礼拜场所或进行礼拜，要求制度化，要求居住和工作许可，支持家乡 / 同乡会，或提高群体的知名度。我们也可以从"所在国政治"和"原籍国政治"相互关联的角度来考虑移民的政治参与（Levitt and Jaworsky，2007），它也包括正式和非正式的形式。

我们首先讨论"家乡政治"（或者被认为是一种"政治跨国化"）意义。在这里，我们的兴趣在于原籍国政治与所在国政治之间的关系，或二者的缺失，以及它们更倾向于正式还是非正式的。作为这种关系的一个例证，科普曼斯（Koopmans，2004）发现，在德国的一些城镇，移民更倾向于参与原籍国的政治决策，原因是在这些地区移民进行决策的政治渠道非常薄弱，并且移民在公共领域的合法化政治权利被取消了。然而，正如波特斯和朗博（Portes and Rumbaut，2014）指出，跨国政治参与可能会增加，移民对所在国的政治参与并不会减少。同样，如果移民确实选择参与所在国的政治，无论他们采取何种形式，他们都可能依靠原籍国的资源。例如，摩洛哥、土耳其和墨西哥政府各自例行介入法国、德国和美国政府的事务，以确保其迁出民的特定利益。同样，本国的政治家也会到访移民所在国，以获得政治支持。毕竟，2004 年的多米尼加共和国总统实际上是在纽约市长大的（Portes and Rumbaut，2006）。

　　然而，可以这么说，原籍国政治也可能在相反的方向发挥作用，而且出现在许多不同的维度上。在这里我们只提两个。第一，移民参加国外的侨民运动和选举，甚至为民选机构工作的情况被科利尔（Collyer，2014c）称为"域外公民身份"。这样做的目的可能有很多，但影响原籍国的外交政策是其中最为重要的一个。第二，对家乡经济项目的支持可以通过参与家乡／同乡会，特别是通过汇款来实现。由于原籍国政治是"跨国的"，因此它们也是"跨地域的"。如果这些项目最初具有本土化和经济性特征，那么原籍国政府对这些项目的规范和支持，就会使它们迅速变得显著的政治化（如 Levitt and Jaworsky，2007；Mohan，2008；Samers，2003c）。

　　在所在东道国政治和正式的政治参与方面，举个例子，在 20 世纪上半叶的欧洲国家，从地方选举的投票权到参加工会的权利，这些官方政治权利对于移民来讲都是缺乏的。事实上，欧洲各国政府和公众多半希望移民在政治上保持沉默（被讽刺地称为"政治温顺的"），否则他们的政治权利将难以实现。移民被认为是"在这里工作"——他们只是为了满足欧洲国家经济需要的客籍工人。我们应该注意到，移民在全国选举中的投票权只存在于四个国家（智利、马拉维、新西兰和乌拉圭）中（Baubock，2006），这也许能够解释为什么政治动员往往是高度本地化的（Hampshire，2013）。自 20 世纪 70 年代以来，就政治权利的获取（如地方投票权、国籍法自由化等）而言，欧洲政治选举权缺乏的情况已经发生了巨大变化。① 首先，欧洲（以及亚洲和北美）出现了一系列代表移民利益的非政府移民组织和移民协会。欧盟的非政府移民组织 **366** 集中在布鲁塞尔，充分利用对坐落在欧洲的机构进行游说的便利，但这些组织主要存在于移民人口数量庞大的城镇中。20 世纪 60 年代后期，比利时也成立了"协商委员会"，以便更彻底地将移民纳入政治进程中，各地市长、城市和市镇议会定期咨询这些委员会，将他们作为直接代理的替代方案，特别是以提供公共服务为目标时。通常移民组织或民族组织，如以摩鹿加②、摩洛哥、苏里南③和土耳其社区为中心的组织，其建立与特定宗教权利的需求紧密相关。有人声称，这是由荷兰的政治结构（所谓"支柱化"）④促成的，它们为宗教的多样性提供了特定空间。这一点，连同荷兰政策中多元文化主义的长期承诺，解释了为什么一系列伊斯兰教和印度教学校会在荷兰建立。这不是一个特殊的过程，从宗教学校的建立到教堂和清真寺的修建，类似情况都曾在比利时、法国、德国和英国等地出现（如 Dumont，2008；Martiniello，2006；Maussen，2009）。

然而，协商委员会似乎很少使用权力。相反，他们在很大程度上对民主具有"口头上"的作用，这是地方政府参与政治进程合法化的一种途径，或者是让当地移民精英外包公共服务的一种手段，但并没有在政治上有效地涵盖大部分移民。例如，马丁内罗（Martiniello，2006）讨

---

① 然而，在 20 世纪 60 年代、70 年代以及 80 年代早期，工会成为在制造业场所进行大规模工业动员的途径（如 Castells，1975）。在欧盟这种类似于政治动员的形式现在基本上已经消失了，但在美国可能还存在。
② 摩鹿加是印度尼西亚（原是荷兰殖民地）的一个岛屿，所以摩鹿加群岛构成了荷兰最大的一个"种族群体"。
③ 苏里南原是南美洲东北部的一个荷兰殖民地，所以苏里南也是荷兰较大的"种族群体"之一。
④ 这个想法被认为是刻板印象，而不是荷兰融合政治的真实反映（Vink，2007）。此外，温克（Vink）质疑荷兰的融合政治是否真如文献中所描述的那样是"多元文化主义"的。

论了一些南欧国家（如意大利和西班牙）地方官员的抗议。在这些国家，移民的地方政治参与似乎比北欧和西欧国家更为困难。加泰罗尼亚（包括巴塞罗那的加泰罗尼亚语地区）国家政府的一名代表声称："他们（移民）并不真正了解加泰罗尼亚人被压迫的历史。"上述内容表明，这里仍然存在显著的国家地理对正式政治权利的影响，北欧和西欧国家（如荷兰和英国）为移民提供的正式的政治参与机会似乎比大多数东欧和南欧国家多。表6.1通过27个欧洲国家的地方选举权情况来反映移民正式政治权利的获得状况。

表6.1 27个欧洲国家在地方选举中给予移民的投票权 *367*

国家	投票权	当选资格
奥地利	无	无
比利时	5年以后	无
塞浦路斯	无（2006年在讨论）	
捷克共和国	对于捷克共和国签署了国际协议的移民（2006年，没有非欧盟国家）	无
丹麦	3年后，对于没有住所的北欧公民	
爱沙尼亚	永久居民(公民身份申请最低居住年限: 3年)，在市内居住5年	无
芬兰	2年以后，北欧公民无最低居住年限	—
法国	无	无
德国	无	无
希腊	无	—
匈牙利	有，无最低居住年限	无
爱尔兰	有，无最低居住年限	—
意大利	无	无

续表

368

国家	投票权	当选资格
拉托维亚	无	—
立陶宛	永久居民（公民身份申请最低居住年限：5年）	—
卢森堡	5年以后	—
马耳他	经过6个月的定居，但须符合2006年欧盟理事会互惠协议，不包括任何非欧盟国家	—
荷兰	5年以后	
挪威	3年以后	
波兰	无（2006年在讨论）	无
葡萄牙	互惠协议的国民，在2～3年后	互惠协议的国民，在4～5年后
斯洛伐克共和国	永久居民（公民身份申请最低居住年限：3年）	
斯洛文尼亚	永久居民（公民身份申请最低居住年限：8年），但不能当选市长	—
西班牙	挪威国民3年以后	无
瑞典	3年以后，对北欧公民无最低居住年限	
瑞士	在4个州居住5～10年以后；在2个以上的州可以被授予权利	在3个州居住5～10年以后；在1个以上的州可以被授予权利
英国	仅英联邦和爱尔兰公民；没有最低居住年限	

数据来源：根据哈罗德·沃德劳奇（Harald Waldrauch, 2004）的研究，改编自马丁内罗（Martiniello, 2006）

　　一如既往，地方和区域差异（尤其是从投票权的角度）存在于那些像柏林一样明显"自由化的城市"中。就城市为移民提供政治参与的机会而言，上述城市与阿姆斯特丹、巴黎和伦敦以及其他所谓"全球城市"有着相似之处，而不像德国南部慕尼黑和斯图加特等较为典型的保守城市。不同于以往的认知，这样的"全球城市"可能并不会比那些小而"偏僻"的城市提供更多的有利环境，而国家仍然提供关键场所来促进政治参与。其中一个最为重要的问题是，地方变更在何种程度上"覆盖了国家差异在政治上的（政权合并上的）影响"（Koopmans，2004：451）。科普曼斯（Koopmans）认为，政治参与发生在"地方级别"上，尤其是在"地方级别"成为"国家关于公民身份的举措或融合策略一部分"的情况下（p.467）。事实上，移民的政治参与在过去 40 年有所增加。 *369* 科普曼斯（Koopmans，2004）和马丁内罗（Martiniello，2006）都认为，"政治机会体系"是政治能动性增长的主要原因（也可见 Cinalli and El Hariri，2012）。马丁内罗（Martiniello，2006：88）认为，政治机会体系是指国家在"集体事务管理"中提供政治参与机会的手段。这是通过"准许或否决外国人的投票权，促进或阻碍移民获得公民身份或国籍的机会，允许或限制结社自由，确保或阻断移民利益的代表，建立政治协商机构和场所与否"来实现的。

然而，政治机会体系（在北美的文献中常被称为"接收环境"）仅仅是众多原因中的一部分，它也不能完整地解释在"西方"社会的不同个体和群体的公民参与和政治参与的不同等级和类型——正式或非正式。在波特斯和朗博（Portes and Rumbaut，2006）看来，对于美国的移民来说，这样的"政治融合"（他们的叫法）已经达成，原因在于：第一，跨国政治（或"家乡政治"）的经历为参与美国政治活动提供了专业知识；第二，双重国籍可以使移民在不失去参与家乡政治机会的同时感受到被美国政治所接纳；第三，移民可以将美国的制度和政治文化带回他们的祖国。然而，波特斯和朗博（Portes and Rumbaut，2006，2014）也认为，同时面向原籍国或迁入国的政治参与形式在一定程度上至少由个人的代际（第一代、第二代等）所定义。

波特斯和朗博认为原籍国的特征也同样重要。他们将无主权国家、敌对国家、统一而中立的国家或其他推动移民出境的国家进行了对比，并且阐释了它们如何对移民在原籍国和迁入国政治参与的质量和程度产生影响。在博洛尼亚（Bologna）（意大利中北部的一个城市），一个激进的左派民主人士宣称："他们不习惯民主。（p.95）"虽然这种说法显然是一种刻板印象的泛论，但可能不是完全没有根据的。与波特斯相呼 **370** 应，朗博和比洛多（Rumbaut and Bilodeau，2008）指出，从最具压制性的制度（他们的"移民前经验"）中迁出的移民不太可能参加政治抗议。普勒斯顿等（Preston et al.，2006）指出，男性似乎略微倾向于参与正式的加拿大政治活动，而女性则特别关心那些涉及当地教育政策和她们孩子的政治活动。这项研究中的大多数移民，无论性别，都认为政治权利（尤其是投票权）是加拿大公民身份中最为重要的方面。无论何种情况，这些发现都忽视了国家内部和移民聚集地的政治机会体系的重要性。

波特斯和朗博声称，迁入国或原籍国的政治体制特征决定了移民的政治参与度，也许这应该鼓励我们详细查看科普曼斯和马丁内罗（上述）的空间或领土假设。也就是说，他们认为地方政治是由政治机会体系形成的，而这依赖于国家公民身份的形式。莱特纳和斯特伦克（Leitner and Strunk，2014）描述了地方性领土政治是如何作为节点嵌入地方政治网络的，就像他们对于华盛顿特区及其周边城镇的移民政治动员进行的研究一样。在这种情况下，郊区的非政府移民组织不仅分享政治策略，还可以在全国位于城市中心的著名地点（华盛顿纪念碑周围，公园式"购物中心"，白宫前等）进行动员。

我们在上文中指出，移民的政治参与并不一定要涉及选举或在集会场地表达的形式化的政治。莱特纳和斯特伦克（Leitner and Strunk，

2014），埃尔坎普和雅各布森（Ehrkamp and Jacobsen，2015）促使
我们将公民身份的概念扩展到"形式化的政治"和与国家相关的公民身
份之外，以强调更多本地化和非正式形式的政治动员。帕帕多波罗斯和
迪亚诺斯（Papadopoulous and Tsianos，2013）将这种动员作为"流
动公众"的一部分。这涉及一个不断变化的、流动的以及"在视线外
的"新兴合并的热心群体，它们正与国家对移民的控制展开斗争。这表
现为非法移民（"未经授权但被认可"，萨森指出的那种）广泛的政治参 *371*
与，他们通过大量的非正式行为参与富裕国家的政治活动。我们可以回
顾一下在第四章中曾谈到的 20 世纪 90 年代中期在巴黎圣伯纳教堂进
行的非正式抗议活动之一，以及由此诞生的法国的无证移民运动，在布
鲁塞尔非政府组织（PICUM）支持下的非法移民的跨欧运动，以及那
些雇用了无证移民或与"无边界"有关的政治运动（如 Barron et al.，
2011；McNevin，2011；Rigby and Schlembach，2013）。另一个重
要的例子也曾在第四章中被讨论，即成千上万的无证移民在 2005 年和
2006 年于美国各地对美国政府的限制性移民政策进行游行抗议。然而，
与这些宏伟而英勇的行为相反，简单地参与社区协会和类似的活动构
成了更为平凡，但同等重要的移民政治参与的形式（如 Staeheli et al.，
2012）。

6.7 结 论

本章探讨了公民身份的各个维度，包括法律地位、社会权利、归属
感与政治参与。我们把对移民研究的批判作为这一章节的开始，如地理
学家有时会轻率地忽略地方和国家领域在支持跨国联系和身份认同方面

的重要性。但反之这也可能是一个问题，即过分强调公民身份的地方形式，以牺牲国家的、跨国的、跨地方的或其他跨境关系为代价。我们在这一章中的论点是，所有的这些地域都是重要的，并且它们是相互关联的。简言之，我们还没有准备好否定地域中的某一部分，尽管其中一些地域在特定地区或者对于不同群体中而言，可能比其他地域更为重要。之后我们探讨了所谓"公民身份模型"。很明显，这些模型变得越来越无关紧要（尤其在欧盟），原因在于居留地主义对移民入籍和社会权利的获取变得前所未有的重要。但仍有两点需要注意：第一，这并不意味着国家的终结，因为它们促进了居留地主义的产生。第二，无证移民可能会发现自己被无限边缘化，无论他们在迁入国居住了多久，也无论他们的抗议活动多么激烈。出于政治和经济原因，国家对于双重国籍的准许正逐渐增加，移民渴望这些新的可能性，部分原因在于恐惧，部分原因是出于实际效用。

372

在本章的第二部分我们认为尽管有"后国家的"成员资格和公民身份（Soysal，1994）或者是"跨国界权利"（Jacobson，1996）的存在，但作为行动者的民族国家仍然是十分重要的。就正式的公民身份而言，后国家主义在欧盟的出现可能较世界上其他地方更为突出，但不同类型的移民拥有不同等级的权利（"市民身份"或"公民阶层"）。在任何情况下，欧盟的社会福利和权利，同世界上其他地区一样，都会在所谓"新自由主义"的背景下大打折扣，尽管社会保障会因国家或次国家区域而不一样，正如美国和瑞典，以及日本、韩国内部之间的差异。

本章的第三部分谈到了社会排斥和社会（差别化）融合、同化、多元文化主义、"多样化"与跨国归属感等复杂问题。我们认为，如果要思考这些观点的力量，那么地方、领域和居住年限都是至关重要的。在任何情况下，所有的这些都代表了强大的话语权、政策和实践，并且在

"911事件"之后，许多国家几乎都从官方运作的多元文化主义变为现在的所谓"文化融合"或"新同化作用"。韩国的情况恰恰相反。文化融合和新同化作用连同其他的排外进程（如就业、住房等）深远地影响了特定的移民社区，并且这种影响通常是负面的。多样化也已经成为全球范围内个人和公共组织的"口号"，特别是在美国。移民参与多重领土的声明、政策和实践的方式多样，有时通过抵制移民国家的规范和做法，有时通过接纳它们，有时通过调整，有时通过建构、引导或者协商复杂的跨国（或流散）身份，这其中包含了对真实或想象中"家园"的依恋。这些依恋可能是跨国的、跨城市的、跨地区的、性别的、阶级的、亲属的、泛民族或泛宗教的。宗教是移民跨国归属感的重要特征，我们将其看作跨国主义的表现，但它反而可能是跨国界的对同一宗教的共同信仰。

双重国籍、居留地主义或是多重归属感并没有完全阻止移民在迁入 *373* 国正式或非正式的政治参与。恰恰相反，它也可能促进原籍国和迁入国之间的政治参与，因为这些国家被大型的海外群体紧密联系在一起，并且构建了交织的文化、政治、社会和经济网络。移民仅仅通过国家公民身份政策，以及国家、地区和当地的"政治机会体系"获得政治选举权。然而，政治参与也可以由新兴的"流动共享"来解释，这涉及移民本身与富有同情心的公民以及支持性非政府组织的合作。

6.8 拓展阅读

关于公民身份和移民的研究文献浩如烟海。有用的概述包括巴布克（Baubock）的《迁移和公民身份》（*Migration and Citizenship*）（关注欧盟）以及埃尔坎普和雅各布森（Ehrkamp and Jacobsen，2015）最近进行的一项调查（强调美国文学）。阿尔巴和福纳（Alba and Foner，2014）对所谓"移民融合"的"大叙事"进行了广泛的评估。西格纳（Sigona，2016）针对"无国籍人士"进行了一个不寻常的讨论。特例研究包括斯蒂芬·维托维克（Steven Vertovec，2001）的《民族与迁移研究杂志》（*Journal of Ethnic and Migration Studies*），以及列维特和贾沃斯基（Levitt and Jaworsky，2007）关于跨国主义的不同方向的研究。格里洛和马祖卡托（Grillo and Mazzucato，2008）提供了关于流散移民与跨国主义之间关系的考察和案例研究。瓦尔丁格（Waldinger，2015）对跨国主义进行了深刻而全面的批判。卡奇和艾克兰德（Cadge and Ecklund，2007）对自 1990 年以来在美国出版的关于移民和宗教信仰的文献进行了综述。波特斯和朗博（Portes and Rumbaut，2014）进行了补充。孔（Kong，2010）以及埃尔坎普和纳格尔（Ehrkamp and Nagel，2014）的综述更关注国际和地理视角。布鲁贝克（Brubaker，2005）没有讨论跨国主义，而是回顾了一些关于流散的文献。布伦特（Blunt，2007）也是这样，但更关注地理学家的工作。《民族与种族研究》（*Ethnic and Racial Studies*）的特刊（2016 年第 2 期、第 39

374 期）通过创新案例研究更新了一些概念性问题。科普曼斯（Koopmans，2004）提供了地方、区域和国家背景对于政治声明的重要性的严格评估，而埃尔坎普和雅各布森（Ehrkamp and Jacobsen，2015）、伊辛（Isin，2012）以及莱特纳和斯特伦克（Leitner and Strunk，2014）整合了一项超越国家公民身份、更富有创新性的研究，就像麦克内文（McNevin，2011）和尼克尔斯（Nicholls，2013）对无证移民所做的研究那样。最后，《亚太迁移评论》（*Asia and Pacific Migration Review*）、《公民身份研究》（*Citizenship Studies*）、《民族与种族研究》、

《性别、地方与文化》(*Gender，Place，and Culture*)、《国际迁移评论》(*International Migration Review*)、《民族与迁移研究杂志》、《社会文化地理》(*Social and Cultural Geography*)等杂志也提供了无数关于公民身份、迁移和归属感等不同概念方法的案例研究和讨论。

6.9　总结性问题

1. 为什么说公民身份的国家模型是有问题的？
2. 索伊萨尔的"后国家主义"观点有什么不足？
3. 从哪种意义上来说，权利的"新自由主义"是存在的？
4. 在同化或者融合的过程中，地理是如何发挥作用的？
5. 为什么跨国归属感不是简单地跨越国界就可以获得的？
6. 什么是权利机会体系，以及它在解释政治参与这件事上的限制是什么？

结 语

　　自 16 世纪民族国家出现以来，国际人口迁移一直是其基本特征之一，无论（或是由于）世界经济活动如何变化，国家、区域和地方政府出于怎样的限制主义立场，以及公民的接受程度抑或移民本身的活力、决心与意愿如何，国际人口迁移都可能继续影响 21 世纪全球经济、政治与社会生活。正如引言中所述，全球的移民数量在 2015 年达到了 2.44 亿（其中包括 1950 万难民），比 2005 年增加了大约 5000 万。然而，即使这个数据总体低估了移民的数量，但全球范围内居住在原籍国之外的人口比重可能未超过 3.5%。也就是说，全球大多数人口并未参与到跨国迁移中。这些人的境况被卡林（Carling，2002）称为"非自愿不移动性"。这似乎与所谓"新移动范式"相矛盾。"新移动范式"曾引起社会科学界对移动性极为广泛的讨论，并且存在着"移动性"优先于"人口迁移"的观点，而移动性并非没有价值。一方面，"新移动范式"体现了国际和国内人口迁移的时空动态、非线性和循环迁移模式与 *377* 移民对定居地的矛盾心理之间的关系（Skeldon，2015）。另一方面，"新移动范式"孕育了新的社会意象与丰富的人种志研究，这些研究中表达了移民作为"参与者"的声音，而不仅仅是作为环境压力或灾难、贫穷或战争的受害者，但国际人口迁移不应不加批判地与流动性的所有形式混为一谈。很多政府和民众不断给避难者制造障碍，特别是针对低技能

/ 低收入的移民，而国际人口迁移也不是个人能轻松完成的荒唐事情。的确，流动性碰到了地域问题，国际迁移也因此被分割或分层，其中一部分人具备相比于其他人更强的合法迁移的能力。

因此，虽然 21 世纪的社会科学领域一直致力于消除学术或政策语境下的社会分类，或者说至少不创造"动态类别"（Collyer and de Haas，2012），但我们必须要在高收入移民，也就是我们所说的"金领"（Casey，2010）与成千上万的寻求庇护者或难民以及数以百万计的无证或非法移民之间划清界限，前者能在所谓"全球城市"的商业区中轻松地穿梭于高薪工作之间，而后者则被限制在拘留所和难民营中，由于惧怕不能再次进入迁入国，很多人无法或不愿回家。但是，我们也不能得出这样一个等式，即高收入 = 高流动性；低收入 = 低流动性。相反，低收入移民——无论他们是否具备"高技能"——都可能面临被迫流动。在处理那些将根除移民作为首要对外政策的政府对流动性进行限制的问题时，流动就成了一种自相矛盾的策略。在地理学家称为"非均衡发展"（Smith，1984）的背景下，流动受阻成了移民寻求"更好的生活"而进一步流动的推动力。这对于寻求庇护者、难民和其他低收入的国际移民来说是流动或迁移的矛盾所在。

我们认为，对网络、地方与地域等空间隐喻多加关注能最大限度地了解不同类别的迁移与空间的关系。在本书的第一版，萨迈斯（Samers，2010a）感慨了迁移研究文献中存在的"空间不成熟性"，这导致至少四个重要问题的产生。第一，即使对一个地方（城市、镇、邻里、场所等）进行详细记录，也往往不能清晰准确地表现出"地方"的具体影响。第二，迁移研究受到无批判力的"方法论民族主义"的影响。第三，跨国主义这类词汇的"空间性"，更具体地来说，跨国主义与诸如"跨地方"等隐喻之间的联系并未引起足够的重视。第四，对"尺度"或"多尺度"

378

的不准确引用广泛存在。我们认为，"尺度"仅用作地域的同义词或其他详细定义的内容，但是，人们通常不予解释就含糊地加以应用，好像我们都确切地知道它的含义以及它是如何影响迁移的一样。这些问题仍然存在，特别是在地理学领域之外，但是，地理学家和其他社会科学家对"方法论民族主义"的批判也许过分强调"地方""城市"和"公共场所"。本书的目的和挑战之一就是论述这些问题，并明确指出地理学在其中的作用。

　　然而，在过去的十年间，关于边界外部化和内在化的各种形式的研究，以及当地的州、城市和公共空间融入移民警务、镇压、移民动员和城市庇护所的方式，我们认为，在很大程度上使空间惰性①得到了实质性削弱。无论如何，我们受到了莱特纳等（Leitner et al., 2008）防范某一特定空间隐喻相较其他隐喻更好的启发，所以我们在本书中选择了大量不同的隐喻来构建迁移。然而，一直以来我们同样关注地域对于迁出和迁入的重要性，并承认从抽象意义上定义空间隐喻，而不是由移民、非政府组织等构建自己对空间的理解。然而，对于空间隐喻的选择，以及如何构建迁入或迁出等问题，与所有对于隐喻的政治选择是一样的。我们需要慎重地思考我们所选择的空间隐喻，以及我们为什么以及要怎样使用它们（Dikec, 2012）。

　　正如我们在第二章和第三章中所阐述的，解释这类迁移远不是一项简单的任务，因为无论是家庭移民还是寻求庇护者，都具有多样化的特点。但我们认为，利用推—拉理论或"人口学特征差异"的观点不是我们寻求答案的出发点，或至少不是分析这类移动框架的方式。同样，正 *379* 如我们在第三章中尝试论述的，对于气候变化或其他环境"因素"是如

---

① 我们并不是说社会科学家从事移民／迁移研究时没有考虑到空间及空间的影响。讽刺的是，以 20 世纪 80 年代和 90 年代关于种族飞地的研究为例，这些研究似乎比许多参与"跨国主义"讨论的社会科学家在后来工作中对空间一词的思考更为深入。

何"造成"人口迁移的这一问题而轻率做出的谴责，应从政治生态学视角进行更加精细的研究。或者，借用"全球资本主义"与全球不平等来解释迁移才是朝着正确方向迈出的巨大一步，但这只是对迁移的方式、原因、地点和时间的不完整且/或模糊不清的描述。实际上，对迁移的解释应扩展到本书所讨论的分化或者差别的所有方面，以及各类地域的自然环境、移民网络、就业网络，以及国家机构、非政府/志愿机构或者私人机构（如海关和边防部门、同乡会、员工招募与汇款处、各类移民部门、各种移民和反移民的非政府组织、安全部门等）。总之，迁移不能仅从"全球资本主义"的角度解读。迁移也塑造了资本主义及重建资本主义地域的特定轮廓。

第四章中不仅强调了富裕国家和贫穷国家中低收入移民、寻求庇护者和高技术移民入境政策的多样性，也强调了其中的共性。大多数国家的移民政策都是在劳动力市场对于特定技能波动性需求的估计、安全恐惧、文化种族主义或民族主义、仇外心理、对于贫困的恐惧、外交政策的方向和指令、移民迁入对公共财政预算的影响，以及国家建设（如加拿大）、文化亲和力和人道主义观念等因素的驱动下形成的。然而，大多数理论对于移民政策的理解往往忽视了复杂的次国家地域是如何对国家政策产生影响的，同样也忽视了移民本身是如何影响迁入政策的。通常，移民迁入政策和定居政策被认为促进了迁移的产生，但迁移又会通过不同的地域监管影响迁入政策和定居政策的制定。

对于富裕国家而言，"移民管理"的准则意味着加拿大或澳大利亚的积分奖励制或其他分层迁移制度的启动，其目的在于吸引"正确类型"的移民，即为雇主所需要的高技术移民或拥有大量投资资本的移民。同时，迁入国会以保护就业、福利制度、"安全""文化同质性"或者"社会认同"为名，将难民和低收入移民控制在最低限度。然而，这些政策并不是什么新鲜事。至少在 20 世纪 90 年代，各国一直在寻求来自海外的高技术工人，而本土主义者反移民的恐慌四起，纷纷设法将东亚、南非国家等具有"种族差异的""贫穷的"和"不健康的"移民排斥在外。同时我们认为，在 21 世纪的第二个十年，富裕国家政府将不会阻止低技术 / 低收入移民的迁入（"欧洲堡垒"或"美国堡垒"观点）。虽然与 20 世纪 50 年代和 60 年代手工劳动需求的全盛时期相比，现今欧洲国家针对低技术移民的限制颇为严格，但仍有许多国家政府，包括美国、英国、加拿大、法国、马来西亚、沙特阿拉伯、新加坡、西班牙和阿联酋鼓励通过双边或多边协定等特定的方式进行低技术劳工迁移，尤其是在农业（在英国和美国）、建筑和家政（在马来西亚、新加坡和沙特阿拉伯）等工作领域。许多亚洲国家，如韩国，一直在争取"婚姻迁移"和韩侨迁移合法化，而在欧洲，20 世纪 90 年代的德国大力支持"德裔"移民。此外，美国也将家庭团聚等特定形式的迁移作为合法化的社会权利，或者说从 20 世纪 60 年代开始，美国就已经在积极鼓励此类迁移。在过去的 40 年中，数以百万计的寻求庇护者和难民在亚洲、欧洲和北美得到了些许保护，但哪怕在居住地，他们也同样面临着被驱逐、饥饿和暴力的威胁。在这种"差别包容"的进程中，迁移和迁入政策并不能削减政府对劳动力需求的关注。尽管政府成功制定了基于不同人群的限制性迁移政策，但仍有成千上万的移民逾期逗留或蔑视军事边界和处于安全恐慌中的政府，长期临时性居住或者最终合法化居住于迁入国，抑或经历很长一段时间后入籍。此外，自由法院至少在某些情况下为了防止无证 / 非法移民被驱逐出境或为确保国际分居家庭的团聚而对迁移进行干预。

贫穷国家的政府对待移民的态度多是喜忧参半的，尤其是迁出国。一方面，失去高技术人才意味着失去经济发展的动力和社会服务中颇具价值的劳动力，如护理业人才的流失引起了南非政府的极大关注；另一方面，许多国家政府都注意到了失业人员迁出的机遇、潜在的巨额汇款、公民习得新技能的可能性，并且希望移民有一天能返回家乡。然而事实是，有时移民确实会回流，但有时却是永久性迁移。在某些情况下，在硅谷的印度计算机工程师会回到印度南部，特别是在班加罗尔，回流的高技术人才为印度新兴软件工业的发展做出了贡献。这一现象被称为"人才循环"，而不是人才流失，但也可能将贫穷国家贴上"人才盗取"的标签。但是，谁会从"人才循环"中获益？印度的每个人？班加罗尔城市地区的每位市民？或者只是那些有幸流动于印度和硅谷之间的人？这是一个难以回答的问题。尽管区域发展的不平衡是存在的，但是对于等级和空间问题的批判性思考在这里显得尤为重要。

在第五章中，不同国家移民的命运显然因他们自身的差异而有所不同。由于移民抵达迁入国的时间、身份，自身所处的社会网络、社会资本，性别、民族与种族背景以及其他方面存在明显差异，加之种族主义、性别歧视、仇外心理等，因此，几乎不可能在全球尺度上概括这些移民的社会经济成就。所有这些方面都会对移民在特定地方的创业和就业前景产生影响。多数研究者普遍从预先定义的种族或民族群体出发来分析这些结果，而这种做法问题重重，因为他们似乎从一开始就假定这些标签分类下的个体是同质的，或者他们的民族或种族会对其社会经济的流动性造成差异。但我们也不认为民族对移民的工作生涯毫无影响。如果仅从迁移过程中的声明、行为和政策塑造民族社会性的方式来看，民族对移民的工作生涯是具有影响的。然而，在对"国际劳动力市场分割"和被其他人称为劳动力市场内在特征的研究过程中，调查和人种志等方

382 法的运用弥补了传统研究方法的局限性（如社会学中的标准讨论过分依赖社会资本，且对涉及劳动力市场治理和工作性质的多样化领域未给予

足够的重视）。

采用互动式集成化网络教育学习管理系统（ILMS）的概念和相关的方法表明，这些劳动力市场收入是无法脱离社会权利、迁移政策、房屋政策和城乡经济特征的（包括就业前景、工资等），它们与特定的但彼此相互关联的领域有关。然而重点并不在于不同的劳动力市场产出如何与复杂的地理环境产生关联，而是像我们在第五章中提到的，突出这些不幸的移民至关重要，不论他们是在意大利和马来西亚从事清洁工作，在内布拉斯加的屠宰场负责肉类处理工作，在巴西沿街叫卖，还是在南非采掘稀贵金属，他们的生活都是单调的、低收入的并且是危险的。他们要面对那些无情的雇主，失去最微薄的社会权利，遭遇被排斥和边缘化问题。迁移是一种可怕的经历，在许多情况下，移民主动选择离开的情况并不比被迫离开的情况好（有时更坏）。在低工资的就业状态下或长期失业过程中，他们自身的健康会受到影响，继而其子女的健康也会受到损害。

我们在第六章中概述了公民身份的四个不同维度，包括法律地位、社会权利、归属感或"身份"问题，以及政治参与。虽然有些移民迁入国和迁出国仍然对双重国籍保持谨慎态度，更不要说多重国籍了，但在越来越多的国家，双重甚至多重国籍均呈现明显的增长态势。同时，在居住时间长短所赋予的差异化权利的支持下，国家模式的公民身份似乎正在被削弱。随着国家模式（如果它们一开始在首要位置以某些纯粹的形式存在过）的衰退，有些学者开始强调"后国家公民"（在欧盟）、"跨国公民""跨国权利""全球或国际人权"（被全球其他地方参考）。在"后国家公民"进程中走得最远的欧盟，只有少量的关于"第三国居民"（Third Country Nationals，TCNs）及其依附者的案例，更别说寻求庇护者和无证移民了。就像本哈比（Benhabib，2004，2007）感叹的那

383 样:"不将某些人纳入我们的社会中来是一种文明的灭亡。"(p. 215)鉴于我们在第四章和第六章中强调的无证／非法移民的政治流动性,这种说法是夸张的。无论如何,国家公民政策中的后国民(包括长期定居的第三国居民或欧盟其他国家公民)因素不断增加且成为一种普遍的发展趋势。毋庸置疑,"半公民身份"和"公民分层"在欧盟是非常复杂的。

　　尽管"居留地主义"以及所有关于"后国民权利"、"跨国权利"和"全球人权制度"的华丽辞藻均已出现,但目前欧盟的合法移民、无证移民,以及寻求庇护者和难民依旧很难获得社会权利,而且在大多数富裕国家,他们的实际福利是在减少的,这与新自由主义的观点是一致的。然而在难民保护方面,加拿大、美国和瑞典与其他国家有所不同。同时,在过去的十年中,移民因无端的指控或最轻微的罪行而遭受着驱逐。这对某些群体的影响更为显著,如穆斯林(欧洲和北美),拉丁裔(尤其是在美国),在阿富汗的伊朗人、多米尼加共和国的海地人、马来西亚和新加坡的印度尼西亚人、南非的津巴布韦人、缅甸的罗兴亚族人或者孟加拉人、印度人,以及沙特阿拉伯的巴基斯坦人——上述仅列举了一些受到国家、公众或私人镇压影响的民族和宗教团体。大多数贫穷国家在经过多年的结构调整后,公民的社会权利只剩下最基础的部分,而国家为寻求庇护者和难民提供的权利几乎不复存在了。低收入移民大幅减少,并集中在贫民窟、棚户区和其他非正式居所内,这里没有像富裕国家那样为其提供最基本的社会支持。寻求庇护者、难民和数以百万计的流民只能接受国际组织和非政府机构的资助。他们可能仍需长年滞留在难民营中,拥有极少的物资,并且遭受着周期性的暴力和生命危险。然而权利的获得并不是简单的移民被动接受的过程,而是通过积极的公民身份形式,如建造清真寺和寺庙,或者阻止警察镇压等移民动员的方式来获取权利或实现某些特定目标的。移民的权利和认同感可能是通过交

涉等平和方式实现的，但也可能是通过激烈的抗议活动而获得的。移民、 *384*
迁入民和非政府组织的融合及其成就被帕帕多普洛斯和迪亚诺斯（Papa-
dopoulous and Tsianos，2013）创新地描绘为"流动共享团体"。但是，
这个团体是由特定的网络、节点、地方和地域运作或受其限制的。再次
强调，与"空间"有关的讨论应该围绕公民身份和归属感问题展开。

　　21 世纪，富裕国家移民的归属感部分源于他们获得的多重法律地
位和社会权利，部分依赖于对同化、融合和多元文化的呼吁、实践和相
应政策，其中包括相互对立的公民融合政策中后多元文化的再现，以及
许多北美、欧洲国家强调的"多样性"。然而，德国、荷兰和英国提供
了多元文化主义实践如何与"新同化主义"或"公民融合"的主张和实
践相结合的案例。在这一问题上，我们应对移民从"外国人"到"公民"
转变所遵循的线性路径观点保持谨慎。但是，即使是"分割同化"或"选
择性适应"这些令人信服的概念也有其限制性。毕竟，移民社会在不断
变化，究竟到何种程度才算是移民的同化或融合？在多民族、多语言城
市的特定社区中，同化或融合可能意味着要保持自身民族和国籍或其他
移民群体的习俗，这在接受国家主导文化和经济习俗的同时会使移民面
临许多压力。在这方面，移民认同涉及复杂地方的、跨国家的、跨地方
的、泛宗教的、泛民族的甚至是亲属关系的实践，它们平等地受到以下
因素的影响，包括肤色、种族主义、性别、阶级、劳动力市场技能、互
联网的应用、同乡会的力量及其在迁入国遇到的其他移民文化。总而言
之，"同化"或"融合"的呼吁和实践是颇为复杂的，在不同的地区实
施会产生不同的结果。同样，不管是选择性的还是必需的，公民也应学
习、适应来自特定地区的移民文化习俗（如食物和音乐等），这被称为
"社会转变"。因此，国家、区域和地方"混合化"的实践围绕特定的移
民和公民群体展开，并通过"绑定"和"桥接资本"得以发展。这些互 *385*

动会一直持续到移民永久定居。无论是合法的还是非法的，移民都会塑造地方及更广泛社会的文化、经济、社会和政治特征。

7.1 我们能改变什么？

世界上无数亲移民组织提出了调整迁入政策和居住政策的建议。除了"自下而上"的能动主义和移民宣传工作之外，我们提出了三个现行的"自上而下"的政策，这些观点可能从字面上创造了全新且极具可能性的空间。第一个政策围绕国家或全球流动体制的观点展开（如Koslowski，2008；Papademetriou，2007）。在这种体制的拥护者看来，政府不应反对，而应对循环迁移等各种形式的流动加以利用。国际流动一直被视为一个不可避免的现实，那些极力促进迁移的政府往往最能从中受益。虽然我们反对新自由主义和国家经济功利主义——这是争论的核心，但是，促进国际流动并解释其对于公众的重要性可能会为移民提供新的机会。然而，为了国际流动能有一个利于移民的结果，而不只是有益于公民、雇主或国家，这些制度必须解决仇外心理、排外和边缘化的问题。为此，国际流动须依照本哈比的观点推进 [（Benhabib，2004，2007）提出了全球移民合法化和尊重所有个体的"道德人格"的观点（p.179）][1]。根据汉娜·阿伦特（Hanna Arendt）"有权拥有权力"这一理论，本哈比和其他激进的评论家坚持认为，流动性制度不应包括"客工"或临时移民方案，因为在这类方案中，移民和公民拥有的权利截然不同。相反，国际流动必须在国际人权规范的限制下进行，这些规

---

[1] 我们可以从波克（Popke，2007）关于普遍的或世界性的伦理道德与行为规范是如何产生严重问题的讨论中加以了解。

范普遍涉及暂时性、半永久性、永久性居民的政治和社会权利，其中包括国家、区域和地方尺度的投票权，充分享有医疗保健的权利及其他社会权利。即使对于最临时的"客工"而言，投票权也可以确保国际流动受到认可，同时保障了移民在流动过程中的政治参与。在这一方面，本 386 哈比提倡建立一个"世界性的联邦制"，即各个国家实行共同人权规范。因此，她倡导建立渗透性而非开放的边界（p.220）。这也是因为本哈比与许多其他的政治理论家一样，想要了解没有封闭边界的民主如何发挥其功能（与 Cole，2000：180-188 和 Carens，2013：225-254 比较）。然而，本哈比承认民主代表的全新非地域模型具有实现的可能，并且未来可能会取代或者至少将地域与民主间的联系变得复杂化。本哈比始终认为，这些"新的模式"应该得到鼓励。

　　既然迁移似乎已经超出了国家民主制度的地域限制，为什么不干脆提倡一个全球性的国家？许多社会思想家对一个世界或全球国家保持着高度警惕。这种想法源于 18 世纪哲学家康德的著作。他认为，一个世界将导致"普遍的君主制"和"没有灵魂的专制"（引于 Benhabib，2004，2007：220）。对于本哈比在内的许多学者而言，全球国家的问题在于，庞大的规模易导致民主代表性和合法性等问题的产生。这个问题并不能得到充分解决，因此真正的问题在于，本哈比所倡导的普遍权利规范不只需要一种世界性规范。当然，这种世界性规范着实对移民的迁入行为产生了影响，执行规范十分必要。正如我们在第四章的结尾所说的，关于人权的讨论非常广泛，国际公约框架也在不断成熟，但这些并没有被赋予相应的法律地位。如果没有一个全球性的国家，那么还存在执行这些公约的可能性吗？也许没有，但还是有学者提出了其他的可能性。例如，著名的经济学家贾格迪什·巴格瓦蒂（Jagdash Bagwati）认为应建立"世界移民组织"并将其作为世界贸易组织的补充来管理移民。多边委员会类型的此类组织先例已经出现，包括 2003 年建立的国际移民委员会。同样，联合国难民署希望富裕国家接收其总人口数量 1% 的难民（Taylor，2005）。联合国的建议不禁引发了我们的思考：关于迁移管理的不同观点和制度也许仅会考虑公民和国家的福利，而忽略移民。

387　　　第二个政策曾在第四章中被提及，值得强调的是加拿大、英国和美国出现的"圣地"和"避难所"理念。圣地与完全"自上而下"的观点相去甚远，它是由移民、富有同情心的个人、团体以及非政府组织在无止境的抗议中产生的。"圣地"和"避难所"是加拿大、英国或美国的大城市中充满关爱的、慷慨的和好客的地域的隐喻，它们也应进一步向小城镇、农村地区以及其他国家扩展。针对这一问题的行动正在由美国某些大学主导的小城镇中发生着。例如，俄勒冈州尤金的官员和积极分子正努力将国际人权原则纳入城市的运作体系中。同样，北卡罗来纳大学的学者和学生也在积极推动教堂山镇和卡尔伯罗（Carrboro）成为人权城市（Bauder，2014b；Darling，2010；Naples，2009；Nyers and Rygiel，2012）。

　　　第三个政策被凯西（Casey，2010）称为"舒适区"的延伸，即区域性指向的双边或多边（劳动力）协定或进程，它逐渐推动着迁移向自由化方向发展。在所谓"叙利亚难民冲突"之后，英国可能不再提供类似的承诺，但我们可以聚焦于加勒比海共同体，或者澳大利亚和新西兰之间的《泛塔斯曼协议》，它们是移民封锁体系的缺口。

　　　与流动性制度相关的想法依托于全球性国际人权体制（希望与一些强制性机制有关）。圣城的扩张以及承担双边或多边协议"舒适区"的建立，不仅在逐渐缓解国际边界的严苛性，也在进一步加强社会权利，促进国际合作，或是通过更改空间的方式来保护移民免受国家、区域和地方的镇压。在这一点上，我们将沿着更加学术的路线提出新移民世界的构想，而不再继续探讨政策理念的选择。

7.2 展望未来

对于那些渴望人和资本在全球范围内自由流动的人而言，我们能够为其提供一些智力资源。当然，任何要求消除国家边界的呼声都会被坚决抵制，因为大家仍然相信，只有国家和"集体意识"能带给他们安全感、经济福利和社会正义（如 Walzer，1983）。然而，其他自由主义理论提醒我们，自由的观点并不考虑"外部性"，所谓"自由国家"及其政策、实践对于一个"非成员"社会而言仍是"不自由"的（如 Carens，1987，2013；Cole，2000）。科尔（Cole）认为，那些将自己视为自由主义者、平等主义者和国际自由运动的反对者的人必须首先扪心自问，究竟什么是自由平等。为了呼应长期以来开放边界的需求，海特（Hayter，2000）希望任何一项讨论都应一并考虑国际人权、人的自由流动及其具体形式。事实上，卡伦斯（Carens，1987）认为，"像阻碍流动的封建制度维护了不公正的特权"（p.229），本哈比（Benhabib，2008）同样表达了国家边界需要有其存在的"道德依据"的看法（p.19）。

那些批判军事边界和限制性移民政策，并且认为当前缺乏真正具有可执行性的国际人权制度的人可以求助一些理智的发声者，包括很多亲移民的非政府组织，如"无人不合法"组织和"无边界"组织，自由主义政治理论家和哲学家（如本哈比、卡伦斯、科尔）以及激进地理学家和激进分子（如鲍德尔、哈维、海特）。这些言论都被注入了发展关

388

于迁移的新地理理想的智力营养，限于篇幅，不再对他们的观点一一赘述 ①，但我们会着重关注哈罗德·鲍德尔（Harald Bauder）的某些看法。首先，在 ACME 杂志的一个专刊（2003）中，鲍德尔对边界的公正性提出质疑，原因在于，边界通过范·派瑞斯（Van Parijs，1992）所谓"公民发掘"（基于公民身份的缺失来发掘人口）使社会不公再次出现。同时，边界允许资本（雇主）通过分离移民和阻止全球移民政治组织的方式进行剥削。因此，鲍德尔呼吁，为了实现全球社会主义，应结束国际边界的划定。而大多数文章对此的回应是，鲍德尔对无国界世界的憧憬是不切实际的，并且许多批判性学者承认一些边界的划定——甚至是国界——可能是理想的（如 Naples，2009）。相反，萨迈斯（Samers，2003c）竭力捍卫自己的理念并为其辩护。他极大地丰富了我们的想象，认为这样的愿景不能为文化优越感和恐惧所支配。卡伦斯（Carens，1987）写道："自由迁移也许不会立即实现，但它是一个我们应该努力追求的目标。"（p.270）凯西（Casey，2010）认为，我们应该为此制定一个时间表。在后续的文章中，鲍德尔（Bauder，2016）利用了"无人不合法"组织的策略，即联合所有不同的反抗群体。恩斯特·布洛赫（Ernst Bloch）对"条件可能"（可以从已经存在的社会关系中想象）的理解和城市理论家亨利·列斐伏尔的（Henri Lefebvre）所谓"可能的不可能"（布洛赫称之为"真实可能"）一样。"可能的不可能"和"真实可能"是同义词，指不依靠既定关系仍可以想象出来。通过这种方式，鲍德尔的"条件可能"将城市公民身份想象成基于已经存在并得到广泛实践的居留地主义，以此形成对国家公民政策的挑战。然而，他也在 2003 年的论文中重新应用了"可能的不可能"构想。这也就意味着，鲍德尔呼吁更具革命性的事件，难以在"具体项"中想象的事件，以及

389

---

① 参考本章中的"拓展阅读"部分。

根本不存在的事件。他让我们超越全球资本去想象一个世界，它不仅仅是拥有开放或相互渗透的边界，而是根本没有边界的存在。在这个世界中，城市会成为全新、未知的人类"主体"（那就是"身份"）的战场，"移民"和"非法"终究会不复存在。

　　另一个打破我们想象的途径是质疑公民看待移民的方式。在城市公民眼中，移民、寻求庇护者和难民通常被看作"外来的"文化和种族（Cresswell，1996；Mitchell，1996；Sibley，1995）。如果发达国家的公民去参观移民的原籍国，他们就不会将其视为危险的、陌生的或"外来的"了。因此，富裕国家的文化景观并不是固定地、不变地、天然地以犹太教和基督教为主的，"外来者"同样为北半球的不断变化的文化景观做出了贡献。这种"外来者"的视角并不仅仅局限于富裕的西方国家，而是不同时期有着不同移民登记方式的所有国家。富裕国家的公民对于"非西方"外来移民的恐惧不只源于种族主义、文化主义和仇外心理，而是所有这些与"领域调解"，即"后殖民主义的罪恶"有关的论述的加和。然而，将后殖民主义的罪恶感转化为后殖民主义参与感的方式这种现象总是存在。就像多琳·玛茜（Doreen Massey）所说的："我们对于边界之外的地区同样负有责任，原因并非是我们做过什么，而是我们是谁。"（Massey，2004：16）从这个意义上讲，她呼吁以"相关的"思维方式将"外来者"视为"西方世界"的一部分。如果以这样的视角看待迁移问题，可以说，西方社会从贫穷世界中学到了很多，同时也通过有益于自身的政策来改善贫穷世界，创造西方富裕世界。不平等会带来财富，而迁移即为一种不平等的表现形式。如果我们不把移民看作"负担"（后殖民主义）或"外来人"，那么也许可以由此构思一个更加公平的社会。在那里，迁移是一种机遇，而非一种不幸的必然。

7.3　拓展阅读

有关伦理道德的"自由迁移"或者"开放边界"的文献是非常广泛的。为此，我们将简单地列出在这一章中提及的一些参考文献，包括本哈比（Benhabib，2004，2007）的《他者的权利》（*The Rights of Others*）、科尔（Cole，2000）的《排斥的哲学》（*Philosophies of Exclusion*）、约瑟夫·卡伦斯（Joseph Carens，2013）的获奖书目《移民伦理学》（*The Ethics of Immigration*），还有哈罗德·鲍德尔（Harald Bauder，2003）的《约定：边境和移民》（*Engagements: Borders and Immigration*）、特蕾莎·海特（Theresa Hayter，2004）的《开放边界：反移民控制案例》（*Open Borders: The Case Against Immigration Controls*）（从英国激进分子的视角为我们看待开放边界提供了颇具启发性的论点）、哈罗德·鲍德尔（Harald Bauder，2015，2016）以及马西（Massey，2004）的两篇文章。波克（Popke，2007）针对世界伦理、公平和责任问题进行了批判性的论述。

1. 同化：它至少有三种含义，即移民随着时间的推移适应或采用了主流文化的思想和实践；移民实现了与本地人相同的的社会经济状态；移民开发了与占主导地位的主流文化群体不同的居住和就业空间格局。

2. 寻求庇护者：指那些秘密地进入他国或是通过法律手段申请庇护后进入他国的人。每个外国人都可以申请庇护，从而以寻求庇护者的身份进入他国。一个寻求庇护者可能会也可能不会获得特定国家政府的政治避护或难民身份。

3. 边界外化：指在国家物理边界之外进行的拓展"类边界"的行为与过程（如移民控制和海关）。

4. 人才循环：指高技术移民在迁入国和迁出国之间的来回流动。技术在两个国家以及多个国家之间发生转移和循环。

5. 人才流失：指技术性移民或高技术移民从一个特定的起源国流出。它通常用于描述移民从贫穷国家的迁出加剧了贫穷国家的经济衰退。

6. 人才引进：与"人才流失"刚好相反，它通常指迁入国从迁入的技术性移民或高技术移民中获取了大量的好处。

7. 资本主义：指的是由广泛使用的带薪劳动力、私有财产和剩余价值的提取（剥削）所组成的与全球系统相结合的社会关系。

8. 循环迁移：指的是移民在迁入国和迁出国之间进行的一个来回的移民行为过程。它通常与在每个国家的季节性停留（与临时性或季节性的工作模式相关）有关。这个词通常也用于指农村地区和城市中心之间的内部迁移。

392   9. 市民身份：它描述了移民接触本土文化、经济、社会和政治权利的合法性。

10. 流散：它的范围和意义具有高度争议性。它一般指那些来自同一国家而分散在世界各地的移民。他们在世界各地定居，与来自不同国家的移民重建社区，但仍旧没有忘记修建自己早期的社区。

11. 强迫迁移：这是一个用于描述个体被迫离开自己国家的行为。"强迫"是一个不精确的术语，强迫迁移的发生可能与起源国的经济、环境、政治、社会或是它们中的全部或任何组合相关。

12. 距离摩擦：指克服距离的时间和成本。

13.《日内瓦公约》：于1951年签署，为那些因为宗教、种族背景、政治背景、肤色或部落特征而受到迫害的个体提供保护。如果移民担心自己回到起源国会遭到迫害，他们有权以难民的身份进入那些公约签署国中避难。

14. 治理：指的是各个级别的政府对于迁移或其他社会行为所进行的监管、控制。

15. 高技术移民：人们对于"高技术"并没有统一的定义。然而，它似乎包括至少两个群体的人。一是指那些立即加入了迁入国高技能职位的人，因为这些人拥有所要求的教育背景、资质或是技能。二是指那些在起源国属于高技术人才的人，但他们在迁入国所从事的工作可能并非高技术的。

16. 高收入移民：指根据净财富而获得移民资格的人。个体可以依据自己的净财富和在迁入国投资创业的意愿而获得迁入资格。在少数情况下，还有人愿意花钱购买国籍。

17. 非法（或秘密或不合规）移民 / 外来移民：见"无证移民"。

18. 外来移民：人们对于外来移民并没有精确的定义。在本书中，虽然"外来移民"经常与"移民"交替使用，但"外来移民"更倾向于暗示他们的永久居留权。也有一些已归化的移民相对于起源国来说而被称为"外来移民"。

19. 一体化：这是一个有争议的术语，它至少包括三层含义。第一 *393* 层含义接近于"同化"，是指移民融入以想象和理想化为主导的大多数公民所体现的价值中，或是他们对于物质性商品（如住房、就业、教育和健康）的可达性。第二层含义接近于多元文化主义，移民并不是因为迁移而失去自己的文化，但却会在保留自己文化的同时吸收西方自由民主的元素。第三层含义是移民和公民的"相聚"，这样就会有多种文化的实践（语言、宗教、食物、音乐等）发生。

20. 国际劳动力市场分割（ILMS）：这是一个通过三种方式来描述劳动力分割过程的术语：第一，通过超国家或国家的移民政策来选择国际市场上的移民劳工（主要根据国籍）。第二，通过劳工为国家经济发展所做出的贡献来进行分割。第三，通过企业和组织来分割移民。

21. 居留地主义：公民身份和社会权利的获取取决于移民居住在这个国家的时间，但通常还包含着其他规定，如不能犯罪，不能间断性地居住在迁出国，等等。

22. 血统主义：公民身份的获取取决于移民与迁入国的种族之间的联系。这通常需要考虑移民父母的来源，所以可能会与出生地主义的元素有所交集。

23. 出生地主义：公民身份的获取取决于移民的出生地或是他们父母的出生地。这与血统主义的元素有所交集。

24. 低技术移民：与其他对移民的分类一样，"低技术"的概念是不精确的。它与迁入国对低技术移民的需求有关，也可能与低报酬有关。

25. 低收入移民：与其他对移民的分类一样，"低收入"的概念也是不精确的。低收入移民可能会根据他们的反面来定义，即不是为国家移民政策所接纳的高收入移民均为低收入移民。他们较低的收入与他们的技术或有关或无关。

26. 低薪移民：与其他对移民的分类一样，"低薪"的概念也是不精确的。它可能是指移民加入了一个移民国的"低薪"工作，或是他们本身就是为了寻找这些"低薪"工作而移民的，或是一些只能找到低薪工作的人。"低薪工作"本身就是一个相对概念，它一般是指的要求较低（需要较少的资本和技术）的工作。

27. 移民：并没有对移民的精确定义，尽管一些国际机构的标准是移民是指个体存在于另一个国家超过三个月。在本书中，我们将"移民"这个术语与"外来移民"相提并论，但"移民"这个术语一般意味着更多的临时性停留。

28. 乡愁：希望回到起源国的一种心理状态。"愁"字的使用，主要是为了反映移民的一种感觉，即在起源国定居得越久，返回迁入国的不适感越明显。

29. 归化：在迁入国一个非公民移民成为一个合法公民的过程。

30. 新自由主义：这个词一般指一系列的政策、项目和话语（有时也称为"意识形态"），主要特征是偏爱市场，而不是政府干预以及将社会福利项目作为社会经济发展问题的解决方案之一。它通常伴随着社会福利的减少和"资本福利"的增加。

394　　31. 人口迁移—发展关系：一个用于描述迁移和（经济）发展之间关系的术语，它通常的背景是贫穷国家的移民问题。

32. 移民管理：这个词出现在20世纪90年代，用于描述特定类别移民的迁移管理方式。

33. 多元文化主义：一系列话语、意识形态、政治哲学、政策的合称，主要目的在于识别并表征一系列政治运动，这也是上下文中多次提及的多元化问题。在这种多元化的群体中，人们才能感受到归属感。

34. 回流神话：移民期望返回起始国的心理。使用"神话"一词指的是起始国居住更为永久，许多人不愿意回到迁入国定居。永久的回流当然是可能的，但"回流神话"确实是一种正常情况。

35. 网络（社会网络或移民网络）：社会网络或移民网络指的是人际关系以及个体移民和机构移民之间的网络关系的交互。

36. 节点：用来描述网络中的一个特定位置。在迁移背景下，所谓"文化熔炉"和跨国社区的"文化中心"都可以用它来描述。

37. 地方：这是一个用于描述城市、城镇、乡村、邻里等位置的地理学术语，它对于个体移民来说意义重大。

38. 难民：经常被定义为种族或国家群体，他们也会获得国家或国际组织认可的难民身份，之后当他们来到另一个国家时，他们也可能会获得难民身份的特权，从而获得一段时间的庇护。

39. 侨汇：用于描述移民通过带回或汇款的方式返回起源国的资产。

40. 尺度：这是一个十分困难且具有迷惑性的地理学术语。举个例子来说，它可以指领土或是一个空间过程（空间性的）。在本书中，它或多或少也与领土有关（如城市尺度或国家尺度）。换句话说，尺度常常被视为灵活多变的"容器"，如国家、宏观区域或是人体等。

41. 标量（空间性标量）：用于描述进程，或是超越特定尺度的变量。 *395*

42. 偷渡：用于描述移民从一个国家秘密地进入另一个国家的行为，他们通常使用了多种多样的代理。

43. 社会排斥：用于描述从社会生活的各个方面（如工作、住房、教育等）对人的行为的排斥。

44. 社会再生产：社会再生产是一个受到马克思主义平等思潮影响的词汇。它指的是人们通过居住、膳食、受教育而逐渐成为资本主义制度下的工人或公民的过程。简单来说，人们需要以特殊的方式加以复制，才能使自己准备好进入资本主义。

45. 实质性公民权利：指的是外来移民日常关心的一系列权利，如寻找工作、居住、教育、参加组织和活动、找到合适的法律咨询以及获取医疗保健的地点等权利。

46. 临时迁移：指移民在一个特定国家的停留时间未超过三个月。

47. 领域：一个出于控制和影响的目的而为个人、群体或是机构所占据的地理空间。

48. 领土权：在特定的地理空间中的能力、实践或是流动控制策略。

49. 人口贩卖：用于描述移民从一个国家到另一个国家的秘密行为，但这个词汇涉及走私代理，还与强迫就业来偿还走私成本有关。

50. 跨国主义：在迁移背景下，通常指一个或多个国家的多种文化、经济、政治和社会关系被绑定于移民身上。

51. 无证移民：这个词是大多数移民和批判性学者都知道的词汇。它指的是一些个体进入了一个国家，却没有所需的文件，或者合法进入却没有达到获得签证或居住资格的移民。

索　引

注：页码后的 f 表示图，t 表示表，n 表示注释。

Délano, A. 130, 225

Democracy and the Nation State (Hammar) 323

demographic growth 59-61

denizenship 323-324, 327

Denmark 167, 213, 360

Department of Economic and Social Affairs (United states) 9, 52n5

Department of Homeland Security (United States) 180, 182, 208, 235n8, 290

dependency theory 74-75, 76-78, 129-130, 274

deportation 63, 177, 220, 226-227, 380, 383; securitization 180, 182-184, 187

Der-Martirosian, C. 见 Light, I. et al. (1994)

Dercon, S. 见 Black, R. et al. (2011)

destination 见 countries of destination

detentions 2, 17, 38, 39, 63, 192; securitisation 211-215, 228

determinist theories 54-56, 88n1, 139, 148, 154, 157; a 74-75, 76-78; articulation of modes of production theory 69-70; behavioural approach 74-75, 76-78, 274; dual labour market/labour market segmentation approaches 71-73, 150; globalization/global cities/neoliberalism 78-87; labour migration and demographic disparities 59-61; neo-classical economic approach 66-69, 148-149, 154; new economics paradigm 70-71, 131-132, 140, 150; 'push and pull' factors 59, 61-63, 65; Ravenstein's 'Laws' 56-59; social reproduction 75-

76; Syrian refugee crisis 65-66; world systems theory 74-75, 76-78; 另见 integrative theories

Development, 9th Global Forum on Migration and (2016) 128

development 见 economic development

Dewind, J. 141,148

diaspora 100, 155, 236n25, 317, 361-364; migration-development nexus 130, 131

Dickenson, J. 316-317

differential exclusion/inclusion 341-342, 380

Dikeç, M. 156

disciplinary citizenship 342

disciplinary power 176, 177

dispersals 57, 215-216, 255-261, 362

displacement 见 asylum-seekers; economic migration; low-income migration; refugees

distance-based courses 87

diverse trajectories 见 circular migration

diversity 353-354, 372, 379, 384

documentary films 49-51

domestic politics approach 235n11

domestic workers 75-76, 152, 166, 236n26, 238-239; embodied cultural capital 252; gender-aware approaches 107, 108, 109-110, 245, 284-285; labour demand 266, 267; undocumented migrants 286, 290, 293; 另见 cleaning work

domicile-based citizenship 见 jus domicili

Dominican Republic 106, 359, 365

domopolitics: securitization 182

Doomernik, J. 95, 96-97, 98, 122

friction of distance 40

Fridolfsson, C. 361

Friedman, S. 见 Benton Short, L. et al.

Fröbel, F. et al. 77

FRONTEX 见 European Agency for the Management of Operational Cooperation at the External Borders of the Member States of the European Union

Fullin, G. 263

functionalist approach 见 neo-classical economic approach

Future markets 71

Gabriel, C. 205

Gamlen, A. 130, 131

gangmasters 281

gap hypothesis 162

Garnett, J. 见 Ahmed, N. et al.

Gateway cities 58, 259, 260, 304; 另见 cities; global city hypothesis (GCH)

GATS 见 General Agreement on Trade in Services (GATS)

Geddes, A. 166; 另见Black, R. et al. (2011)

Gemenne, F. 138

gender-aware approaches 15, 20, 102-110, 152, 160n4-6, 235n4; belonging 358; biopolitics and 178; employment 245-246; family migrant 194-196; highly skilled migrants 271-272; migration 292; national identity 221-227; poorer countries 229-232; social networks 92, 94;另见men; women

General Agreement on Trade in

Services (GATS) 186, 203-204, 205, 206

Geneva Convention (1951) 11, 12, 17, 202, 226, 233; protection of asylum-seekers/refugees 188-189, 191-192

Geopolitical economy 161-163, 235n1; 'client politics' thesis 172-173, 175-176; Foucauldian/critical approaches 176-178; Marxist/neo-Marxist approaches 163-165, 235n2; national identity approach 169-172; neoliberalism 165-169; political sociology of migration 174-176; securitization 178-184, 216-220; 'self-limited sovereignty' 173-174, 182; 另见human territoriality; policy-making; poorer countries; richer countries

Georgia 70, 92, 97-98

Germany 20, 40, 43, 60, 165, 322-323; asylum-seekers 123, 124, 126, 199, 201, 202; belonging 346-347, 349, 352, 358, 364, 365; citizenship 313, 314, 315; detention 213; migrant networks 263; migration management 167, 170, 173; securitization 181

Ghana 264

Ghazali, A.S. 见 Parnini, S.N. et al.

Gibney, M. 182, 183

Giddens, A. 34, 116-117

Gidley, B. 见 Ahmed, N. et al.

gig economies 267

Gijsberts, M. 见 Malipaard, M. et al.

Gill, N. 210-211, 212, 218, 264

Glick-Schiller, N. 37, 99; et al. (1992) 355; et al. (2006) 355, 358, 375n12;

Maochun, L. 114-115

Mare Nostrum ('our sea') (Italy) 198

Market-oriented/demand-driven model: migration management 292

Maron, N. 130

marriage megration 104, 107, 109-110, 114-116, 285, 380; trends in Asia 111nt, 112t, 113t

Marshall, T.H. 324

Marston, S.A. 40; et al. 42

Martin, P. 128

Martin, S. 320, 329

Martiniello, M. 366, 369, 370

Marxist/neo-Marxist approaches 163-165, 235n2-3

Massey, D. 38, 39, 79, 390

Massey, D.S. 90; et al. (1987) 91, 94, 105; et al. (1993) 55, 77, 94, 148; et al. (1998) 54, 73, 80, 94, 148-149, 157; et al. (2014) 121; neoclassical economic approach 66-67; neoliberalism 84-85; new economics paradigm 70, 71

Mata-Codesal, D. 见King, R. et al.

Mavroudi, E. 311

May, J. et al. 286; 另见 under Wills, J. et al.

Mazur, R.E. 136

Mazzucato, V. 358

MCDC 见Minutemen Civil Defense Corps (MCDC)

medical care 331, 334-335

Mediterranean Sea 1, 2m, 120, 198

men 15, 77, 92; 另见 gender-aware approaches; women

Mercer, C. et al. 91

methodological individualism 57, 65, 68, 109, 118; new economics approaches 150, 151, 152-153

methodological (trans)nationalism 37, 110, 156, 158, 206, 378; labour migration 59-60, 63, 99, 265; national identity approach 170, 224, 233

Mexico 74-75, 95, 120, 130, 160n5, 204; citizenship 320, 344 ,345, 365; gender-aware approaches 104, 105-106; remittances 130, 225; settlement assistance 243-244; undocumented migrants 279, 283, 297

Meyers, E. 169, 170, 235n1

Mezzadra, S. 342

Michalowski, I. 见Koopmans, R. et al.

Middle East 122-123, 135, 345

Middle range theory 142, 152-153

'migrancy' 7

Migrant Forum in Asia 231

migrant networks 3, 36, 117, 253-254, 255; 'super-diverse' societies 263-264; 另见 social networks

migrant protest 219-219, 312, 329, 361, 370; employment 239, 282-283, 306n18; political participation 364-366, 367-368t, 369-371, 375n16

migrants and migration 4, 5-7, 9, 17, 19-20, 376; acceptability/deservingness 341-342; categorization and terminology 8-11, 52n6, 56-57, 58, 313; causes and consequences 14-15, 44, 57; homogeneous 245, 249; incompatibility of nationally

securitization 17, 136, 151, 226, 227-228, 319; criminalisation 216-220; geo-political economy 165, 177, 178-184, 235n7

segmented assimilation 343

self-employed 见entrepreneurs

'self-limited sovereignty' argument 173-174, 182

Semi-compliance 10, 279

Senegal 355, 360-361

Seol, D.-H. 229, 265

service-orientated employment 见 care industries; catering industries; cleaning work; domestic workers; healthcare workers

settlement xv, 11, 46, 377, 383, 385; agency-centric approaches 118, 119; Asian countries 229; assistance 244; asylum-seekers/refugees 134, 162, 168, 172, 178, 192, 386; belonging 357, 359; dispersals 216; friction of distance 40; gender 105; global governance 201, 207; housing 296; international students 31t; local labour markets 260, 261, 336; regulation and 379; social networks 92, 96, 99

settler societies 169

sexual trafficking 98-99, 114-115, 149, 177, 277-278

sharing economies 267

Scheller, M. 3

Sheppard, E. 见Leitner, H. et al.

Shoeb, M. et al. 360

short term migrant: definition 9

Sibley, D. 39

Sikhs 251

Silvey, R. 108, 133, 224, 230

Singapore 40

Singer, A. 90

Sirkeci, I. et al. 93

SIS II (Schengen Information System II) 198

Sjaastad, L.A. 68

Skeldon, R. 128

Sklair, L. 154

Skrentny, J.D. 229, 265

'smart borders' 180

Smith, B.E. 76, 165, 207, 208, 235n4

Smith, M.P. 32, 37, 76, 100, 101, 102, 356

smuggling 1, 15, 151, 187, 277; active agency and 120-123, 124-126, 127m; asylum-seekers 197, 198; global economy 80; labour migration 242; marriage migration 114-15; 'push and pull' factors 63, 65, 66; social networks 91, 95-99; 另见 trafficking

social capital 36, 53n15, 92,94; labour markets 243, 253, 257, 293

social exclusion 338-339

social fields 355, 357, 37512

social insurance (SI) number 278-279

social networks 3, 15, 16, 35-36, 45, 65; belongings 353; global economy 80, 85, 151, 152, 154-155; labour migration 240, 254; research into importance of 90-99; 另见 migrant network approach

social remittances 94, 130, 225

social reproduction 75-76, 262-263, 265, 292-297; employment and 238, 244, 245, 248, 259

图书在版编目（CIP）数据

迁移／（英）迈克尔·萨迈斯，（英）迈克尔·科利尔著；
张华等译．—北京：北京师范大学出版社，2022.3
（人文地理学译丛／周尚意主编）
ISBN 978-7-303-25404-0

Ⅰ．①迁…　Ⅱ．①迈…　②迈…　③张…　Ⅲ．①人文地理
Ⅳ．① K901

中国版本图书馆 CIP 数据核字（2019）第 280108 号
北京市版权局著作权合同登记号：图字 01-2017-3168

营　销　中　心　电　话　010-57654738　57654736
北师大出版社高等教育与学术著作分社　http://xueda.bnup.com

QIANYI
出版发行：北京师范大学出版社 www.bnup.com
　　　　　北京市西城区新街口外大街 12-3 号
　　　　　邮政编码：100088
印　　刷：鸿博昊天科技有限公司
经　　销：全国新华书店
开　　本：787 mm×1092 mm　1/16
印　　张：28
字　　数：380 千字
版　　次：2022 年 3 月第 1 版
印　　次：2022 年 3 月第 1 次印刷
定　　价：128.00 元

策划编辑：沈英伦　　　　　　　责任编辑：陈　倩
美术编辑：李向昕　　　　　　　装帧设计：李向昕
责任校对：康　悦　　　　　　　责任印制：马　洁